序　言

《激荡：晚清二十年》新星版将要发布了，文彧嘱我写一篇新序。我也觉得有必要结合新的研究及其相关问题给予一个说明。

这本书原来并没有主标题"激荡"，而是直愣愣的"晚清二十年"，就是描写清帝退位之前大约二十年的历史进程。这一次仍由新星出版社总编辑彭明哲先生给出一个让人荡气回肠的新名字，也与我先前在新星出版的《晚清四书》单册书名相呼应。这确实是激荡的二十年，是中国历史上从来没有过的大变动。

在这部书中，我想表达的意思也非常简单，就是我们能不能重构我们的晚清史。大致而言，几十年前，当我们这一代学者还没有出道时，我们的晚清史，不论中外，也不论两岸，其实都是一个叙事模式，都是将晚清视为后世中国发展的拖累，是后世中国一切罪恶的根源。不论我们去读台湾学者的著述，还是去读《剑桥中国晚清史》《哈佛中国史》《讲谈社中国史》，可以发现东西方学者的晚清叙事，都在强调晚清中国的悲剧意义。

就拿美国学术界来说，自费正清的"冲击－反应"论，至其及门弟子、再传弟子的"在中国发现历史",以及"新清史"等各种各样的新视角,其对晚清中国的整体观感总体是负面的,带有一种恨铁不成钢的情绪。

对于这些中外前辈以及同辈时贤的研究,我始终心怀敬意,汲取甚多。只是我所接受的知识、信息,又让我几乎从一开始就不太认同传统的晚清中国历史叙事。我以为传统叙事太过于悲伤了,这个叙事看到了晚清中国受到的伤害,但也极大低估了晚清中国的历史进步,忽略了历史主导者的话语,太过相信后来的历史胜利者之自言自语。

我之所以强调"后来的胜利者",主要是想说,不论是清帝国的自我历史建构与描述,还是接替清帝国的中华民国早期对晚清中国的历史叙事,并不是以悲情为主基调。民国初年的中国人对于走过的路固然有反省,有批评,但总体而言对于晚清中国几十年特别是最后二十年的进步并不是完全抹杀,而是接续。就制度层面说,清帝国与中华民国固然是帝制与共和之别,但这个"别"用当时人的话说,是"国体变更",是"君主立宪"与"人民立宪"的不同,并不是另起炉灶从头开始。这在清末民初前后三十年的制度史研究中,体现得最为明显,相信读史者均有程度深浅不同的体会。换言之,清末民初几十年构成了一个大致完整自成一体的时代,这个时代固然与之前几十年、几百年甚至三千年的中国根本不同,也与后来的一百年不太一样。那时人所说的"三千年未有之巨变",用历史研究者习于使用的话来说,是社会性质在这连为一体的几十年发生了变化,而不是帝制结束之后的突变。

对于"三千年未有之巨变"的内涵与外延,中外学者有不同的理解。我的看法是要从两个相互关联的视角解析这个变化。第一个视角,是时代性质的突变,是一个时代的觉醒。

我们今天都知道,近代中国的全部问题均不来自于中国内部,中国经过先前几千年的发展,在政治、社会、文化、教育诸方面,均获得了长足进步，如果我们去读大航海之后至十八世纪晚期长达三四百年间进入中国本土的那些域外有识之士的记录，大有几十年前福山所谓"历史终结"的感觉。中国的政治架构，根据利玛窦的观察，大致实现了西哲"哲学家治理"之模式，君主、大臣，以及帝国全境的大小官员，个个接受良好教育，彬彬有礼，上马打仗，下马治国，公平正义得以彰显，上下声音的传导反馈，更有机制性保障。即便是商业、贸易、城市生活，那时的中国，并不比东西洋落后。乾隆皇帝不愿向西人学习，他的自信有足够的理由，仅仅是凭借巨大的贸易顺差，他也有资格对强行入境贸易者说不。

但是，就在乾隆大帝对马戛尔尼说不的时候，西方社会正在发生一场划时代的革命，蒸汽机改变了世界，让世界任何一个角落都被迫卷入工业化运动。那时的中国有足够的贸易结余，乾隆皇帝那时如果答应了英国人的要求，与英国重构国家关系，打开国门，自由贸易，像英国一样发展自己的工业化，那么十九世纪之后的中国史甚至世界史都会改写。然而，聪明过人的乾隆大帝并没有看到人类历史的趋势，不知道正在发生的工业革命具有如此巨大的威力，中国错过了工业化的早班车，这一错就是一百年，至十九世纪六十年代，中国才不得不开始自己的工业化。

一百年的错失，让中国后来的步履几乎全乱。中国被迫开始自己的工业化之后，以为这个运动只是"坚船利炮"四个字，最多是"坚船利炮声光电化"八个字。因而那时的中国拼命追赶，集中一切精力、一切资源发展自己的工业化。实事求是地说，中国在短短的几十年获得了巨大成功，重工业、制造业、交通、通讯，以及城市化方面都有骄人进步。至十九世纪九十年代初，中国已走出半个世纪以来的困境，甚至充分利用后发优势，已经在某些方面成为世界经济一个重要因素。中国的国家资本主义让西方自由资本主义相形见绌，他们期望进入巨大的中国市场，但是他们的力量根本无法与清帝国主导的国家资本主义相抗衡。如果我们仔细阅读甲午战争之前十年、二十年的中国外交史，就可以深切体会列强面对想象的中国市场，贪婪而又无奈。这时的西方外交官已经不再有威妥玛、蒲安臣那一代人的想法，他们不是要引导中国走上世界，而是思考如何让世界进入中国。

中国的大门没有随着中国实力的增强而逐步打开，反而因中国实力增强而逐步关上。中国为什么会出现这样的情形呢？这其实关系到我想说的第二个视角，也即传统与现代。

十八世纪的中国没有跟上工业化的节奏适时进入工业化时代，不仅错失一百年，而且使中国人的心理发生微妙变化。当中国不得不开步走向工业化时，充分利用了"后发优势"弯道超车。因而中国没有西方工业化发展初期自然发生的思想启蒙运动，没有社会改造，阶级重构，中国的工业获得了巨大发展，但中国的社会其实还处于传统时代，与现代社会并不吻合。于此我们就可以理解，为什么中国在工业化发生初期格外强调"中学为体，西学为用"，强调中国只是学习西方的坚船利炮，而不是从制度、文化上重构中国。

思想文化上的落后是真落后，因为思想文化的落后让落后者不知道自己落后。我们今天去阅读甲午战前中国知识人那些志得意满的大话狂言，以及对日本的发展不屑一顾的蔑视，就不难理解甲午之役结局的必然性，更理解李鸿章、孙毓汶等知兵者的谨慎。假如不是甲午之役后一切归零从头开始，中国在经济增长的基础上谦虚谨慎，增加向东西洋各国学习的力度、广度，逐步从经济增长扩展到教育重建、社会重构、军事再造，甚至制度方面的适度调整，那么中国后来的道路肯定不一样。

许多人会说，这是历史的假设而不是历史真实。其实，甲午后中国不就是沿着这些假设的路径进行调整的吗？这些问题不是假问题，而是那时的政治精英、知识精英被几十年快速的经济增长蒙住了眼睛，看不清严复那时已经意识到的问题。社会改造是一个整体工程，社会的进步必须拾阶而进，整体推动，而不能想当然地实现优势互补，不可能将马的速度与牛的负重完美结合起来。

于是，进入我们这本书叙述的主体。甲午战争后中国付出了惨痛代价，最后一个属国离开了，台湾、澎湖列岛割给日本了，还要支付巨额战争赔款。这些无疑都是后世中国人永远不会忘怀的耻辱。

但是，我们也必须看到，甲午一役终于让中国人从酣睡中惊醒，明白什么是"三千年未有之大变局"，从此开始自己的思想启蒙运动、政治维新、新教育，新阶级终于出现，政治架构也随着新因素而逐步增加、逐步调整。一个全新的历史阶段必然变为事实。"历史三峡"不论有多少惊涛骇浪、险滩暗礁，中国终将度过这些危难，走向现代国家。

这本书就是描述甲午前后至辛亥前后中国的变化，用"激荡二十年"一语概括应该最为贴切。君不见，甲午前，中国政治是最顽强的君主专制，至辛亥，不仅放弃了君主专制，而且放弃了君主立宪，一步跨入民主共和。须知，此时的世界，走到这一步的国家，大小都算上，还是个位数。

在经济上，甲午前中国是最典型的国家统制型经济模式，尽管开始了工业化、城市化，但这些几乎与社会无关，"盐铁官营"在新经济时代更进一步扩大了范围，民间资本根本无法染指这些新经济。但是，经过甲午之役，列强强行打开了中国市场，"日本臣民"可以在中国通商口岸自由办厂，列强均可以分享这一优惠。列强可以在通商口岸自由办厂，中国民间资本乘势分享了这些新政策。自由资本主义就在这些通商口岸开始发生，不十年，就形成了一个孱弱却巨大的新阶级。由此理解1898年的维新、1905年开始的宪政，直至1912年的国体变更，必须承认经济基础依然是社会变动的根本。

在文化教育、社会重建上，也无不如此。中国的新教育是维新时代第一主题，"明定国是诏"的唯一成果就是创建新教育的基地和管理机关，此后数十年，尽管政治上发生很大变化，新教育也遇到许多困难，但毕竟新的教育体制——一个与世界一致的现代教育体制——开启了。

传媒业也是如此。中国人知道"新闻纸"（报纸）的时间几乎与西方一致，甲午之前中国境内有新闻纸也有几十年时间了，只是那时的新闻纸有纸而无新闻，直至甲午，新闻纸不仅有了与东西洋相似的新闻体制，而且短短几年，新闻成了一个行业，一大批人凭借着这个行业成名、就业，影响社会。我们去读汪康年、梁启超的《时务报》，严复的《国闻报》，章太炎参与的《苏报》，张元济的《外交报》，就不难体会这些新闻纸对中国社会变革、政治进步的影响力。

总而言之，晚清二十年是中国资本主义发生、发展的起始阶段，一个与传统中国完全不一样的新阶段从这儿开始，中国终于开始从传统、从农业文明中出走。这是一个值得铭记的时代。

历史是永远消逝的过去，历史学家只能凭借"才学识"重建史事。本书所表达的观点只是个人的一得之见，更详细的讨论还可以参见作者更专业的作品。每一本书都有自己预设的读者群，这本书也是如此。

衷心感谢人民文学出版社资深编辑杨华老师对本书所倾注的心血；感谢新星出版社的各位朋友，特别是明哲兄与文彧。

马勇
2021年3月18日，星期四

目 录

引 子 　　　　　　　　　　　　　　　　　1

第一章　／　大转折 　　　　　　　　　　13
　　东邻日本转身向西 　　　　　　　　　14
　　群雄逐鹿东北亚 　　　　　　　　　　21
　　日本不宣而战 　　　　　　　　　　　34
　　终于知道什么是兵败如山倒 　　　　　53
　　以战促降与乞和议和 　　　　　　　　63

第二章　／　维新时代 　　　　　　　　　84
　　四万万人齐落泪 　　　　　　　　　　85
　　维新运动发生 　　　　　　　　　　　89
　　京沪强学会 　　　　　　　　　　　　96
　　南梁北严 　　　　　　　　　　　　105
　　湖南区域试验 　　　　　　　　　　113
　　官场上的迟到者 　　　　　　　　　119

失控的改革　　127
　　"康不得去，祸不得息"　　136
　　一场未遂政变　　147

第三章　尴尬记忆　　159
　　大阿哥引爆政治动荡　　160
　　"运动"义和团　　168
　　冲突在犹豫徘徊中持续升级　　178
　　走向对抗　　191
　　一场奇怪战争　　198
　　又是乞和与议和　　208

第四章　重新起步　　219
　　而今迈步从头越　　220
　　构架现代新教育　　231
　　现代军事体制的重建　　237
　　自由经济的充分发展　　240
　　现代法律体系的确立　　243
　　改革又到困难时　　248

第五章　短暂徘徊　　252
　　一个人的革命　　253
　　一场奇怪战争　　255
　　震动与启示　　262
　　君主专制与君主立宪　　268
　　又是一个成功典范　　273

第六章 / 这才是中国的希望　277

　　上下联手　277
　　临门一脚　283
　　五大臣出洋　289
　　总算有了一个开始　294

第七章 / 让理想变成现实　301

　　改定中央官制　301
　　重建地方官制　308
　　革命促改良促立宪　313
　　政治改革突然提速　319
　　一个美好期待　324

第八章 / 向立宪政治艰难行进　333

　　一个偶发事件　333
　　王朝终结者　343
　　制造敌人　347
　　新时代，新希望　357

第九章 / 民主政治短暂的春天　363

　　咨议局：民主初步与有序参与　363
　　有计划政治：立宪日程表　371
　　皇族内阁≠责任内阁　378
　　铁路干线国有：国进民退引爆革命　387

第十章 / 一个王朝的终结	396
又到剿抚犹豫徘徊时	396
独立与光复:墙倒众人推	400
走向共和	410
清帝逊位:最后的潇洒	416

引　子

　　如果从1861年发动祺祥政变开始算起，慈禧太后在大清王朝最高领导人这个位置上已经待了二十五年了，尽管她只是垂帘听政，并不是名正言顺的最高领导人。然而一个女人，特别是一个无儿无女的寡妇，不论她对权力是怎样的充满兴趣，二十五年的漫长岁月都会消磨掉这单调乏味的对权力的欲望。更何况，过去的二十五年，慈禧太后使中国发生了巨大变化。更准确地说，应该变化的都变了——向西方学习，踏上近代化的轨道，中国的发展大致上说来已经进入正轨；而不应该变化的都没变——大清王朝还是满洲贵族统治，不管汉人官僚拥有怎样的权力，满洲贵族集团的利益并没有因为中国的发展而动摇。一个时代就这样在中国历史上确立下来了，这个时代不管谁是名义上的皇帝，谁又能不承认这个时代其实就是"慈禧太后时代"呢？一个年过半百的寡妇还有什么不满足的呢？

　　1886年7月11日（清光绪十二年六月十日），满打满算年过半百的慈禧太后似乎失去了对权力的兴趣，她在这一天与年仅十五岁的儿皇帝光绪帝一起召见满洲贵族重臣醇亲王奕譞暨军机大臣礼亲王世铎等人，商量她不再垂帘听政，而由光绪帝亲政直接处理国家政务的事情。懿旨指出，当年小皇帝即位时只有三岁，实在太小，无法亲政，大清王朝一切用人行政，王大臣等不能无所秉承，所以当年不得已允准廷臣之请，垂帘听政，并郑重约定一旦小皇帝典学有成，即行亲政。[①] 十二年过去了，小皇帝孜孜念典，德业日新，长大成人了，最近也能够亲自批阅奏章，论断古今，剖决是非，权衡允当。这当然是国家之福，人民之福，所以慈禧太后有意借此机会卸任息肩，颐养天年。所以太后郑重且高兴地宣布，她将遵守当年约定择期归政，请钦天监选择吉期，于明年（1887）某个时刻举行皇帝亲政典礼。

如果我们不带有"恶的历史观"去延续一百年来的"革命话语"，如果我们从日常情理的层面去体察慈禧太后此时此地的心情，我们应该相信太后的真诚，应该相信她的"退位"并不存在着什么微言大义，而是其内心真实意思的表达。因为那个时候，是大清国的鼎盛时代，接近于三十年的洋务新政给大清国带来了一番新的气象，先前经两次鸦片战争、太平天国运动所消耗的国力大致得到恢复，大清王朝似乎重新回到了一个新的盛世时期。慈禧太后在这个时候提出由小皇帝亲政，其实就是功成身退，就是要在青史上留名，要用事实正告那些一直诋毁她政治人格的反对派：太后并不是权力的贪婪者。

我们之所以这样说，并不是刻意要替慈禧太后翻什么案，因为历史事实俱在，因为在那时大清王朝内部并没有谁对太后的权力提出过挑战，担负执政政治责任的满洲贵族集团对太后过去若干年的工作大致还是满意的，所以也没有人对太后的权威提出异议。

从太后的立场进行分析，她之所以提出让小皇帝亲政，主要的还是为大清王朝的长治久安考虑，希望小皇帝在实际工作中提高能力，树立

[①] 《光绪朝东华录》第4册，4页，北京：中华书局，1984年。

光绪癸卯年(1903)拍摄的慈禧太后照片

威望，并逐步建立自己的执政班底或团队。然而，从小皇帝的立场看，不论真的学到了多少知识，十五岁就担负起大清王朝的政治责任，委实太过沉重，何况这个位置迟早都是自己的，有老佛爷在前面罩着，帝国的一切用人行政井井有条，自己也比较轻松愉快。所以太后的决定一宣布，小皇帝当即长跪恳辞，醇亲王奕𫍯及军机大臣礼亲王世铎等亦奏——时事多艰，万几繁巨，小皇帝在皇太后的指点下精进不止，是有了相当的能力。不过学无止境，如果皇太后能够从缓归政，将小皇帝扶上马再送一程，将来皇上躬亲庶务，必能贯彻无疑，益臻上理，有助于政治稳定、社会发展，实为大清王朝之福、天下臣民之幸。

醇亲王奕𫍯是道光帝第七子，他的大福晋是慈禧太后的妹妹，他们的第二子载湉也就是现在的光绪帝。从亲情上说，醇亲王奕𫍯是慈禧太后的妹夫，是当今皇上光绪帝的亲爹，因此不论从哪个角度说，他的陈情与呼吁，都是真诚的，都是为帝国、为小皇帝未来前途好。何况，醇亲王奕𫍯的学识才智不过中等，既无野心，更无锋芒，他之所以得到慈禧太后的信任，比较公平的说法就是因为他的平庸和谨慎。

至于礼亲王世铎，他虽然长时期位居军机处领办大臣等显赫地位，但实在说来大概也属于那种比较平庸甚至比较无能的人，他对慈禧太后的忠诚似乎不必怀疑，所以在慈禧太后当政的那些年，礼亲王世铎的政治待遇一直保持不变，以满洲贵族掌门人的身份协助皇太后处理朝政。

醇亲王、礼亲王的再三吁恳，情词出于至诚，皇太后对此也有比较深的了解，但她主意已定，并不理会光绪帝及醇亲王、礼亲王等人的恳请。慈禧太后向他们解释说：十二年前垂帘听政乃非常之举，本属一时权宜。皇帝继统御极，仰承穆宗毅皇帝付托之重。现在皇上既然典学有成，正宜与内外臣工勤求治理，宏济时艰，自应遵从同治十三年十二月（1875年1月）初七日懿旨的约定，即行亲政，以慰深宫期望之意。坛庙大祀，皇上均应亲诣行礼，以昭诚敬。皇太后的决定不再改变，仍命各方面继续准备，并命钦天监于明年正月内选择吉期，举行亲政典礼，所有应行事宜及应复旧制之处，命各相关衙门敬谨查明成案与惯例，奏明办理。

这是慈禧太后宣布归政当天的事情，所有细节在《清实录》《翁同龢日记》等相关文献中都有比较详细的记载。后来的研究者对事实本身并没有提出多少不同看法，只是在分析慈禧太后的心理动机时，大都遵循"恶的历史观"，揣测慈禧太后归政的诚意并不可靠，认为慈禧太后对权力的贪婪使她不可能真的放弃已经获得的至上权力。这种分析其实不过是以小人之心度君子之腹，更是从来没有掌握过权力的书生的意见或臆想。

根据翁同龢在日记中的记载，醇亲王奕譞在向慈禧太后当面请求从缓归政未准后，曾找帝师翁同龢等人商量对策及善后，醇亲王介绍了与皇太后面谈的情况，说皇上亦当面跪求，但仍然没有使太后回心转意。翁同龢说：这个事情至关重大，王爷宜率御前大臣、毓庆宫诸臣一起再次当面请求。醇亲王对于翁同龢的建议没有给予明确答复，只是表示待军机处开会商量后再作讨论。

在稍后召开的军机处会议上，礼亲王世铎介绍了事情的经过，表示圣意难回，只好承旨去做。翁同龢似乎还是不死心，他依然建议醇亲王率枢臣继续面谏，争取慈禧太后收回成命。醇亲王表示今天时间来不及了，待第二天王公大臣会议会商后，再作表示。

散会后，翁同龢往访同僚孙毓汶，告诉他请求慈禧太后继续训政，不如请缓归政为得体，而孙毓汶对翁同龢的建议唯唯否否，并无主见。是日夜，热情亢奋的翁同龢起草了一份奏折，准备明天商之同人。

第二天（7月12日，六月十一），一切如常，翁同龢将他起草的奏折底稿交给同僚进行讨论，众人大致同意翁同龢的建议，遂定议连衔上奏，并以此请示醇亲王奕譞，奕譞以为然。当天各方面的酝酿基本成熟，但能否如愿还要看慈禧太后本人的意思。

7月15日（六月十四），醇亲王奕譞先上了一个折子，折子的前半段吁请皇太后体念时艰，继续训政，即便要归政，也应该等皇上二十岁时；后半段则专言皇帝亲政后宫廷一切事仍请太后裁决，上不问，始可专心典学云云。醇亲王的这个折子似乎已经有考虑接受皇帝亲政的意思，所以翁同龢对这个折子评价不高，以为"意甚远"。[①]

同一天，礼亲王世铎等重臣也奏请皇太后再训政数年；在大清王朝统治集团中拥有重要地位的蒙古亲王伯彦讷谟祜等也专折奏请皇太后从缓归政。这些呼吁、请求，可以说是帝国政治游戏，是政治粉饰，是对皇太后的拥戴。但是，慈禧太后并没有因此改变主意，她表示：垂帘听政之举，实在是出于万不得已。十余年来深宫训导，欣见皇帝典学有成，特命明年正月内举行亲政典礼。这个决定经过反复审慎权衡，是最后决定，不容再有游移。天下之事，至繁至赜。皇帝亲政之始，容或有未及周知的事情，但只要各位重臣共矢公忠，尽心辅助，内而枢臣，外而疆吏，均是朝廷的重要凭借，协助皇上处理政务，责无旁贷。各位只要殚竭血诚，力图振作，于应办事宜任劳任怨，不要因循推诿，致负委任。至于皇帝求学，本无止境，一切经史之功，国际事务，仍由毓庆宫行走诸臣朝夕讲求，不惮烦劳，俾臻至善。总之，帝德王道，互为表里，皇帝亲政后，正可将平日所学付诸实践，以回应天下臣民对皇上的期待。慈禧太后坚决否定了醇亲王奕譞等人请她继续训政数年暂缓归政的建议，表示这个事情不必再作讨论。

至于醇亲王奕譞在奏折中提出的宫廷政治内外并重，希望皇太后在归政后参照现在规制，凡宫中一切事宜，先请懿旨，再于皇帝前奏闻，以便皇帝能够专心于大政的建议，慈禧太后表示可以考虑，称皇帝很小的时候就被接到宫中由她亲自抚养教育，十余年如一日，感情至深，所以即便皇帝亲政，她也不会将所有事务全部推开，一定会利用自己的经

[①] 《翁同龢日记》第 4 册，2029 页，北京：中华书局，1992 年。

验随时调护，随时提醒。皇太后表示这是她的政治责任，不容推卸，不容否认。平心而论，慈禧太后的这个心情放在任何一个母亲那里都是可以理解的，不必凭空赋予特别的含义。

这一天，钦天监的选择光绪帝亲政吉期的报告也提交上来了，亲政典礼定于明年正月十五也就是1887年2月7日举行。

翁同龢是光绪帝的老师，两人关系很深，感情也好。如今皇上要亲政了，翁同龢觉得自己多年费尽心血努力奋斗就要有结果了。7月16日，他在给皇上例行上课时力陈时事艰难，总以精神气力为主，反复数百语，至于流涕，皇上颇为之感动。这一天，翁同龢还与各位王公大臣商量再上奏折，希望即便皇太后归政、皇上亲政了，海防及一切紧要事情仍应由慈禧太后做最后决定，并准许臣工封事直达储秀宫，像过去一样可以直接请示汇报。诸王以为然，但怎样建构这个新体制，诸位王公大臣以为还要与礼部商酌决定。

慈禧太后归政大概是没有办法转圜了，军机处和各位王公大臣现在能够做的就是劝说皇太后放慢归政的步子，或者答应在归政后仍然为帝国重大事务操劳。17日（六月十六），军机处拟就一份奏折，首言垂帘听政虽为权宜，仍是固守常法；次颂过去二十年，皇太后在大清王朝政治发展中的功德；末言外国交涉事，战守机宜，未来还是要仰承慈禧太后的政治经验和政治智慧。文中甚至有"为亘古未有之创局，即系亘古未有之盛事"二语，被翁同龢在当天的日记中嘲讽，以为不甚妥当。

翁同龢不仅忙着与诸位王公大臣商量着怎样请求皇太后暂缓归政，而且利用他与光绪帝的特殊关系，当面劝说光绪帝一定要在皇太后面前诚恳请求，真诚希望皇太后能对大清王朝继续负责。翁同龢等人的姿态究竟有多少发自内心真诚，有多少是官场规则和礼仪，我们并不太清楚，我们知道的是，在光绪帝、醇亲王奕譞、礼亲王世铎以及各位王公大臣一再呼吁奏请下，慈禧太后于7月19日（六月十八）不得已同意在光绪帝亲政后再行训政数年，真的是扶上马再送一程。慈禧太后在懿旨中重申：垂帘听政，历稽往代，皆出权宜之举，行之不慎，流弊滋多，史册昭垂，可为殷鉴。早些天因为皇帝典学有成，特降懿旨，及时归政。这是深宫十余年来殷殷盼望之苦衷，天下臣民自应共谅。所以当这个决定宣布后，王公大臣等合词吁陈，均未允准。只是最近几天，皇帝及各位王公大臣再四恳请，情真意切，力陈时事艰难，军国重要，提出了不少应对方案，读后令人深省。所以当皇帝初亲大政，决疑定策，实不能不遇事提撕，期臻周妥，何敢固持一己守经之义，致违天下众论之公？只好勉为其难，答应于皇帝亲政后再行训政数年。俟数年后斟酌情形，再行降旨。

慈禧太后原本可以功成身退，为她的时代画上一个完美句号，最终因为这些原因没有成功。

在各方压力下，慈禧太后收回成命，答应在光绪帝亲政后再继续训政若干年。这个决定为后来的政治发展留下了非常大的变数，至少使中国传统社会的皇权中心发生了偏移，使许多事情变得越来越复杂，越来越难办。

不过对可能发生的问题，慈禧太后和清廷最高政治层也并不是没有一点预感。皇太后在决定接受群臣呼吁收回成命时，就命令军机大臣礼亲王世铎等专门研究皇帝亲政后自己继续训政的制度安排，以免发生权力冲突，贻误大事。

根据慈禧太后的指示，军机大臣礼亲王世铎等根据内阁等衙门提供的相关文献和规则，于1886年11月21日向清廷提交了一份皇帝亲政后皇太后继续训政的制度安排方案：建议所有谒陵、祭祀等大典，均循旧制由皇帝亲自出席，或循旧制由礼部提出具体方案；凡遇皇帝召见、引见事宜，建议参照礼臣会议规制，暂设纱屏为障，皇太后在幛后升座训政；凡中外臣工呈递皇太后、皇上的奏折，均按照现在通行的规制书写；凡需接见的各部臣工，仍按旧制一律带领引见，至于皇太后是否出面接见，由皇太后届时自行决定；至于会试等各项国家大考，仍建议循旧制由相关部门拟题，呈皇太后审定，由皇上宣布，录取结果也仍由皇太后把关；内外臣工所递奏折需要批示、批复的，拟照旧制均请朱笔批示，由皇太后审定后发下。

按照这个制度安排，光绪帝亲政后似乎还有一个政务处理见习期，在这个见习期中，帝国重大事务除礼仪性典礼由小皇帝亲自出席进行政治历练外，但凡涉及政治决策、人事调整等重大事宜，仍由皇太后最后把关，但小皇帝的参与确实是越来越多。也许皇太后和满洲贵族重臣期望的是，十五岁的小皇帝在老太后的带领下在政治上逐步成熟，再过五年时间，待光绪帝二十岁的时候，能够独立处理政务，到那时为帝国操劳三十年的慈禧太后再从第一线退出。这样肯定更有利于帝国的稳定。

从大清王朝统治者的政治立场看，这个制度安排可能更合乎逻辑和道理，更合乎大清王朝的最大利益，所以在当时并没有人提出不同意见，一切都在按部就班地筹备着进行着。

1887年2月7日（光绪十三年正月十五）一大早，年仅十六岁的小皇帝一脸肃穆，亲往大高殿拈香，至寿皇殿行礼，然后率王公大臣、蒙古王公以及六部九卿满汉高官，前往慈禧太后居住的正宫慈宁宫门外行庆贺礼。礼毕，御太和殿，受王公大臣文武百官朝贺。礼成，光绪帝颁布亲政后的第一份诏书，感谢过去十几年慈禧太后的辛勤养育，颂扬皇太后过去十几年孜孜不倦、励精图治，大清帝国因之纲举目张，物阜民康，皇太后之丰功伟绩，为向来史册所无。

光绪帝的亲政诏书在谈到未来的体制时，强调尽管自己遵照皇太后懿旨亲政了，但未来几年帝国的重大决策依然如过去一样，由皇太后做最后决定，负最后责任，皇太后仍是大清王朝实际上的最高领导人。光绪帝要求诸王贝勒内外大小文武群臣，务当各抒忠赤，尽力报国；全国军民,敦本务实,共享升平。

慈禧太后继续训政,从理论上说并没有使大清王朝的政治体制发生改变,毫无疑问,随着小皇帝亲政,随着小皇帝的成长,帝国政治的最终决策权必将逐步向光绪帝移交,这是朝廷内外大小臣工都看得很清楚的。所以,随着光绪帝亲政,慈禧太后尽管继续为帝国政治负最后责任,但她相信一个时代必将终结,而一个新的时代正在开始,所以,她要主动让位,要为自己余下的岁月寻找生活兴趣,甚至要为自己找到一个更合适的居所,一来方便生活起居,二来逐步远离帝国政治中心,让光绪帝逐步独立自主地处理帝国政务。

或许正是基于这种考虑,在光绪帝亲政后不久,两宫就在进行这方面的安排。1888年3月13日(光绪十四年二月初一),光绪帝敕谕内阁,宣布将清漪园加以整修,并更名为颐和园,以备皇太后将来归政后居住。上谕说:过去二十余年,我圣母为天下忧劳,无微不至,而对自己实在考虑太少,现在想来实在有点不太合适,因念西苑距皇宫也不是很远,往年乾隆皇帝曾经在这里驻跸,殿宇尚多完整,稍加修葺,可以养性怡神。园中万寿山前的大报恩延寿寺是乾隆帝为庆祝其母六十大寿修建的。现在整理后由皇太后使用,敬踵前规,也是一个吉祥的去处,只是旧名清漪园谨改名为颐和园。殿宇一切亦量加葺治,以备慈舆临幸,更是作为慈禧太后六十华诞的贺礼。

对于光绪帝的孝心,慈禧太后当然高兴,但她也明确指示现在虽然寰宇粗安,也不敢稍有暇逸之心,还是应该一切从简,只要能够将国家治理好,国家强大了,人民富裕了,她的心也就安了。

颐和园的整修工程是与光绪帝亲政、大婚,以及慈禧太后完全归政联系起来的,环环相扣。也就是说,之所以要整修颐和园,是因为皇帝真的长大了,成人了,要结婚了,要完全主持帝国政务了,为了帝国权力中心的一元化和唯一性,慈禧太后确实准备迁出皇宫了。1888年7

月27日（光绪十四年六月十九），慈禧太后发布懿旨，定于次年二月归政。稍后，懿旨择定具体日期为二月初三日。至于光绪帝的大婚典礼，皇太后在稍后发布的懿旨中择定为次年正月二十七日。也就是说，光绪帝完成大婚典礼成人仪式后不到一周的时间，慈禧太后将把帝国的所有政务统统交给光绪帝。

慈禧太后这一次应该是真的下定决心退出政坛，徜徉于山水之间，颐养天年。慈禧太后这个决定究竟有多少诚意，后来的研究者多有怀疑，其实这些怀疑是没有多少道理的。事实是，随着完全归政日子的逐渐来临，朝廷内部似乎也有不同声音。1889年2月20日（光绪十五年一月二十一），御史屠仁守向朝廷递交了一份奏折，大意是建议慈禧太后在这次完全归政后，继续操控或者说实际上掌握政权，建议外省密折、廷臣封奏，按照训政时期的体制仍书"皇太后、皇上圣鉴"，俟皇太后披览后再施行，并建议皇太后不要住到颐和园，远离皇宫，而是继续住在慈宁宫，以方便对朝政的干预。

屠仁守的建议或许是出于挚诚，出于对帝国未来的关心，但是这个建议却惹恼了慈禧太后。太后看了奏折后极端震惊和愤怒，表示垂帘听政本属万不得已之举，鉴于前代流弊和教训，因而特饬及时归政，上符列圣成宪，下杜来世口实。这是不容再作讨论的事情。现在如果按照屠仁守的建议，归政伊始又降懿旨，饬令内外奏折仍书"皇太后圣鉴"，仍由皇太后指示，这不是让皇太后自坏规矩，自损名声吗？屠仁守的这个建议既与朝廷先前的决策相违背，又开后世妄测訾议之端，所见甚属乖谬。此事关系甚大，若不予以惩处，无以为逞臆妄言紊乱成法者戒。屠仁守为此丢掉了御史职务，并被宣布永不叙用，只好回老家教书去了。看来，慈禧太后的归政决心毋庸置疑。

当然，这样说并不意味着慈禧太后从此完全从政治中脱离出来，作为一个具有丰富政治经验的领导人和光绪帝的"亲爸爸"，慈禧太后归政后仍然有办法继续为帝国政治出力，为光绪帝把关。但这并不是继续实行训政时期的权力二元模式，即所有奏折一式两份，分送皇太后和皇上，而是权力一元，由光绪帝独立处理政务，惟需要皇太后操心者，由皇上的生父，也就是醇亲王奕譞随时与皇太后单线直接联系，听取皇太后的意见。只是这个联系，并不是帝国体制中的硬性规定，更不会使训政体制继续下去。

慈禧太后希望完全归政的决心是坚定不可动摇的，其诚意也是不必怀疑的。然而现在看来这个决定究竟是利是弊，也都很难说。清末笔记《异辞录》在谈到这个事情时就说，假如慈禧太后当时接受了屠仁守的建议，继续训政时期的一些做法，那么后来的甲午战争、戊戌维新肯定都会不一样，慈禧太后也可以避免第三次垂帘听政的尴尬，也没有大阿哥入嗣、义和团之乱、八国联军入都，乃至《辛丑条约》规定的本息加在一起多达九万万两白银的战争赔款。

历史当然无法假设，历史就这样走过了。1889年2月26日（光绪十五年正月二十七），十八岁的光绪帝大婚礼成。几天后，3月4日（二月初三），慈禧太后归政，光绪帝亲政。慈禧太后在宫中继续住了一个半月，就在光绪帝的陪同下前往颐和园。一个属于慈禧太后的完整时代就这样结束了，属于光绪皇帝的新时代就此正式揭幕。

从这个过程中，我们不难看到慈禧太后和中国农村中千千万万的老太太没有什么区别，她们养育了儿子，培养他成才，然后为他娶妻成家，把这个家交给儿子和儿媳。比较理智的婆婆此后一般都不愿过多干预孩子的生活。从日常情理的视角不难理解慈禧太后的选择和放心离开，就不会产生那些无端的猜疑和臆想。

当然，人们还想问的是：慈禧太后的时代真的就此终结了吗？后来的历史不是已经证明这个终结是不可靠的吗？

是的，这就是我们下面将要讨论的内容。

第一章　大转折

1889年3月4日,也就是光绪十五年二月初三,十八岁的少年天子光绪帝在王公大臣、蒙古王公,以及满汉文武百官山呼万岁声中驾御太和殿,举行亲政仪式,宣布大清帝国在他的领导下,必将在过去三十年洋务新政的基础上继续发展,大清王朝一定能够再现昔日辉煌,告慰列祖列宗。年轻的小皇帝踌躇满志,然而他不知道过去的三十年单纯发展经济很容易,吃穿住行等物质层面的西方化并不难,这方面该变的都变了,国家的经济实力、综合国力确实有了很大提升。只是正像慈禧太后所自信的那样,在她统治的这几十年中,大清王朝不该变的都坚守未变,比如满洲人的统治地位并没有因汉族人能力的被激活而丧失和衰落,满洲贵族在大清王朝政治生活中依然是主导的和最后的决定力量,大清王朝的政治体制坚不可摧,维持不变。可惜的是,慈禧太后的成就与自信恰恰成为少年天子面对的最大难题,跛脚的现代化已经成为中国发展的障碍,特别是在东邻日本的比对下,大清王朝旧有体制更显得具有非常多的问题。大清王朝的政治发展受阻于一个瓶颈,急需获得根本突破。

东邻日本转身向西

作为亚洲国家，中国和日本几乎同时面对西方的压力，但两个国家却采取了完全不同的回应模式，结果短短几十年后，中日两国不仅拉开一个很大的差距，而且形成严重的利害冲突。

就历史文化传统而言，日本深受中国影响，在西方文明来到东亚之前，日本民族具有典型的东方形态。千百年来，日本人虔诚地向中国学习，将中国文化在日本发扬光大，成就了日本民族的文化性格。在德川幕府统治的二百六十年间，日本与大清王朝一样，坚定实行"闭关锁国"的政策，对西方文明抱有一种不信任乃至敌视的态度。

到了近代，西方国家在工业化的刺激下需要向东方这片古老土地寻求更大市场，殖民势力东来改变了远东的政治格局，引发一系列后续问题。

面对西方势力的刺激、挑战，中国比较早地做出回应。然而由于中国的文化传统太过深厚，中国人在十九世纪中期之后一个相当长的时间里，虽然不能拒敌于国门之外，虽然被迫签订城下之盟，丧失部分权益，但是那时的中国人始终不愿意承认西方社会文化在整体上超过东方。聪明的中国人坚守文化民族主义立场，将社会文化解析为本与末、体与用，以为西方之长不过是奇技淫巧等形而下的东西（末、用），而中国之长则是西方人望尘莫及的根本之道（本、体）。中国之所以在战场上屡战屡败，主要是因为中国在技术上不如人。基于这种判断，中国在与西方正面交手二十年后，自十九世纪六十年代开始了向西方学习的历程，相继兴建一大批近代工业工程，使中国的经济实力获得很大提升。

深受中国文化影响的日本差不多同时也遇到来自西方的压力。1853年美国培理舰队叩关后，西方列强用武力撬开了日本紧闭的大门。西方近代文明的传入给日本社会的性质带来很大变化，一部分具有近代思想意识的下层武士，联合京都贵族和商业资产者，以"尊王攘夷"为旗号，掀起了一场轰轰烈烈的倒幕维新运动。1867年10月，德川幕府最后一任将军庆喜上表奉还政权，明治天皇嗣位。10月9日，明治天皇颁布《王政复古大号令》，废除幕府旧官制，广开言路，一扫历来积弊陋习。

1868年3月14日，明治天皇在京都紫宸殿率领王公大臣文武百官向天地神明宣誓，确立"广兴会议，万机决于公论"的维新政权基本方针，为彻底废除幕府制度、建立近代立宪政体奠定了理论基础，也为后来的自由民权运动，特别是开议院立国宪等提供了理论上的准备。

随后，明治政府大刀阔斧改革幕府体制，废藩置县，奉还版籍；改革等级制度、俸禄制度，禁止人身买卖，解放娼妓、艺妓，允许土地买卖及占有，允许农民自由选择职业；撤除幕府时期各藩国在交通要道私自所设关门或盘查哨所，允许自由贸易；使国家制度迅速现代化，积极开展对外交往，发展对外贸易，扶持民族工商业，实行殖产兴业、文明开化、富国强兵三大政策，在政治、经济、军事、文化教育等各个领域除旧布新，彻底改变幕府时期闭关锁国政策，引导资本主义全面深入发展。

中日两国一衣带水，两国人民素来交往频繁，即便在两国统治者都奉行闭关锁国政策的时候，两国商人之间的往来贸易依然红火。明朝中晚期的所谓倭寇云云，实际上是大明王朝对中日民间贸易管制失控的反映，反过来也证明中日民间交往并没有因为统治者的喜怒而有所改变。所以，日本明治维新的各种消息，很快就通过各种渠道传到中国，并在中国社会各阶层中引起不同的反应。

由于地缘政治的关系，明治政府在积极向外拓展政治贸易联系，寻求与各国建立近代国家关系时，自然忘不了近邻中国。1868年，明治政府转托英国驻上海领事温思达向清政府传书示好,要求通商。两年后(1870),明治政府派遣外务权大丞柳原前光、外务权少丞藤原义质、文书权正郑永宁等专程来华,要求仿照西方国家的惯例,与大清国建立正常的国家关系,使两国商贸往来制度化。

仿西洋诸国前例订约通商,原本不是什么问题,但可能因为日本只是亚洲"小国",根本无法与西洋诸强国并列,所以清廷对于是否与日本订约通商分歧很大。反对者如安徽巡抚英翰等"以前明倭寇为辞,奏请拒绝日本通商者",① 而恭亲王奕䜣、曾国藩、李鸿章等人为另一派,出于全球战略的考虑,以为即便不能倚日本为外援,亦应稍事联络,以为中国增一屏障,尽量不要让日本倒向西方诸强一边,成为中国的敌对力量。

1871年7月21日(六月初七),日本政府派遣的钦差大臣、大藏卿伊达宗城来华,抵达天津后与大清国全权大臣李鸿章进行订约谈判。几经反复,两国于9月13日(七月二十九)议定《修好条规》,正式确立两国对等的国家关系,中国终于放弃了名义上视日本为藩属的想象,承认日本为与中国地位同等的国家实体。

在这一系列交往过程中,日本使臣很自然地向中国方面通报了明治政府的维新情况,中国人特别是清政府领导层对明治维新有了大致了解,李鸿章甚至敏锐地意识到明治维新很可能对中国的未来发生不可预测的影响,他在一封写给恭亲王的信中高度赞美日本人发奋为雄的精神,赞美日本人不耻下问向西方学习科学技术的不懈追求,深深忧虑日本的发展可能对中国不利。在李鸿章看来,如果中国裹足不前,无以自强,那么日本必将与列强为伍,成为瓜分中国的一员;反之,如果中国能够坚定地走上西方化的道路,有以自立,那么作为东亚国家的日本必

---

① 《日本国志·邻交志三》,《黄遵宪全集》,963页,北京:中华书局,2005年。

将附丽于我,与中国结成战略同盟。

李鸿章对日本明治维新的认识是深刻的,然而中国像李鸿章这样的政治家实在太少。出于极端强烈的文化民族主义情绪,又因为明治维新激进主义政治措施的效果不容易在短期显现,大多数中国人对明治维新的改革方案似乎并不认同,以为日本脱亚入欧的政策太过激烈,即便给日本带来短暂的好处,但最终势必给日本带来巨大灾难,使日本丧失自己的文化根基,远不如中国坚守文化民族主义的立场,坚守"中体西用"的原则来得更为合理。比如积极协助恭亲王奕䜣一起发动洋务自强运动的文祥,就对明治维新持否定态度,以为中国自强不必效法日本。

明治维新的彻底西方化与中国洋务新政半西方化形成了鲜明对比,中国的洋务新政在最初阶段的成效似乎也远大于日本,所以虽然有个别先知先觉者看到了日本变革的潜在意义,但从总体上看中国人对明治维新似乎并不看好。十九世纪七十年代早期,关于明治维新的报道开始见于中文出版物,甚至还有专书介绍,然而由于中国的洋务新政坚守政治稳定和经济发展的硬道理,中国在短短的几十年里确实创造了经济上不容怀疑的奇迹,所以洋务新政的发展模式即便不被外国人看好,但还是实实在在给中国带来了好处,坚定了中国人对洋务新政发展模式的信心,使中国人大多看不上日本明治维新从政治上体制上解决问题的思路。

根据《中日修好条规》,明治政府于1874年派遣柳原前光为驻大清国秉权大臣。又过了三年,何如璋于1877年底出任大清国第一任驻日公使。

何如璋抵达日本时,距明治维新的发动已有十年之久,日本经过官制改革、奉还版籍、废藩置县、改革土地租税等措施,为资本主义发展扫清了道路,在殖产兴业、富国强兵、文明开化三大政策鼓动下,资本主义工商业兴隆,文化教育、科学技术也获得很大发展,为日本后来的雄起奠定了扎实基础。

面对日本的变化，何如璋进行认真研究，稍后将在日见闻编撰成《使东述略》和《使东杂咏》，向国人介绍明治维新各方面的情况，尤其是日本模仿欧洲而出现的各种新事物、新风气，以及由此带来的国民思想意识上的变化。这是中国人比较系统直接地了解明治维新的细节，有助于纠正国人先前那些不正确的看法。只是何如璋《使东述略》过于简略，也无法使中国人通过它建立对明治维新的完整认识。

中国人不赞成明治维新彻底西方化的做法，而坚守中体西用的半西方化。中国在经历了两次鸦片战争和太平天国等内忧外患的侵袭后，中国人并不完全反对学习西方，只是基于文化民族主义的立场，强调学习的选择性，以为中国的出路必定是在最近期的未来学习西方，走上西方近代国家发展的一般道路。只是从传统中国特别是儒家伦理的观点看，所谓西方近代国家的一般道路，实际上就是素来不被儒家伦理看好的霸道，就是弱肉强食，就是适者生存的丛林法则。所以，聪明的中国领导人一方面要学习西方国家的一切好处，如科学技术，如重视商业贸易，如开发资源，如重视教育等。至于西方近代国家的政治体制，诸如开议院，立宪法等，中国人则根本不必学。

按照张之洞后来的解释，洋务新政之所以坚守中体西用的原则，之所以不采纳西方近代国家开议院、立宪法的制度，主要是因为西方近代国家的这些制度貌似新颖，其实未必。按照中国传统政治制度，国家遇有大事，京朝官可以陈奏，其他官吏也可呈请代奏。至于承平之时，朝政清明，人们果有忠爱之心、治安之策，何患建议不能上达？如其可见实行，朝廷固所乐闻，当然更愿意采纳。这种有序政治强调建议在下，裁择在上，以收群策群力之益，而无西方近代所谓三权分立、相互牵制的弊病。在张之洞看来，中国传统政治体制虽不一定是人类历史上最好的，但最符合建立高效廉洁政府的原则。基于这样的分析与判断，洋务新政领导人当然不会认同日本明治维新的政治举措。

洋务新政是大清王朝领导集团比较自豪的一件事情，他们认为这个运动不仅拯救了整个中国，使中国避免了在西方蚕食下被瓜分被灭亡的危险，而且随着经济的成长，随着经济生活中新因素新成分的不断增加，大清王朝的政治统治也更加巩固。在他们看来，洋务新政在坚守政治体制不发生重大改变的同时，又学习、掌握了西方近代以来的科学技术，是真正意义上的中西合璧，优势互补，所以那个时代的中国人无论如何瞧不上日本人的"小人气质"：不敢坚守自己的文化立场，随风而倒。

此时的中国人看待中日两国走向近代道路的不同选择，更多的是采用重商主义眼光，没有看到日本道路的政治内涵和未来潜力，把明治维新看得与中国的洋务新政一样，只是一场以"富国强兵"为诉求的技术性改革。在洋务运动领导者看来，明治维新可供中国借鉴者主要是在军队建制、军工企业的创建、矿产资源的开采等方面的举措。至于明治维新在政治层面的变革，此时中国的官绅似乎还很少有人看清其价值与意义，甚至以为明治维新的彻底西方化是得不偿失，是对自身文化传统的丢弃。

明治维新的效果是逐渐显现的，在其当初，确实没有多少人能够看出明治维新会给日本带来巨大变化，更不会有人联想到这个事件与未来中国的命运休戚相关，互为因果。

就时间来说，日本的明治维新在中国的洋务新政之后，而日本利用西方国家技术兴办近代军事工业却要早于中国好些年。换言之，正像一些研究者所指出的那样，中国确立向西方学习的战略在1860年，也就是被英法联军攻破京师，遭受被称为"庚申之变"的屈辱之后，而日本确立向西方开放的战略是在幕府时代末期，早于中国很多年。

日本现代化起步早于中国，日本也确实不存在文化信念的坚定性，但是日本这个民族相信文化的整体性，他们在过去的一千年里一门心思学中国，如今在西方压力下也不像中国处处设防，时时担心被西方化，反而发现在未来若干世纪里，西方化是一股不可遏止的世界潮流，与其被这个潮流所抛弃，不如主动西方化，时时处处向西方国家看齐，迫使西方"以兄弟之国待我"。

十九世纪六十年代初，曾随幕府官员考察过欧美的福泽谕吉认同了国际关系中的"丛林法则"，以为所谓的国际关系从来都是由武力决定，"禽兽相接，互欲吞噬"，历史从来不会嘲笑胜利者，吞噬他人者是文明国，被人吞噬者是落后国，日本应该加入吞噬者的行列，与西方文明人一起寻求可供吞噬的猎物，因此福泽谕吉提出在亚洲东陲创建一个"新的西洋国"，这就是日本"脱亚入欧"主张的由来。

明治维新重建了国家权力系统，激活了日本民族前进的能量，所以其在后来若干年的发展速度，甚至比西方老牌资本主义国家还要快许多。在一个并不太长的时间里，日本基本上摆脱半殖民地危机，建立起一个独立自主的近代国家。

随着明治维新的进程，日本的国力在成长在壮大。1884年，福泽谕吉发表《东洋的波兰》一文，预言再过十五年即二十世纪初，庞大的中国将被欧洲列强和日本所瓜分，到那时，日本应该理所当然地占据台湾全部和福建的一半。至此，日本明治维新的对外指向终于曝光，日本政治、经济实力的发展给中国朝野很大震动，而其对外野心更使中国官绅忧心忡忡。

日本只不过是一个小小的岛国，竟然在向西方学习不久后崛起称雄，甚至敢于蔑视先前一向为其信服的中华帝国，并立下雄心要在不久的未来参与西方列强瓜分中国的活动。日本的这种狂妄当然不是毫无根据，所以那时稍具世界眼光的中国人由日本的成功敏锐地看到西方体制的价值与魅力。他们认为，日本的猖狂就是因为它学习西人进行变法改制，因此中国要想防止日本和西方列强的瓜分，就必须像日本那样向西方学习。

群雄逐鹿东北亚

中国不是自十九世纪六十年代开始就向西方学习了吗？是的，中国是向西方学习了，但是中国没有像日本"那样"学习西方。日本民族大概是没有多少文化积淀，也就没有多少民族文化传统的包袱，所以当日本人决定向西方学习时，他们干脆选择"脱亚入欧"的道路，立志在亚洲建立一个"西方国家"。而中国或许是因为历史文化传统的包袱太沉重，或许是因为统治集团中的聪明人太多，中国人始终不愿意相信域外文明有中华文明所根本不及的地方。他们始终认为，中国暂时落后的只是技术层面的"形而下"，只要中国人愿意，在形而下层面赶超西方并不是太难的事情。中国经过不到三十年的努力，不是重建帝国辉煌了吗？大清帝国的北洋舰队不是像西方强国的舰队那样耀武"扬威"了吗？然而经过十九世纪八十年代中期一系列边疆危机的考验，中国的经济与军事似乎还是不行，其真实力量可能还是不如小小岛国日本。

日本为什么能够在短短的几十年获得如此巨大且稳固的成果？这是当时中国人的普遍困惑，也是当时稍具世界眼光的中国人竭力求解的难题。他们意识到，日本发展如此之快且稳，肯定与明治维新的成功有关。不是中国人不够聪明，而是中国人的聪明用得不是地方。中国人向别人学习，总是喜欢用自己的想象去代替真实，总是能够指出所学对象存在的问题，总是防患于未然，在没有学成之前就改造，结果原本简单的东西却被中国人越弄越复杂，离实质、本质也就越来越远。中国人要想赶上时代步伐，就必须像日本人那样痛下决心，取法西方。

中国人如果当时像认识到的那样加紧学日本效法西方，或许还来得及,至少能够在东亚构成一个抵制日本急剧扩张的屏障,然而在王朝政治的支配下,慈禧太后漫长的统治使大清王朝长时期陷入战略争论之中,而日本则在这个时期急剧扩张,图谋朝鲜,其战略意图非常明显,就是以朝鲜为跳板登上亚洲大陆。

日本人的这个战略意图太明显了,包括恭亲王奕䜣和李鸿章在内的许多满汉大臣都看到了这一点,但是大清王朝在西方的压力下自顾不暇,朝鲜这样的藩国在不能得到宗主国有效保护的情况下,只能自己想办法,在争取民族独立、国家独立的同时,又不能不依靠、投靠另一个或几个大国。

在朝贡体制下,中华帝国在周边有着很好的屏障,周边许多国家实际上都是中华帝国的藩属,它们享有完整的行政主权,但由于与中华帝国有着某种程度的藩属关系,在各方面受到中华帝国的关照与保护。在这种体制下,中华帝国对这些国家享有名义上的宗主权,因此在履行宗主国责任的长期过程中,不能不奉行"王道政治":己所不欲,勿施于人,主持公道、正义,真的就像一个地区"老大"的样子,竭力维护与周边藩属之间的和平及良好的互动关系,不到万不得已,中华帝国不会出手动武,更不会纵容或支持某一属国挑衅、欺侮另一属国。中华帝国的尊严、信誉大于一切,与藩属诸国的所有交往,都必须从政治上考虑得失利弊。

然而,当西方势力开始向亚洲渗透后,中华帝国在西方的强势压力下逐步退却,它虽然有心继续维持帝国与各周边藩邦的政治、经济、文化联系,但实在说来已力不从心。西方势力不仅要将中华帝国的藩国变成自己的藩国或势力范围,它们的根本目标是要将中华帝国纳入西方势力主导下的所谓世界一体化、全球化的新秩序中。中华帝国在差不多一百年的时间里,尊严丧失殆尽,主权和领土完整受到严重破坏,逐步沦为西方势力的殖民范围。帝国不能继续信奉和坚守"王道政治",不得已转而信奉所向披靡、所向无敌的所谓"进化论"。

进化论的观念在中国传播已久，严复在解读西方这一近代思想时也曾注意它与中国古典思想的相似性，只是这一思想在中华帝国古典政治学的范畴中一直不被看好，更不被提倡，因为仅仅凭借"力"的角逐去获取霸权，但一种"霸道政治"，与中华帝国一直信奉、遵守的"王道政治"根本不可同日而语，是儒家伦理不太赞赏乃至根本反对的一种政治理论。但在西方的压力下，中华帝国出于民族存续的现实需要，不得已放弃王道政治，转向霸道政治，转向自身力量的积聚，于是乎远东地区直至整个亚洲，失去了可以信赖的"共主"或"盟主"，先前的各个藩邦在失去了中华帝国的保护之后，只能依附于西方各个强势国家，自谋出路。从这个意义上说，东北亚乱象的形成可能有许多的复杂因素，然而认真考究，可能与中华帝国立国原则的调整有着重要的因果关系。

西方国家对中华帝国施压始于十八世纪九十年代。随着中英之间贸易逆差的逐步扩大，英国人开始寻找机会向中国施压，无奈当时的中国基本上还是一个自给自足的自然经济形态，市场发育不完全，无法接纳消化英国更多的工业品，于是英国人一方面寻求通过向中国输入鸦片消弭贸易逆差，另一方面试图进入中国，由自己或与其他西方国家一道直接开发中国市场。

鸦片贸易严重侵害了中国的利益，于是中英之间以鸦片的名义进行了两次战争。两次战争都以中国的失败而结束，中国被迫向西方开放市场。

至十九世纪八十年代，中国内外环境发生了微妙的变化。列强不再满足通过两次鸦片战争所获得的市场准入条件与贸易范围，它们试图依靠军事实力进入中国内地，将整个中国都纳入它们的市场体系。为此外国势力不断在中国边境集结、窥视、示威、蚕食，北有沙俄，南有法国，西有英国，东边则是日本、美国，并最终导致了十九世纪八十年代中期的中国边疆危机和外交危机。

中国的边疆危机和外交危机因越南问题而引起。越南在历史上长期为中国的附属，只是后来中国因自身危机无暇顾及越南，而恰当此时法国势力东顾，遂使越南有意脱离中国的控制。但是到了十九世纪八十年代初期，中国因洋务运动的进行而使自己的综合国力有了一定程度的恢复，当中国的国力足以应付（其实是自认为足以应付）某些外交危机的时候，大清王朝的统治者自然不能继续容忍越南脱离中国的企图，顽强地要把越南保持在它的政治、军事和经济的势力范围内，从而引发了与法国的矛盾冲突。法国的政治、经济势力正在东向，它的初期目标就是要将越南等中国南部藩属纳入自己的体系。

法国对越南的觊觎很早就已经开始了，但真正着手进行实质性的占领与控制还是在1858年与中国签订《天津条约》之后。1859年，法国军队占领西贡，之后不久又相继兼并了南部诸省，拥有对越南南部地区的实际控制权，中越之间的宗藩关系受到严重的影响与挑战。

1874年，法国政府与安南（越南）当局在西贡订立和亲条约，通过这个条约，法国表面上承认安南独立，实际上是将其变为法国的保护国。条约宣称法国有义务保卫安南政权不受外国侵犯和干扰，并唆使安南国王将刘永福和黑旗军从河内附近及红河三角洲赶出去。对于法国迫使安南签订的这个条约，清政府当时无力干涉，但是清廷坚守安南为中国的附属国这一原则，始终不予承认。

从中华帝国自古以来所信奉、遵守和执行的宗藩政策而言，清政府此时所执行的政策显然有其无法自圆其说的矛盾之处。因为从宗藩体制的伦理观念说，藩邦有难，宗主国无论如何都要出手相救，即便因为自身力量的原因无法相救，也必须让藩邦充分理解。很显然，清政府此时已无力奉行宗藩体制下的王道政治，无法履行宗主国对藩邦的保护责任，清政府此时与法国冲突、斗争，在很大程度上已不是对藩邦尽责任、守义务，而是近代"霸道政治"伦理中对势力范围的争夺，与宗藩体制下的伦理观念相违背。清政府政策中的最大矛盾，是希望或者说期待王道政治与霸道政治两者兼顾。

法国对越南的军事占领也引起了安南政府的忧虑，为了抗拒法国势力的推进，安南政府加强了与清政府的联系，既向中国政府进贡，又请求驻扎在中国和安南边界上的非正规中国军队黑旗军给予援助。1882年，黑旗军开始与法国军队作战。翌年，清政府又秘密派遣正规军进入越南协同作战。

对于法国的企图，清政府当然看得很清楚，一旦法国完全控制了越南，肯定会对中国南部地区构成相当大的威胁。然而在中国军队现代化的任务尚未完成之前，在中国的海防计划尚没有落实的情况下，中国是否有必要为安南这一附属国不惜与法国这样的西方强国开战，却成了清廷内部持久争论的问题。主持朝政的恭亲王奕䜣和直隶总督兼北洋大臣李鸿章素来被认为最具有国际视野，最懂得近代国家的外交原则，其实转换一个说法就是，他们两人比较多地认同近代国家的"霸道政治"，而不再主张中国在尚未解决自身问题的情况下为周边藩邦履行责任和义务。他们均认为中国此时应该尽量避免与法国开战，应该尽力以谈判为手段解决中法之间的冲突，既维护安南的利益，又不使中国损失过多。

作为务实、相对比较清醒的政治家，恭亲王奕䜣、北洋大臣李鸿章等人太清楚中国的真实处境和实力，中国社会经济、国防实力经过鸦片战争和太平天国等一系列事件的消耗，几乎丧失殆尽。十九世纪六十年代初开始的洋务运动虽然使中国的状况有所改善，国力有所提升，但毕竟基础太薄，时间也太短，无法与西方老牌资本主义、帝国主义相比，当然也就不足与西方强国言战，更不要说正面交锋，中国的正确选择

恭亲王奕䜣（1833—1898），道光帝第六子，咸丰帝异母弟。他是咸丰、同治、光绪三朝名王重臣，洋务运动的首领，晚清新式外交的开拓者

就是尽可能地争取更长的和平时间发展自身。于是，恭亲王奕䜣与李鸿章等人设计了一个"明交暗战"的战略方针，派一些正规军队驻扎在镇南关外谅山一带，在国际社会面前表现出只求保境，而不愿与法国决战的姿态，争取国际社会的同情与支持。另一方面，清政府也暗中派一些非正规军队深入越南北部援助黑旗军，以期给予法国军队一定打击，至少让法国军队不能那样顺利地为所欲为。

平心而论，恭亲王奕䜣、李鸿章等人的设计从现代国际关系学的角度看，也不失为一着可以一试的"好棋"。无奈，在传统爱国主义心态支配下，国人不能容忍政府在边境告急的情况下故意沉默。而且，清廷内部相对比较边缘化的所谓清流党人，或许是因为近二十年的洋务运动已初见成效，或许是基于传统的宗藩观念和道义考量，共同谴责恭亲王奕䜣与李鸿章的绥靖政策只会鼓励法国人更加贪得无厌。

清流派的观点深深地影响了清廷的决策者，使清廷在战与和之间摇摆不定。"荣誉要求捍卫一个朝贡国，可是畏惧心理却不允许它去和一个西方头等强国打仗。"①1882年12月，李鸿章代表清政府与法国驻华公使在北京进行谈判，中国政府同意从越南北部撤回黑旗军，并在法国承诺放弃侵占越南北部的企图后，允许法国经过红河流域和云南进行过境贸易。双方还约定，中法两国政府共同保证越南的独立。这样一来，越南就由先前中国的附属国变为中法两国的共同保护国。

1882年的协定部分解决了中法两国在越南问题上的冲突，中国虽然放弃了对越南的完全宗主权，但毕竟没有诉诸武力与法国开战。而且，当国力并不足以支持中国拥有更多的宗藩国家的时候，部分放弃对某些周边国家的宗主权，也是中国建设现代民族国家的过程中必须付出的代价。然而，1882年的《北京协定》并不被1883年初上台的法国新政府所接受，法国新政府决定对印度支那实行更为直接的殖民统治。1883年5月，法国议会通过对越南北部进行军事远征的战争计划，中法关系陷入紧张状态。同年8月，法国军队开始在红河盆地对黑旗军作战，并很快突破黑旗军的防线。8月25日，法国与越南当局签署新协定，越南政府自认为法国的保护国，声明中国不得再干涉越南事务，完全否认中越之间的宗藩关系。这对大清王朝的威信无疑是一沉重打击。

黑旗军的失败尤其是越法新协定的签署极大地激怒了清廷中的主战派，二十余年的经济发展尤其是军事实力的提升使这些主战派底气十足，无法接受丧失越南的事实。曾纪泽明确向清廷表示，"越南本属中国，理应全境保护"。②他认为中国如果放弃在越南的利益，那么法国以及其他西方强国就会乘机从南方直入中国本土，对中国进行商业和政治渗透，南部中国就要为此付出很大的代价，不符合中国的国家利益。所以，清廷的主战派在批评李鸿章求和政策的同时，坚决要求派兵支持刘

---

① （美）费正清：《剑桥中国晚清史》下册，119页，北京：中国社会科学出版社，1985年。
② 中国史学会：《中法战争》第5册，80页，北京：新知识出版社，1955年。

永福和黑旗军，收复失地，恢复和巩固中国对越南的宗主权。恰当此时，越南政府内部也发生了变动，一批亲中国的军政大员发动政变，并请求中国政府出兵援越抗法。

主战派的要求和越南政府的请求，获得了清廷最高统治层的回应，清廷决定以武器弹药支持黑旗军，并从云南和广西调正规军五万人入越作战。1884年3月，中法军队在北宁附近交战，仅有一万六千人的法国军队竟然挫败了五万人的清军。中国军队失败的消息传到北京，慈禧太后利用外部危机解决内部危机，乘机罢免了恭亲王奕䜣的职务，委派李鸿章与法国代表谈判，寻求解决方案。5月11日，李鸿章与法国海军上校福禄诺在天津达成协议。根据这个协议，中国政府承认法国与越南签订的所有条约，中国驻越南的军队立即撤回；而法国则承诺不向中国要求战争赔款，保证中国南方边界不受侵犯，并承认中国在越南的势力，同意在将来与越南缔结任何条约时不使用有损于中国威望的字眼。

"李—福协定"或许是李鸿章心目中解决越南危机的一个比较好的办法，但是这个协定却遭到了清流党人的激烈反对，他们要求清政府追究李鸿章的责任。该和约本为预备性条约，正式签订应该在三个月之后。可是法国方面在该和约商定后就要求中国驻越南的军队执行和约，从越南撤出，因此必然遭到中国军队的拒绝，6月23日，中法军队再次冲突，战事又起，尚未发生效力的"李—福协定"无果而终。

占领越南并不是法国在远东地区进行军事行动的终极目的，它主要是希望能够以越南为跳板，将势力渗透到广大的中国腹地。所以，和约的无效及军事冲突的再起使法国更有了战争借口。1884年7月12日，法国政府向中国政府发出最后通牒，要求中国立即执行"李—福协定"，并索要大笔战争赔款。法国的强硬态度并没有改变清政府的立场，清廷迅即将主战的清流党领袖张之洞调任两广总督，张佩伦会办福建海防，摆出不惜与法军决战的态势。然而，法军并没有按照清廷的思路行事。

8月23日晨，封锁闽江口的法国军舰以突袭的方式攻击福州，仅仅一个小时就击沉中国十一艘兵船，并将1866年以来由法国人帮助建造的马尾船厂彻底摧毁。10月1日，法国海军陆战队在台湾基隆港成功登陆，23日宣布封锁台湾岛。

但在越南本土，中国军队在经过几次失败后，又向越南派遣了大量援兵，新任将领冯子材指挥有方，中国军队遂于1885年3月重新占领谅山，并准备向北宁、河内发动攻势。中国在军事上又获得了优势地位。

军事上的优势并没有促使中国乘胜追击，扩大战果。相反，因为北部边疆危机的再起及朝鲜问题的困扰，清廷决定乘谅山大捷的机会争取和平，以便赢得体面的结果。1885年6月9日，李鸿章与法国驻华公使在天津签订条约，中法战争至此结束。根据这项条约，中国承认法国与越南签订的所有条约，法国则撤走在台湾地区的军队。中国不必向法国支付战争赔款，然而中国对越南的宗主权至此彻底丧失。

中国的"不败而败"表明二十余年的洋务新政不堪一击，经不起考验。外交、政治和技术上的"有限现代化"根本不足以支持中国抗击列强，中国南方的朝贡国只好一个又一个地被放弃了。1885年，英国效法法国入侵缅甸，迫使缅甸脱离中国而沦为英国的保护国。这样一来，中国的南部边疆实际上已面临着英法两国的共同威胁。

放弃对越南、缅甸等南部附属国的宗主权，是清政府不得不选择的丢卒保车战略。早在中法战争爆发之前，清廷内部已有相当一部分人充分意识到中国真正的危机并不来自边远的南方，清政府面临的真正危险，除了国内骚乱外，主要来自毗邻京畿的北方，中国如果丧失对朝鲜半岛的宗主权，那将失去京畿的重要屏障。因此，包括恭亲王奕訢及李鸿章在内的许多满汉大臣真正关切的是京畿周边华北和东北地区的和平，他们不愿意在越南这块"无用之地"上与法国人决战，以免列强乘虚而入，从北方尤其是从朝鲜进入中国。这也是清政府为什么在谅山大捷后急于与法国和解的一个理由。而正是因为这个原因，清政府又丧失了琉球国。

琉球群岛位于中国大陆东方的大海之中，东北方与日本九州岛隔海相望，东南方与台湾岛隔海相望。根据可信的文献记载，琉球至少在隋朝时即与中国政府建立了联系，至明洪武年间，接受大明王朝的册封，称臣入贡。

日本明治维新后，国力增强，开始在琉球培植势力，急剧扩张。1872年，日本强制册封琉球国王为藩王，试图改变琉球的宗藩关系。只是日本的措施并没有获得琉球国的认同，其统治者希望继续与中国保持着传统的宗藩关系，不变更琉球的国体与政体。

琉球的坚持惹恼了日本，1879年3月，日本用武力迫使琉球统治者交出政权，接着宣布"废琉置县"，将琉球国改为冲绳县。

日本的做法激起琉球的反抗，琉球派员前往天津谒见北洋大臣兼直隶总督李鸿章，请求中国政府"尽逐日兵出境"。

然而此时中国的南部藩邦安南及西北边陲都相继出现的问题，清政府接受琉球的请求后，确曾通过外交渠道向日本政府据理力争，然而终究没有履行宗主国的责任，出兵奉有道而伐无道，维护琉球国的正当利益，主持正义与公道。"自为一国"的琉球生生被日本灭绝了社稷。这不仅极大地损害了大清王朝作为宗主国的信誉、尊严，而且使其他藩邦感到失望与寒心，从而与宗主国离心离德。

日本的战略目标当然不是一个琉球岛，它要扩大自己的生存空间，踏上大陆，就必须占领具有重要战略意义的朝鲜和台湾。

对清政府来说，朝鲜不仅是重要的朝贡国，而且具有不可替代的战略地位，是中国北部的一个重要屏障，在一定程度上隔离了来自日本及俄罗斯的威胁，清政府无论如何不能掉以轻心，更不能容忍它像越南、琉球那样无端丢失。自清朝建立，朝鲜与中国的关系更加密切，它除了偶尔与日本有过往来外，与西方其他国家并无交往。不过随着中国与日本相继向西方国家开放，朝鲜也逐步受到西方国家要求贸易、传教、建立外交关系的压力，法国人、美国人都曾不惜以武力相威胁，然而都在朝鲜的反抗下未能成功。

面对西方不断施压，中国早已自顾不暇，更无力保护朝鲜。自1867年始，中国政府有意识地劝导朝鲜与西方国家和解，建立适当的条约关系以抗衡日益增长的日本的影响。对此，朝鲜方面并没有给予积极回应，它既不愿意向西方开放，更对日本的维新运动不屑一顾，以为日本脱亚入欧，文明开化，与西人交好，不过是化为夷狄，与禽兽无别，朝鲜坚守不与日本交往的原则，宣布"与日本交际者处死刑"。对于清政府出于自身利益的考量一再劝告朝鲜与西方接触，朝鲜政府感到非常不舒服，这对中朝宗藩关系无疑投下了阴影。

朝鲜的冷淡使通过维新运动正在凝聚力量的日本甚为不满，日本政府遂于1875年准备以武力敲开朝鲜的大门，并为此专门委派使者前往中国试探清政府的反应，而中国政府此时正穷于应付各种外交危机无力东顾，只得告诉日本，朝鲜虽是中国的藩属，但其内政、外交从来悉听自为。清政府的这一态度显然与其宗主国的地位不太相称，无疑是在推卸自己的保护之责。

受清政府的鼓舞，日本决心以武力促使朝鲜开放，而清政府为避免冲突，遂指令朝鲜与日本进行谈判。1876年2月24日，日朝《江华岛条约》签字，日本承认朝鲜为自主之邦，享有与日本平等的权利；双方同意建立外交关系，互派使节；朝鲜同意向日本开放三个通商口岸，日本在这些口岸享有领事裁判权。由于中国没有履行宗主国的义务维护朝鲜的利益，中国在朝鲜的影响力显然在下降。

中国政府当然不甘心就此放弃朝鲜，特别是日本吞并琉球后，中国对来自东邻日本的威胁更加敏感。中国政府在无力履行或不愿履行宗主国权利与义务的前提下,决定推动朝鲜对西方国家开放,试图借助西方各国的力量抵消或减弱日本对朝鲜的影响。这一政策选择毫无疑问是放弃了宗主国的权利,当然也就放弃了宗主国的王道政治伦理。清政府对朝鲜的帮助与劝告,实际上只是一个友邦的做派,不再具有宗主国的风范。

1882年,主管朝鲜事务的李鸿章派员促成朝鲜与美国谈判,美国承认朝鲜的独立,双方同意建立外交关系,互派使节;朝鲜同意美国在通商口岸设立领事馆。此后数年,中国还促成朝鲜与英国、法国、德国签订了类似协议,在一定程度上促成了朝鲜的对外开放及现代化进程。中国在朝鲜的影响力也因此而明显有了上升的趋势,朝鲜依然自认为是中国的藩属。

日本对中国在朝鲜地位的上升心有不甘,其驻朝公使努力在朝鲜政坛培植亲日派。1884年12月,亲日派在日本的支持下,乘中国忙于中法战争无暇东顾的机会突然发动政变,中国驻朝军事将领袁世凯迅即出兵镇压,平息了叛乱,中日两国因朝鲜问题发生正面冲突。为了协调中日两国在朝鲜问题上的矛盾,李鸿章与日本政府专使伊藤博文于1885年4月18日在天津缔结条约。由于此时中国政府和李鸿章的精力都用在中法战争上,因此在朝鲜问题上不得不向日本让步,中日两国分享对朝鲜的宗主权,日本取得了向朝鲜派兵的权力,这就为后来的中日冲突埋下了伏笔。

日本的动作引起了清政府的注意,清政府派员到朝鲜推行洋务政策,企图以"以夷制夷"的手段,借助列强的势力牵制日本。结果使朝鲜成为各国势力角逐的场所,朝鲜和中国更加受制于美国和日本,并逐步形成英美日三国联合的态势。

慈禧太后和李鸿章不是没有看到日本的野心,但他们一是盲目乐观,相信中国的海防和军事实力经过几十年洋务新政的刺激、发展,

"已有深固不摇之势"。① 同时一厢情愿地希望中日一旦发生冲突时,由英、俄出面排解,这样中国从一开始就在外交上处于被动地位,听凭各国摆布。

虽然日本通过1885年的中日条约与中国分享了在朝鲜的权益,但鉴于当时的国际格局尤其是列强对朝鲜的觊觎,日本并没有立即设法清除中国在朝鲜的势力。相反,日本竭力鼓动中国加强对朝鲜的影响,期待由中国抵制西方对朝鲜的插手,待日本的经济及军事实力进一步加强,再与中国正面交涉,这样就可以确保日本在将来的朝鲜事务中只与中国打交道,而不必顾忌西方的利益,最大限度地减少日本可能遇到的障碍。

日本的战略似乎并未引起中国的警惕,日本在分享中国对朝鲜的保护权后的退让,在很大程度上满足了李鸿章的虚荣心,他遂委派极其能干的亲信袁世凯为驻朝全权代表。经过几年的努力,袁世凯在相当程度上控制了朝鲜的宫廷和政治、经济决策事务,在一定程度上恢复了中国对朝鲜的控制力。袁世凯的强势与中国影响的扩大确实遏制了西方对朝鲜的觊觎,但却正中日本的下怀。而且,日本始终没有放弃或削弱自己在朝鲜的活动,其驻朝鲜使团积极培植亲日派,力图将朝鲜变成日本独享的保护国。1894年3月28日,朝鲜亲日派领袖人物金玉均在上海被另一朝鲜人刺杀身亡,其尸体被朝鲜政府运回后凌迟示众以警示那些亲日派。这一事件在法理上虽说与日本无关,但日本朝野无不认为这一事件是对日本权益的冒犯,极端好战分子呼吁不惜以战争维护日本的尊严,玄洋社等秘密组织则竭力鼓动曾被朝鲜当局镇压而被迫转入地下的东学党策动反政府运动,以便浑水摸鱼。

在日本的鼓动下,东学党利用群众对于官吏贪污腐败的不满,于

---

① 《李文忠公全书·奏稿》卷72,4页,光绪三十四年刊本。

1894年4月初发起反政府运动。此时的朝鲜政府具有明显的亲中倾向，反政府运动日渐扩大之后，他们束手无策，只能向中国政府求援。6月1日，朝鲜政府与中国驻朝鲜总理交涉通商事宜大臣袁世凯秘密沟通，希望清政府派遣军队协助平定东学党反政府运动。对于朝鲜的求援，清政府也曾有所犹豫，然而日本方面在获悉这一消息后，却支持中国采取积极行动，并向中国政府暗示日本无意干预此事。中国政府尤其是李鸿章信以为真。6月4日，李鸿章奏请派遣直隶提督叶志超、太原镇总兵聂士成率淮军分批进入朝鲜，开抵牙山。6日，中国政府按照1885年《天津条约》的约定，将出兵朝鲜的决定告知日本。

中国的决定正是日本政府所期待的，因为只有如此，日本政府才能名正言顺地向朝鲜派兵。1894年6月2日，日本决定派遣一个混成旅团前往朝鲜。5日，日本组建战争体制，在参谋本部内设立大本营，直接隶属于日本天皇，并决定继续向朝鲜派兵。

当中日两国军队向朝鲜集结的时候，朝鲜政府已基本平息了东学党的反政府运动，局势趋于平静，中日两国驻军朝鲜的理由都不复存在，因此清政府建议中日两国军队同时撤走，朝鲜也要求日本撤军。然而日本根本不理睬中国与朝鲜的要求，除了源源不断向朝鲜派兵外，还于6月16日向中国政府提出，为了防止朝鲜再度发生内乱，必须改革朝鲜的内政。日本向朝鲜大规模增兵，决心促使中日关系破裂，但在表面上继续释放不再增兵的烟雾，麻痹中国政府，使中国驻朝鲜军队在思想上解除了武装。

日本不宣而战

对于日本的真实用意，慈禧太后和李鸿章等人并非茫然无知。李鸿章按照既定方针一面寄希望于国际干涉，避免中日冲突，争取和平；另

日军混成旅团在仁川港登陆

一方面，在主战派的促使下，也制定了一套作战方案，加紧调军队进入平壤，暂时放弃朝鲜南部地区，背靠中国，固守北方，形成中日两军对峙格局，一决雌雄。就军事布局看，李鸿章的方案无可厚非，是当时形势下的唯一选择。只是这一布置尚未就绪，日军就先下手控制了朝鲜政权，并对中国不宣而战。

1894年6月21日（光绪二十年五月十八日），中国政府拒绝了日本政府提出的中日两国继续增兵朝鲜及共同主持改革朝鲜内政的建议，允许朝鲜自行整顿内政。

中国政府的决定显然不合乎日本的利益。第二天，日本御前会议决定与中国绝交，继续向朝鲜增兵，由日本单方面迫使朝鲜进行全面的内政改革。28日，日本驻朝鲜大使大鸟圭介当面质问朝鲜国王：朝鲜是否为中国属邦？要求朝鲜公开宣布对中国完全独立，并限次日明确答复。

日本逼迫朝鲜向中国宣布独立，当然受到中国的坚决抵制。李鸿章在获悉这一消息后，一方面电令清政府"驻扎朝鲜总理交涉通商事宜"的全权代表——也就是实际上的总督袁世凯——设法通过朝鲜政府内部的亲华派加以反对，另一方面电令北洋海军提督丁汝昌做好军事准备，假如日本人执迷不悟，一意孤行的话，将随时派兵奔赴朝鲜与日本人决一雌雄。

对于李鸿章的指示，袁世凯有意遵从，无奈汉城的形势今非昔比，先前被中国政府扣留过好几年的大院君对袁世凯恨之入骨，再加上日本政府的威逼，袁世凯在朝鲜的处境已经越来越困难。当朝鲜向中国宣布已经决意独立的时候，袁世凯为了避免身受拘送之辱，有损大清王朝的声威，于6月29日致电李鸿章，请示在危机到来时下旗回国，主动撤退。中国方面似乎也意识到可能会出现最坏的情况。

李鸿章虽然做好两手准备，但军事方面的准备实际上似乎只是做做样子，深刻洞悉国际大势的李鸿章，此时却自以为是地在想利用列强之间的矛盾争取日本在朝鲜问题上让步。然而,列强各怀鬼胎,它们虽然向日本表达了一些劝阻意见,但并没有真正构成对日本的压力。到了7月初,日本不仅没有中止向朝鲜增兵,反而变本加厉提出改革朝鲜内政的五条主张,即改制度、整财政、整律法、理兵备、施学政。看来,日本在朝鲜问题上不会退让了。7月5日,袁世凯将这些情况向李鸿章做了专门报告,强调日本不可能像国际社会所期待的那样维持东北亚的和平,他建议清政府要尽速决定是和是战,不要再一味浪费时间,因为留给中国的时间已经不多。

留给中国政府的时间确实不多了。7月10日,在日本政府的强大压力下,朝鲜政府与日本方面就内政改革开始进行连续协商。同一天,日本驻朝鲜大使大鸟致电日本外务大臣陆奥宗光,建议日本政府不要拖延时间,应该采取断然措施彻底解决朝鲜问题。两天后(7月12日),陆奥宗光电令大鸟圭介不妨利用任何借口,迅速开始实际行动。中日之间的军事紧张已经到了一触即发的状态。同一天,日本驻华公使小村寿太郎照会中国政府,再次明确拒绝中国政府提出的日本从朝鲜撤兵的要求,声称中日两国如果发生不测之变,责任全在中方,日本不任其责。

日本的态度、立场坚定而不可动摇,而中国方面却一味拖延,进行许多不必要的政策争论,错过了军事准备的最佳时机。7月14日,清廷以事机紧迫,密谕李鸿章先派一军进驻朝鲜边境,并布置旅顺、大连及威海卫防务。第二天,清廷加派翁同龢、李鸿藻与军机大臣、总署大臣会筹朝鲜事务。

朝鲜战事已箭在弦上,清廷似乎开始有了紧迫感。7月16日,清廷判断中日之间战争不可避免,严旨令李鸿章迅速筹备进兵事宜,不可意存畏葸,徒事延宕。

中国政府的判断是对的,可惜许多大好时光都被列强的调停所耽搁。7月17日,日本御前会议决定与中国开战,并要求朝鲜废除与中国的一切条约，促使中国从朝鲜撤军，并限朝鲜方面22日答复，逾期不复，日本即采取断然措施。

日本全力开动战争机器，中国政府被迫应战。在日本御前会议决定向中国开战的同一天，光绪帝也明确表示以战争消灭战争的意思，"撤兵可讲，不撤不讲"，并宣布皇太后也有不准示弱的明谕。①

战争爆发只是时间问题了，然而固执的李鸿章在进行军事准备的同时依然做着国际调停梦，依然在为和平作最后的努力。7月19日，李鸿章提出解决中日关于朝鲜纠纷的新思路，建议以此作为中日继续协商的基础。这个新思路由驻日英国大使转递给日本政府，共有六个要点：

一、以后中日可各自派兵前往朝鲜平息动乱。**这显然是对日本先前要求的让步；**

二、中日商办在朝鲜的商务利益；

三、中日各派大员商办朝鲜兴利除弊各事，劝朝鲜国王照行，但不能勉强。**这一点也可以看作是对日本要改革朝鲜内政的回应或让步；**

四、中日两国达成不占领朝鲜土地的共识；

五、如遇朝鲜大典，日本不能与中国平行；

六、朝鲜为中国属国，这一点不容讨论。

李鸿章的六点新建议应该说有很大的让步，但日本政府并不愿意接受这个让步，更不愿意以这个六点建议作为双方谈判的基础。日本政府明确拒绝三、五、六等条款，也就是说，不愿意与中国协商朝鲜内政改革事宜，不愿承认朝鲜为中国属国这一基本事实。日本政府的态度及时回复给中方，并限中方五日内直接对日答复，不必通过第三国，如五日内中方向朝鲜增兵，即作为决裂，中日之间不再存在和平的基础。

日本的态度从根本上说就是不愿再与中国进行任何讨论，它认定只

---

① 《翁同龢日记》第5册，2708页。

有武力能够解决问题。这一点国际社会看得很清楚,英国政府、俄国政府等都意识到这一点,都认为日本不负责任得寸进尺,如果最终导致中日开战,实为远东乃至世界的大不幸。

国际社会道义上的同情并没有使李鸿章最后的外交努力获得回报,日本政府一意孤行,根本不在乎甚至可以说最希望与中国开战,一决雌雄,彻底解决朝鲜问题,也就是彻底改变朝鲜的地位,将中国军队从朝鲜赶出,使朝鲜从中国的属国变成日本的第一块殖民地。7月23日(六月二十一日),日本军队进占朝鲜王宫,将王室成员带到日本使馆,囚禁国王李熙,威逼国王生父大院君李罡应出面摄政,组织傀儡政府。25日,大鸟威逼大院君宣布废除中朝之间一切商约,并"授权"、"委托"日本军队驱逐驻扎在朝鲜的中国军队。中日之间终于兵戎相见于朝鲜。

当李鸿章预感中日之间的悬案依靠和平手段可能根本无法解决时,他根据朝廷旨意也在进行新一轮的军事部署。早在7月初,他就安排北洋水师营务处总办罗丰禄、天津海关道盛宣怀与怡和洋行在上海进行谈判,以月租金七千多两白银的价格租用英商印度支那汽船公司的"高升"号、"爱仁"号、"飞琼"号三艘运输船向朝鲜运送兵员。

李鸿章之所以租用英国人的运输船,其实也有自己的考虑。其一,中日之间虽然尚未正式开战,但相互关系已经非常紧张,战争一触即发。英国海军当时还是世界老大,不管日本人怎么蛮横强硬,大概日本人还不至于在海上对英国人的运输船痛下毒手。其二,日本一再要求中国不得再向朝鲜增援,中国尽管有号称世界第八强的北洋海军,但如果用北洋舰船运送兵员,可能会给日本留下借口,引发无谓的争执。

使用英国运输船是为了避免与日本人发生不必要的冲突,不过,李鸿章依然不敢掉以轻心,他指示北洋海军提督丁汝昌制订严密的护航计划,丁汝昌准备亲率北洋舰队主力"定远"号等八艘军舰护航,以确保"高升"号等三艘运输船的绝对安全。李鸿章内定的方案是,如果日本海军执意挑衅,胆敢率先开炮,北洋海军就必须给予坚决回击,甚至暗示当运输船遇到危险时,可以主动出击,防患于未然。

然而,到了出发的前一刻,李鸿章突然改变护航计划,北洋海军仅委派"济远"、"广乙"和"威远"三艘军舰在朝鲜西部海域巡弋,这三艘军舰以"济远"舰管带、副将方伯谦为队长。这就严重降低了护航能力。李鸿章之所以这样做,据说主要是因为列强态度有所改变,对日趋于强硬:一是俄国人对日本军队在汉城修筑炮台等事非常不满,准备派兵驱逐;二是英国政府已向日本发出警告,表示如果日本人固执己见,一意孤行,那么以后如果发生中日冲突事件,日本必将承担全部责任。俄、英两国的态度使李鸿章产生新的和平幻想。

增援部队的目的地是朝鲜牙山,而牙山深缩在汉江口即江华湾内,水域狭窄,登陆困难。所以,装载有两千六百名官兵和大批武器弹药的"高升"号等三艘运输船无法一起登陆,而牙山方面的守军也仅仅征集到三十条民船,每船每次只能装载三十人,而过驳距离长达七十里。中国军方尽管租用了三艘运输船,实际上也无法一次鱼贯而入开进牙山。这大概也是北洋海军无法周密护航而只能派出军舰在朝鲜海面巡弋的一个原因。

7月21日下午,满载增援兵员和武器弹药的"爱仁"号最先从大沽开行,第二天傍晚,"飞琼"号离港,第三天也就是7月23日晚,"高升"号按照计划从大沽启程。

在"济远"、"广乙"、"威远"三舰协助、警戒下,"爱仁"、"飞琼"两艘运输船在牙山接驳、登陆,总体而言还算顺利,但到了24日晚,方伯谦获悉在汉城的日本军队已经绑架了朝鲜国王,形势突然变得危险起来。

在北洋海军此次护航编队中的"威远"号,原属福建水师,是中国第一艘铁肋木壳船,由福州船政局制造,1877年竣工,后调入北洋水师。"威远"号为木甲船，速度慢，防卫能力差，其实就是练习舰，一旦用于实战，显然非常危险。鉴于这个情况，方伯谦命"威远"舰于24日晚间尽快返航，而由他率领"济远"、"广乙"两舰留在朝鲜海域等待"高升"号的到来。

按照原先计划，"高升"号应该在25日早上进入牙山。听说了日本人在汉城动手扩大事态的消息，方伯谦对"高升"号的安全似乎总有一点不祥的预感。25日一大早，方伯谦命"济远"、"广乙"两舰出牙山口迎接"高升"号。

从战术层面以及方伯谦对突发事件的反应和处置说，北洋海军指挥系统并没有大的失误，然而中方的行动计划乃至部署细节似乎都被日方所获悉。日本人在过去很长一段时间在中国经营了一个严密的谍报网，不仅有许多日本"中国通"在中国大肆活动，而且收买了许多中国人，下焉者如贩夫走卒，能够混迹市井码头，与工人为伍，知道"高升"号三艘运输船装载的详细情况；上焉者有不少官员，这些官员中据说还有李鸿章的亲戚、下属。这些官员不一定就是贩卖情报，但他们与日本间谍建立了"深厚情谊"，就难免在无意中泄露重要军机，使日本人很清楚地知道中国军队的异动时间、目的等细节。所以当"高升"号等三艘运输船在"济远"等舰护卫下浩浩荡荡出海时，日本人已经为它们准备好了圈套。7月20日，日本大本营接获北洋舰队将赴朝鲜牙山增援的情报，很快就部署日本第一游击舰队前往朝鲜西海岸拦截、偷袭。

日本第一游击舰队由"吉野"、"秋津洲"和"浪速"三舰组成，它们在接受命令后于23日离开佐世保基地。24日晚，绕过朝鲜半岛西南端，进入朝鲜西部海域，在那里寻找中国军舰，寻找挑衅的机会。中日之间爆发冲突已经在所难免。

中国方面尤其是方伯谦已经预感到危险，预感到中日之间或许会很快开战。7月25日晨七时二十分，方伯谦率领"济远"、"广乙"两舰出海口迎接"高升"号，因为"高升"号只是一艘运输船，船上有中国官兵一千多人，携带有轻武器，但运输船本身并没有攻击和防护能力，且速度缓慢，安全性差。

方伯谦率"济远"、"广乙"两舰刚出海口，就与正巡弋至此的日本联合舰队相遇。日本第一游击舰队的"浪速"舰舰长东乡平八郎最先发现这两艘中国军舰，并即时下达战斗命令。中国方面大约也在这个时候看到了日本军舰，大概也同样下达了准备战斗的命令。

大约二十分钟后，也就是七时四十五分，相向而来的中日两国舰队越来越近，相距大约三千米时，突然一声炮响，历时数月的甲午战争终于开始了。

这第一炮究竟是谁打的，历来说法不一。日本方面指责中国，说是"济远"舰最先开炮，日舰被迫还击。而中国方面，不论是当年的军方，还是后来的研究者，都一味指责是日本军舰最先挑衅，最先开炮。这一争论，一百多年来一直持续不断，迄无定论，估计永远也不会有定论。不过，揆诸情理按诸逻辑，各种可能性都存在，日本舰队既然合围中国军舰，当然有首先开炮的可能，更何况日本军方在此之前一直期待不惜一切手段向中国挑衅。至于中国方面，也不能说完全没有首先开炮的可能，这是因为"济远"舰官兵既然在人数上处于劣势，且中国官兵从来不愿做俘虏，不愿当战俘，那么置之死地而后生，先发制人，主动开战，争取主动，也不能说没有任何可能。所以说，谁先开的这第一炮大概已经没有办法追究清楚。

战斗打响后，中国舰队尽管在质量、速度、人数等各个方面都处于绝对劣势，但中国官兵进行了英勇抵抗。双方展开激烈的炮战，海面上硝烟弥漫，驰骋的军舰劈涛破浪，如蛟龙飞舞，如鼋鼍浮沉，壮观无比。然而以两舰对三舰，毕竟敌众我寡，敌强我弱，在苦苦支撑、奋力激战大约一个小时二十分钟后，方伯谦下令两舰设法突围，不再恋战，以免被日舰全部歼灭。方伯谦事后解释说,"济远"苦战了这么长的时间,如果继续恋战,就只有被日舰歼灭,与其被歼灭,当然不如设法脱身,保存实力。君子报仇十年不晚,只要青山在,不怕没柴烧。方伯谦的这个解释被很多人认为是狡辩,是为自己的逃跑辩护。其实,一百多年后冷静思索方伯谦和"济远"舰的选择,大概除了同归于尽外,只有设法突围这一条路。

其实,在战斗打响不久,由福建船政局制造的"广乙"舰就在敌舰炮火打击下受了重伤,鱼雷无法发射,船身严重倾斜,舰体基本毁坏,不得不退出战场,向浅滩方向撤退,在朝鲜"十八家岛"冲滩搁浅,幸存官兵在点火焚毁该舰后从容登岸逃离。战场上,中国军舰只有"济远"在苦苦支撑,以一抵三,自己虽然给敌舰重大打击,但也受到极大损伤。所以在这种情形下,方伯谦下令"济远"设法突围,应该说是唯一的正确选择。

"济远"舰的突围极为艰难,因为在"广乙"舰退出后,日本舰队的三艘军舰实际上是在合围"济远"舰。"济远"舰在找到一个机会后,迅速向中国方向撤退,因为如果赶得巧的话,或许有中国军舰能够给予接应也未可知。

中日舰队的将领虽然是各为其主,各为自己的国家而战,但他们的本事其实都是学自英国,许多将领在英国时都是同学,所以方伯谦的想法很难瞒过日本舰队司令官的眼睛。当"济远"舰转向而西时,"浪速"、"吉野"穷追不舍,无论如何不愿这到嘴的猎物再跑掉。

在配置、航速等方面,"济远"舰比不上"吉野"和"浪速","济远"舰真的想逃出敌舰合围,就只有兵不厌诈一个办法。"济远"一方面全速西向,一方面在眼见"浪速"将要追上时挂上了白旗,以诈降的手段迷惑敌舰。

"济远"的这一着或许真的起了作用,敌舰放慢了追赶的速度。然而,"济远"舰并没有在挂上白旗后停下来,它利用敌舰短暂的犹豫,突出包围,逃之夭夭。

据说,白旗在海军交战中可以有多种含义。你把白旗理解成投降,可以;你把白旗理解成没有敌意,也可以。没有敌意,并不意味着投降。所以挂上白旗的"济远"舰可以表示自己此时无敌意。而在日本舰队司令官看来,你既然挂上白旗,就意味着愿意投降,既然愿意投降,还往中国方向全速逃跑,就是欺诈。所以,日舰在短暂犹豫后很快反应过来,继续全速追赶,并向"济远"发出停止前进的命令。在距"济远"大约三千米时,日舰"浪速"毫不客气地对着挂有白旗的"济远"舰开炮猛轰。

"浪速"的炮击没有使"济远"停止前进,"济远"只是在白旗之下加挂一面日本海军旗,似乎期待以此继续迷惑日舰,而日舰"浪速"果然又有点相信,它向旗舰"吉野"报告说敌舰已经降服,自己已经向中国军舰发出停止航行的命令,并准备向其靠拢。

在"浪速"被迷惑而迟疑的时候,运载中国官兵和武器弹药的运输船"高升"号出现了;紧接着,北洋舰队的通信舰"操江"号也进入日本军舰的视野。

"高升"号和"操江"号的出现极大缓解了"济远"的压力,分散了日舰的注意力。"操江"号在大约十一时许与正在西逃的"济远"舰擦肩而过,大概是太过匆忙、太过紧张,"济远"舰甚至没有通过旗语或其他手段向"操江"号报告危险。这一点使"操江"号成员后来很不满意。

"济远"舰全速西逃,又出现了"高升"号、"操江"号,战场上一下子多出两个目标。日本舰队司令官稍事考虑,调整部署,令"浪速"放弃追踪"济远"舰,专门对付"高升"号;令追击"广乙"号至浅滩的"秋津洲"号转而追击也已西向逃跑的"操江"号。至于正在全速西逃的"济远"舰,则由舰队司令官所在的旗舰"吉野"号对付。

部署调整后,"吉野"号全力追击"济远"舰。中午十二时半,"吉野"追至距"济远"大约两千米处,连发六枚炮弹,重创"济远"。

"济远"官兵此时也非常愤怒,因为他们挂上了白旗,又挂上了日本海军旗,其实就是表明自己已无意恋战,无意与日舰为敌,自己全速西向逃走,也只为活命,保全舰只而已。日本人逼人太甚,"济远"舰官兵在主炮被毁、主炮手或亡或伤的情况下,破釜沉舟,背水一战,许多水手挺身而出,奔向尾炮,连发数弹,击中"吉野"要害。"吉野"船头低俯,孤军无援,心生怯意,只好挂起白旗和黄龙旗,表示不再追击,然后仓皇转向,沿来路逃回。"济远"舰终于摆脱困境,从容返航。

"济远"舰终于在激烈的丰岛海战中保全下来了,但是它忘记了自己的任务是为"爱仁"、"飞琼"和"高升"三艘运输船护航,忘记了作为旗舰、作为司令官所在舰,应该保护战斗力很低的"操江"号通信舰。这也是后来清政府向方伯谦问罪的重要原因。

至此"爱仁"号、"飞琼"号、"威远"号都已经安全返航,"广乙"号搁浅自焚,剩下的只有"操江"号和"高升"号。

"操江"号原属南洋水师,后来借调至北洋,主要用于通信和运输,是一艘老式木壳军舰,此时已服役二十多年,设备老化,配置陈旧,船上的五门火炮在浩瀚的大海中对付一下海盗还可以,真的要与日本的正规海军作战,那简直就是一点办法也没有。船上配置的官兵为八十多人。

在平时,"操江"号送送文件,送送无关紧要的一些设备,大概还可以,不料这一次它从威海向朝鲜牙山运送文件、武器和饷银,却遇到了强敌和真正的危机。

"操江"号与正在西逃的"济远"舰相遇是在上午十一时许,地点就在丰岛附近的海面上。"济远"舰没有向"操江"号暗示任何危险,更没有出面保护"操江"号,而是一味西逃。不过,"济远"舰的反常行动似乎也提醒了"操江"号上的中国官兵,他们迅即掉转航向,和"济远"舰一样,向中国方向飞驰而去。负责追击"济远"舰的日军旗舰"吉野"号与"操江"擦肩而过,但它并没有制止"操江"号西逃,而是继续追击"济远"号。

在当时的情形下,"操江"号转舵返航无疑是一个正确的选择,因为它实在没有力量与日本军舰中的任何一个相抗衡。

"吉野"号的不理会并没有给"操江"号带来更好的运气,实际上正如我们已经知道的那样,日本的三艘军舰已有分工,"吉野"全力对付"济远"舰,而负责追击拦截"操江"号的是"秋津洲"。"秋津洲"一路狂奔,终于在下午二时许追上"操江"号,遂发炮示警,命令"操江"号立即停止前进,就地抛锚。

"操江"号当然没有听从"秋津洲"的命令,继续西行。"秋津洲"再度逼近,并向"操江"号发射了一枚炮弹。"操江"号舰长王永发眼见自己将成为日本人的俘虏,心有不甘,准备自杀,但被随船的丹麦电信工程师劝阻。因为在西方人的伦理观念中,当无法战胜敌人时举手投降,并不是耻辱,更不涉及道德。而中国人大约自宋朝之后,在伦理观念上总是宣扬忠君报国,总是激励将士不成功便成仁,自杀殉国。不幸当了俘虏,那真是生不如死,不仅要接受组织上的审查,看看有没有向敌人泄漏什么有用的情报,而且受到亲人的歧视,从此再无扬眉吐气之日。

在丹麦人的劝阻下,自知不是日舰对手的"操江"号终于停止了任何抵抗,挂上白旗和日本旗,接受"秋津洲"的指令,就地抛锚接受日军登船检查。但"操江"号官兵在决定投降的时候根据丹麦人的提示,将重要文件及密码本投入炉火中,最大限度地保护了清军的秘密。

"操江"号是日本海军缴获的第一艘中国军舰,后被拖至日本海军基地佐世保港口。日本人并没有因为"操江"号配置陈旧而弃之如敝屣，而是充分利用，最大限度地发挥其功能，它先是被改作日军训练舰，退役后充任检疫船，直至1965年才被解体，大概是北洋海军中寿命最长的舰船。

"济远"舰重创"吉野"号后终于有幸逃走，"操江"号不幸成了俘虏，战场上此时只剩下"高升"号。

"高升"号出现在丰岛海面的时间大约为早上八时许，但由于"高升"号是英国商船，挂着英国国旗，且由英国人担任船长，所以"高升"发现日本军舰后并没有怎样恐慌，而是按照计划继续在预定航线上前行。

九时许，日舰"浪速"号逼近"高升"号，在向"高升"号鸣放两声空炮后，用旗语要求"高升"号下锚停航，就地待命，否则后果自负。

"高升"号只是一艘运输舰，根本没有大炮之类的配置，船上的中国军人也非海军，没有海上战斗的经验。"高升"号的船长是英国人高惠悌，他看到日本军舰气势汹汹，不可阻挡，当然不会选择对抗，即便为船上一千多名中国人的安全考虑，高惠悌只能接受日本人的指令，停止前进，接受检查，避免无谓的冲突，避免不必要的伤亡。

"浪速"号此时正在追击"济远"号，它向"高升"号下达停止前进的命令也只是一个临时的处置措施，命令下达后，"浪速"号并没有登船检查，而是继续追击"济远"舰去了。"高升"号看着"浪速"号越走越远，不知道"浪速"号究竟是要干什么，遂用旗语询问自己是否可以恢复前进。谁也想不到的是，"浪速"号正在向追击对象"济远"舰发出停止前进，否则后果自负的命令。"济远"舰当然没有听命，而"高升"号却稀里糊涂地以为这个命令是给自己的，结果就地待命，错过了逃跑脱身的一个重要机会。

"高升"号

日本"吉野"号快速巡洋舰

也就是在这个时候,日本舰队司令官调整了各舰任务,"吉野"负责追击"济远","浪速"全力对付"高升"。"浪速"接令后调整航向,重新驶回距离"高升"号大约四百米的地方,再一次命令"高升"号原地不动,等候检查。为防不测,"浪速"号还将所有大炮都露了出来,并用右舷炮对准"高升"号船身。

十时许,"浪速"号放下一只小艇,几名全副武装的日本海军士兵在人见善五郎大尉带领下,乘坐这支小艇登上了"高升"号,要求检查商船执照。英国人船长高惠悌在接受检查的同时,也提请日本军人注意"高升"号是在伦敦注册的英国籍商船。

日本军方无论怎样蛮横,怎样期待与中国开战,但都不能无视英国的利益,更不能侵犯英国的商船。不过,"高升"号上毕竟装载有一千多名中国官兵,而日本政府在几天前就明确告诫过中国不要向朝鲜增兵。所以,日本军人可以不对"高升"号采取措施,但毫无疑问,他们不会放过这些中国军人。

高惠悌与日本军人交涉的详细情况,在船上的中国军人似乎并不知道,但中国带队将官请求搭乘"高升"号的德国人汉纳根转告高惠悌,中国军人宁死也不愿当日本人的俘虏。汉纳根会中文,一方面将这个意思向高惠悌做了解释,一方面劝慰中国将官注意维护船上的秩序,注意照料中国士兵,这样或许有利于高惠悌与日本人谈判。

日本人其实也没有什么好谈的,他们既然不能打击"高升"号,就只能命令"高升"号跟着"浪速"号,大概意思是要将"高升"号拖至日本海军基地,然后再作处理。

将"高升"号拖至日本人的基地,当然是中国官兵无法接受的。只是"高升"号毕竟不是一艘战舰,船上的一千多名官兵毕竟不是水手,比较合乎情理、能最大限度减少损失的选择,是"高升"号暂时接受日本人的安排,然后通过外交渠道去解决。所以船长高惠悌回答日本人说，如果你们的这个说法就是命令，那么我没有别的办法，只有在表示抗议的同时予以服从，因为一艘商船绝对无力抵抗一艘军舰。

"高升"号是英国商船的事实也使中国官兵存在幻想，他们觉得自己既然乘坐英国人的商船，就等于站在英国人的土地上，无论如何不愿被送到日本人的军事基地，那样无疑是投降，在中国人的伦理观念中是为人所不齿的。他们既然已经无法继续前往朝鲜牙山，于是希望英国船长将他们送回中国大沽。

日本人当然不会同意中国官兵返回中国的要求，而欧洲人毕竟是最现实的功利主义者，他们也不敢违背日本人的意志，正如高惠悌反复向中国将官所解释的那样，任何抵抗都是徒劳的，因为一颗炮弹就能在短时间内使"高升"号葬身大海。

欧洲人的理由说服不了中国官兵，但中国官兵对当俘虏的恐惧依然存在，稍经权衡，他们发现自己毕竟有一千多号人，而"浪速"舰上不过只有四百人。如果"浪速"上的日本人胆敢登上"高升"号强制他们，那么他们差不多是三个人对付一个日本人，应该有点胜算。

中国将士的坚守使"高升"号上的欧洲船员非常为难，作为非武装人员，他们当然不愿意与中国人一样送死，欧洲船员通过船长高惠悌向中国人提出，如果中国人执意要与日本人开战，那么就请允许"高升"号的外国船员安全离开。

看起来这是一个合理的要求，但一个实实在在的问题是，这些船员离开后，"高升"号无人驾驶无人操作，只能任人宰割，毁灭只在一瞬间。所以当中国官兵明白欧洲人的意思后，他们出于求生的本能，无论如何也不同意这些外国船员离开。中日军队之间的冲突一下子转变为中国军人与欧洲船员之间的矛盾。

中国政府是这艘运输船的雇主，没有中国乘客的同意，欧洲船员无论如何不能擅离职守，当矛盾得不到合理解决的时候，欧洲船员无论如何也应该对自己的乘客负责任。可是，这些欧洲人并不愿意遵循这些行规和伦理，他们从来所受的教育，都是个人生命大于一切。他们向"浪速"号发送信号，要求日本人派个小船接他们，执意要弃"高升"号而他去。

漫长的交涉与哄闹使"浪速"号上的日本人也弄不清"高升"号上到底发生了什么事，在高惠悌一再请求下，"浪速"号上的日本人再一次在人见善五郎大尉指挥下，乘坐小船靠近"高升"号。这一次，中国官兵情绪激昂地聚集在甲板上，他们既不愿日本人登船，也不愿欧洲人离开。不得已，日本人只好与中国将官直接谈判，汉纳根担任翻译，船长高惠悌在场。

高惠悌要日本人告诉"浪速"号舰长，说"高升"号上的中国军人拒绝当俘虏，坚持要返回大沽口。他还指出，"高升"号只是一艘英国商船，况且他们受雇于中国政府，帮助中国人运送兵员时中日之间并未开战。

汉纳根也告诉日本人，船长高惠悌和欧洲船员均已失去自由，而船上的中国军人的情况又是如此，"高升"号如果被拖至日本的军事基地，不知道在这个过程中将会发生怎样的大事变。他请求日本人重新考虑先前的决定，允许"高升"号返回中国大沽口。

中国军人、高惠悌，尤其是汉纳根的表示似乎引起了日本人的注意，人见善五郎表示要改变先前的决定，他个人肯定没有这样大的权力，他必须回到"浪速"号请示舰长。这时各方交涉已经有三个小时了，时间为正午十二时半。

日本人返回"浪速"号时，高惠悌召集所有高级船员到驾驶台开会，商量对策，汉纳根也参加了这个小会。他们很快决定，如果日本人不接受中国人的要求，或者日本人向"高升"号射击、开炮，那么希望所有船员设法离开"高升"号，各自逃生。

正在这时，日本人的决定也出来了。"浪速"号舰长东乡平八郎听了人见善五郎的报告后恼羞成怒，认为这是中国人有意与他们为敌，有意刁难，只有用炮火破坏"高升"号才能化解分歧，解决冲突。"浪速"号此时还有一个很重要的担心，就是"高升"号上的中国军人是在拖延时间，以待后援。所以"浪速"号用旗语通知"高升"号所有欧洲船员立即离开，避免在中日冲突时伤及这些欧洲人。

欧洲人在获得弃船的通知后准备离开，但是中国人似乎已经明白了日本人和欧洲人的意思，他们清楚只要欧洲人在船上，不管怎么说，日本人还是有点顾忌。如果这些欧洲人真的离开了，日本人什么事情都干得出来。所以他们立即用各种方法控制欧洲人，这些船员面临着来自中国人的生命威胁。

陷入困境的欧洲船员再次向"浪速"号求救，请求日本人再派一艘小船来。"浪速"号表示不能再派小船，并将代表将要发动攻击的红旗高高挂起。这是一个非常危险的信号，可是高惠悌和欧洲船员似乎此时只想着自己的生命安全，无意采取任何防范措施。

下午一时许，"浪速"号前进至距"高升"号仅一百五十米的地方，突然向"高升"号发射了一枚水雷，紧接着，又用右舷六门速射炮向"高升"号一阵猛轰。

猛烈的炮火给"高升"号带来巨大的恐慌，但对那些欧洲船员来说，这些炮火似乎又是命令，又是暗示。他们听到大炮声后，不论是站在桥楼上，还是站在甲板上，几乎都动作整齐划一地拿着救生圈，拿起舢板，往水里跳。

欧洲人的动作震惊了中国官兵，当中国官兵醒悟过来时，突然觉得这些欧洲人与日本人合谋算计了自己，于是毫不客气地朝着水中的欧洲人开枪——谁让他们背叛中国人呢？

炮轰仅半个小时后，"高升"号就迅速沉没大海，在这沉没的过程中，清军中会游泳的不会游泳的，都纷纷拿起救生圈，或者放下吊艇，或者抓住一块舢板，跳进水中，仓皇逃生。有的侥幸逃了出来，更多的人或被"浪速"号上的日本人，或被那些不敢跳水的中国人开枪打死，而留在"高升"号的中国官兵，最后都沉没大海，葬身鱼腹。据研究，遇难的总人数近九百，大约只有一百七十人侥幸逃生。

终于知道什么是兵败如山倒

1894年7月27日（光绪二十年六月二十五日），丰岛海战的消息传到了北京，但清廷最高层对此并没有多少激烈反应，大小官员都在准备着第二天的万寿节。整个北京风平浪静，张灯结彩，匠人们用各种各样的彩画、布匹等将京城的主要街道包装得绚丽多姿，到处显示着天朝上国正处在历史上难得的太平盛世。

万寿节是皇上的诞辰纪念日，当然也是全国人民的盛大节日。这一天，光绪帝兴高采烈，御太和殿接受王公大臣及蒙古王贝勒贝子以及满朝文武大小官员的祝贺，赏赐无算。在这里根本感觉不到中国正处在危险之中，正在战时状态。

清政府之所以对日本的挑衅反应迟钝，主要是因为日本击沉"高升"号，虽然死的是中国官兵，但这艘运输船毕竟属于英国，英国政府对此不可能保持沉默，大英帝国的尊严一定会使英国政府对此做出强烈反应。所以在某种程度上说，清政府某些人甚至可能怀有相当阴暗的心理，暗自庆幸"高升"号事件的发生——终于将英国人拉下水了，列强不会轻易放过日本。

其实，这些人忘了，"高升"号是英国商人租给中国政府使用的，在签订租用合约时，中国政府就有明确的承诺：如果因为爆发战争造成轮船损失，那么由中国政府负责赔偿。所以"高升"号被击沉，英国政府并不认为是英国人的重大损失，更不会认为是日本人故意侮辱英国。何况，日本人在事件发生后第一时间就向英国人做了解释，双方达成某种程度的谅解。

列强不愿强力调停中日之间的冲突，英、俄等国之所以在中日之间两边说和，其实都有各自的打算和私利。但中国政府对于列强的调停寄予无限期待，在军事上也就没有进行认真的准备。北洋海军虽然号称世界第八，但这支新建的军队只是规模大，其实并没有经过实战检验，而且也有很多年没有更新装备了。至于陆军，清朝的体制是各自为政，李鸿章一系的淮军在过去与湘军并肩作战，在剿灭太平军、捻军的过程中发挥过作用，然而也毕竟几十年没有参加过实战了，这支军队究竟能否顶住日本的进攻，恐怕李鸿章心里也没有数。李鸿章一直寄希望于国际干涉，或许在其思想深处也有对中国军队缺乏自信的意思。

而日本由于一开始就计划在战场上见胜负，始终立足于打，所以日本军队不仅在气势上压倒中国，而且准备充分，始终保持着进攻姿态。这也是中国后来一败再败的关键因素。

日本人已在朝鲜占据明显优势，朝鲜政府由于国王被日本挟持到日本使馆，实际上也就被日本人所控制。早在7月26日，日本人以朝鲜国王的名义发表声明，请日本人出面代为剿逐在朝鲜的中国军队。中日之间的正面冲突已经不可避免，不论中国政府是否愿意。

中国政府原定27日向日本宣战并布告各国，军机处甚至已经为此拟定了文件，大臣们也有了相当的心理准备。可是在军机处正式开会讨论此事时，庆亲王奕劻介绍了他当天与英国驻华公使欧格讷的谈话，认为事情尚未发展到那样严重的程度，中国政府现在向日本宣战，时机尚不成熟。何况，日本海军在丰岛海面将英国的"高升"号击沉，日本无论怎样辩解，这种行为都是完全非法的、无理的，因为"高升"号毫无防卫能力，又载有一千一百人，日本将其击沉，其行为是显然是蛮横、残暴和无耻的,相信英国政府不会对此视而不见,继续容忍。

庆亲王向军机大臣转述的欧格讷谈话只是自己的理解,因为欧格讷在谈话之后向英国政府提交了一份谈话备忘录,其中并没有提到英国政府将向日本问罪,而是反复强调如何处理"高升"号事件,将由英国内阁决定。欧格讷在当天的谈话中,真正关心的是中国如果不得已和日本开战,那么中国究竟有多大把握。而恰恰在这一点上,庆亲王的犹豫使欧格讷证实了自己的判断,那就是中国人对自己的军事能力可能还缺乏信心。

除了庆亲王的转述,李鸿章这一天也向清廷转报了驻英国公使龚照瑗的报告。龚照瑗在报告中说他从英国外交部获悉,英国已决定联合各国勒令日本从朝鲜撤兵。由于这个信息的大概意思欧格讷在与庆亲王的谈话中也略有透露,由不得中国大臣不信。翁同龢就在日记中认为"其言确凿可凭"。① 中国政府原本要发布宣战声明并布告各国,基于这种考量,也就暂时停止了。总理衙门将这些已经准备好的文件的大概意思告知在天津的李鸿章。

李鸿章收到这些文件后,其判断与总理衙门及军机处大臣们几乎完全相反,他在第二天(28日)回复总理衙门的电报中认为,日本率先开战,中国自应布告各国,使各国明白衅非我开。这个态度对清廷的决策发生重大影响。29日,清廷下令召回驻日公使汪凤藻。30日,总理衙门照会各国公使,谴责并声叙日本悖理违法,首先开衅,请求各国主持正义,共同声讨。在日侨民,委托美国代为保护。31日,总理衙门照会日本驻华临时代理公使小村寿太郎,表示日本既然首先开衅,致使中日之间修好约定不复存在,此后中日之间已没有什么可以商量的事情。实际上是要求日本驻华使馆下旗关闭。同一天,日本外务大臣也向各国驻

---

① 《翁同龢日记》第5册,2712页。

东京公使发布通告,表示中日之间已经进入战争状态。8月1日,中日两国政府正式宣战。

中国政府之所以由先前尽量避免战争转变为积极应战,可能还与军方特别是一线指挥官谎报军情尤其是谎报战绩有关。

7月23日,也就是丰岛海战发生的前两天,日本大本营就密令第九混成旅团向驻守牙山的清军发动进攻。牙山距汉城七十公里,清军驻扎在那里就是为了控制汉城,所以成为日本军队必须驱逐的对象。

清军驻扎在牙山的有两千多人,指挥官为叶志超和聂士成。当他们发现牙山可能成为日军进攻对象时,主动调整部署,由聂士成将主力撤至成欢驿。

日军对撤退的清军密切跟踪,28日凌晨完成对成欢驿的包围,经过大约两个小时的激战,七时许,日军占领成欢驿,聂士成不得已率众突围,向平壤集结。

成欢驿之战,清军损失两百多人,并不算多,但是这一战却使清军的问题暴露无遗,失败主义情绪此后一直在清军中弥漫。相反,日本军队却通过这一次牛刀小试,赢得了先机,振奋了人心,甚至消除了列强置喙干涉的机会,迫使列强暂时立于中立旁观的地位。

对中国来说,成欢驿的失败,唯一还值得庆幸的是清军主要力量损失不大,且在叶志超、聂士成的分别带领下,先后撤至平壤,以出人意料的方式完成了李鸿章的战略布局,即以朝鲜旧都平壤为中心,背靠中国,固守北方,形成中日两军对峙格局,寻找机会一决雌雄。所以,在平壤进行一场决战似乎早在中方高级指挥官的规划之中。

在朝鲜危机爆发之初,李鸿章就根据朝廷的总体部署向朝鲜派遣南北两路大军,南路就是由"高升"号等运输船运送至牙山的部队,主要任务是接应援助驻扎在那里的叶志超部;北路就是由陆路入朝的盛军、毅军、奉军以及奉天盛军等所谓四路大军。四路大军总兵力一万三千多人，前三军在当时堪称清军中的精锐，皆为李鸿章旧部，分别由卫汝贵、马玉崑、左宝贵统领，配备西洋新式武器多年。

北路大军从陆路进入朝鲜北部时，平壤的形势已经非常紧张，中日双方指挥官都很清楚，平壤是朝鲜北部最重要的战略据点，谁先进入谁就占有先机，所以中日双方在战略布局时都以抢占平壤为最急要务。7月31日，卫汝贵一部率先进入，至8月9日，北路四大军分别完成在平壤的集结。

清军控制住了平壤，但在平壤的清军各自为政，互不统属，叶志超从牙山溃退平壤后谎报战功，欺骗清廷，遂被任命为各军统帅。一个怯怯畏敌且又惯于谎报军功、饰败为胜的小人竟然成了与日军决战的前敌总指挥，不仅敌方将领窃笑，而且清军内部稍微了解真相的人也不会服气。

进入9月，日军分批进逼平壤，逐步完成对平壤的战略包围，切断清军的退路。然后采取分进合击战术，从各个方向、方位对平壤清军进行骚扰式攻击，蚕食清军防地。9月15日凌晨，日军按照原定计划向平壤发动总攻击，大小炮弹连发如雨，炮声如雷，震天撼地，硝烟如云，火光映天，杀声阵阵。中国守军在马玉崑、卫汝贵、左宝贵等将领指挥下，进行英勇顽强的抵抗，多次打退日军进攻。从黎明战至日出，又从日出战至日中，双方反复拉锯，反复争夺，互有伤亡，虽然清军的一些阵地被日军占领，但清军的气势并没有因此受到影响，众人士气高昂，决心坚守，寻机反攻。然而在此紧急关头，中方前敌主帅叶志超故态复萌，下令在城头竖起白旗，放弃抵抗，放弃阵地；一面密令各军将能够丢掉的军械一律丢掉，在雷雨和夜色掩护下，轻装撤退，弃城北逃。计划中清军光复朝鲜的重要基地平壤就这样被叶志超所断送。

清军溃退途中，又遭到日军伏击，如惊弓之鸟的士兵根本分不清敌我，或投水自溺，或引刃自戕，或入林悬颈，死尸遍野，血水成渠，触目惊心之惨况，不堪言状，死伤数千人，被俘数百人。至24日，清军残部在叶志超率领下狂奔五百里，退过鸭绿江，撤至中国境内，至此，朝鲜全境为日军占领。中日甲午之战的主战场开始由朝鲜向中国内地转移。

清军在朝鲜陆地毫无作为，汉城最先落入日军手里，牙山又是不战而退，成欢驿之战，互有伤亡，还算有点抵抗，之后就是平壤决战。如果不是叶志超这样早地下令撤退，清军即便失败，也不会败得这样惨，以至于严重影响清军的士气，使之丧失对日军作战的勇气。

清军在朝鲜陆地作战失败了，但这并不意味着清军此后就毫无机会。事实上，日军在与清军作战时，充分运用各种谋略，虚虚实实、声东击西。日军将帅清楚地知道清廷仰仗的并不是多年没有参加过实战的淮军、湘军，而是成军不久的北洋海军。所以当朝鲜陆地形势日趋紧张时，日军不断动用零星战舰对中国沿海尤其是威海卫等军事基地进行骚扰，摆出进攻中国本土，甚至长驱直入辽东半岛，进攻东北乃至京师的架势。其实，这是日军将帅虚张声势，为的是牵制北洋海军。结果北洋海军特别是最高军事指挥官还就是上了日本人的当，北洋海军主力战舰一直在中国东部沿海巡弋，一直没有能够主动出击，打击日军主力。这一点也应该是清军在朝鲜一败再败的原因之一。

日本的战略目标很清楚，它知道自己这一战要的是什么，而中国政府和中国军队在甲午年的战争中处于被动防守状态，不知以攻为守的道理，不知道自己的战略目标何在。中国为什么要与日本在朝鲜争夺，胜负两种后果将对中国产生怎样的影响，中国政府和军队主帅实际上都是不甚了了。中国军队只能是打一仗算一仗，打到哪儿算哪儿，没有进攻日本本土、日军要害的勇气和规划，只能是处处被动，被日军所牵制。

中方没有战略规划，没有长久作战拖垮日本的规划，当战争还没有正式爆发，只是发生一些零星摩擦时，高层在战与和的问题上就开始了

平壤日军第三师团司令部

清军战俘

争论，直至战争结束。这在很大程度上分散了中国的注意力，消弭了中国军队的锐气，长了日军的威风，激励了日军的勇气，使脱离本土作战的日本军队越战越勇。

日本军队完全控制朝鲜后，立即将主要兵力向中国本土、中国沿海转移，寻找中国军队主力尤其是北洋海军主力作战，意欲对中国政治中心施加巨大压力，企图以不战而屈人之兵的手法迫使中国政府屈服。一旦两军相遇，日本军队不论是海军，还是陆军，都会坚决有力地打击中国军队，日军一定要在气势上彻底压制住中国。

9月17日，也就是日军向平壤发动总攻击之后的第三天，上午十时许，日本联合舰队在大东沟水域发现北洋舰队主力，北洋海军几乎同时也发现了对方，双方立即进入战斗准备状态。海军提督丁汝昌、右翼总兵"定远"舰管带刘步蟾及总教习德籍洋员汉纳根，很快登上北洋舰队旗舰"定远"舰飞桥，密切关注日舰动向，但似乎从未准备主动出击，依然奉行被动防御战术。

十二时许，两国舰队迎面逐渐靠近，但双方都没有立即采取行动。双方舰队不断调整，组成有利于自己的阵势。日本联合舰队以第一游击队的"吉野"、"高千穗"、"秋津洲"、"浪速"四舰在前，本队旗舰"松岛"、"千代田"、"严岛"、"桥立"、"比睿"、"扶桑"六舰继之，"西京丸"和"赤城"位于本队左侧，直冲北洋舰队而来，佯作攻击中坚之势。北洋舰队也在行进中由双纵阵改为横阵，旗舰"定远"位于中央，其余各舰在其左右依次展开，呈楔形梯队。丁汝昌命令各小队须协同行动，始终以舰首对准敌舰，各舰务必在尽可能的范围内随同旗舰运动，听从旗舰指挥。

鸭绿江口外海，大鹿岛海域，中日两国舰队的几乎全部主力在1894年9月17日中午十二时半集结完毕。静静的海面，出奇的恐怖，一场决定中日两国未来国运的大决战就要在这里打响了。

十二时五十分，中日两国舰队越靠越近，相距差不多五千米时，日舰第一游击队突然左转，直奔北洋舰队右翼。犹豫片刻，北洋旗舰"定远"舰终于发出黄海海战第一炮。三分钟后，日本联合舰队"松岛"号开始发炮还击，"定远"舰主桅中弹，信号索具被炮火所毁，更严重的是正在飞桥上督战的北洋海军提督丁汝昌身负重伤。刚刚开战，中方主帅就丧失了指挥能力。此后，北洋各舰随"定远"舰进退外，基本上依靠各自的独立判断行动，中方已丧失了最高指挥系统。

日本舰队"吉野"号行进至距北洋舰队右翼"超勇"号、"扬威"号大约三千米处，开炮猛轰，"高千穗"、"秋津洲"、"浪速"等配合行动。"超勇"号、"扬威"号中国官兵英勇抵抗，奋力反击，不肯稍退。然而由于"超勇"、"扬威"都是北洋舰队比较老旧的战舰，速度慢，火力弱，防御能力差。而与之对阵的日本联合舰队第一游击队四舰"吉野"、"高千穗"、"秋津洲"、"浪速"均为日本海军精锐，所以交火半个小时后，"超勇"、"扬威"虽然给敌舰以打击，但自身也严重受损。"超勇"号燃起大火，不幸沉没，管带黄建勋拒绝营救，甘愿沉海。"扬威"号多处中弹，首尾各炮基本丧失战斗力，只得驶离战场，但不幸搁浅，管带林履中愤然蹈海，壮烈牺牲。

中国舰队的旗舰"定远"舰成为日本舰队的主攻目标，日本舰队旗舰"松岛"紧紧咬住"定远"不放。中方主帅丁汝昌身负重伤，但并没有进舱，而是镇静地坐在甲板上激励中国官兵英勇抵抗。"定远"舰管带刘步蟾代为督战，正面迎敌，指挥"定远"、"镇远"等炮轰日军旗舰"松岛"。下午二时三十分，"松岛"受伤起火，暂时退避。

日本联合舰队中的"比睿"、"扶桑"、"赤城"等，航速慢，配置差，落后于前方诸舰，遂被北洋舰队突破分隔，成为重点攻击对象。"比睿"力不能支，设法从北洋舰队火力网中逃脱，退出战斗。稍后，"赤城"在"定远"等舰打击下，转舵南逃。"西京丸"也中弹起火，退出战场。

北洋舰队在与日本联合舰队交手的第一个回合中略占上风。

下午二时三十分,大东沟海战进入第二阶段。日本联合舰队调整战术,一部分战舰绕过北洋舰队右翼到达其后背,与从右翼回航至北洋舰队前方的日舰第一游击队形成夹攻之势,北洋舰队腹背受敌,开始陷入被动状态。三时许,北洋旗舰"定远"中弹起火。正在"定远"附近的"镇远"、"致远"两舰在林泰曾、邓世昌两管带带领下当面迎敌,护卫旗舰。"定远"舰大火被扑灭,险情解除,但"致远"舰身负重伤,管带邓世昌见日舰"吉野"依然横行无忌,遂指挥"致远"全速前进撞向"吉野",欲同归于尽。不料众敌舰见状,群炮齐发,"致远"于功业垂成之际遽尔倾覆,全舰将士二百多人除二十七人获救外,皆壮烈殉国,葬身海底。

"致远"沉没后,北洋舰队左翼"济远"、"广甲"两舰远离本队,处境危险。"济远"连中数弹后伤亡惨重,及"致远"沉没,管带方伯谦见战事已无可为,遂下令转舵西行,重演丰岛海战故事,退出战场。"广甲"管带吴敬荣在方伯谦示范下,也随之西逃。北洋舰队再也无法保持战斗队形,被敌舰分隔攻击,下午四时许,"靖远"、"来远"受伤,退向大鹿岛。稍事休整,"靖远"代替旗舰,升起队旗,收拢各舰,准备再战。五时三十分,"经远"被敌舰击沉,北洋舰队的战斗力几乎丧失殆尽。这时天色已晚,日本联合舰队遂发出停止战斗的信号,大东沟海战经过大约五个小时的激战后基本结束。

是役,北洋海军"致远"、"经远"、"超勇"、"扬威"、"广甲"五艘军舰或被击沉,或被击毁。日本舰队"松岛"、"吉野"、"比睿"、"赤城"、"西京丸"五舰受重伤。中国方面死伤千余,日本死伤六百。此后,北洋战舰退守旅顺、威海,避战保船,不再出战,黄海制海权完全落入日本海军手中。

以战促降与乞和议和

日军获取黄海制海权之后，对中国北方的安全构成极大威胁，给清廷决策者构成极大的心理压力。

其实，中国虽然一败朝鲜，再败黄海，北洋海军、淮军受到了重大损失，但是并没有伤及中国的根本。正像国内外许多人所看到的那样，由于中国的战略目标不太明确，在战争的最初阶段被日本打懵了，一时反应不过来，因此受到极大的损失。如果中国就此略作调整，振奋精神，刷新政治，做好持久战的准备，以中国腹地之辽阔，人口之众多，拖垮日本不是没有可能。不要说日本是脱离本土海外作战，即便从人力、物力等方面而言，日本也只能是速战速决，无法与中国打持久战。

日本确实希望速战速决，它的战略目标也非常明确，既要制服中国，更要获取具体的利益，而这种利益并不完全通过战争去获取，而必须通过谈判，通过政府间的转让、授予。所以，战争对日本人来说，是手中的一个工具，而不是目的。日本要想将中国拉上谈判桌，就必须在战场上给中国颜色看看，就必须给中国制造巨大的心理压力。所以，日本在获取朝鲜的控制权、中国沿海制海权之后，并没有停止战争的步伐，反而加紧蚕食中国本土，威逼中国。日军大本营在平壤战役一结束就决定山县有朋统帅的第一军约三万人乘胜前进，集结主力于鸭绿江南岸义州，养精蓄锐，寻找机会向辽东半岛用兵，占领奉天，直指山海关。日军大本营还任命陆军大臣大山岩大将为司令官，筹组第二军，准备从旅顺一带登陆作战，取牛庄，陷沈阳，陆海夹攻山海关、北塘及大沽口，剑指北京，威逼中国政府签订城下之盟。

平壤战役失败后，中国军队残部仓皇北逃，战略防线一下子退至鸭绿江北。清政府为加强这一线的防御，任命四川提督宋庆帮办北洋军务，为诸军总统，节制各军，所带各部八十二营约两万八千人集结于九连城。清政府还命黑龙江将军依克唐阿率所部驰赴九连城，协助防御。清政府集结在九连城一带的总兵力也有三万人，与日军人数不相上下。

双方部署完成后，清军一如既往采取守势，不敢反攻为守，变被动为主动，士气低落，防御松懈。

而日军在海陆作战连续胜利激励下，士气高昂，继续采取进攻作战的办法，主动出击，寻机突破。1894年10月24日上午十一时许，日军一部从安平河口泅水过江成功。当天晚上，日军又利用夜色掩护在义州城下架设浮桥，对岸清军竟然毫无觉察。翌日晨六时许，日军通过浮桥，向虎山清军阵地发起猛烈进攻，清军奋起反抗，终因势单力孤，众寡悬殊，被迫放弃虎山，突围西走。

日军攻占虎山后，继续扩大战果。26日，日军不费一枪一弹，先后占领九连城、安东县以及大孤山等地。短短三天时间，三万重兵把守的鸭绿江防线竟然在并没有发生重大战役的情形下全线瓦解。

在日军第一军向清军鸭绿江防线发起进攻的同一天，日军第二军两万五千人在大山岩的指挥下，分乘二十艘运输船，在日本联合舰队十六艘军舰护航掩护下，开始在旅顺后路的花园口登陆。

花园口是辽东半岛东侧一个小海湾，位于庄河县西南。港口南向，面对黄海，南与长海县长山群岛隔海相望，背后三面为丘陵地带。西南距大连湾约一百公里，距金州约八十公里。此处海湾宽阔，细沙为底，浅而平坦，涨潮时水深约三米，便于登陆。

自古以来，花园口都是军事要地，然而清政府在这里却没有设防，日军在此登陆时间长达十四天，竟然如入无人之境，日军自己都感到非常奇怪，不可思议。

登陆后的日军第二军从容休整，11月6日，日军第一师团兵分两路，攻占金州。7日，日军第一师团乘胜前进，分三路向大连湾发动进攻。中国守军信奉"宁失湾，断不失旅"的原则，不战而退，日军不费丝毫力气占领大连湾。

日军占领金州和大连湾后，目标直指旅顺口。旅顺口与威海卫隔海相望，一南一北，共扼渤海门户，为海军根本，为军事要塞，清政府自然在这里部署有重兵把守，此时竟有七位统领在旅顺口驻防，总兵力约一万五千人。只是七个统领互不统属，各自为战，而采取的战法依然是防守待敌，被动防御。所以，面对日军的强势进攻，中国守军稍战即溃。北洋前敌营务处总办龚照玙本应负起协调各军、激励将士、保卫旅顺的责任，但他闻知金州失守后，竟然置诸军于不顾，乘鱼雷快艇仓皇逃亡烟台。稍后，卫汝成、赵怀业、黄仕林等统领也未战先逃。

在大连湾休整十天后，日军于11月17日倾巢出动，分三路大举进犯旅顺口。18日，日军一部在旅顺口东北角的土城子遇到中国守将徐邦道所部伏击。中午，日军搜索骑兵队与徐邦道所率拱卫军在土城子南相遇，徐邦道指挥有方，激战六小时，击毙日军五十多人，这是日军登陆作战后难得遇到的一次像样抵抗。只是这次抵抗使日军恼羞成怒，此后借口土城子所谓"凌尸事件"疯狂报复。21日，日军对旅顺口发动总攻。翌日，占领旅顺口并屠城四天，追逐和杀戮手无寸铁的和平居民，据说全城幸免于难的中国居民仅有三十六人。

与南线作战同时，日军第一军突破鸭绿江防线后乘胜前进，连续攻占凤凰城、岫岩、海城等地，奉天成为日军必取的目标。清政府匆忙任命两江总督刘坤一为钦差大臣督办东征军务，驻节山海关，全权指挥关内外军事，并任命湖南巡抚吴大澂和老帅宋庆为帮办，以期挽回颓势。

清军的目标是重新构筑辽阳东路的一道新防线，西起摩天岭，东迄赛马集，长约一百五十里，这一带地形险要，易守难攻，清军企图利用这道防线堵住日军进犯辽沈的通道。

为了打通辽阳东路这条通道，日军第一军第十旅团以凤凰城为基地，兵分两路。一路西进连山关，以夺取辽阳东路第一险要摩天岭；一路东趋赛马集，压制清军，以解除侧翼受到的威胁。

连山关守将为聂士成，聂士成接受先前在朝鲜作战的教训，改变株守待敌的被动战法，一方面重兵扼守连山关狭隘通路，一面下令于丛林中张旗帜，鸣鼓角，以疑兵惑敌，只要有机会就出奇兵，主动攻击日军，弄得日军不明底里，不得不放弃从连山关突破的计划。

在东路赛马集，中方主帅为黑龙江将军依克唐阿，依克唐阿也不是固守阵地，被动防御，而是以攻势姿态主动出击，避重击寡，神出鬼没，进退灵活，迫使日军在僵持了两个月之后放弃由东路进犯辽沈的计划，由攻势改守势，龟缩于九连城、凤凰城等据点之中。

日军放弃从辽阳东路进犯辽沈的计划后，转而进攻海城。海城东接岫岩、凤凰城，西通牛庄、营口，北控辽阳、奉天，南达盖平、金州。海城既为辽阳的锁钥，亦当通往京师的道路要冲，战略地位极端重要。12月13日上午，日军第一军第三师团向海城发动进攻，清军守将弃城而逃，日军顺利占领该城。

海城失守，对清军来说极端不利，大局攸关，老帅宋庆闻讯立即派兵救援，试图收复。清军自1895年1月17日起至2月21日止，四次发动收复海城的进攻，但皆告失败，损失惨重。2月28日，日军从海城分路进犯。3月4日攻占牛庄；7日，不战而取营口；9日，攻陷田庄台。短短十天时间，中国六万守军就从辽河东岸全线溃退。

与日军在辽东大举进犯同时，南线日军第二军在攻占旅顺口之后，也取得了渤海湾的控制权，与旅顺口隔海相望的威海卫成了日军的下一个重要目标。

威海卫位于山东半岛东北端，濒临黄海，西连烟台、蓬莱，北隔渤海海峡，与辽东半岛旅顺口势成犄角，共为渤海锁钥，拱卫着京津海上门户，素为重要军事基地。

威海卫原为滨海渔村，汉朝称石落，元朝称清泉夼，明朝洪武年间为防倭寇设卫，始称威海卫。光绪元年（1875）始建炮台，十四年，设水师提督署，驻水雷营，置制造所和水师学堂，并于海湾南北两岸和刘公岛、日岛、黄岛等地新筑炮台多处，成为海防要塞和新成军不久的北洋海军最重要的基地。威海卫拥有不冻良港，三面环山，口门向东，刘公岛扼其前，形成向东、向北两条航道和进出口，日岛、黄岛、牙石等岛罗列在刘公岛两侧，构成港域天然屏障，形势堪称险要。

黄海决战后，北洋海军只剩下"定远"、"镇远"、"靖远"、"来远"、"济远"五艘战舰，而"镇远"在驶进威海北口时，不慎触礁，受伤严重，抢修后虽勉强支撑，但实在难以出海作战。在这种情况下，北洋海军仅有的四艘战舰如果真的出海作战，主动出击，可能正中日军下怀。北洋水师面对强大的日本海陆军队，进退两难，苦无良策。

1895年1月20日，日军第二军司令官大山岩大将指挥两万五千大军，在日本联合舰队二十五艘军舰掩护下，绕开威海卫正面，三天内由荣成龙须岛登陆完毕。

登陆荣成后，日军在那里从容休整。30日拂晓，日军集中优势兵力迂回威海侧后，猛攻南岸炮台。中国守军顽强抵抗，几次打退日军冲锋，激战至傍晚，守军全部阵亡，炮台失陷。

日军占领南岸炮台后，随即从南、西两个方向逼近威海卫城。2月1日，北岸炮台守军纷纷逃散，北洋海军提督丁汝昌闻讯即派兵至北岸炮台，将火药库、大炮全部炸毁，以免资敌。

2月2日，日军占领威海卫城。至此，除刘公岛和日岛外，整个威海全在日军手中，北洋舰队失去后防，海军衙门所在的刘公岛成为北洋海军的唯一依托，实际上也是孤立无援的孤岛。

日军围住刘公岛和北洋舰队后，并没有立即发动攻击，而是按照原定计划劝诱丁汝昌投降，被丁汝昌严词拒绝。丁汝昌坐困孤岛，决心以身殉国。2月5日凌晨三时许，日军派遣鱼雷艇从威海南口潜入港内，偷袭北洋旗舰"定远"。"定远"舰中弹后搁浅，无奈自毁。北洋水师督旗移至"镇远"，后又移至"靖远"。

6日晨，日军故伎重演，再次派遣鱼雷艇进港偷袭，"来远"及练习舰"威远"相继沉没。北洋舰队至此名存实亡，已经彻底丧失战斗力。稍后，鱼雷艇管带王平策划鱼雷艇队集体逃亡，刘公岛形势进一步恶化。不过，守岛将士抱着必死的决心坚守抵抗，日军想尽各种办法没有得手。

2月9日上午八时许，日本联合舰队向刘公岛发起猛攻，丁汝昌登上"靖远"舰指挥，坚守至中午。最后"靖远"舰中弹搁浅，被丁汝昌下令炸沉。

"靖远"舰沉没，对坚守刘公岛的北洋将士是沉重打击，援军无望，军心浮动，洋员及岛上绅士考虑投降。丁汝昌承诺再坚守三天，如三天后援兵不至，各人可以根据自己的意愿自找生路。

2月11日，丁汝昌许诺的三天之期到了，援军依然无望，他只好在这天夜里吞鸦片自尽。刘步蟾、张文宣等也在此前后自尽身亡。

丁汝昌自杀后，美籍洋员浩威提议守岛将士借用丁汝昌的名义投降。2月14日下午，中日双方将领签署投降文书。17日，日军开进威海港，清廷倾三十年之力营建的北洋海军，虽然一度号称"亚洲第一"，至此全军覆没，成为历史陈迹。

清军在朝鲜以及中国海陆两线一连串的失败，彻底粉碎了政府、军队和人民的信心、信念，而日本军队在一连串胜利的激励下，长驱直入。在这种形势下，清政府别无选择，只能议和。

从中日双方实力看，中国虽然在一系列海陆战役中损失惨重，但战火既然已延至中国本土，如果清政府能依靠广大民众和纵深腹地坚持抗战，恐怕日本也难坚持太久，战争态势必然随着时间而变化。无奈清政府被日本一连串的胜利打晕了，更不可能看到民众的力量和持久作战的可能。

其实，战争爆发不久，清政府内部就有一股反战的力量莫名其妙地存在着、滋长着。李鸿章之所以在战与和的问题上犹豫不定，之所以一直寄希望于国际调停和国际干涉，可能与其他对中国军队的真实能力缺少信心有着密切的关联，他似乎从一开始就认定中国如果一味与日本人死磕，一味抵抗，可能失败得更惨。

至于甲午战前主张开战的大臣，多为不知军队真实情况的文人学士，多为自命清高的清流，他们坚守南宋以来中国士大夫尊崇的在对外交涉中只能抵抗而不能妥协的铁定原则，担心任何妥协都会被斥为卖国主义，只有抵抗才是政治正确的唯一选择。

战争就这样打起来了，但战争不是凭着感情和意气就能获得胜利。日本人的强势进攻根本不给中国人还手的机会，连续进攻连续胜利，而中国则是连续抵抗连续失败。中国人的信心就这样一点点地消耗殆尽。

平壤失陷和黄海海战大败后，清政府清醒了一些。一是慈禧太后下令停止大规模庆贺其六十大寿的各项准备工程，明确表示届时典礼只在宫中小规模举行；二是开始接受大臣们的建议，调整前敌指挥系统，起用赋闲十年的恭亲王奕䜣，命其在内廷行走，管理各国事务衙门，并添派总理海军事务，会同办理军务，以此削弱李鸿章的军事指挥权；三是刷新政治，严肃军纪，将"济远"舰管带方伯谦以临阵先逃的罪名正法，方伯谦可能蒙受了不白之冤，至少是罪不至死，后来的口舌之争为此埋下伏笔，但在当时对于整肃军纪还是起到一定的作用；四是重建军事指挥系统、重新部署新防线，庆亲王奕劻自请带兵赴九连城防守，这在一定程度上激励了中国军队重振信心，坚定信念；五是当最高层发现这场战争可能打不下去时，适时注意调整，注意寻找退出的机会。

1894年9月20日起，慈禧太后连日与礼亲王世铎、庆亲王奕劻等王公大臣、满汉重臣数度密商，寻求对策。9月27日，两宫决定委派一直主张抵抗不妥协的翁同龢前往天津，与李鸿章协商怎样请求俄国出面调停，结束这场战争。

俄国公使喀西尼在天津与李鸿章会面，中国方面的请求俄国人已经充分理解，只是俄国人基于自身利益的考量，基本上放弃了出面阻止日本继续对中国用兵的方案，在俄国人看来，日本人此时在军事上明显占了上风，让其停止进攻，不仅不可能，而且会伤了日俄之间的感情。在李鸿章再三请求下，喀西尼表示，俄国人现在就出面干涉可能不太合适，待中日议和结束后，如果日本久居朝鲜赖着不走，那么俄国必然出面干预。

喀西尼没有满足中国政府的要求，翁同龢在向清廷最高层禀告这一结果时，建议不妨找总税务司英国人赫德问问，看看英国人是否愿意出面周旋。

翁同龢的建议获得清廷最高层的首肯，10月6日，恭亲王奕䜣出面与赫德晤谈，请求赫德劝说英国政府出面化解危机，斡旋和议。同一天，英国外交部以中国政府请求为由，征询各国对于调处中日战争的意见，各国有的赞成，有的反对，意见不一而足。英国政府在这一过程中，按照自己的理解主动向日本提出列强共保朝鲜独立、中国负责对日战争赔款等议和原则。13日，英国驻华公使欧格讷代表英国政府向中国政府正式提出这些建议，表示如果中国答应这些要求，那么英国将联合各国出面调停。

对于英国人的建议，中国政府内部的意见并不一致。大致而言，慈禧太后以及军机大臣孙毓汶、徐用仪等力主接受，李鸿章、李鸿藻、翁同龢等则以为不可。在以为不可的大臣中，翁同龢、李鸿藻等主张援兵速进，悬重赏以激励将士，坚持抵抗，奋斗到底；而李鸿章以为不可，是因为他对俄国人依然有所期待，希望俄国人能够在关键时刻出面救中国。

期待列强出面阻止日本继续向中国用兵,其实是一厢情愿的梦幻。按日本政府的既定方略,日本无论如何不会在这个时候与中国谈判,日本要制服中国,让中国真正屈服,必须在战场上制造出足够的筹码,保证中国人开出令日本满意的条件。

英国人调停,日本人也不买账,是因为日本人认为条件还不成熟,但这并不意味着日本认为一定要用战争解决全部问题。日本人在拒绝列强集体调停的同时,实际上默许美国从中撮合,由美国驻日公使和驻华公使充当信使。只是缓不济急,中国在战场上毫无反抗能力,连遭败绩,中国政府不能不病重乱投医,乃至屈辱地主动派出议和使臣。

由中国大臣直接前往日本求和,那就等于向日本投降。作为天朝上国,尽管此时在战场上一再吃亏,不堪一击,但大清王朝的面子还是要的。既要向日本表达求和的请求,又不能有投降的意思,于是李鸿章借用古代中国的"客卿"策略,权且授予"忠实可信"的洋员德璀琳头品顶戴,让他携李鸿章私函,前往日本拜访伊藤博文。

日本政府并不是不愿与中国政府直接打交道,但无论如何不能接受一位洋员代表中国与它进行谈判,因为他无论拥有怎样的授权,但在根本问题上,依然无法做主,而且洋员出面,总还有列强干涉的嫌疑,而这一点又正是日本最忌讳的。所以,德璀琳11月29日刚抵达神户,日本政府就以其非全权代表,且未经中国政府正当手续任命而加以拒绝。德璀琳贸然而来,怅然而返,一场外交闹剧戛然而止。

德璀琳求和不成,不过德璀琳之行尤其是日本政府处理此事时的说辞,也给中国政府很多暗示,那就是日本政府并没有将和谈大门完全关死,并不是要在战场上将中国军队斩尽杀绝,完全占领中国。日本人的意思是,中国政府如果真有和谈的意愿,那就必须委派真正能够代表中国政府立场的负责任的全权大臣与日本交涉。稍后,日本政府的这一立场也通过美国驻日公使谭恩和美国驻华公使田贝转达给中国方面。

经美国政府特别是两位公使居间沟通，中日两国政府终于就善后谈判达成基本共识，两国可以开谈，只是在一些具体问题上，两国存在着很大分歧。首先，中国政府希望谈判能够在上海进行，主要是担心全权代表赴日，可能会遭到日本的要挟。但日本政府在这一点上根本不愿让步，坚持中国代表必须赴日，最后双方同意谈判地点定在日本广岛。其次，关于谈判的底价，中国政府希望日本政府能够在正式开议之前报给中国，而日本对此断然拒绝。日本既要将中国拉上谈判桌，也没有准备立即全面停止军事行动，而且还会在谈判之前或之初发动几次更大规模的进攻，一定要彻底打掉中国的气焰与傲慢。最后，参加谈判的人选，中国政府很快确定委派总理各国事务大臣、户部左侍郎张荫桓和头品顶戴署湖南巡抚邵友濂。中国政府将两名代表的名字、官衔等相关信息通知了日方，并希望日本也能够告知究竟派谁参加谈判。日本傲慢地拒绝了中国政府的请求，表示日本究竟派几名，派谁等，都有待中国代表入境日本后再通报。

中国败局已定，也没有什么好争的，更顾不上什么尊严与体面，小小的羞辱也只好加以容忍，委曲求全，只是希望日本能够让步，尽早停止军事行动。1895年1月26日，也就是农历春节这一天，张荫桓、邵友濂一行在朝廷不断敦促下，终于从上海启程东渡。临行前，他们联名上奏，请求清廷饬统兵大员实力防剿，不要因为议和而有所懈怠，更不能意存观望，被动挨打，而是应该在战场上争取主动，以战场上的胜利为议和提供谈判和讨价还价的筹码。

张荫桓、邵友濂一行很快抵达日本广岛。1月31日，日本决定以伊藤博文、陆奥宗光为全权办理大臣。也就是在这短短的几天里，中国军队没有响应张荫桓、邵友濂的请求，积极主动，赢得战场上的优势，反而是日本在这几天加强了战场上的攻势，攻占威海南北炮台，几乎将北洋海军团团围住。日本取得了战场上的绝对优势，也就掌握了谈判桌上的话语权。

2月1日，伊藤博文、陆奥宗光在广岛县厅接待会晤了张荫桓、邵友濂，双方互换敕书，因张荫桓、邵友濂两人所持敕书中有"转奏裁决"之语，日方代表以为授权不完全，拒绝与张、邵二人接着谈。

第二天，伊藤博文、陆奥宗光与张荫桓、邵友濂再度会面，伊藤博文首先宣读一份说帖，指责中国没有讲和诚意，拒绝与中国全权大臣继续谈下去，命张荫桓、邵友濂早日离开日本返回中国，不要留在这里浪费时间。张荫桓等力争不果，旋即通过美使田贝转达总署。

伊藤博文、陆奥宗光当然知道张荫桓等人所获得的授权和自己一样，名义上是全权，其实都不很完全，重大问题当然都要向朝廷或天皇汇报，由朝廷或天皇最后拍板。日本方面之所以节外生枝，不愿与张荫桓、邵友濂谈判，主要是认为张荫桓、邵友濂的政治地位太低，并不是中国政府重臣，他们希望与恭亲王奕䜣或李鸿章这样的重臣、权臣直接谈判。伊藤博文将这个意思告诉了张荫桓的随员伍廷芳，伍廷芳当然很快将这个意思报告了中国政府。

在双方交涉的这段时间里，中国在战场上接连失利，北洋海军全军覆没，中国政府即便发自内心愿意继续抵抗，也已经战无可战了，至少是没有可以利用的军事力量了。中国只有进一步让步。

2月11日，清廷下旨召张荫桓、邵友濂回国。第二天，决定委派李鸿章为头等全权大臣赴日谈判。朝廷要求李鸿章振刷精神，力图补救。李鸿章接手一个几乎不可能完成的艰巨任务。

派遣李鸿章赴日谈判，当然是清廷最高层深思熟虑的结果，估量朝廷众大员的能力和日本人的期待，大概李鸿章是最合适的人选。

在清廷一再催促下，李鸿章于1895年2月19日交卸直隶总督兼北洋大臣，两天后自天津来到北京，就中日议和谈判中可能出现的各种问题与最高层进行协商，制订预案。

当此之时，日本的议和条件通过美国公使，正式非正式地逐步透露给中国方面。日本的要求大致说来有这样四个方面：一是朝鲜独立，二是割地，三是赔款，四是最惠国待遇。至于具体的价码，那就是李鸿章所要谈判的内容。日本在这四个问题上不愿让步，一再通过美国公使向中国施压，表示中国政府如果不能派出割让土地之权的全权代表，那么就不必劳神费力地派人来日本谈判了。所以甲午战后割地赔款是日本政府的最低限度要求，并不是哪一个中国大臣决定得了的。

天朝上国当然赢得起也输得起，既然在战场上打不过人家，那么按照当时国际关系的游戏规则，就只有赔款了事。至于割地，也非日本首开先河。当时国际关系中奉行的是赢者通吃、弱肉强食的丛林法则。今天你赢了，你说了算；明天你输了，那你得听我的。所以，中日在甲午战后的谈判，对于中国来说，既然失败了，也就没有什么好谈，只是尽可能凭借谈判者的三寸不烂之舌或者面子，尽量少付出一些实际利益，少损失一些而已。

割地赔款对于当时的中国政府来说，已有几十年的足够经验。自鸦片战争失败后，在过去几十年，这样大大小小的割地赔款的事情，清廷高官并没有少做。只是这一次委实不同，日本人实在是来者不善，实在是胃口太大。所以，不仅清廷最高层稍感紧张，即便是外交场上的谈判老手李鸿章也感到了一种前所未有的压力，觉得这一次可能真的没有那么容易了结。

2月22日，光绪帝召见李鸿章并恭亲王奕䜣、庆亲王奕劻等重臣，商讨对日议和的预案。对于赔款，似乎各位重臣都心中有数，没有怎样讨论，讨论的重点主要集中在割地问题上。光绪帝在谈到这个问题时，态度明朗，表示如果日本正面提出割地的要求，就应该毫不犹豫地坚决拒绝。李鸿章、翁同龢等人赞同光绪帝的意见，只是他们如此主张的考虑稍有不同。李鸿章表示，割地之事委实重大，他个人出使在外，决不敢擅自做主。如果日本执意割地，那么他只好打道回府。即便是赔款，李鸿章也认为朝廷目前的情形很困难，恐怕户部很难筹措这些款项。翁同龢表示，如果能够只赔款，不割地，那么即便困难，也应该向这个方向努力。而孙毓汶、徐用仪等表示，为了尽早摆脱日本的纠缠，尽快恢复和平与秩序，即便割地，也在所不惜。第二天，光绪帝与李鸿章等诸重臣继续讨论，不过他们并没有讨论出什么理想的结果。

李鸿章不愿意割地给日本，是因为他预见到这样做可能会严重损害列强在远东的均势，俄英法等国肯定不愿意看到日本在华势力急剧扩张，因此它们很可能会出面干涉。根据这个判断，李鸿章一方面与各国驻华公使积极联络，另一方面要求驻外公使与所在国政府抓紧协商，看看列强是否有什么好办法。

联络的结果，使李鸿章大失所望，各国公使几乎一致认为中国大概只能满足日本的条件，割让土地，非此不能与日本达成合约。

李鸿章是个极端现实的政治家，既然非此不可，那就没有什么好难过的，没有什么舍不得的。2月25日，光绪帝第三次召见李鸿章，李鸿章面奏割地势所难免，恭亲王奕䜣对此也略作附和。

割地议和既然已成定局，那么割让哪里就成为紧接着要讨论的事情。连日来，国人纷纷传言日本要求割让台湾，台湾岛内居民既惊且愤；而辽东半岛现在已在日本人的占领下，日本人似乎也要将这个地方划为自己的地盘，作为日本国土在东亚大陆的延伸。

辽东是大清王朝的龙兴之地，所以满洲贵族王公大臣在李鸿章已经获得割地议和的权力后，通过各种方式向李鸿章施压，表示宗社为重，边徼为轻，言下之意，龙兴之地必须保全，至于边土如台湾，可以考虑让给日本，以换取和平。而汉族大臣如翁同龢以及台湾巡抚唐景崧等，大概看到了台湾居民既惊且愤的情绪，所以不太主张割让台湾。还有反对割让任何土地，力主整顿再战的，当然更多。不过，这些主张都不能成为主流,因为议和每耽搁一天,日本军队在中国的土地上就会多待一天,旅顺口那样的惨案还会随时发生。更重要的是,可能正如庆亲王奕劻等枢臣告诉慈禧太后的那样,日本此次战争的目标之一就是割地,中国如果不能满足日本的这个要求,那么北京之危,也就在旦夕之间。这才是清廷最担心的。

3月2日,光绪帝第四次召见李鸿章,正式授予李鸿章在中日议和谈判时商讨割让土地等事宜权力,要求李鸿章权衡利害之轻重,情势之急缓,统筹全局,即与日本定议条约,以纾宵旰之忧,而慰中外之望。

清廷的授权并没有使李鸿章觉得轻松,闻命之后,李鸿章感到此事太过重大,他很快向清廷呈上了一个议和大致计划,约定各重要事项的政策底线。3月4日,光绪帝第五次召见李鸿章,而且这一次是单独召见,君臣二人就相关事项进行了最后密商。第二天,李鸿章就离开了北京,返回天津,准备从那里前往日本。

3月14日,李鸿章一行离开天津赴日本,同行者有美国顾问科士达、长子李经方及随员罗丰禄、伍廷芳、马建忠、徐寿朋、于式枚等。

中国既然派出正式代表前来谈判,按理说,日本应该在这个时候宣布停战,表示自己的和平诚意,因为日本毕竟在战场上占有主动和优势。但是实际情况相反,日本在李鸿章一行正式出发的第二天,向台湾发动了进攻。

3月19日,李鸿章一行抵日本马关。第二天下午二时半,李鸿章在参议李经方及参赞官罗丰禄两人陪同下,乘轮登岸赴马关春帆楼与日本全权代表伊藤博文、陆奥宗光举行第一次会谈。

李鸿章此时年七十三,伊藤博文年五十五,陆奥宗光年五十二。李鸿章与伊藤博文是老相识,十年前他们就打过交道,所以见面伊始,一番寒暄,一番感慨。李鸿章盛赞对手年富力强,办事从容,颇有消闲自在之乐。

第一次会谈只是礼仪式的，双方在交换验证全权文凭后，李鸿章命罗丰禄宣读拟请停战英文节略，诵毕，将这份停战请求英文文本面交伊藤博文。伊藤略思片刻，答应此事明天给予答复。

在接下来的谈话中，李鸿章表示此次前来议和的诚意，强调"我国若非诚心修好，必不派我；我无诚心讲和，亦不来此"。

对于李鸿章的表白，伊藤表示认同，他强调此次讲和不仅要结束两国之间的战争，而且要立足长远，重修睦谊，订立两国永远友好相处的和约。

李鸿章同意伊藤的看法，以为在亚洲国家中，中日两国最为近邻，且系同文，岂可成为世仇？战争只是一个短暂的过程，两国友好才是永久的事情。如寻仇不已，则有害于中国者未必于日本有好处，和则两利，斗则俱伤。中日两国政治领袖应该高瞻远瞩，竭尽全力维护亚洲大局，永结和好。

在第一次会谈中，李鸿章还主动提及中国的改革，感叹中国在过去十几年岁月蹉跎，没有抓紧时间像日本一样进行政治改革，变更体制。

翌日（21日）上午，李鸿章一行正式登岸，移住日本政府专门为他准备的馆舍。下午二时半，双方按照约定在春帆楼举行第二次会谈。

会谈开始，伊藤博文就昨日李鸿章提出的停战请求做了答复，提出由日本军队占领大沽、天津、山海关三处地方，天津至山海关铁路交日军管理，以及停战期间的军费由中国负担等苛刻条件。

中国方面要求停战，是为了防止日军进攻京畿；而日本方面如此咄咄逼人，意在迫使中国放弃就地停战议和的幻想，期望以军事上的压力迫使中国政府在谈判桌上做出更多的让步。李鸿章得悉日本的要求后当即表示：现在日军并没有占领这三处地方，何以在所拟停战条款中要求占领？

伊藤博文狡辩称：凡议停战，交战双方应该利益均沾。中国既然认

李鸿章（1823—1901），安徽合肥人，洋务运动领袖之一，淮军和北洋水师的创始人和统帅

伊藤博文（1841—1909），明治九元老之一，数次出任首相，又被称为明治宪法之父

为停战对自己有利，那么日本也应该根据这样的原则，占领这三个地方作为抵押。

李鸿章说：这三处地方中国军队和中国衙门甚多，日军占领，那么中国军队和中国衙门怎么办呢？而且天津系通商口岸，日方占领后，那么通商口岸是否也归日本管辖呢？这一系列问题日方有什么方案吗？

伊藤说：中国军队和中国衙门当然应该在日军到达前撤离，至于撤往何处，那是中国政府自己的事情。天津通商口岸，当然由日本接管负责，至于占领时间的长短，主要看谈判的情况。

李鸿章与伊藤博文反复互相诘难，而伊藤始终不愿让步。李鸿章很不高兴地表示：中日两国系兄弟之邦，所开停战条款未免凌逼太甚。我身为直隶总督，你们所要的这三个地方都归我管辖，你们这种做法实在是不给我面子。如果你们不准备立即进攻直隶，那么就不必专门讨论停战问题了，可以专议和约。李经方也接着表示可限期议和，不停战，但要约定日军在议和期间不得向这三处发动进攻。

对于中方的要求，伊藤依然不同意。他建议李鸿章，既然停战条款谈不拢，那么中国方面可以将停战请求收回，双方直接谈判议和条件好了。

第二次会谈不了了之。

李鸿章当天将会谈情况通过电报告诉了清廷，光绪帝得知日本的停战要求后龙颜大怒，总理衙门由孙毓汶拟就电稿，指示李鸿章既然日本提出如此苛刻的停战条件，那就不妨直接进行议和谈判。

总理衙门的指示电报被日本方面破译，并扣留了十八个小时方才交给李鸿章，而就在这个时段里，日军向台湾省所属的澎湖列岛发动进攻，以为下一步割占台湾预作准备。

3月24日下午三时，李鸿章与伊藤博文在春帆楼举行第三次会谈。根据北京的指示，李鸿章在这次谈判中表示停战之议暂时搁置，专门议和。李鸿章向伊藤索要议和条款，伊藤表示第二天上午可以交付。

伊藤乘机教训李鸿章，说中国政府在过去几十年的国际交往中有着不太遵守议定条约的不良记录，他希望此次中日谈判，不要再发生这样的事情，既然议定，就要执行。

李鸿章对伊藤的指责稍加解释，重申中国政府此次议和的诚意，并希望日本在这次议和中不要提出中国特别是他本人力不能及的要求。他还提醒伊藤，日本所示和款，若有牵涉他国权利者，还望慎重。李鸿章还明白解释，他的这个提醒主要是因为日军向台湾用兵，这可能损害了英国的利益。

当天的会谈并没有多少实质性进展，然而会谈结束后，李鸿章在返回寓所途中却遭到日人小山六之助即小山丰太郎枪击，伤及左颊，举世为之震惊。李经方在第二天致总理衙门的电报中表示，这一事件或许会使中日议和向后拖延，恐怕不会那么容易就结束。

掌握了中国方面的电报密码对日本人自然是好事，使他们随时可以知道中方的动向。不过，当他们截获李经方的这份电报后，对李经方的这个判断却弄不清是什么意思了。他们的担心有两个，一个是怕李鸿章得理不让人，由此中断谈判回国，赢得国际社会在道义上的同情；另一个是担心国际社会特别是列强乘机插手，这对于日本在谈判桌上要价肯定不利。

基于这种考虑，日本政府不得不安抚李鸿章，主动在3月26日也就是李鸿章受伤的第三天宣布实行停战，这可是李鸿章此前苦苦哀求而不得的。

日本人的示好确实打动了李鸿章，李鸿章在稍后致总理衙门的电报中表示自己尽管受伤，但也不急于返国治疗，将尽量在这里继续谈判，争取早日达成和约。

作为回报，日本政府在30日与李鸿章签订《中日停战协定》，宣布日本政府允诺停战三周，其实是要挟中国在这三周内完成议和谈判，而且这个协定将台湾和澎湖列岛排除在停战条款外。

4月1日，中日双方举行第四次会谈，李鸿章因伤缺席，委托参议李经方主持，日方出席的是陆奥宗光，因为伊藤博文在广岛。陆奥向李经方递交了日方缔和条约凡十款，主要有：中国认明朝鲜确为独立自主之国；割让奉天南部及台湾、澎湖列岛；赔偿日本军费库平银三万万两；缔结新的通商行船条约，开放顺天府、沙市、湘潭、重庆等七处通商口岸，减低日本入中国各口子口税，日本人得在中国设厂从事各种制造等。

收到日方这个条约后，李鸿章认为割让土地太广，赔款太多，通商新章程与中国先前与列强所订条约不符，万不能从。他在致总理衙门的电报中表示，割地、赔款这两条如果不能有大的改动，那么和局必不能成，两国唯有苦战到底。

对于李鸿章苦战到底的暗示，日本方面并不担心，因为日本政府清楚地知道中国最高层并没有苦战到底的信心，他们下达给李鸿章的死命令是不可畏难避谤，无论如何也要尽快与日本达成和约。所以，日本一方面在军事上向中国示威，一方面迅速展开外交活动，争取列强对日本的默许和支持。

4月5日，李鸿章在日方规定的期限内就和约内容做了答复。一、关于朝鲜问题。中国在几个月前就欲认朝鲜为完全无缺独立自主局外之国，中国对日本在这方面的要求不再持异议。二、关于割地。李鸿章表示奉天南部难割弃，至于台湾、澎湖列岛，李鸿章并没有言及。三、关于赔款。李鸿章认为三万万两的索赔过高，中国财力根本无法承担。四、关于通商权利。李鸿章认为日方所提条件太高，颇碍中国国计民生，建议缓议。

李鸿章的答复当然不合乎日本方面的要求，伊藤博文在第二天复函李鸿章，表示李的答复只不过是缕述中国国内为难情形，并没有正面回答日方的要求。中国国内情形究竟如何，不是日本所关心的，也不是此次谈判的主题。伊藤要求李鸿章按照日本方面所提供的条约底稿逐条表示同意、反对，或如何修改，不要再浪费宝贵的时间。

日本的蛮横要求肯定无法满足，李鸿章在随后几天与朝廷密集协商，他的个人看法和心理底线是让北地以海城为止，赔军费以一万万两左右为止。假如日方依然不答应，那么就罢议而归。而清廷高层在这几天发给李鸿章的指示，大要也是南北两地，朝廷视为并重，非至万不得已，何忍轻言割弃。要求李鸿章在谈判中竭力申说，尽量争取，万不得已，让地以一处为断，赔费一万万为断。

根据清廷指示，李鸿章于4月9日向日方提出和议条款全部修正案，允割辽东之一部及澎湖列岛，赔款一万万两。

第二天（10日）下午四时许，中日双方举行第五次会谈，也是李鸿章与伊藤博文举行的第四次会谈。在这次会谈中，伊藤面交对中国修正案的复文，要求赔款两万万两，割让辽东半岛、台湾、澎湖，并反复表示日本的让步已经到了最后极限，中国方面不要再在这些方面进行讨论，但有允或不允两句话而已。

尽管伊藤博文如此骄横，李鸿章还是在此后的谈判中据理力争，反复言说。今读两人谈判记录，我们不能不为这位年逾七旬的老人如此卖力地争国权而感动，只是弱国无外交，胜者通吃，既然败在人家手里，也就没有什么好争辩的了。

在当天谈判后，李鸿章急电总理衙门，表示自己力竭计穷，恳速请旨定夺。而日本方面不仅在当天以伊藤博文的名义向李鸿章送交最后通牒，限中国政府四日内答复，而且向中国随员暗示如果中国政府的答复不能使日本满意，那么不待停战期满，将先开仗，软硬兼施，竭尽恐吓施压之能事。

日本的恐吓施压当然深刻影响了中国政府的决策,清廷随后虽指示李鸿章继续力争,争得一分有一分之益,但也明确表示如果日本实在不愿让步,那也只好如此订约。

有了清廷的指示,中日双方谈判进程明显加快。4月15日,李鸿章与伊藤博文举行第五次会谈,中国政府同意了日本的条件。17日上午十时,李鸿章与伊藤博文再会于马关春帆楼,双方以全权大臣的身份代表各自政府在《中日讲和条约》上签字。由于该条约的签订地点为日本马关,所以历史上又称这一条约为《中日马关条约》。

《马关条约》正约共十一款,主要内容是中国承认朝鲜为独立自主的国家,不再是中国的藩属;中国将辽东半岛、台湾全岛及所有附属岛屿、澎湖列岛割让给日本;中国赔偿日本军费库平银两万万两,分八次交清;中国开放沙市、重庆、苏州、杭州为新的通商口岸,日本船只可以沿内河驶入这些口岸;日本人可以在中国通商口岸设厂制造工业品,并得免征一切杂税。

第二章　维新时代

对于具有强烈忧患意识的中国知识人来说，甲午战争实在是一次极其严峻的考验，它的失败，不仅意味着台湾的割让和几千万两黄金的战争赔款，而且关系到中国未来的前途，关系到对清政府执行半个世纪之久的基本国策的评估。也就是说，如果甲午之战是以中国的胜利而告结束，那么清政府在十九世纪中叶制定并推行的洋务国策便基本正确，中国沿着这个道路继续走下去，便终有恢复往昔盛世的那一天。然而，甲午战争败得如此之惨，屈辱如此之甚，为有清一代二百余年所罕见。奇耻大辱震动了国人。中国知识人的心情或许正像谭嗣同《题江建霞东邻巧笑图诗》所描述的那样：

世间无物抵春愁，合向沧溟一哭休。
四万万人齐落泪，天涯何处是神州？

四万万人齐落泪

震动之后便是怀疑、困惑与愤怒，人们开始怀疑清政府在过去三十多年所奉行的洋务新政究竟有什么用，为什么号称重建盛世辉煌的清帝国在面对东邻小国时竟如此不堪，人们不仅要追究战败的责任，而且要追寻更为深层的原因。结论是，过去三十多年的洋务新政只是在物质层面向西方学习了一点皮毛，但在政治制度、文化理念等层面，中国依然坚信中体西用的原则，拒绝向西方学习，拒绝政治层面的任何改革。

其实，中国在甲午战争中的惨败有着许多复杂的原因或偶然因素，并不是中日两国力量对比的必然结果，更不能简单地归结为中日两国的制度差异。中国人之所以在甲午战败后愤怒不已，主要因为中国是败给了东邻小国日本，而不是西方大国。假如中国不是败给日本，而是像鸦片战争时那样败给西方诸强中的某一大国，中国人在感情上或许更容易理解和接受。事实上，在此之前几十年中国在与西方诸强交涉时颇感屈辱，但没有像甲午战争那样在中国人中引起震荡。

既然中国的综合国力并不比日本弱，既然中国在这场战争中也许可以获得胜利，那么，中国人如果能够冷静反省一下这次战争失败的责任，客观探讨一下这次战争失败的主客观原因，问题或许不至于如后来那样复杂化。然而，素有爱国主义与民族主义传统的中国人，虽然早在两千年前就已认识到"胜败乃兵家常事"这一浅显道理，但他们在心理上却无法接受惨败于日本这一"弹丸小国"的事实。于是，他们不是积极面对既成事实，隐忍一时之耻辱，更图异日之自强，卧薪尝胆，十年图报，而是舍近求远，试图寻求某种终极原因，试图来个根本解决。

循此思维路向，中国人把战争失败的原因归结为清政府几十年来的洋务新政，以为洋务新政不足以从根本上解决中国问题，只治其表，不治其本，中国问题的真解决有待于从根本上放弃固有的旧体制。在他们看来，中国只有彻底放弃旧有一切，涤荡旧俗，冲决网罗，建立新的制度与模式，才有可能报仇雪耻，重振雄威。

面对割地赔款的屈辱而作如此反省，未尝没有充分理由。然而问题在于，洋务新政确实存在只治其表、不治其本的内在缺陷，但由此而让洋务新政承担甲午战败的全部责任，由此而全面否定中国既有的传统和体制模式，似乎不仅于情理上很难说得通，而且事实上也超过中国社会的承受力。不妨设想，如果没有洋务新政几十年积蓄力量，中国面对日本的侵略时恐怕就不是不堪一击，而是将全面沦为日本殖民地。事情的真相或许正如当时某些外国人所评论的那样，日本人素修战备，有目标有方略，待时而动。中国则以宽浑为量，对日本的崛起不太在意，更没有想到或疑虑日本有窥伺中国侵略中国的野心，中国对日本素来以友邦相待，而日本人在过去几十年则频繁派遣大量间谍四出侦探中国情形，为甲午战争向中国用兵做了足够的准备。假如中国早知日本素蓄此心，亦修战备，恐怕日本也就不能那么容易得逞了。据此而言，甲午战争的结果并不表明中国弱于日本，更不意味着中国的政治体制落后于日本。[①] 也就是说，中国在甲午战争中的失败别有原因在，将之归咎于洋务新政，并没有真正找到问题的症结，反而陷入了一种精神误区，患上恐慌症。

恐慌是当时国人的真切感受，他们也不是不能理解和接受清政府的议和条件和苦衷，但是有一种无可名状的亡国感、危机感。康有为后来在《上清帝第三书》中追述当日心情时说，甲午战败，割地赔款，此圣清二百余年未有之大辱，天下臣民痛心疾首。这并不仅仅是中国人输不起，而且中国人发自内地心担心，甲午战败将开启列强觊觎中国之野

---

① 《照译前美国副领事毕德格在日本东京与外务省人员议论中东军务节略》，《李鸿章全集》第3册，175页，上海人民出版社，1987年。

心，割地之事小，瓜分之患大，中国面临土崩瓦解的可能，社稷之危从来没有甲午战后这样严重。康有为恐惧的不是既成事实，而是一种可怕预感，难道真的如严复在《论世变之亟》中担忧的那样，"运会"既成，中国的末日就要来临了吗？①

1895年4月初，可怕的预感终于成为现实，从日本不断传来的消息令中国人忐忑不安。最先被震动的当然是那些拥有最先知情权的统治层。4日，直隶总督兼北洋大臣王文韶通过自己的渠道得知马关议和的大概情形，他虽然对日本政府提出的苛刻的索赔条件感到愤怒，但也深知中国如果拒绝日本政府提出的条件可能会出现的问题，中国实际上陷入两难的境地，对于日本的条件，不允则目前无以自强，允之则日后何以自立？② 中国既不能接受日本要挟，也不能拒绝日本要挟。这个困境很难破解。

而另外一些大员主张坚决顶住，大不了重新开战，鱼死网破。翁同龢在此后几次廷议中力陈台湾不可弃，人心不可失。更有许多大臣联名上奏，建议清政府迁都拒和，重整军备，再决雌雄。

然而弱国无外交，李鸿章在做了最大努力后还是遵旨在协议上签字，似乎只有这样才能结束战争，恢复和平。

《马关条约》签字的消息传到国内，反对的声浪更加高涨，更加激昂。最激烈的反应首先来自被割让的台湾，台湾人无论如何想不通自己的祖国何以这样狠心这样残忍，将自己的骨肉同胞送给敌人。台湾巡抚唐景崧连电政府，力言台湾不可割让，否则百万生灵无法安置。而且，

---

① "运会"的说法也见于《王文韶日记》（北京：中华书局，1989年）1895年4月16日。王写道："马关来电，和议已有成说，明日画押，目前暂可无事，此后则不堪问矣。运会所迫，夫复何言！"

② 《王文韶日记》，880页。

割让台湾必将引起国内外的连锁反应,"外洋能不生心,宇内亦将解体"。① 福建、广东、江苏、浙江等省,与台湾近在咫尺,日本人占据台湾,这些地区的中国人怎能安枕无忧,怎能不人心惶惶?

19日,台湾绅民挽留准备内渡的唐景崧坚守到底,领导台湾人抵抗日本人的占领,或者想办法将台湾交给国际社会或者英国托管保护。在台湾民众爱国情绪的激励下,唐景崧第二天致电清政府,表示台湾人民非常痛恨割让台湾的决定,宁愿战死也不愿接受日本人的殖民统治。

唐景崧的请求以及台湾民众的反应深深影响了北京政界。4月19日,侍读学士文廷式等人联衔具陈,要求清政府鉴于目前的情形,不要急于批准《马关条约》,否则中国即便从此开始变法,也将丧失许多宝贵的资源和条件,中国必将在各个方面严重受制于日本。② 同一天,山东巡抚李秉衡也上奏折力阻和议,他的理由颇有意思。他认为,中国割地赔款太不合算,中国如果拒绝此约,用这笔赔款去练兵,以二十万人计之,每月只需花费一百余万,岁计亦不过一千数百万。如能战胜,则赔款可以不给,而中国可以自强。③ 4月20日,两江总督张之洞也要求政府不要批准和约,主张联合英、俄,抵抗日本,他反复表达的一个重要意思是,如果遵守这个和约,国将不国,反之,废约再战,即便失败,也不至于不国。④ 4月26日,文廷式授意其表弟汪曾武联络各省举人向都察院请愿,全面反对马关议和达成的协议,提出地不可割、中国土货不得改造、倭奴之在内地贸易者不得免税、苏杭各口不可通商等,以为这些规定将对中国未来产生莫大损害。⑤

---

① 《郑孝胥日记》第1册,483页,北京:中华书局,1993年。
② 汪叔子编:《文廷式集》,60—63页,北京:中华书局,1993年。
③ 戚其璋辑校:《李秉衡集》,232页,济南:齐鲁书社,1993年。
④ 《郑孝胥日记》,486页。
⑤ 《文廷式集》,65—67页。

大臣们的意见对清廷的决策产生了些微影响，光绪帝在4月23日廷议时得知台湾民众死守情形后深为感动，意识到割让台湾将使天下人心皆去，但是究竟应该怎么办，究竟是否废除好不容易达成的和约，光绪帝此时心中也没有了主张。不过由此他倒是萌发了变法图强的思想，这对后来的政治进程关系重大。①

维新运动发生

对《马关条约》的讨论已不限于清廷内部，由于事关国家民族命运，因此引起新旧读书人的高度关注。

当中日和谈刚刚开始时，各省举人正在向京师云集，参加对自己未来前途最具有决定意义的科举考试，康有为及其弟子梁启超均在其中。4月15日，康有为因偶然机会在这批举人中最先获知《马关条约》将要签订的消息，他当即嘱咐弟子梁启超去发动各省举人联名上书，要求清政府拒绝日本的议和条件。

根据康有为的安排，梁启超联合了广东举人麦孟华、张寿波、赖际熙等百余人，湖南举人任锡纯、文俊铎、谭绍棠等数十人得知梁启超的活动后，也积极参与，要求在请愿书上签名，力言台湾不可割，人心不可失。4月22日，他们将请愿书递交都察院，请求转奏光绪帝。

类似的上奏已有很多上报最高层了，所以都察院并没有如梁启超等人所请。然而一石激起千层浪，青年举子不是一心只读圣贤书，而是国事家事天下事事事关心，这不能不在更多举子中引起极大反响。福建、四川、江西、贵州、江苏、湖北、陕甘、广西、直隶、山东、山西、河南、云南等省举人莫不义愤填膺，起而效法梁启超等人，上书都察院。

---

① 《翁同龢日记》，2797页。

康有为（1858—1927），广东省南海县人，人称"康南海"

那几天，但凡都察院接待上访，门口总是挤满各省举子，"章满察院，衣冠塞途，围其长官之车"。来自台湾的举子罗秀惠等人捶胸顿足，垂涕请命，哀求清政府不要抛弃台湾，不要狠心丢弃台湾儿女，不要使百万台湾民众成为流浪天涯的海外弃儿。他们的哀求感人至深，闻者莫不痛心疾首，泪流满面。①

青年知识分子空前的爱国热情深深感染了康有为，康有为意识到民气可用，各省举人只要联合起来，发动一次更大规模的集体请愿，或许能够促使当政者觉悟，或许能够赶走那班守关的"虎豹"，敲开紫禁城的"帝阍"。②

康有为是一位坐而言起而行的天才政治家，他基于自己的认识，于5月1日召集十八行省在京举人一千三百多人聚会松筠庵，准备再次集体上书，请求清政府拒和、迁都、练兵、变法，以为非迁都不能拒和，非变法无以立国，③将变法维新作为拯救民族国家的重要手段。

根据各省举子的讨论，康有为在此后一天两夜的时间里奋笔疾书，草成长达一万八千字的请愿书，由梁启超、麦孟华等连日缮写一千余份，遍传京城，士气因之喷涌，震撼朝野。

---

① 《康南海自编年谱》，26页，北京：中华书局，1992年。
② 《己丑上书不达出都》，《康有为诗文选》，380页。
③ 《康南海自编年谱》称参加5月1日会议的有一千二百余人；梁启超《三十自述》称三千人上书言变法。

康有为起草的这份请愿书后来被称为"上清帝第二书",这份请愿书忧心地说:台湾一割,天下离心,士民涣散,列强必将效法日本之所为,接踵而来,中国必将在列强瓜分下土崩瓦解,所以割地之事小,亡国之事大。

为了解救中国危机,这份请愿书提出四点方案:

一是下诏鼓天下之气。大概意思是要求光绪帝速下三诏,一是仿历代先例下诏罪己,激励天下,共雪国耻;二是下明罚之诏,严厉惩办那些主和辱国、割地通款的大臣,严厉追究那些阵战不力、丧师失地的将帅,以及那些调度非人、守御无备的疆吏,以期刷新朝政,一新士气;三是下求才之诏,破格提拔那些有作为、有能力、有胆有识、有谋有略的将帅和封疆大吏,甚至采用一些非常手段,延聘山林隐逸、举贡生监、佐贰杂职,以便使天下之士既怀国耻,又感知遇之恩,为国出力,报效国家。

二是迁都定天下之本。迁都是战争发生后朝野普遍关注的问题,张之洞和他的幕僚如郑孝胥、叶临恭等曾向清政府正式提出。尤其是日军占领辽东半岛后,京师屏障不复存在,京师已正面暴露在日军面前,成为中国放开手脚施展全力的束缚。所以,中国要想进行长久抵抗,要想以持久战消耗日本,战而胜之,就应该将首都西迁。

三是练兵强天下之势。中国在甲午战争中失败的原因比较复杂,决非一端,但将衰、兵弱、器窳则是不争事实。鉴于此,康有为建议选将之道贵新不贵陈,用贱不用贵。提拔一批新将领,用新式方法训练新兵,并筹集款项向西方国家购买先进武器,这样就可以做到器械精锐,有恃无恐,稳操胜券。

四是变法成天下之治。在康有为看来,前三策只是权宜应敌之谋,而非立国自强之策。真正的立国自强之策,就是利用这次危机变天下之成法。以开创之势治天下,不当以守成之势治天下;当以列国并立之势治天下，不当以一统垂裳之势治天下。至于具体方案，康有为提出富国六法、养民四法、教民四法。所谓富国六法，即钞法、铁路、机器轮舟、开矿、铸银、邮政；所谓养民四法，即务农、劝工、惠商、恤穷；所谓教民四法，即普及教育、改革科举、开设报馆、设立道学。显然，除了设立道学具有一定独创性外，其他各法似乎都是先前几十年正在尝试或已有人提出而未及尝试的主张。至于设立道学，其基本宗旨则是以儒家伦理对抗西方文化尤其是基督教的侵袭，是康有为后来试图创立孔子圣教的思想萌芽。

康有为起草的这份上书在崧筠庵供各省举子自由传观数天，许多举子纷纷在上面签名，这就是历史上所说的"公车上书"。

在当时的政治形势下，公车上书并没有被政府严格禁止，与康有为起草这份上书同时，各省应试举子还通过不同方式向清政府表达了自己的意见。4月30日，都察院代转广东举人梁启超等八十一人，湖南举人文俊铎等五十七人，湖南举人任锡纯等四十二人，湖南举人谭绍棠等二十人，奉天举人春生等，江苏举人顾敦彝、刘嘉斌等，山东举人夏廷相等人的上书，其中广东、湖南举人的上书均为4月22日递交给都察院的。5月1日，都察院又代转广东举人陈景华、徐绍桢、梁启超等二百七十九人及贵州葛明远等九十九人、福建沈清等八十八人、江西陈维清等一百二十人、广西邹戴尧等一百一十五人要求更正和约的上书。①所有这些，在京师内外已闹得沸沸扬扬，"内之郎曹，外之疆吏，咸有争论"。②

公车联章，本为主和者深忌，而上千举子不好好复习等待考试，而是公开集会，联名上书，干预政治，这可是有清二百余年所未有，自然

---

① 参见林克光：《革新派巨人康有为》，133—134 页，北京：中国人民大学出版社，1990 年。
② 沪上哀时老人未还氏：《公车上书记序》；见《追忆康有为》，296 页。

引起主和者的恐惧。5月1日以后的几天里，坚持对日议和的军机大臣孙毓汶密派心腹潜往各省会馆及崧筠庵，对聚居在那里的各省举子竭尽拉拢之能事；又派人在街上张贴传单，为马关议和辩护。一些意志不坚定的举人相继退缩，撤回签名。

中国是一个大国，大国有大国的尊严，要赢得起也输得起，这也是中国在甲午战后必须有的风范。马关议和并没有脱离清政府最高层的掌控，已经达成的协议虽然有许多内容不能让人满意，但毕竟中国是战场上的失败者，失败者是没有资格在谈判桌上讨价还价的。协议签字了，就要遵守，如果刻意拖延或者毁约，中国必将为此付出更大的代价。所以尽管各省举子在北京制造了空前的气势，也有许多感人的情节，甚至也确实影响了光绪帝批准条约的决心，不过光绪帝最后还是遵守中日双方的约定，在协议上用宝。轰轰烈烈的公车上书终于曲终人散，只是近代中国历史上的一段插曲。

上书没有送到光绪帝的手上，清政府依然按照既定方针进行交涉，已有的屈辱只能化作振奋的动力，知耻而后勇，这本来就是中国圣贤的教诲。所以，公车上书尽管没有发生实际的政治作用，但通过这个行动确实将年轻一代读书人动员起来了，使他们知道除了要读圣贤书，还要关心天下事。康有为和他的弟子们此后坚持不懈关心政治，一再利用逐步宽松的政治环境上书言事，议论风生，尽管其许多意见不过是老生常谈，只是说得多了，知道的人多了，总还是可以造成许多积极的正面的影响，至少在北京官场，知道新科进士康有为和他的弟子梁启超的人越来越多，这为他们后来的政治活动储备了丰富的人脉。

除了青年知识分子开始关心政治、介入政治外，官场上的年轻官僚、开明官僚，也在这个形势下开始新的思考。这些稍有思想的官员们认为，中国的政治危机并没有随着《马关条约》的签订与执行而彻底化解，恰恰相反，中国可能由此进入一个新的政治动荡期，中国如果不能有效吸取战争的教训，亡羊补牢，变法图强，更大的危机可能还在后头。

清政府内部开始酝酿变法图强的情绪，庞大的官僚阶层开始分化，有些人继续浑浑噩噩，尸位素餐，而年轻官僚、开明官僚，甚至包括光绪帝都在开始思考中国的未来，思考怎样改弦更张，弃旧图新，将中国带到一条新路上去。

1895年5月初，天津海关道盛宣怀分别致函直隶总督王文韶、户部尚书翁同龢、大学士李鸿章等政府要员，以为中国再次面临历史性大转折，必须尽快调整内外政策，维新变法，才能变弱为强，转败为胜，后发制人。他建议先在中央政府层面进行改革，吏政、礼政、刑政可暂不更动，户政、兵政、工政必须改变。中国目前的实力根本不足以废约再战，只能隐忍当前，接受屈辱，卧薪尝胆，发奋自强，壮大国力，力筹报复，十年二十年都不算晚，只要沿着这条道路走下去。①

维新变法渐渐成为开明官僚的共识，守旧如翁同龢者也已意识到旧法不足恃，户政、兵政、工政等，确实面临非常繁重的改革任务，清政府还应该借鉴西方国家的经验，发行印花税，开设银行，办理邮政，修筑铁路等，至少在经济层面，应该与西方国家同步或一致。他还利用与光绪帝的特殊关系，将陈炽的《庸言》、汤震的《危言》等著作推荐给光绪帝，希望以此促使光绪帝推动维新运动的开展。

在各方力量推动下，最主要是受国内外大势所迫，年轻的光绪帝维新意识越来越强，越来越觉得中国必须放弃先前仅仅着眼于经济发展的模式，注意从政治层面、制度层面乃至文化层面进行改革。7月5日，光绪帝在战争善后尘埃落定之际，发布《举人才诏》，命各部院堂官及各省将军督抚专折保荐人才，破格提拔那些具有真知灼见、器识闳通、才能卓越、究心时务、体用兼备以及那些具有奇才异能，精于天文、地

---

① 《盛宣怀致翁同龢函》，《甲午中日战争——盛宣怀档案之三》下，438页。

舆、算法、格致、制造诸学的各种人才，一秉大公，详加考核，任命适当的职务或职位。

《举人才诏》以及在此前后发布的一系列改革文件，由于切合当时中国的现实需要，因而获得各省督抚的积极响应。署两江总督张之洞于7月19日上《吁请修备储才折》，就人才储备等问题提出九点建议。在天津具体操持新法练兵的胡燏棻也在此前后向清廷上了一份《变法自强疏》，明确提出变法自强的政治主张，引起光绪帝的高度重视。

在这份奏折中，胡燏棻分析了中国在《马关条约》签订后所面临的问题，以为中国当时之要务，首在筹饷，次在练兵。而筹饷、练兵之本源，尤在敦劝工商，广兴学校。为此，胡燏棻提出变法自强的十点主张，大致有：开铁路以利传输；重建新的货币制度，建立全国统一的金融体系；利用民间资本，发展民办企业；利用外国资本、技术和人才，开采矿产资源，建立中国自己的工业体系；改革交通管理体制，政府有计划地从官办漕运中退出，实行市场化运作；实行大规模裁军方案，减少兵员，用节省下来的军费招募创练新式陆军，重整海军，以图恢复；各省设立武备学堂，改革武科考试；仿照西方创建警察制度、邮政制度，废除旧有的驿递体制等。

胡燏棻的十点建议确有不少新东西，许多内容也是关心时局者的共同主张，故而这些建议得到光绪帝及政府高层的重视，胡燏棻在此后的维新运动中也被委以重任。

推动中国维新变法是知识界、政界的基本共识，像胡燏棻这样的思考在当时具有普遍性，比如曾两次参加中日善后谈判的道员伍廷芳也曾上书清廷，建议清政府讲究洋务以御外侮、整顿武备以固疆圉、牵制强邻以资控驭、速绘舆图以便布置等，从内政到外交，到武备，再到教育、经济体制等，都出了一些好主意。

总而言之，《马关条约》对中国来说确实是一个空前的奇耻大辱，正是在这个巨大的难堪之后，中国人开始了新的思索新的行程，上下一心，群策群力，化耻辱为动力，视敌人为榜样，重走日本明治维新的道路，开始了一个维新时代。

京沪强学会

国内的政治气氛自《马关条约》签订后已有重大转变，公开谈论国事，提出变法维新的主张，已不再是违规违纪的政治忌讳，高层官员、关心时局的知识分子开始以维新为时髦，以改革为时尚。在这种政治气氛下，组建维新团体，团结志同道合的人一起推动维新变法，也就顺理成章。

最先成立的维新团体是京师强学会，其最主要的发起者是康有为和他的弟子们。康有为比较早地意识到"合群"的重要性，强调要改造社会，推动维新，非将知识分子组织起来，形成团体力量不可。

基于这种认识，康有为在公车上书后并没有急于离开京师，在获得新科进士的功名后也没有到工部履职，而是接受户部郎中陈炽、刑部员外郎兼总理衙门章京沈曾植等维新志士的建议，留在京师筹划组织团体，痛陈中国危亡朝不及夕之故，天天以"开会"之义号召同志。

经过康有为师徒反复宣传，明白合群道理的人越来越多，除了青年知识分子，还有许多青年官僚、开明官僚。借助各方面的力量，康有为成功策划了三次"游宴"活动，许多士大夫在边吃边玩结交新朋会见旧友的过程中不知不觉接受了康有为组织团体的宣传和邀请，听到自己从来没有听过的理论与见解，知道中国在世界格局中的实际地位，逐渐相信组织团体、设立学会有益于中国政治改革与社会进步。光绪帝的两个老师翁同龢和孙家鼐也通过各种方式暗中支持这些活动。

1895年8月下旬（农历七月初），康有为在陈炽帮助下，分头宴请直隶按察使袁世凯、内阁中书杨锐、翰林院编修丁立钧、刑部侍郎沈曾植、翰林院编修沈曾桐等人具有新思想的人物，商谈筹组京师强学会。当然被约请的也有并不真的具有新思想的人，比如都察院御史张孝谦。

康有为主导的这一系列聚会解决了京师强学会成立的几个关键问题。一是参与者约定各出义捐，一举而得数千金。袁世凯认捐六百两，沈曾植、沈曾桐各认捐五百两，杨锐认捐三百两，丁立钧认捐二百两，基本解决了强学会成立所需要的经费。二是推举陈炽、丁立钧、沈曾植、张孝谦等为总董，陈炽为提调，负总责，张孝谦协助，主其事。陈炽、沈曾植为帝师翁同龢的重要助手，张孝谦是军机大臣李鸿藻的得意门生，由此可见这个人事布局的深意所在。三是推举康有为负责起草强学会的成立宣言和章程，梁启超等康门弟子协助。

其实，强学会的早期参加者并不都是合适人选，他们或许在时代影响下具有某种程度的新思想新理念，但各人的想法、行事风格还是有很大差异，特别是因为他们背后所代表的政治势力毕竟不同，所以在许多问题上不能达成共识也就在意料之中了。如翰林院编修丁立钧与沈曾植、黄绍箕、志锐、梁鼎芬等人为同年，也都是"后清流"中的人物，与张之洞有着千丝万缕的联系，丁立钧由此也被张之洞所看重，所以他在政治上发言不能不考虑张之洞这层因素。

与丁立钧的情况相似，都察院御史张孝谦是李鸿藻的得意门生，而李鸿藻乃当朝重臣，比较讲究个人操守，史称其"独守正持大体，所荐引多端士"。甲午前后李鸿藻在战与和的问题上与李鸿章等人有异，自觉不自觉地介入帝后党争。强学会内部存在层层复杂的人事关系，康有为等人却异想天开地想利用丁立钧、张孝谦这样的人与政治高层拉关系，殊不知这些高层的秘书、家丁或门生，在政治上趋于稳重，绝对不愿为主子招惹是非，所以他们的态度在康有为等人看来总是显得有点犹豫，有点"畏谨"。如今将他们推到什么总董之类的位置上，并明说由他们负总责，他们当然不会完全听从康有为等政治新人的摆布。

按照最初规划，京师强学会大概只是一个政治清谈沙龙，不同背景、不同职业、不同阶层的人，只要是关心国事，热心改革，大概都可以到这里谈谈自己的看法，听听别人的意见。这样的政治沙龙当然能够引起各方面的兴趣和重视，大家可以根据各自的需要利用这个平台。然而强学会资金初步到位后，康有为似乎将原初宗旨略为改动，学会不是继续维持政治沙龙、清谈场所的格局，而是越来越像一个商业性的经营实体。他们在宣武门外后孙公园安徽会馆即《万国公报》所在地设强学会机关，并计划开办一家图书馆，主持翻译西方典籍，所以强学会在尚未正式定名前，又称为"译书局"。在康有为的心目中，大概确实想将它作为商业性机构运营，只是所从事的业务为传播新知识新文化而已。1895年10月，强学会在琉璃厂开了一家图书馆，除接受各界捐赠的图书、仪器外，还委派麦孟华等人去上海采购新书。

按照康有为的规划，如果条件允许，他将以强学会的名义向国外派遣一批留学生，接受西方近代教育。这些事业当然都具有维新性质，但毫无疑问都是商业性的。

为了实现这些目标，强学会在开办之初继续向官僚士大夫阶层筹款募捐，他们甚至向各省督抚发函，呼吁他们利用公私款项给予资助。由于他们的理由正大光明，充满正义和正气，还真获得了许多重要支持。户部尚书翁同龢答应每年从户部拨给若干资金进行资助，直隶总督兼北洋大臣王文韶、署两江总督张之洞及刘坤一也各捐五千金，提督宋庆、聂士成等也各捐若干金。即便是承担着甲午战败罪名的李鸿章，在获悉强学会成立的消息后，也主动提出认捐两千以入会，但康有为等人考虑到李鸿章刚刚签订《马关条约》，而这个条约又被舆论指为"卖国条约"，因而拒绝了李鸿章的捐款。翰文斋书店向强学会赠送了大批图书，英美公使表示愿意捐助一批西学图书和仪器设备。在华英美传教士李提摩太、李佳白等人更是热衷于支持强学会,他们不时与康有为等强学会负责人游宴往来,宣传西学,不断发表关于中国进行政治改革的意见。

参加强学会的人应该说成分比较复杂,各方面的人物似乎都有,主要有这样几类:

一是以康有为、梁启超等为首的维新志士,如麦孟华、汪大燮、王鹏运等。他们既是强学会的发起者,也是其架构设计者、理念倡导者和实际操作者,他们忠实于强学会追求国家富强昌盛的宗旨。

二是具有帝党背景的人物,如陈炽、沈曾植、沈曾桐、文廷式等。他们基本上同意强学会的宗旨,是强学会的同盟者,但他们参加强学会不是为发展与强大它,使它发展成为一支独立的政治力量,而是为了联合强学会的人物,壮大帝党的势力,利用强学会的活动能量、社会影响、新学知识和变法才干,通过某些改革与后党争夺对中央政府的控制权,他们的后台便是皇帝的老师翁同龢。从翁同龢这一方面说,不论其后来怎样在日记中否认与康有为等人有非常密切的联系,事实上他在当时的政治处境中,确实有利用康有为这一批政治新人,扩充帝党政治势力的考虑。从康有为等政治新人这方面来说,他们一直在北京官场寻觅政治靠山和保护伞,帝党在当时的政治格局中如日中天,前途大好,他们当然也想利用帝党扩大影响壮大势力,打开通往最高权力中枢的道路,从而实现他们自上而下推动政治改革的目的。从这个意义上说,强学会的中坚人物愿意与帝党结合,他们的相互利用促成了强学会的成立与初期发展,而强学会后来被封杀,自然也导源于此。

除此之外,在强学会内部还有第三种政治势力,这些人大体说来是那些具有一定开明意识的中下层年轻官僚政客,他们一方面对现实政治表现出某些不满,期望改革,但是另一方面,他们想获得更好的政治利益、经济利益、社会地位,因而他们加入强学会虽然有其真诚的一面,但更多地带有政治投机的成分,他们把参加强学会视为一场政治赌博,视为提升自己政治地位的终南捷径。这批人物的代表主要有张孝谦、丁立钧、褚成博、张仲炘、袁世凯、徐世昌等。

在上述三种政治势力外,强学会内部还有一些人并没有明确的政治主张,而是游走于各派政治势力之间,视各派政治势力的消长而决定自己的态度。

由于各派政治势力的主张不尽相同,因此强学会成立前后,便不可避免地发生一些内部斗争和争论。

就在强学会的筹备过程中,为了会名问题各方展开交锋。维新派的领导人主张以"强学"为名,但反对者担心此名会引起争议和麻烦。

会名之争从表面上看可能仅仅关系到宣传策略,实际上反映了不同政治势力如何规定该会性质与宗旨,反对以"强学"为名实际上就是担心它过于激进,他们只要点滴的渐进的改良,不敢采取任何激进手段与方式。而康有为断断持之,不肯迁就,强调他之所以创办强学会,并没有真的指望这一机构能够对中国政治发生多大直接影响,只是期望破除数百年之网罗,而开此后之途径。

在康有为等人坚持下,强学会得以成立,但在康、梁起草强学会成立宣言及章程时,又一次发生较为激烈的冲突。康有为所作宣言痛陈亡国后残酷之状,激励新知识分子和开明官僚加入强学会,许多读者在阅读这份宣言时,情不自禁为之下泪,热血震荡。

然而也正是这样一篇宣言却在强学会内部引起不同派别之间的激烈争论,张孝谦、丁立钧等人对宣言中的激烈言词持反对态度,忧虑这些言词可能会引火烧身。经过几番讨价还价,各方都做了一些让步,从而使宣言在强学会内部勉强通过,但各方的政见分歧并没有因此而消弭。

不过话又说回来,尽管强学会内部有这样那样的矛盾,但当康有为在北京主持时,强学会毕竟充满生机,在很短的时间内获得了突飞猛进的发展,在京师具有很大影响,朝士云集,军机、总署、御史、翰林各政府机关来会者百数，这些人在政府中的能量不可小视。

强学会的大发展自然引起守旧者的反感，体仁阁大学士徐桐和御史褚成博等扬言要对康有为等人进行弹劾，吓得陈炽、沈曾植连忙催促康有为离开北京，以免出师未捷身先死，惨遭黑手。匆忙中，康有为只得离京南下，京师强学会日常事务交给陈炽、丁立钧、张孝谦、沈曾植等总董料理。掌握着实际权力的张孝谦联合丁立钧排斥陈炽和沈曾植，将强学会看作自家私产和政治资本，京师强学会因人事变动而走向衰败。1896年1月20日，李鸿章的儿女亲家、御史杨崇伊上折弹劾强学会私立会党，植党营私，请求清廷下令查封。22日，清廷接受了这个建议，下令步军统领衙门封禁强学会。

当天中午，张孝谦得到这个消息，惊慌失措，一方面立即"嘱速迁"，另一方面派人向李鸿章"献好"，乞求李鸿章手下留情。强学会的另一负责人丁立钧甚至"泣下"，想赶紧将书籍交还同文馆。褚成博、张仲炘等人更是吓得"纷纷逃匿"。只有文廷士、沈曾植、梁启超、杨锐、汪大燮、王鹏运等人还算冷静。文廷士于强学会被封后，来到宣武门外松筠庵，与许多以正论公议为己任的强学会成员商量善后，讨论的结果是具呈力争。

面对清廷禁令，翁同龢也在设法挽回。他密奏光绪帝，建议手下留情，以免天下寒心，人心离散。

1月29日，对强学会爱护有加的军机大臣李鸿藻回到北京。翁同龢与李鸿藻在许多问题上虽持论相反，但在袒护强学会这一点上却出奇地一致。翁、李联手，利用各方力量，暂时保住了强学会的名分，只是之后京师强学会被纳入政府序列，成为体制内的一个官书局，由管学大臣负责，只具有编译新书的功能。

京师强学会的变动当然不意味着维新运动的终结。康有为离京南下，于10月29日抵达上海，就开始在那里创办新的政治组织。上海这个新兴城市受西化影响最深,毕竟拥有更多的政治自由。

此时的两江总督是张之洞,张之洞原本是洋务运动的领袖,只是甲午战争的失败深深地刺激了他的神经,朝廷中不断传来的变法维新消息,也与他的个人主张大致相同,于是他从洋务领袖转变为维新领袖,力主中国借助战后难得的机会加大改革力度,推动政治进步。

张之洞的思想显然与康有为有许多相似相同处,为了争取张之洞的支持,康有为南下不久即专程前往江宁拜会张之洞。应该说,双方谈得不错,证据是康有为不仅在那里盘桓了二十多天,而且与张之洞这样的方面大员竟然隔日一谈,每谈必至深夜,可见两人在许多问题上拥有共识。张之洞支持康有为在上海建立强学会,自愿捐输私款五百两,划拨公款一千两,充作康有为办会经费。

上海是张之洞的辖区,有了张之洞的支持,上海强学会的开办就比较顺利。11月下旬,康有为偕同张之洞的幕僚梁鼎棻、张之洞的侄女婿黄绍箕等人返回上海,共同创办上海强学会,选定跑马场西头王家沙一号作为上海强学会会址。

12月初,康有为完成

张之洞(1837—1909),晚清名臣。同治二年(1863)中进士第三名探花,历任两广总督、湖广总督、两江总督、军机大臣等职,官至体仁阁大学士

《上海强学会序》，但他并没有以个人名义发表，而是以张之洞的名义先后刊布在《申报》、《中外纪闻》及《强学报》上。这篇文章以为西方近代国家之所以走向富强昌盛，关键就在于他们找到了"合群"的方式与方法，那就是开办学会，培养和凝聚人才。因此挽救中国危亡的关键可能也就在于开风气，在于人才的培养和凝聚。开风气养人才可以有多种办法，但在目前中国最有效最便捷的办法就是讲学术，办学会。

张之洞的号召力当然不同凡响，在他的鼓动下，上海乃至两江、湖广等广大区域的新旧知识分子群起响应，积极参与，很快就联名发表了成立宣言。在这个成立宣言上签名的有黄体芳、黄绍第、屠仁守、汪康年、邹代钧、梁鼎芬、黄遵宪、黄绍箕、左孝同、蒯光典、志钧、张謇、沈瑜庆、乔树柟、龙泽厚等十六人，他们或多或少都与张之洞有某种程度的联系。

根据康有为的一贯思路，上海强学会既是一个启蒙团体，也是一个具有实体性质的经营机构，它既需要政府拨款和各方面的捐输，也要具有造血功能，能够在所经营的项目中稍有赢利。所以，康有为起草的《上海强学会章程》规定该会的任务有四项：一、翻译和编印图书；二、创办报纸；三、创立图书馆；四、创立博物院。如有余力，再设学堂以培养人才，设讲堂以传播孔教，设养贫院以收容乞丐，教以工艺技术。至于派遣留学生等事，更是康有为心中念念不忘的，这大概与广东那些年大量民众移民海外有关。

或许是鉴于京师强学会的教训，上海强学会在吸引会员时规定了更为严格的条件，强调入会的成员必须品行心术端正明白。对于那些入会后可能会别存意见，或诞妄挟议及逞奇立异，或作奸犯科，致招物议的人，不论有多大本事，都只能却之门外，敬而远之。

康有为期望纯洁队伍，培植自己的政治力量，殊不知张之洞和他的门生们也有这种期待。双方相互较劲，上海强学会最后也是闹得不欢而散。

上海强学会不欢而散，不仅与康有为利用这个组织竭力扩大自己的影响有关。康有为主张"孔子改制"，主张"新学伪经"，这些学术观念在康有为和他的追随者看来可能是学术创新，价值无比，而在端学如张之洞者看来，显然是荒诞不经，离经叛道。

张之洞欣赏康有为的思想能力，但不欣赏康有为的思想倾向，无论如何不能同意康有为那些学术主张、政治主张。起初，他曾委派幕僚梁鼎芬当面劝说康有为，表示只要康有为能够放弃这些异端邪说，张之洞就会向上海强学会提供更多的经费支援。至于其他的好处，不说也明白。

康有为在政治上或许是个机会主义者、利己主义者，但在学术理念、政治理念上，他似乎又有一般人所不及的固执。他不能接受张之洞的招安，更不能同意梁鼎芬的暗示，主要原因是他不能同意张之洞高扬的中体西用路线，他认为正是这个中体西用导致了甲午战败，未来的维新运动就是要突破中体西用的束缚，走上与西方国家同步的一体化道路。至于新学伪经、孔子改制，在康有为看来，这不仅是他的学术发现，而且是他学术思想、政治理念得以成立的基础和关键，所以无论如何他也不会愿意因为那几个小钱放弃这个大主张、大原则。

道不同不相为谋。康有为的不听话与不合作无疑激怒了张之洞。两害相权取其轻，张之洞不愿意在自己的辖区内发生什么激进的政治事件，更不愿意出现脱离自己掌控的激进的政治组织。鉴于他已同意康有为在上海创办上海强学会的事实，他只能加派自己的心腹去上海把握和掌控这一组织，孤立康有为。

根据张之洞的安排，梁鼎芬、黄绍箕等人利用康有为回广东为其母祝寿的机会，劝告康有为不妨在广东创办一个强学会，并建议由康有为主持。至于上海强学会，则交给张之洞的重要亲信汪康年打理。

张之洞的打算被康有为觉察，康有为不仅无意在广东创办新学会，而且利用自己所掌握的权力，在其离开上海回乡省亲前，未经张之洞同意，便调弟子徐勤、何树龄来上海主持强学会及《强学报》。

康有为的举动瞒不住张之洞。当张之洞发现康有为背开他单独活动时，觉得应该与其划清界限了。于是他致电康有为，提出停办上海强学会，理由是"论学不合"。而康有为自此更无所顾忌，以"会章大行，不能中止"为由拒绝张之洞的停办要求。①

时隔不久，《强学报》出版，张之洞和他的门生自然恼怒异常。1896年1月26日，张之洞下令强行解散上海强学会。维新运动尚未发动，维新阵营内部就矛盾重重，派系林立，相互倾轧了。

南梁北严

京沪强学会相继夭折或变质，但其毕竟是维新事业的前驱，毕竟为后来的维新运动撒下了种子，准备了条件，在某种程度上推动了社会舆论的新旧转换。

新旧舆论转换的重要标志是新刊物的创办。由于整个社会环境在改变，对新知识的需求在提升，只有编辑出版新刊物新读物，才有更大的市场，才有更为丰厚的赢利，所以《马关条约》签订后，在维新运动开始萌动的时候，中国知识界最重要的动向，就是一批新刊物的创办，新读物的出版。

早在近代早期，随着西方传教士来华数量的增加，由他们创办的定期出版物开始引起中国知识人的兴趣，中国人自办的定期出版物也开始出现了，只是规模不大，影响也小。直至京师强学会成立，由强学会主

---

① 《康有为自编年谱》，31页。

办的刊物出版，中国人自主创办的定期出版物，才逐渐赢得读者。

康有为等新知识分子在创办具有近代政党性质的京师强学会、上海强学会的同时，更不忘创办自己的言论机关，试图以新闻媒介影响新一代知识分子，并期望以此争取官僚士大夫的同情和支持。在某种意义上说，他们已充分意识到创办自己的言论机关与创办学会具有同等重要意义。在创办强学会之初，康有为等人于1895年8月17日在北京创办《万国公报》，委托《京报》送报人一并分送，对象是当朝大臣及一些高级知识分子，据说每天可以送出千余份。

《万国公报》出版发行不过两个月，就在京城政治圈和知识界赢得很大的名声，或以为这份刊物的言论比较出格，或以为这些维新言论正中中国问题的症结，是对症下药，中国如果能够按照《万国公报》所期待的那样变法维新，就一定能够摆脱甲午战败带给中国的阴影，振奋精神，重新起步。

仅就形式及思想倾向而言，《万国公报》与英美传教士在上海创办主持的同名刊物非常相似，其影响日益扩大或许也与其在形式上高度模仿后者有着某些关联。传教士的《万国公报》原名《教会新报》，创办于1868年，几年后更名为《万国公报》，逐步增加非宗教内容，因而赢得中国知识界的欢迎，是那时中国人了解世界的一个重要窗口，拥有上至宫廷，下至一般士大夫的广大读者群和固定客户，康有为、梁启超等人都深受这份刊物的影响，因此他们在创办自己的第一份刊物时盗用了这个刊名，其目的不外乎是便于推广，扩大影响。

康梁系《万国公报》出版两个月左右，传教士《万国公报》主持人之一李提摩太有机会与康有为直接会晤，他对康有为、梁启超的思想倾向比较欣赏，不久他甚至参加了京师强学会，聘请梁启超担任他的中文秘书。可是当他发现康有为、梁启超盗用《万国公报》刊名时，西方人的权利观念使他非常愤怒，他向康有为提出强烈抗议，要求他们立即停止侵权，康梁系《万国公报》被迫停刊，前后出版有四十五期。

康有为南下上海后，京师强学会更名为京都官书局，政治、学术色彩逐步减少，而商业气息渐浓，似乎真的要演变成一个纯粹商业性的出版机构，离康梁等人最初创办京师强学会的宗旨越来越远。只是这批书生并不真的懂经营、会管理，京都官书局的业绩每况愈下，人心也开始涣散。

官书局的经营状况不算太好，不过，梁启超、汪大燮、麦孟华等人还算卖力，经过他们一个多月的紧张筹备，被迫停刊的《万国公报》更名为《中外纪闻》，于1895年12月16日在北京继续出版。

《中外纪闻》的报馆仍然设在强学会的旧址，报纸也如《万国公报》一样为双日刊，逢单日出版，木活字印刷，从内容到形式与先前的《万国公报》并没有区别，只是在编辑技术、栏目设置以及篇幅上有所改进和增加。在经营方面，《万国公报》完全免费向京师官僚士大夫阶层赠阅，而《中外纪闻》则是在免费赠阅十天后改为订阅或购阅，并开始向外地发行，越来越具有近代报刊的特色。

《中外纪闻》和《万国公报》的略有不同处，是《万国公报》每期一般只有论说一篇，偶然有点翻译文章，没有记事。《中外纪闻》除自撰论说外，还有邸报、阁抄、译电、选报等栏目，在篇幅上较《万国公报》增加了一倍。

或许是《中外纪闻》的言论激怒了守旧者，或许是强学会的组织网络引起统治阶层的恐惧，总而言之，改版的《中外纪闻》并没有存在多久，就随着强学会被查封而于1896年1月23日寿终正寝，前后共出版十八期。

《万国公报》、《中外纪闻》都因各种原因而夭折，但是它们的影响，特别是因之逐步形成的维新变法舆论氛围，并没有因为它们的夭折而改变，在它们前后，各种各样的新式报刊纷纷诞生，浩浩荡荡加入维新变法大合唱。

在北方，除《万国公报》、《中外纪闻》外，最具影响力的就是天津《直报》以及稍后出现的《国闻报》及《国闻汇编》。

《直报》是德国人汉纳根于1895年初在天津投资创办的一份中文商业报纸，是天津继德国人德璀琳1886年创办的《中国时报》（后更名为《京津泰晤士报》）之后，《国闻报》创办之前最具影响力的天津大报，其影响范围并不局限于天津一地，而是遍布整个北方，即便在南方也略具影响，这主要是因为它在甲午战争期间以积极的态度报道战争进程，为挽救民族危机刊发了一系列倡导变法、倡导维新的好文章，像严复的《论世变之亟》、《原强》、《辟韩》、《救亡决论》等，都是在《直报》上首发或连载的，这些文章语言犀利，观点鲜明，基于甲午战败的强烈感受，痛批专制主义和科举制度，力主变法自强，追慕西方，鼓民力，开民智，新民德。这些振聋发聩、令人耳目一新的文章不仅成就了严复一代政论家的大名，而且推广了《直报》，扩大了《直报》在中国现实政治生活中的影响力。

《直报》的流行，还因为它是西方人投资的一份商业报纸，既然是商业报纸，就要按照商业的原则经营，就要最大限度地扩大发行量、市场占有率，这样才能赢得源源不断的广告业务，所以该报在报道国内外政治、军事、经济新闻时，最大限度地遵循新闻报道客观公正中立的原则，对新旧及中间人群无所偏爱，给各个社会阶层、各种政治力量同等的发言机会、发言权力，既详细报道维新势力的崛起及其活动，刊载维新势力要求进行变法的政治主张，也给予反对变法的守旧势力发言机会，发表过不少反对变法的言论。甚至后来戊戌政变发生，《直报》的报道与言论，也不是一味偏袒失势的维新党人，而是对维新党人的政治失误、极度的激进主义予以适度批评。

客观、公正、中立、犀利，无所偏爱，是《直报》成功的基本因素,使它很容易地吸引住左中右各色人等的眼球,成为维新时代的一份重要报纸。

在南方,康有为创办了上海强学会之后,迅即设立言论机关,《强学报》于1896年1月12日创刊。《强学报》以论说为主,比较大胆地宣传康有为独特的思想学术主张,诸如孔子纪年、孔子改制等,由于这些学说个人色彩过浓,因而出版后受到张之洞等人的强烈抵制,致使《强学报》仅仅出版了三期就关门大吉。

张之洞在下令停办强学会和《强学报》的同时,也为上海强学会和《强学报》预留了一定空间,他要禁止的只是康有为那些可能引起争议的学说,而无意将具有维新思想的青年才俊驱逐出自己的辖地。所以,他在下令停办强学会和《强学报》之前就决定调汪康年到上海主持强学会,进而取代康有为的势力。

汪康年是张之洞门下具有维新思想的幕僚,与梁启超、麦孟华也有很深的交情。当甲午战争进行时,他在京师与梁启超等人相商,觉得当时中国能够让他们这一代人施展才能的大概只有"广联人才,创开风气"这么一件事,[①] 具体说来,也就是办报纸宣传新思想。

根据这个认识,汪康年于1895年初联络同仁,准备创办中国公会和《译报》,这或许也是梁启超的主意。在此后的几个月中,译报馆和中国公会的筹备工作紧张有序地进行,只是由于汪康年的家事等原因而迟迟未能成立,所以当张之洞委派汪康年前往上海接手《强学报》时,汪康年确实比较乐于接受。

汪康年只是受命接收《强学报》,至于上海强学会,此时已按照张之洞的命令宣布解散,其结余款项的大部分以及一些办公家具交给了汪康年。

---

① 《梁启超致汪康年函》(4),《汪康年师友书札》,1830页,上海古籍出版社,1989年。

汪康年计划以这些余款作资本进行招股，黄遵宪、邹代钧、吴德潇等开明官绅都给予最大程度的支持。在筹集到更多的款项后，他们不是继续出版《强学报》，而是另起炉灶创办了《时务报》，并邀请滞留北京的梁启超南下担当主笔责任。

1896年8月9日（光绪二十二年七月初一），《时务报》在上海正式问世。根据《时务报》第三册公布的报馆工作人员名单，该报总理是汪康年，撰述是梁启超，另有英文、法文、日文翻译若干及具体办事人员等，黄遵宪、邹代钧、吴德潇等人可能因其官方身份，并没有在报馆工作人员具名。

每十天出版一期的《时务报》，最值得看的是梁启超的文字。从第一册开始，到他离开《时务报》止，几乎每一期都有他那议论新颖、文字通俗、笔头常带感情的文章。在《时务报》第一册上，署名为梁启超的文章有两篇，一篇是《论报馆有益于国事》，一篇为《变法通议自序》。

《变法通议》是梁启超的成名作，这篇长文在《时务报》上连载了很长时间，主要目录为：论不变法之害、论变法不知本原之害、学校总论、论科举、论学会、论师范、论女学、论幼学、学校余论、论译书、论变法必自平满汉之界始、论金银涨落、论变法后安置守旧大臣之法等。从这些目录不难看出，梁启超的论述触及当时政界思想界最敏感的话题。

在这些令人耳目一新的文章中，梁启超从西方近代政治理论的原则出发，强调中国之所以落后，是由于政治上没有办法，是政治体制不如人。中国自秦王朝以来的两千年间，君主专制的政治体制越来越严密，皇帝的个人权力越来越大，越来越没有制约，历代皇帝为了独揽大权，不惜对人民实行愚民政策，结果便是举国上下了无声息，人人自危。这是中国在政治上没有办法最典型的表现。而西方近代则不然，西方近代鉴于中世纪的黑暗，高度注意兴民权，开议院，人人有自由之权，国事取决于公论，人人有爱国之心。由此，梁启超强调，现在的中国虽然民智未开，不宜骤设议院，但由君权向民权逐步过渡，既是人类社会发展的大趋势，也是中国解决当前困境的唯一办法。他根据康有为的据乱世、升平世、太平世"三世"进化论解释政治制度演变规律，强调中国必将由君主专制政体向君民共主政体过渡。与其反抗抵制这个过渡，不如顺其自然，主动变革，与世界同步。

梁启超的这些论述，紧扣当时中国最敏感的时事，在言论尺度上的拿捏也恰到好处。因而《时务报》出版后，风靡一时，洛阳纸贵，来自各地的赞美之声不绝于耳，只要翻看汪康年保留的各地来信，就可以感受《时务报》受欢迎的程度。各地不断增加预订数量，在不太长的时间里，发行就达一万多份，这在那时可是不敢想象的天量，为中国有报馆以来从未有过的盛况。由此带来的经济利益，自然使总理汪康年眉开眼笑，乐不可支。

《时务报》使梁启超"暴得大名"，当年能与《时务报》和梁启超媲美的，大概只有天津的《国闻报》和严复。

严复在甲午战争后期一直为汉纳根主持的《直报》撰写政论文，其西学功底和那典雅的文字，也使他获得了很大名气，在他身边逐渐会聚了一批具有维新思想倾向的新知识分子和开明官僚。到了1897年，随着维新思潮在国内高涨，各种各样的维新报纸杂志也有全面开花的趋势，在这种大势下，严复和他的一批朋友王修植、夏曾佑、杭辛斋等人联合创办《国闻报》。严复此时依然是北洋水师学堂公职人员，有着繁重的本职工作；王修植与严复为北洋水师学堂同事，深受李鸿章器重，被委以重任，时为北洋候补道、北洋学堂总办兼定武军营务处帮办，其本职工作之繁忙也不难想象；夏曾佑与王修植为1890年同年进士，也是浙江同乡，与汪康年、梁启超、谭嗣同等维新志士都有良好的关系，此时任礼部主事；至于杭辛斋，也是浙江老乡，同文馆毕业，习新学，弃科举，具有维新思想。从这几个人情况看，除了杭辛斋，其余几个人不仅很忙,而且是吃皇粮的在职官员,所以他们很不适宜出面去创办什么报纸杂志。只是他们太有思想了,太想表达了,所以就想出一个办法,请了福建人李志成当《国闻报》报馆馆主,作为名义上的所有人,这虽然使严复等人避免了假公济私的嫌疑,但也为《国闻报》后来的命运埋下危险的种子。

《国闻报》的经营与规模与《时务报》相似,如果《时务报》的看点是梁启超的论说,那么《国闻报》的卖点主要就是严复的政论和他的翻译文字,尤其是严复对西方近代思想文化名著的翻译与介绍。

翻译是《国闻报》的一个重要看点,还因为严复与王修植都是北洋学堂的教官和管理人员,因而他们以练习的名义,组织学堂学员翻译西方报章杂志的时政文章,补充版面,也比较及时地向国人介绍了西方的政治动态特别是这些国家对中国事务的看法。这是《时务报》等不及的。

或许由于这个团队具有很强的翻译能力,所以《国闻报》1897年10月26日创刊后不久,他们又创办了《国闻汇编》,专门刊登比较有深度的长文章,以弥补《国闻报》的不足,有意识地系统介绍西方的新知识和深度报道,重点翻译东西各国重要言论和重要著作。比如《国闻汇编》从第一册起连载严复翻译的西学名著《斯宾塞尔劝学篇》,从第二册起连载严复翻译的《天演论》。第一册还发表有伍光建的《欧洲政治略论》。各册的翻译作品多来自欧洲各大报如《泰晤士报》、《中法新汇报》等,其内容多为各报对中国政治、经济等方面的分析和评述。

严复是《国闻报》、《国闻汇编》的灵魂人物,这段时间也是严复一生中最为辉煌的岁月,他所介绍的西方思想文化为国内维新运动提供了不一样的资源。他与梁启超各守一方,成为思想舆论界光芒四射的双星,因而在近代中国报刊史上有"南梁北严"之说。

当时的新刊物当然不止《时务报》和《国闻》系,像何穗田、康广仁等在澳门创办的《知新报》，罗振玉等人在上海创办的《农学报》，章太炎等人的《译书公会报》《实学报》等，都在不同范围具有相当影响，是维新思潮大合唱中不可或缺的声部。

湖南区域试验

维新思潮并没有仅仅停留在京沪中心城市高级知识分子的圈子中，更没有演变成一场清谈，因为它毕竟是甲午战败深刻刺激的产物，毕竟关涉中国的未来和生死存亡，所以维新思想由中心城市迅速向内地传播，湖南等内陆省份在开明官僚主持下，迅速回应在中心城市萌发的维新思潮，并将这种思潮迅速转化为区域性试验。

湖南是中国内陆地区最有特色的一个省份，在近代中国历史上，湖南人向以保守而著称，这大概和五口通商后湖南经济受到严重损害有关。太平天国运动发生后，曾国藩奉命办团练，建湘军，一举成为与太平军对垒的清军主力，并最终平定太平天国，为大清王朝转危为安立下不朽功勋，湘军将领封官加爵，在中国政治舞台上的地位日趋重要。

曾国藩去世后，其门生安徽人李鸿章代之而起，以安徽人为主体的淮军逐步取代湘军在大清王朝政治生活中的地位，皖籍军人与政客炙手可热，一度主宰大清王朝政治生活。所谓中国在甲午战争前期的失利，并不是整个中国军队的失败，更不是大清王朝的覆灭，其实只是淮系军阀与淮系政客的失败。所以在淮系军队一败朝鲜，再败黄海，三败辽东后，中国政府并没有彻底失望，而日趋衰落的湘军更是蠢蠢欲动。大清王朝君臣们企图重温同治中兴湘军名臣名将再造一统江山的旧梦，因此选派湘军将领出征，希望挽回败局。而时任湖南巡抚的吴大澂虽说只有纸上功夫，但他毕竟亲历湘军辉煌，受到过曾国藩、左宗棠、曾国荃等湘军领袖的栽培，不甘于湘军的没落，所以当甲午战争爆发后，吴大澂连电清廷，主动请缨。后被任命为帮办东征军务，与湘军宿将魏光焘、陈湜、李光久、余虎恩等率湘军官兵开赴战场，协同作战。

湖南人对早些年安徽人的霸道早就不满，李鸿章的失败在某种程度上使湘军将领觉得有机可乘，他们继续沉湎在湘军昔日的辉煌中，不知道今天的日本人远非当年的太平军可比，他们以为打败日本犹如探囊取物，可惜的是，湘军重上战场不过是自取其辱。吴大澂苦心经营的新湘军实际上只是一群未经训练的乌合之众，他们在训练有素的日本军队面前毫无招架之功，更不要说反击了。吴大澂的新湘军一败牛庄，二败营口，三败田庄台。湘军的连连败绩震动了国人，更震动了一直自视甚高的湖南人，从而使湖南人转侧豁寤，其虚骄不可一世之气随之化为泡影。

湘军的失败是湖南人的奇耻大辱，但最具血性的湖南人并没有因这次失败而一蹶不振，而是知耻而后勇。湖南很快形成一种寻求变革、追求进步的新风气，并与京沪等中心城市的维新思潮遥相呼应。

湖南维新运动的发生当然还与其行政主管的变动有关。1895 年 10 月，具有维新思想的开明官僚陈宝箴被任命为湖南巡抚，上任伊始，他就慨然以开发湖南为己任，锐意整顿，上来就查处二十多名贪官昏吏，使沉闷的湖南政界精神为之一振。

陈宝箴虽是江西义宁人，但早岁参加湘军，追随曾国藩等湘军领袖与太平军对垒，向来推崇曾国藩、左宗棠、曾纪泽、郭嵩焘等湖南先贤的思想与事功，以为湖南地处内陆，经济欠发达，向以守旧闻名，拒斥西方近代新思想与新文化，所以湖南要想成为中国改革的先锋，就必须在思想观念上彻底更新。

基于这样的认识，陈宝箴就任后，与省内官绅深入交换意见，反复磋商，寻求振兴湖南的根本办法。大家比较一致的看法，就是想要改变湖南人的精神面貌，就必须先改变湖南的经济状态，只有经济发展了，人民富裕了，人们的思想才会随之改变。所以陈宝箴强调，只要是有利于湖南经济发展、有利于国计民生的新举措，都应该殚竭愚忱，尽力给予支持扶植，次第推广。主张大力开发湖南矿产资源，以救国民，于是成立湖南矿务总局负其责；又倡导修建湘粤铁路，密切湖南与广东的联系，而广东因其地理位置在近代一直开风气之先，引领中国。在陈宝箴主持下，湖南很快成立一批具有近代特征的新兴实业，大致形成湖南后来的经济格局。

在开发经济的同时，陈宝箴更注意文化环境的改善与教育制度创新。他与学政江标一起，努力倡导湖南先贤的经世学风，下力气整顿旧式书院，创办新式学堂，增购西学典籍和新式设备，下功夫培养湖南本地新式人才。陈宝箴、江标的倡导深深影响了湖南知识界，湖南很快凝聚和吸引了一批具有维新思想、变革精神的新知识分子，为湖南新政的顺利推行准备了人才。

与官方倡导变革同步而行的，是湖南民间新势力的自发崛起。1895年7月，常年在外漫游的湖南青年谭嗣同敏锐地感觉到一个新时代的到来，于是想方设法向故乡知识界传递维新变法的信息，鼓励湖南知识界勇敢地站出来，率先垂范，从事变法，下决心改变一代知识人的知识构成，致力于西学、实学和有用之学。谭嗣同还建议湖南教育当局的改革应该先从一县开始，先在风气稍开的浏阳创办算学格致馆，取得经验，渐次推广。

谭嗣同的建议在湖南获得积极回应，他的老师欧阳中鹄在唐才常、江标等人支持下，克服重重困难，在浏阳创办了一所算学社，这大概是湖南学习西方近代科学技术的起点。由此"省会人士始自惭奋，向学风气由是大开"。[1]

---

[1] 《浏阳兴算记》，《谭嗣同全集》，184页，北京：中华书局，1981年。

陈宝箴(1831—1900),被光绪帝称为"新政重臣",系地方督抚中唯一倾向维新变法的实权派人物

谭嗣同(1865—1898),湖南浏阳人,生于顺天府(今北京市)。早年曾在湖南倡办时务学堂、南学会等,主办《湘报》,宣传变法维新

新教育的发生发展合乎思想潮流,也合乎清政府的既定政策。从思想潮流方面说,在甲午战后,几乎所有进步思想家在反省中国失败的原因时,差不多都认为旧式教育已远远不能适应时代需要,所用非所学,所学非所用,已经成为那个时代非常突出的问题。中国并不缺少读书人,缺少的是读有用之书的人,大批读书人或空谈讲学,或溺志辞章,皆无俾时用。其下者穷年累月,致力于科举考试,这样怎能指望他们有所成就?所以梁启超在《变法通议·论变法不知本原之害》中强调,"吾今一言以蔽之,曰变法之本,在育人才;人才之兴,在开学校;学校之立,在变科举"。①

清政府高层也久已认识到教育制度改革的必要性,总是想方设法在保障莘莘学子基本权益不受重大伤害的前提下,进行适度改革或调整。1896年8月11日,清政府批准刑部左侍郎李端棻的建议,要求各省因地制宜创办新式教育,致力实学。翌年春,清政府又根据安徽巡抚邓华熙的建议,鼓励各省在省会城市设立新式学堂。

清政府一系列兴学举措深刻影响了湖南知识界,湖南乡绅王先谦等人在创办近代实业的同时,也久已感到新式人才的匮乏,有意利用实业赢利创办新式教育。1896年冬,经陈宝箴批准,在机器制造公司之下设立时务学堂,推广工艺。

这个新设的时务学堂归属于机器制造公司,但也接受湖南行政当局的财政补贴,所以稍后就被收归省政府,成为省政府的一个下属机构,与官办武备学堂享受同等待遇,由熊希龄主持。

熊希龄全面主持时务学堂后,遂邀请谭嗣同、黄遵宪等人参与其事。黄遵宪为新任湖南按察使,外交官出身,出使日本等国多年,洞悉国际大势,深知中国实际处境。他得知时务学堂情形后,即向巡抚陈宝

---

① 《饮冰室合集》文集之一,10页。

箴、学政江标竭力推荐梁启超担任时务学堂总教习。

梁启超对湖南久有兴趣，早在北京强学会被查封后，他就有赴湖南追随陈宝箴开出一片新天地的想法。他在1896年写给汪康年的几封信中强调，湖南居天下之中，在"十八行省中，湖南人气最为可用，惟其守旧之坚，亦过于他省，若能幡然变之，则天下立变矣"。①现在极具改革思想的陈宝箴出任巡抚，这对湖南来说应该是一个千载难逢的机会，所以他期待能够到湖南追随陈宝箴，有一番作为。

黄遵宪的邀请合乎梁启超的期待，于是梁启超舍弃如日中天的《时务报》，于1897年11月14日抵达长沙，出任时务学堂总教习。

在梁启超到达前，湖南时务学堂的筹备、招生均已完成，不过，时务学堂的章程还是由梁启超手定，作为时务学堂的办学原则。这个章程从形式上看，更多继承了儒家尤其是宋明儒学的讲学遗风，强调个人修养的"内圣"功夫，以"内圣"开出"外王"。这是道德修养的层面。至于新知识层面，梁启超在这个章程中强调向西方学习，要求学生在深通儒家六艺精髓的同时，证以西人公理公法之书，以求治天下之理。

基于这些原则，梁启超设计的时务学堂功课大致分为两类，一类是所有学生入学后半年必修的博通学，包括儒家经学、诸子学、公理学、中外历史地理等。另一类为专门学，主要有公法学、掌故学、格致学、算学等。

梁启超刚到长沙时，受到湖南各界一致欢迎。到达当天，湖南巡抚陈宝箴的公子陈三立、湖南学政江标、湖南按察使黄遵宪、时务学堂代总教习皮锡瑞以及湖南官绅、社会名流邹代钧、熊希龄、唐才常等前往迎接，学堂全体师生更是齐集学堂门前燃放鞭炮予以欢迎。第二天，又在北门内左宗棠祠堂设宴洗尘。此后几天，梁启超住处总是宾客盈门，

---

① 《梁启超致汪康年函》第8册，《汪康年师友书札》，1834页。

甚至连湖南最有名的守旧人物王先谦对梁启超的到来也是发自内心地高兴、欢迎，尊礼有加，专门张宴唱戏。湖南新政在和睦和谐的气氛中踏实推进。

官场上的迟到者

当湖南及各地的维新运动正在渐次推展时，突然而至的外交危机打乱了中国的政治进程，中国人原本已经平和的心态在列强撩拨下突然又起波澜，民族主义和政治激进主义情绪相继爆发。

这一次的外交危机来源于德国。德国在中国与日本进行《马关条约》谈判时确实有恩于中国，因为毕竟是它出面联合俄国和法国向日本施加压力，迫使日本放弃辽东半岛，尽管中国为此增加了一笔三千万两的"赎辽费"，但毕竟保全了本土。

1897年德国占领青岛。图为德国部队在青岛架设大炮，约拍摄于1900年

不过，三国干涉还辽也留下巨大的隐患，三国都觉得自己有恩于中国，中国应该对它们的贡献给予回报。于是德国人向中国提出租借胶州湾；俄国人诱逼中国签订秘密条约，逐步使中国东北地区成为沙俄势力范围；法国人不甘落后，提出与德国差不多的要求。

中国是一个知恩图报的国家，从来不会忘记在危难中帮助过自己的人。特别是考虑到中德贸易在迅速增长的事实，大致同意德国在东部沿海找一个地方建立储煤泊船的海军基地，这样一是有利于保护中德之间的商业往来，一是有利于远东国际局势的稳定与均衡。只是中国的官僚主义太厉害了，中德之间就这个问题的谈判被一拖再拖，严谨的德国佬终于忍耐不住了，决定强行武装占领胶州湾，造成既成事实，迫使中国方面答应。

1897年11月1日，两名德国传教士在山东巨野被杀害，这终于为德国人提供了绝佳借口。德皇威廉二世获悉这一消息后没有表现出丝毫悲伤，反而情不自禁地感谢中国人为他们提供了理由，迅即下令德国远东舰队不惜代价占领胶州湾。

11月13日，德国舰队向中国守军发出最后通牒，要求清军在四十八小时内全部撤退。巨野教案的是非曲直先不必讨论，两名传教士死亡确实是个问题，清政府碍于此点无法强硬应对，况且中国刚刚经历过甲午战争，此时大概也真的无法轻启兵端。所以清政府一方面请求列强帮忙劝阻德国人，一方面下令清军镇静以待，不要让德国人寻找新的借口。

清政府的忍让并没有阻止德国人占领胶州湾的步伐，而俄国人在清政府的请求下，先是答应劝阻德国人，继则与德国人合谋，狼狈为奸，出兵占领了旅顺和大连湾。

德俄两国的不义之举无疑是中国外交的重大失败，刚刚创办的《国闻报》获悉这些消息后，立即发表言辞犀利的政治评论，批评德俄两国政府的强盗逻辑，进而批评清政府的不抵抗政策，强调中国的出路只有加快政治改革，急谋自立之道，紧随世界潮流。只有自立，才能救亡；只有自身强大，才能谋取和平，以战止战。深具忧患意识的严复此刻预感中国到了生死存亡的危急关头，他认为德俄两国的强盗行径可能预示着列强将要瓜分中国，所以他除了在《国闻报》上发表一系列政治评论以唤醒国人外，并着手将译著《天演论》删改就绪，期待以"物竞天择，适者生存"的道理促使中国人从迷梦中惊醒。

严复和《国闻报》的言论深刻影响了中国知识分子。南方的知识分子如梁启超、谭嗣同等人同样具有亡国的紧迫感，他们甚至试图改变湖南维新运动的性质，以为亡国之后图，计划假如北方局势持续恶化，他们就以湖南为基地策动南部中国独立，为将来的民族重生奠定基础。

亡国的紧迫感促动了政治激进主义的迅速崛起。梁启超开始以时务学堂为基地宣扬政治变革，以为中国君主权力日尊过盛，人民的政治权力日衰递减，可能是中国积贫积弱的根源。对症下药，中国的政治变革就是要扩展人民的政治权利，还政于民，像西方那样设立议院，约束君权，限制君权。梁启超甚至还与学生们讨论改正朔易服色也就是改朝换代的可能性，这在正统思想者看来无疑超出了大清王朝的政治底限。

梁启超的异端思想并不是孤立的奇思妙想，这里既有乃师康有为思想异端的学理根据，也曾经过梁启超那批朋友的讨论。谭嗣同明确认为中国问题的症结在于君主专制，两千年中国社会停滞不前，主要原因就是这些"独夫民贼"把持政权且无所约束，所以他号召中国人冲决网罗，废君统，倡民主，建设和西方一样的近代国家。

谭嗣同、梁启超等人激进的政治主义深刻影响了湖南维新运动的进程，湖南新政由先前比较单纯地发展近代经济向政治体制改革转变。课吏馆、保卫局等一系列新机构相继设立，尝试建立具有近代意义的文官体制、警察体制。因胶州湾事件直接刺激而创办的南学会，则逐步发展成一个地方议会组织,将来中国大局发生危险时,能够使湖南像日本幕府时代末年的地方势力一样,强藩联合,推动全国进步和民族重建。

湖南的政治激进主义后来引发许多冲突,原本受到湖南各方面欢迎的梁启超简直是千夫所指。好在梁启超在此之前已经离开了湖南,追随他的老师康有为重回京师大展身手去了。

当胶州湾事件发生时,康有为正在北京。他此次北京之行虽然不是为外交危机而来,但他对政治的天生敏感和热情,使他很快因为胶州湾事件成为中国政治生活中的一个重要角色。根据康有为后来的说法,胶州湾事件给他极度脆弱的心灵致命一击,爱国保种之心油然而生,很快草就一份后来被称为《上清帝第五书》的重要文件,详尽分析中国在国际社会中的真实处境,以为中国在过去三年的维新运动中虽有很大进步,但西方国家依然没有将中国视为一个正常国家,视为自己的兄弟,依然像过去那样任意欺凌。自我反省,还是中国的改革不彻底,依然昧于国际大势,没有在内政上下功夫,没有使中国以近代民主国家的姿态出现在国际舞台上。康有为认为,这就是西方国家不愿以平等身份与中国打交道的根本原因。所以中国未来只能在政治上下功夫,只有政治上有办法,其他方面才会有办法。为此,康有为提出上中下三策:

上焉者取法俄国、日本,以定国是,实行君主立宪政体,建设近代国家,从制度上奠定近代国家的基础;

中策则是大集群才而谋变政,集思广益,次第施行变法;

下策是中央政府拱手无为,听任疆臣以本地情形各自变法,以局部试验为全国变法提供经验,或者干脆就是强地方弱中央,弱干强枝。

康有为自信,实行上策,国家可以富强;能行中策,中国还可以维持积弱的局面;仅行下策,我大清王朝或许依然受人欺凌,但也不至于灭亡。总之,不论大变、中变还是小变,中国必变。

这份上书并没有通过正常渠道上达天听,但在京城内外广为传抄,开明官僚和年轻一代知识分子大致能够认同康有为的危机意识，而守旧或正统派认为康有为危言耸听，夸大危机，中国决不能如此朝三暮四，好高骛远，而必须坚守三年来的维新共识，踏踏实实埋头苦干，外交问题归外交，内政问题归内政，按部就班，稳扎稳打，向着既定目标迈进。

很显然，康有为的政治改革主张并没有很快成为知识界思想界政治界的主流意识，继续推进稳健的有步骤的维新依然是朝野基本共识。心灰意冷的康有为深切感到偌大的京城竟然没有多少政治知音，这大概还是中国人知识水准、思想水准有限，所以中国还是需要思想启蒙文化进步，于是他准备离开令他失望的京城，返回故乡继续他的教育事业。

临行前，康有为礼貌性地向各方政治要人告辞，因为他此次来到北京，毕竟得到过政府要员李鸿章、翁同龢等人的关照，曾经因文廷士等朝廷前要员的介绍拜访过这些当朝重臣。他现在也是京城的一个风云人物了，为了未来不可捉摸的政治前景和个人前途，他无论如何也要跟这些政治大佬打个招呼，否则太没有礼貌了。

康有为向其他政治大佬告辞的情形我们不太知道，我们知道的一个影响后来政治进程的事件是，康有为于1897年12月11日向皇上的老师翁同龢告辞。当时翁同龢并不在家，康有为久等无果，只好留下张字条后离去。

翁同龢似乎并不是故意不见康有为，那些天他正为胶州湾事件忙得不可开交。康有为的《上清帝第五书》没有通过正规渠道送上来，但由于在京城坊间流传甚广，翁同龢可能也已经看到，并且很佩服康有为的见地，似乎有引为门生弟子的考虑。某次早朝时，皇上向各位大臣表示皇太后对胶州湾事件善后拖宕被动严重不满，翁同龢在发言时多有辩解，强调是德国人在交涉中不守信誉，出尔反尔才导致善后之事一变再变。至于更深层的原因，翁同龢在发言中也曾触及，那就是朝野中正在酝酿的变革意识。翁同龢顺便提及康有为的《上清帝第五书》，似乎引起了皇上的注意。总而言之，翁同龢感到康有为是个有用之才，至少在目前僵持的政治格局中可以算得上一个棋子，所以当他看到康有为留下的告辞字条后，遂以当朝大臣的尊贵身份枉顾南海会馆，劝说康有为无论如何不要急于离开北京。翁同龢甚至向康有为暗示，自己已经向皇上郑重推荐过他，皇上也已经表示会考虑怎样使用他。在翁同龢的反复劝说下，康有为的政治热情死灰复燃，他遂让仆人将已经搬上车的行李卸了下来。翁同龢将康有为视为自己的门生弟子了，而康有为似乎也将自己绑上了翁同龢的战车，将自己视为帝党中坚。这为后来的故事发展埋下非常值得关注的伏笔。

康有为准备离开京师时，曾草有三份奏折分别交给官场朋友高燮曾、王鹏运和杨锐。高燮曾是光绪朝有名的言官，他曾在甲午战败后公开弹劾李鸿章误国。康有为几次在京师从事政治活动时，把高燮曾视为政治上的知己，曾经数次代高燮曾起草奏折。不过这一次康有为代给事中高燮曾起草的奏折似乎不是有关政治变革等军国大计，而是让高燮曾向政治高层推荐他康有为出国考察，相机参加西方国家主持召集的"弭兵会"，大约有从事民间外交的意思。但他又得有政府背景，不仅需要皇上予以召见，而且需要政府提供经费，并照会各国外交机构。

高燮曾或许真的折服于康有为之才，所以康有为自拟的这份推荐书还就被高燮曾接受了。高燮曾在12月12日也就是康有为决定留在京师的第二天，硬是将大清王朝体制内第一份正式举荐康有为的奏折递了上去，而且当天就得到了皇上的批示，责成总理衙门斟酌办理。这一系列的举动是早另有安排，史阙有间，不好妄测，但可以肯定的是，以康有为在京城政治圈的活动能力，一切绝不会是自然发生的。

只是康有为能力再大，也有摆不平的时候。尽管这个举荐被皇上批转了，但毕竟不能由皇上直接任命，而且弭兵会究竟是个什么东西，究竟对中国有多大用,这一系列专门问题毕竟需要外交主管机构总理衙门的审核,而总理衙门的大臣们不知为什么,就是死活瞧不上康有为,遂以弭兵会只是一个民间机构,对各国政府并无任何约束力为由,正面拒绝了高燮曾的推荐。

总理衙门的拒绝或许使康有为很失望,不过康有为这次决定留在京师时,似乎已经有了足够的准备,所以他并不是把自己在一棵树上吊死。在想尽一切办法与政治高层密切周旋,争取从上层有所突破,有所进展外,他更注意利用民间资源,利用社会舆论,整合体制外一切政治力量,组织各种各样的政治团体,振奋士气,制造舆论,以求双管齐下,重演1895年公车上书故事,扩大影响,争取机会。

基于这样一种政治考虑,康有为并没有因为总理衙门的拒绝太沮丧,因为他确实有很多事情要忙乎。1898年1月5日,康有为召集在京应试的广东举人及粤籍京官二十余人在南海会馆餐聚,宣布成立粤学会,意在团结粤籍志士,形成团体力量,重续1895年强学会旧梦。

康有为通过御史陈其章建议清政府将总理衙门同文馆印制的各种书籍分发给各省驻京会馆,以便各省京官及各省在京应试举子有机会讲求。康有为还通过各种关系鼓动各省在京人士仿照粤学会成立自己的学会,于是在不太长的时间里,以各省驻京会馆为基地的闽学会、关西学会、蜀学会,以及经济学会、知耻学会等如雨后春笋,相继成立。一度消沉的士大夫结社在1898年春天再度兴盛,各省驻京会馆整天熙熙攘攘人来人往,各省京官、学子,特别是那些政治新人、体制外的读书人特别热心,他们抱着"排排坐,吃果果"的心理,迅速抢占政治资源,期待在将来的政治变局中能够拥有更加有利的地位。

相继成立的各种新政治团体为康有为提供了广阔的民间政治舞台,他在那段时间里,利用与社会各界的广泛交往,不断向政治高层表达自己对现实政治的看法,相继提出了一系列涉及内政、外交乃至军事改革等方面的意见。只是这些活动收效甚微，并没有引起政治高层的足够重视。

一个人的力量是有限的，在几年前的政治活动中，康有为对此深有体会。现在，各省学会组建起来，不论这些学会是否真的倾向维新、倾向政治改革，也不管这些学会的组建者究竟有多少公心，只要将这些学会团结起来，组成一个全国性的大学会，就一定非常壮观，一定会在未来的政治中发挥更大作用。于是，康有为在利用各省学会联名上书制造舆论的同时，开始整合这些组织，期待以将他这种少数人的先知先觉化为多数人的自觉行动。

康有为的这种做法在政治圈并不少见，尤其是那些官场上的新到者，他们为了争得一个地盘，获得一个生存空间，总是想方设法扩展自己的势力，所以也总是不会放弃任何有利于形成团体力量机会。像江南道监察御史李盛铎，此时也有意联合各省在京应试举子，成立政治团体，以民间外交的压力应对俄国政府对中国政府的步步紧逼。经协商，李盛铎、康有为达成合作意向，他们二人作为发起人，筹建全国性政治团体保国会。

1898年4月17日，保国会第一次会议在宣武门外菜市口南横街粤东会馆举行，到会的各省举子及上至二三品大员，下至一般办事员的中央各部官吏，共有二三百人。康有为在这次会上发表了声情并茂的演讲，历数列强在过去半个世纪里对中国的伤害，号召士大夫起来保国、保种、保教。会议议定保国会章程，决定在京沪两地设立总会，各省府州县相应设立分会，在全国编织成一个巨大网络，其经费来源主要是会员捐赠。

保国会成立后，或许是因为排座次发生了问题，或许真的有人期待借机敛钱，总之，粤东会馆很快受到警告，来自广东的礼部尚书许应骙和兵部左侍郎杨颐禁止保国会再在粤东会馆开会。

许应骙的这种禁止当然无法阻止保国会的活动。4月21日，保国会第二次会议就在宣武门外达智桥胡同河南会馆嵩云草堂举行。25日，第三次会议移至贵州会馆。这几次会议扩大了保国会的影响，召集了一些参加者，拥护的人是越来越多，什么保浙会、保滇会、保川会等不同名目的组织相继出现，当然也就难免泥沙俱下，鱼龙混杂。所以当保国会影响不断扩大之际，反对的力量也在集结，也在扩大，甚至传言政治高层如体仁阁大学士徐桐、协办大学士荣禄等都对保国会很有看法，据说李盛铎之所以在保国会正式成立时退出，就是因为受到了徐桐和荣禄的批评。4月26日，浙江举人孙浩在吏部主事洪嘉与的指使下向清廷检举保国会，指责康有为、梁启超等人利用保国会结党营私，干涉宪典，妄冀非分，瓦解国基，迹同叛逆。5月2日，御史潘庆澜举报保国会聚众不道，实际上是个非法组织。5月3日，曾经参与筹办保国会的监察御史李盛铎反戈一击，建议清廷查禁。5月17日，监察御史黄桂鋆检举保国会包藏祸心，巧立名目，非法结社，破坏稳定。监察御史文悌甚至当着皇上的面诋毁保国会名为保国，势必乱国。更有人散布保国会是保中国而不保大清，试图煽动民族主义情绪。强势的军机大臣刚毅更是磨刀霍霍，随时准备向保国会动手。

在中国专制主义政体下，聚众结社确实为皇权之大忌，无论有怎样正当的理由，都不能不使统治者感到害怕。康有为利用了外交危机，在密不透风的专制主义体制中打开了一个小小的缺口，保国会虽然在光绪帝的偏爱、犹豫中得以保全，其实最后是不散而散，并没有由此结成一个有力量的政治组织，反而引起了政治上的严重分裂。

失控的改革

像日本明治维新那样进行适度的政治变革，应该是1895年《马关条约》签订后中国人的基本共识，在之后三年中，不论是中央，还是地方,其实都在这一共识指导下,在政治、经济、军事、文化、教育诸方面进行过许多有力度有意义的改革。只是1897年底突然而至的胶州湾外交危机打断了这个进程,康有为横空而出,大闹京城,以极端正当的理由要求清政府加快改革进程,加大改革力度。康有为的这些要求当然没有错,所以也就能够获得很多同情者、支持者。

只是清廷的既定政策并非那么容易改变,假如不是主持大清王朝日常政务的恭亲王奕䜣突然病逝,中国政治应该继续在原有轨道上前行,因为恭亲王毕竟是一个稳健的政治家,他太知道欲速则不达的道理。所以在生命的最后几个月中,他一次又一次地阻止了康有为策划的一项又一项活动,比如以政府的名义派遣康有为出国游历,比如以各种各样的名义推荐康有为,要求光绪帝或其他政治高层予以接见,予以重用……在生命的最后时刻,他告诫光绪帝和慈禧太后,要注意提防政治小人,不要听信空谈进行什么变法。

然而,自然规律是无法抗拒的。恭亲王于1898年5月29日夜幕降临时撒手人寰。长达三十余年的洋务时代至此结束,中国终于从器物的近代化向政治体制现代化迈进,激进的政治体制变革终于因恭亲王的逝世而突然加速。

恭亲王之死在朝野各界激起极大反响,人们普遍相信政随人亡的王朝政治规律,相信大清王朝必将随着恭亲王的病逝而结束一个旧时代,开启一个新时代。为了把握新时代的主导权,各派政治力量展开了激烈角逐。翁同龢在年轻官员特别是他那些年轻门生如张謇、康有为等人催促下,企图利用与皇上的师徒关系,施加影响,催动政治变革,只是他怎么也没有想到的是,当他将标志着中国政治改革正式开启的《定国是诏》于1898年6月11日交给皇上时,仅仅过了四天(6月15日),等待他的竟然是被免除一切职务,开缺回籍,几十年的政治生涯就此结束,这真是莫大的羞辱。

翁同龢被免职的真实原因可能并不像官方文件中所说的那样简单，但究竟如何其实已很难弄清。过去的研究者以为翁同龢是康有为的政治保护人，是光绪帝的老师，翁同龢被免职，是后党对光绪帝的制衡和警示，是斩断光绪帝的政治臂膀。这是基于帝后两党势如水火的分析。最近的研究认为，翁同龢是当时国内外公认的保守派，他在皇上面前倚老卖老，指手画脚，这也不行，那也不准，使年轻的皇帝很不耐烦。所以，搬掉翁同龢，可并不是什么后党的阴谋，甚至本来就不存在什么泾渭分明的帝党、后党。光绪帝下令免除翁同龢的职务，一是因为翁同龢确实变得很烦人，二是其思想理念确实太保守，确实不再合乎新政的要求。

慈禧太后在园子里颐养天年了，恭亲王不在了，翁同龢被赶回老家了，少年天子终于可以甩开膀子大干一场了。就在翁同龢开缺的第二天（6月16日），光绪帝终于召见了康有为。这一次再也没有什么人敢于劝阻了。君臣二人就怎样变法进行了讨论，康有为的对答似乎并不令人满意，至少在光绪帝看来并没有提供什么新东西，只是在重复过去几个月已经通过不同渠道报上来的内容。紧接着，光绪帝又用好多天时间耐心听取政治新锐梁启超、张元济、严复等人的改革意见，并鼓励朝廷内外大小官员就政治改革、经济发展等充分建言。

紧接着，改组后的政府在光绪帝主导下，进行大刀阔斧的改革，各项新政举措相继出台。在经济体制方面，清政府相继发布了振兴商务、整顿矿务的政策，统筹管理全国商务、矿务；振兴农业，开设农学堂、农会，学习西方近代农学技术；利用国内外资金，加强铁路等基础设施建设，成立全国性的协调管理机构；奖励发明与著作，制订保护专利和知识创造的相关法律，为大规模的经济建设提供切实的法律保障。

在军事改革方面，甲午后清政府几年来一直正在进行的改革，基本宗旨是仿照西方近代的军事制度创建新式军队。扩充团练，裁减、淘汰旧式装备旧式军队；改革武科考试，实行从冷兵器时代向火器时代的转变，创办新式武备学堂，甚至准备筹组全国性的军事学校；改革兵役制度，扩充和优化兵源；改善军人形象，提升军人在国人心目中的地位，培养国民重武思想；考虑改善调整军队管理体制，甚至一些军队领导人或改革者考虑仿照日本成立参谋本部和大本营，这一点显然是在吸取甲午战争的教训，成立一个能够统一调度全国军队的机构。

经济尤其是军事方面的改革并没有引起怎样的问题，这些改革命令或许下达得急了些，地方督抚并不容易很快将这些政策转化为实践，只是改革的方向并没有什么问题，大体上适应了中国近代化的要求。在戊戌年真正引发所谓新旧冲突，并为后来的政治变动埋下巨大危机的，主要是文化教育和政治层面的改革，特别是弃旧图新的调整，新人固然满意了，但被遗弃的旧人没有得到妥善安置，因而引发了政治地震。

文化教育方面的改革，主要是对科举制度的调整。科举制度有毛病，是当时几乎所有中国人的一致看法，上至慈禧太后、光绪帝，下至一般士子、士大夫，都对科举制度有意见，都认为继续依赖科举制度尤其是其中的八股考试去取士，真的是问题多多。然而由于科举制度已有千年的历史，在没有其他更好的人才选拔制度出现之前，它可能还是最公平的。所以在中国被迫走上近代化轨道后的几十年间，人人说科举制度有问题，但人人依然要在这条道路上奔波。科举制度无法轻易废除，因为实在找不到更好的人才选拔制度。至于科举制度的内容，几十年来一直在调整，新教育的出现也是为了弥补科举制度的不足。像1897年在严修的建议下设立的特科，就是希望以比较特别的方式选拔更多的特长生，弥补科举制度下统一考试导致的人才多样性不足。科举制度无法废除，科举考试内容必须改革，必须容受新的东西，这在1898年之前已基本形成共识。

然而到了1898年，康有为极力攻击科举制度，反复强调只有全面废除科举考试制度，才能拯救中国的危机。他在面见皇上时反复强调这一点，并不断通过一些开明官僚将自己所写的此类奏折上报给朝廷，为全面废止科举制度制造舆论。

康有为的反复宣传确实起到了作用，况且改革科举在政治高层已经达成某种程度的共识，1898年6月11日的所谓新政诏书其实已经决定设立京师大学堂，为新旧教育转轨做准备。所以几天后光绪帝在康有为当面直陈科举制度弊病时，表示了立废八股考试的决心。

光绪帝的表态无疑加快了教育体制改革的进程，京师大学堂的筹建在紧锣密鼓地进行，调整还是废除八股取士也进入了决策层面。大臣们对开办新教育似乎没有多少异议，只是在废除还是改革调整八股取士上有些分歧，因为这一制度在没有充分准备好善后事宜时宣布废除，肯定会引起社会混乱，那些辛辛苦苦准备了一年又一年的学子们的前途可能因此完全断送。军机大臣刚毅在6月17日早朝时强调，这个后果必须充分考虑，怎样善后也必须提前准备。而且这个制度已有上千年的历史，有问题可以改进，但不能不看到这个制度也有其合理性，骤然废除可能并不是负责任的态度。他建议光绪帝三思而后行。这当然是一种稳妥的负责任的态度。可是在康有为等人看来，这就是保守主义者的阻挠。康有为通过各种方式向朝廷施压，甚至散布光绪帝已让枢臣起草废除八股取士谕旨的谣言。京师为之哗然，人人争传废八股，那些正在辛苦攻读的学子及其家长们则个个愁眉苦脸，不知所措。

决策层的讨论还没有什么结果，康有为对此非常着急，他根据各方面的传言判断，以为主要是因为朝廷中负责科举考试的礼部大臣们的反动和守旧。当时的礼部尚书许应骙是康有为的广东小老乡，两人有过交往，更有过节，当初康有为在粤东会馆组织保国会时，许应骙就以粤籍高官的身份警告过粤东会馆不要介入这样的事情。这一点或许使康有为很难堪，他觉得现在终于找到一个报仇雪耻的机会了。

6月20日，康有为代监察御史宋伯鲁、杨深秀起草的一份弹劾许应骙的奏章递交上去了，这份奏折点名指责许应骙守旧迂谬，妄自尊大，刚愎自用，阻挠新政，痛诋西学，贻笑邻使。说他身为教育部门主管，却对皇上正在推动的科举制度改革心怀不满，腹诽朝旨，公开声言设立经济特科无益，甚至表示会利用自己的职权限制特科录取名额。

这份奏折引得官场一片混乱，光绪帝收到后批转许应骙明白回奏，这才使许应骙感到问题的严重性。许应骙很快弄清事情的来龙去脉，终于知道这是得罪了康有为的后果。他找到对废除科举制度同样持保留意见的军机大臣刚毅，咨询如何应付，当然也请刚毅方便时在皇太后或皇上面前美言几句。

刚毅对废除八股之事和康有为确实有自己的看法，他建议许应骙不应该被动防守，而应变被动为主动，反攻为守，揭露康有为真小人假君子的面目以及坑蒙拐骗的历史。在刚毅的启发下，许应骙两天后（6月22日）交给光绪帝一个"明白回奏"，在详细陈述那份举报奏折中所涉及的具体事件的真相后，挑明他之所以受到这样的诬陷，应该与他先前与康有为交往不慎有关。他告诉光绪帝：自己与康有为是小老乡，素知其少年时代即无行乡里，名声极坏，及至获取功名后，更是屡屡与乡人发生冲突，为众论所不容；几次在京期间，康氏无限夸大自己对西学的理解和掌握，以耸观听；终日与各方面的要人勾勾搭搭，贪缘要津，意图侥幸；康氏也曾多次来到自己寓所，只是自己非常鄙视他的为人，概予拒绝，并禁止他在广东会馆私自立会，聚众滋事——这大概就是举报奏折中所说的"仇视通达时务之士"的例证。许应骙在奏折中反复强调康有为是政治小人，结党营私，狂妄至极，招摇撞骗，居心叵测，可能是新政改革的真正祸害。

康有为当然不会像许应骙所说的那样邪恶，清廷也没有按照许应骙的建议对康有为采取什么措施，不过，许应骙的反攻为守确实具有相当大的杀伤力,他对康有为人品的揭露为那些久居官场的老政客们无疑提供了非常好的炮弹。在这些政客看来,政治边缘人康有为们所从事的一切新政改革,更多的是私心作怪,是为实现个人政治野心而剑走偏锋。

科举制度的改革在1898年并没有获得显著进展,清政府最终也没有听从康有为等人的建议立即废除科举考试,而是采纳了张之洞、陈宝箴等人奉旨拟定的妥协方案,大体上保持原有制度的稳定性,而对考试内容考试形式略作调整,使之更加适应变化了的大形势。

在康有为等人看来,废止科举考试制度,实行新式教育,是新政改革的第一要义,现在这个第一要义不了了之,当然使康有为等人很郁闷,使他所设计的新政改革突破口成了守旧势力的坚强阵地,而他自己和他的阵营反而因许应骙的反击而丧失大量的政治信誉,在政治高层留下相当负面的影响。光绪帝和清廷决策层大致认同许应骙的解释,不再追究许应骙的责任,也就是说不认同康有为的指控,这样就等于认定康有为就是许应骙所说的政治小人和真小人假君子。在此后的日子里,康有为虽然还能在政治层面发挥某些作用,虽然还能利用光绪帝特许的权力,直接就改革事宜发表意见,但他再也无缘见到光绪帝。清廷只用其思想而不用其人,或许能够从这里获取某些信息或启示。

被冷落和被放弃重用的康有为当然不可能知道政治决策的内幕,但他在第一次挫折之后并没有丧失信心,反而更加坚定地相信自己的政治假设,那就是他的政治理想之所以不能顺利实现,主要地是因为在清政府政治高层存在着一个庞大的守旧势力,因此要推动中国的政治改革,就必须与这些守旧的政治势力进行殊死斗争,必须坚定不移地一战到底。6月30日,康有为再借监察御史宋伯鲁的言官特权上书清廷,重申守旧之徒阻挠新政,反对科举制度改革,是因为他们的利益受到侵害。守旧之徒舍此无所为学,舍此无所凭借,他们是科举制度的既得利益者。康有为强烈要求政治高层冲破这些利益集团的包围,坚决进行教育制度的改革。

康有为的呼吁并没有在政治高层获得他所期待的回响，反而激起更加激烈的反对，7月8日，先前与康有为等新派人物有过相当交往和的御史文悌直接上折检举康有为勾结言官宋伯鲁、杨深秀等人，结党营私，触犯国朝大忌。文悌根据自己的所见所闻，以为康有为不过是一个轻浮巧猾之徒，其讲学，如明代李贽，大要为旁门左道，思想异端；干进较明代无赖言官陈启新有过之而无不及，胆大妄为，不安本分，性非安静。因此文悌郑重建议清廷采纳许应骙的建议，立即将康有为罢斥驱逐，并认真查处严重违纪的言官宋伯鲁、杨深秀等，整顿言官队伍，严肃言官纪律。

文悌的这份奏折获得了军机大臣们的激赏，但却不被光绪帝认同。光绪帝大概不希望此时开启新旧党争，于是以其人之道还治其人之身，借用文悌折中"整肃台规"的理由，解除文悌监察御史职务，令回原衙门行走。

康有为终于在光绪帝的庇护下扳回一局。

光绪帝不希望看到无聊的党争，他确实发自内心期待满朝文武同心合力振奋精神，从事改革与发展。然而，清廷的政治现实是，旧的官僚习气太重了，官僚队伍太老化了，这批老官僚或许在政治上是可靠的，但指望他们振奋精神，从事新政，估计也是不可能了。基于这样一种思路，那就必须适度开放言论，允许下级官吏上书言事，用这些年轻的下级官员去冲击官僚队伍，为官僚队伍注入新鲜血液，有计划有步骤地改变官僚队伍的构成。8月2日，光绪帝发布上谕，鼓励大小臣工就政治、经济等各方面议题发表意见，中央各部院司员如有上书言事，可通过各部院转呈；一般民众上书言事者，可到都察院递呈。上谕要求各部院不得碍于旧制稍有阻格，用开放言论的办法扩大下层官员的发言权。

开放言论的上谕受到各方面的欢迎，礼部主事王照对权臣张荫桓弄权很有意见已久，所以他在上谕发布后就很快写了一份上书，从三个方面正面表述了自己的看法：一是建议皇上向国人宣布，中国的危机并没有因甲午战争的结束而结束，更不能被眼前暂时的和平假象所迷惑。事实上，当时的中国并不安静，乱民到处滋事，昌言排外杀鬼子。这个倾向如果不加以纠正，必将给中国带来巨大危害。二是建议皇上奉皇太后巡幸中外。对外，适应当时国际上通行的首脑外交，加强各国领导人之间的往来；对内，也能实地了解中国的真实情况，拉近君民之间的距离。这个建议的根本用意，据王照自己说是期望皇上能奉太后为中国实际最高领导人，维护王权中心的统一和团结，不要被政治小人所利用，挑起两宫冲突。三是建议在学部之外专设教部，负责处理频繁发生的教案冲突。

王照建议书的核心内容，据他自己说是第二条即皇上奉太后巡幸中外，其潜台词是加强两宫团结不要给小人以机会，以防止张荫桓这样的权臣坐大。然而这个意思由于写得太过隐晦，并不易被理解。礼部主管从这份奏折中读到的却是王照用心险恶，建议两宫巡幸中外就是居心不良，因为谁都知道日本激进分子热衷于暗杀，李鸿章几年前刚刚吃过亏。基于这个分析，礼部主管拒绝为王照呈递这个奏折。

礼部主管的做法显然违反了光绪帝开放言论的规定，而礼部尚书就是不久前与康有为正面冲突的许应骙。康有为获悉王照上书被拒后，立即鼓励王照不要惧怕，要敢于斗争，敢于争取。在康有为鼓励下，王照再次上书，直接弹劾礼部尚书许应骙、怀塔布等阻挠新政。王照仍循规定将这份奏折交礼部，并明确表示如果再被拒绝，那么他将赴都察院请求代奏。

礼部尚书许应骙、怀塔布显然不想将事情闹大，他们遂将王照这个奏折并第一次上书一并转奏，并附了一个折子说明先前之所以扣住第一份上书，主要是因为折中内容太过荒唐，其出游邻国的建议是置皇上及皇太后安危于不顾。

从许应骙、怀塔布的立场说，这个理由当然成立，但是年轻气盛的天子此时正欲大展宏图，树立权威，刚刚说过各部院不许阻挠司员上书言事，就发生了这样的事情。这不是自己撞到枪口上找死吗？愤怒的少年天子将此事交给吏部参照相关规定查究。几天过去了，吏部于9月4日提出的处理意见，是礼部尚书怀塔布、许应骙以及与此案相关的礼部左侍郎堃岫、署左侍郎徐会澧、右侍郎宗室溥颋、署右侍郎都察院左副都御史曾广汉等六人，均参照应奏而不奏降三级调用的规定予以处理。

吏部的处理意见是依律办事，无可指责，但显然不合乎天子特事特办、从严从重处置以为警示的意思。于是光绪帝在接到吏部意见后下令将前述礼部六堂官一并即行革职，赏王照三品顶戴，以四品京堂候补。

礼部六堂官的处罚和王照的提升，表明光绪帝整顿吏治的决心，他在第二天任命裕禄、李端棻代理礼部尚书，王锡蕃、徐致靖等代理礼部侍郎，又任命内阁候补侍读杨锐、刑部候补主事刘光第、内阁候补中书林旭、江苏候补知府谭嗣同等四人在军机章京上行走，参与新政事宜，并赏四品衔。很显然，皇上的意思是用新人取代旧人，以加快改革步伐。四小军机没有辜负皇上的期待，他们就任后确实加快了改革的步伐，各种新政诏书联翩而下，内外臣工目不暇接，更不要说贯彻执行了。光绪帝主导的政治改革犹如脱缰野马，在辽阔的田野上肆意奔腾。

"康不得去，祸不得息"

四小军机各有背景，杨锐来自四川，是张之洞登堂入室的第一亲厚弟子，也是张在京师的重要耳目，他具有一定的政治变革思想，但并没有超过张之洞多少，他与康有为、梁启超的关系若即若离，一方面在政治上认同康有为的改革主张，另一方面对康梁的政治激进主义和到处树敌甚为不满。

与杨锐情形相似的是刘光第,刘光第也来自四川,也是张之洞的亲信与心腹,对于康梁的学术思想与政治见解并不以为然,似乎也不愿与康有为有过多接触。他之所以被任命为军机章京上行走,与杨锐一样,都是因为陈宝箴接受张之洞的示意而加以保荐。

林旭是晚清重臣沈葆桢的孙女婿,其政治背景是直隶总督兼北洋大臣荣禄,他的升迁与康梁毫无关系,但可能由于他年轻气盛,自认是康有为的弟子,认同康的激进主义政治主张。

至于谭嗣同,他的出身、经历和知识背景与杨锐、刘光第、林旭都不一样。他的父亲谭继洵官拜湖北巡抚,因此他拥有很好的行政资源,且见多识广,博学多闻。青年时代,谭嗣同离家出走,周游西北各省区,历时十载,遍结天下英雄豪杰,在江湖上拥有很高的信誉和地位。但他又不同于一般的江湖豪杰,他热心于政治变革,痛恨君主专制,具有难得的近代思想,是湖南维新运动中的重要人物。他的保荐人名义上是翰林院侍读学士徐致靖,保荐奏折的起草者则是康有为和梁启超。康有为之所以这样看重谭嗣同,主要是因为他能够认同康有为的政治激进主义。江湖背景和政治倾向上的认同,使谭嗣同后来对康有为的主意言听计从,不惜冒险,结果也就葬送了自己的年轻生命。

光绪帝任命四小军机当然是为了推动新政进展,并没有就此改变先前政治运作机制的意思,他在四小军机上班的第一天就特别交代,要与各位军机大臣搞好团结,并在程序上规定小军机的所有建议都不能绕开原有体制,依然由军机大臣呈递。

四小军机的任命没有在政治高层引起怎样的分歧,但这些具有特殊政治背景和改革思想的年轻官员获得重用,还是激起了原有官员的不满、忌妒和刁难。据记载,谭嗣同和林旭上班的第一天,就与原有的军机章京为办公用品和办公地点发生冲突,旧有的军机章京总觉得这些政治宠儿分享了他们的专宠与特权。

谭嗣同等四小军机的任命极大提高了行政效率,但是由于四小军机复杂的政治背景,特别是谭嗣同、林旭与康有为、梁启超、康广仁等打得火热,这就为后来的政治突变埋下了种子。康有为先前一再建议为推动新政进展,应该成立专职机构,这个建议不断发酵,逐渐成为部分改革者的共识。光绪帝于8月30日发布大规模裁撤冗署和冗员的上谕,涉及中央部院许多闲职和散员。这些只吃皇粮不办事的官员确实应该裁撤,那些只设衙门而无事可办的衙门也确实可以废除或合并,只是冗署冗员都不是被裁官员的个人责任,因此如果不能对他们进行合理安置和补偿,势必引起官场恐慌乃至地震。9月1日,新发布的上谕要求军机大臣和六部主管等就裁撤衙门善后事宜提出方案,并要求他们在五天内上报。

五天过去了,这些大臣可能做了一些工作,只是进展缓慢,效果并不理想,尤其是被裁撤人员的安置成了最大的难题。为解决这个问题,大学士李鸿章等于9月5日上了一折一片,表示裁并官职,诚为当今之要务,然而如果不能很好地归并安排,恐怕也会出问题。这个奏折建议以类相从,将职能相近的机构予以归并,如詹事府掌文学侍从,鸿胪寺掌朝会宴飨,可以考虑归并至礼部;太仆寺掌牧马政令,可归并兵部;大理寺掌天下刑名,可归并刑部。至于被裁撤人员,他们建议归口吏部统一安置,对于并非个人原因或过错而被裁撤的人员应该予以安排新的岗位,不要使这些为大清王朝辛勤工作多年的人因机构改革而失业失望,成为政治上的异见者或对立面。

李鸿章等人的建议只是提示了大致原则,并没有提出切实可行的安置方案。事实上,在保留下来的机构中全部足额安置被裁撤人员不仅不可能,而且不应该,否则就失去了这次行政机构改革的意义。于是各种新方案纷纷被提出,其中一个最重要的方案就是利用这个机会创设新的议政机构。

9月5日，康有为代翰林院侍读学士徐致靖起草了一个折子，建议增设散卿或散学士，以容纳那些被裁撤人员中具有学识与能力的充当议政之官。在康有为看来，既然专门议政的制度局一时难以开设，那么不妨让这次被裁撤衙门中的优秀者充当议政之官，行政之官不可冗，议政之官不厌多，借此作为议政、行政分离的雏形。同一天（9月5日），总理各国事务衙门章京、刑部主事张元济在一份上报清廷的建议书中提出同样的方案，建议设立专门的议政局以总揽变法改革之事，乘机将行政、议政分开。根据张元济的建议，新设立的议政局类似于过去设在内廷的懋勤殿、南书房，但要以年富力强、通达时务、奋发有为者充任，不要任用年迈旧官僚。9月11日，裁缺左中允黄思永上书建议清廷利用裁撤行政机构的机会设立集贤院，既有安置被裁人员的意思，更是一个闲散议政机构。

不论是集贤院，还是议政局、懋勤殿，其本质都是在现有行政执行系统外另设一个专门的议政机构，其功能说到底也只是备皇帝顾问咨询而已。所以对这一新设机构最有兴趣的莫过于光绪帝本人，以及那几位新进的军机章京。因此，外有康有为等人的鼓吹，内有新进军机章京的鼓动，原本就曾与翁同龢商量过设立制度局以统筹全局的光绪帝便不能不对这种舆论表示关切。9月13日，光绪帝终于下定决心于内廷设置懋勤殿，选集通国英才数十人，并延聘东西洋各国政治专家共议制度，统筹全局，将一切应举、应革之事全盘筹定，定一详细规则，然后施行。是日晨，光绪帝召见湖北补用知府钱恂，试图通过与张之洞关系密切的钱恂了解张之洞对设立议政局的看法，并向钱允诺"议政局必设"。①

---

① 《张之洞书牍》附《钱守来电》（光绪二十四年八月初二日午刻到），《中国近代史资料丛刊·戊戌变法》第2册，614页。

专设议政机构确有改变大清王朝已有体制的意思，所以慈禧太后在这个问题上似乎一直比较谨慎，早几天她就否决了徐致靖方案。皇太后的态度皇上当然知道，所以能否设立专门议政机构，关键就是能否说服皇太后。为此，光绪帝命新任军机章京上行走谭嗣同从《历朝圣训》中搜集雍正、乾隆和嘉庆三朝设置懋勤殿的故事并准备一份上谕，以便他前往颐和园探望皇太后时当面汇报商量。

查考历史依据和代拟谕旨本是军机章京的职责，并没有什么稀奇，然而皇上如此郑重其事，却使谭嗣同产生前所未有的心灵震动，他对皇上的举动做了过度阐释，对皇上的心理也做了比较阴暗的分析，因为在先前很长一段时间，由于新政举步维艰，康有为将之归罪于朝廷内存在一个反对新政的守旧派，而这个守旧派的领袖就是名为退居颐和园颐养天年而实际上干政揽权的皇太后。谭嗣同先前不太相信康有为的这个感觉与判断，现在他看到皇上如此谨慎小心地对待皇太后，突然觉得康有为的判断可能很有道理，皇上的权力可能并不像新政开始以来历次诏书所昭示的那样至高无上，真实情况可能是大权依然掌握在皇太后手里，皇上不过是一个政治傀儡而已。退朝后，沮丧的谭嗣同将这种感觉告诉了康有为等人，大概同时也向康有为等人透露了其代拟谕旨的部分内容。

谭嗣同的不祥感觉并没有迅速传染给康有为，更没有影响康有为的情绪，甚至与谭嗣同的感觉相反，康有为觉得皇上既然已下令谭嗣同代拟上谕，既然准备将这份上谕向皇太后提出，那么可见皇上已下定决心，帝后之间的最终摊牌即将到来，皇上与皇太后的权力再分配肯定将因此而进行。于是康有为当天以监察御史宋伯鲁的名义草拟了一份奏折，建议于内廷开设懋勤殿，由皇上亲自选聘天下通才十人入值懋勤殿备顾问，折中推荐黄遵宪、梁启超二人。

仅仅推荐黄遵宪和梁启超两人显然不能使康有为安心和满足。本着毛遂自荐勇于担当的原则，康有为于当天（9月13日）午后找到王照与徐致靖，格外兴奋地将他从谭嗣同处获知的消息大体转告，并信誓旦旦地声称谭嗣同已请光绪帝开懋勤殿，用顾问官十人，业已商定，但须由外廷推荐。他将自己拟就的十人名单出示，要求王照、徐致靖二人立即草拟奏折，推荐此十人。

王照表示他正与徐致靖二人起草一份重要奏折，恐怕今天来不及。康有为闻言，表示皇上欲今夜见荐折。不得已，王照、徐致靖只好放下手头事情，分别按照康有为开列的名单，缮写两份推荐奏折。王照拟的奏折推荐康广仁、徐致靖、宋伯鲁等六人，徐致靖推荐康有为等四人。当天晚上，这两份奏折分别报了上去。

王照、徐致靖的两份推荐奏折虽然呈递上去了，但由此却也暴露了康有为建议设置懋勤殿具有相当的私心，这样明目张胆地要求别人保荐自己，即便过程如何保密，也不免引起各方面猜疑。新任军机章京杨锐对康有为的做法可能早就不以为然，对于康有为等人开懋勤殿的建议，总以为是他们的私心在作祟，并预感如此猖狂的做法势必引起更加激烈的反弹，于大局极为不利。①

杨锐看到了康有为的政治野心，清廷中那些政治大佬当然更明白康有为的用意，出于自身利益的考量，他们无论如何也不会让康有为的计划得逞。他们的反对意见肯定影响了光绪帝，所以皇上在第二天前往颐和园探望皇太后时，也只是将这几份保荐奏折交军机处登记，并不准备与皇太后讨论懋勤殿人选。

9月14日，光绪帝像往常一样，按照日程安排在乾清宫召见严复并

---

① 杨锐在一封家信中说："现在新进喜事之徒日言议政院，上意颇动，而康、梁二人又未见安置，不久朝局恐有更动。"见汤志钧《杨锐传》，《戊戌变法人物传稿》（增订本）上，135页，北京：中华书局，1982年。

处理其他事务，然后至颐和园乐寿堂向皇太后请安，并准备就懋勤殿等事向皇太后请示。而这一天对皇太后来说却不同寻常，因为几天来被革职的礼部尚书怀塔布夫妇不断向她哭诉委屈，并借机挑拨皇上与皇太后的关系，声称皇上之所以如此不顾章法变乱朝政，主要是其身边小人有煽动鼓动。

怀塔布因王照上书事件被撤销一切职务，确实有点冤枉，对于他的哭诉皇太后自然会表示同情，自然也会觉得皇上可能有点小题大做。现在，既然怀塔布夫妇通过李莲英找到自己，皇太后大概觉得自己有责任在方便时提醒一下皇上。再加上北京官场因为行政体制改革大规模裁减冗署冗员闹得乱哄哄，使皇太后觉得自己有必要提醒皇上适当注意改革的节奏和力度。

皇太后在善意提醒时或许略有指责，皇上肯定觉得很冤枉，他在向皇太后解释的同时肯定略有辩解，这些辩解或许也使皇太后有点不高兴。

皇上与皇太后的言语冲突毕竟是他们自己家里的事，皇上在深刻反省的同时也觉得皇太后的提醒并非没有道理。怎样才能两全其美，既能推动各项改革的进行，又能使各方面特别是皇太后不致太失望，这成为皇上当天反省的重点。

郁闷的皇上返回自己的住所玉澜堂后，传老成持重的新任军机章京杨锐来见，帮他出出主意，不料却遭到杨锐毫不客气的拒绝。持重的杨锐当然清楚大清王朝历来的规矩，清廷旧例严格禁止官员议论、介入皇族纠纷，特别是汉大臣更无权干预皇族事务。

杨锐的拒绝自有道理，谁也不敢轻易介入此类事情，因为搞不好就会被杀头灭族。为了克服杨锐的内心恐惧，皇上随即写给杨锐一份密诏以为保护。诏曰：

近来朕仰窥皇太后圣意，不愿将法尽变，并不欲将此辈老谬昏庸之大臣罢黜,而登用英勇通达之人,令其议政,以为恐失人心。虽经朕累次降旨整饬,而并且有随时几谏之事,但圣意坚定,终恐无济于事。即如十九日朱谕,皇太后已以为过重,故不得不徐留之,此近来之实在为难情形也。朕亦岂不知中国积弱不振至于阽危,皆由此辈所误。但必欲朕一旦痛切降旨,将旧法尽变而尽黜此辈昏庸之人,则朕之权力,实有未足。果使如此,则朕位且不能保,何况其他?今朕问汝,可有何良策,俾旧法可以渐变,将老谬昏庸之大臣尽行罢黜,而登进英勇通达之人,令其议政。使中国转危为安,化弱为强,而又不致有拂圣意?尔等与林旭、谭嗣同、刘光第及诸同志等妥速筹商,密缮封奏,由军机大臣代递,候朕熟思审处,再行办理。朕实不胜紧急翘盼之至。特谕。①

有了这份密诏作为护身符,杨锐遂向皇上提了化解时局危机以及推动改革的三点建议:

第一,杨锐建议重建皇权中心的权威与秩序,由皇太后郑重其事举行一次授权仪式,亲挈天下以授之皇上,而皇上也应该确认皇太后在王朝政治中的至上地位,同意皇太后拥有政治决策的最终否决权;

第二,鉴于新政推行以来的秩序混乱,杨锐建议皇上要对所有将要进行的改革方案通盘考虑,宜有先后,宜有次第,不能再如过去那样,新政诏书联翩而下,臣民目不暇接,虽然获得一些舆论喝彩,而实际效果却极差;

第三,杨锐认为人事变动至关重要,在新政推行期间进退大臣不宜太骤,以免在政治上引起不必要的纠纷与反弹。

---

① 上谕第228,《中国近代史资料丛刊·戊戌变法》第2册,91—92页。

杨锐相信，皇上如果能够在这三个方面有所改善，其与皇太后之间的关系并不难协调，新政推行中的困难也不难克服。

鉴于先前改革中出现一系列失误或者说皇太后以为的失误，大概都是因为偏听偏信了康有为的建议，所以杨锐在三条建议外更郑重建议皇上一定要尽快与康有为脱离关系，不要因康有为而贻误大清王朝的前途，杨锐的原话是："康不得去，祸不得息也。"①

杨锐比较认同于张之洞稳健的改革方案，在张之洞的影响下，他早就对康有为等人的政治激进主义表示过反感，对于光绪帝偏听偏信将礼部六堂官集体革职他当时就觉得处理太过，并通过不同方式向高层表示过自己的看法；对于帝后之间的关系，杨锐不愿偏袒任何一方，他以为帝后之间说到底是母子之间的家务事，作为臣子应该为皇权中心的权威及大清王朝的重振贡献心智，决不能借助于任何不正当的手段去挑拨或利用帝后之间的矛盾。正是基于这些考量，杨锐在当面或书面与光绪帝讨论了相关问题退朝后，于当日（9月15日）黄昏时分急邀同僚林旭来到自己的寓所交换看法，商量对策。

杨锐清楚地知道林旭与康有为的关系最为接近，也知道林旭对康有为的激进主张偏听偏信，且对皇上有所误导。杨锐在这一次谈话中对林旭有所批评，或许将皇上的密诏交给林旭过目，以加深林旭的信任，使林旭对正在发生的事情引起足够的重视，能够在适当场合利用适当机会劝告康有为不要继续如此激烈的举动。

对于杨锐的批评与指责，林旭默然无声，表示接受，相信他们二人也一同思考了一些善后办法，因为按照计划林旭将于9月17日被光绪帝召见，杨锐似乎劝告林旭不要再给光绪帝出那些激进主意，劝告林旭最好与康梁等人保持一定距离。这可能也是杨锐急于找到林旭通报情况

---

① 《杨参政公事略》，转引自汤志钧《戊戌变法人物传稿》（增订本）上，141页。

的原因之一。

林旭获得杨锐相关情况通报的当天（9月15日），似乎已经没有时间再向康有为等人通报，而且他们二人讨论的结果，可能也认为时局虽然正在发生变化，但并不是没有办法转危为安。或许他们的一致看法是，只要康有为迅速离开北京，脱离政治漩涡，大局就将好转。这可能是杨锐找林旭通报情况的另一个目的，即希望林旭在光绪帝召见时，设法坚定光绪帝让康有为迅速出京的决心。

9月17日上午，光绪帝按计划在颐和园召见林旭。君臣二人直面主题，很快就杨锐已有建议达成共识，那就是为了克服已经出现的政治危机，必须尽快摆脱康有为。于是在这次召见之后很快光绪皇帝极端反常地"明降谕旨"，责成康有为迅速出京，不得迁延观望：

> 谕工部主事康有为，前命其督办官报局，此时闻尚未出京，实堪诧异。朕深念时艰，思得通达时务之人与商治法。康有为素日讲求，是以召见一次，令其督办官报，诚以报馆为开民智之本，职任不为不重。现筹有的款，著康有为迅速前往上海，毋得迁延观望。①

康有为是推动新政的有功人士，他虽然在新政开始后的一些活动引起政治高层的反感，也引起了光绪帝的疑虑，但是此时毕竟他还没被抓住大把柄，为了他的面子，也为了不动声色地平息因康有为而引起的高层不安，这个明降谕旨一方面是落实杨锐的建议，另一方面向各方暗示康有为的激进影响将很快消除，新政改革将回到稳健的道路上。

这份明诏已经给康有为留下足够面子，可惜的是康有为并没有读

---

① 《光绪朝东华录》第4册，4195页。

懂其中的深意。他认为这份明诏表明宫廷政变已经发生或即将发生，因为按照惯例，一个小小的工部主事到上海办报，何须发布如此郑重其事的谕旨？再者说，谕旨中既然强调"实堪诧异"，就应该革职，为什么还要表彰鄙人是什么通达时务之人，什么素日讲求？至于上谕强调召见鄙人一次，更是有点莫名其妙。凡此，不能不引起康有为的疑虑。

明降谕旨毕竟只是一份官样文章，光绪帝与林旭似乎都意识到仅仅凭借这份官样文章，可能还不足以促使康有为迅速出京，因为委派康有为督办官报的谕旨早于7月26日就已下达，可是固执的康有为却找了种种并不成理由的理由继续留在京师，介入新政。为了促使康有为尽快出京，他们自然想到由林旭在退朝后火速面见康有为，甚至设想不惜以夸大危机的冒险办法促使康有为必须如此。

林旭退朝后曾经去找过康有为，但由于康有为没有在寓所，林旭也就没有继续等待，只是留有一个字条，称来而不遇，嘱康明日勿出，有要事相告。由此细节可证，光绪帝及林旭虽然觉得康有为必须迅速出京，但也没有急迫到必须当天执行的程度。

康有为那天晚上在宋伯鲁家喝酒听戏，同席有同道李端棻、徐致靖等人。至深夜，康有为返回寓所，一是看到敦促他迅速出京的那份明降谕旨，二是看到林旭留下的字条，由于字条也没有说什么具体事情，他似乎没有怎样介意，遂于醉醺醺中安然入睡。

第二天（9月18日，八月初三日）一大早，林旭如约前来拜见康有为，他先是向康有为转述了光绪帝9月15日给杨锐密诏的大致内容，劝说康有为遵旨尽快离京，前往上海督办官报。

对于林旭的劝说以及林旭转述的密诏内容，康有为或许半信半疑，在这种情况下，林旭向他通报了自己昨天面见光绪帝的情况，并传达皇上口谕如下：

朕今命汝督办官报，实有不得已之苦衷，非楮墨所能罄也。汝可速外出，不可延迟。汝一片忠爱热肠，朕所深悉。其爱惜身体，善自调摄，将来更效驰驱，朕有厚望焉。特谕。①

一场未遂政变

康有为本来就很敏感，他一直以为在朝廷中有一个对他虎视眈眈的反对派守旧派，现在皇上接二连三地催促他离开北京，又是明发御旨，又是发布口谕。这里面的背景康有为固然不知道，但他根据自己的思路相信形势已非常危急，反对派可能已经动手，皇上的地位可能已处于风雨飘摇之中了。

想象中的危机使康有为感到恐慌，也使他感到亢奋。他觉得历史性的决战终于到了，这和他先前的判断相吻合，因为他早就知道和平的改革不可能成功，他很早就准备借助军事手段解决政治纷争，以非和平的手段推动和平改革。现在机会终于来了，康有为遂与弟子、追随者及同党徐致靖、谭嗣同、梁启超、林旭、康广仁、徐仁镜、徐仁录以及袁世凯的幕僚徐世昌等人密谋怎样挽救时局，拯救皇上。

康有为强调，慈禧太后当国四十年，更变多而猜忌甚，经验丰富，手段老辣，党羽遍布内外，而一般民众经过几十年的愚民教育，也对慈禧太后有着一种莫名其妙的崇拜与信仰，以为其对大清王朝贡献巨大。因此，期待慈禧太后和平地向皇上移交权力，希望很小，只有借助武力才能迫使慈禧太后让皇上掌握实际政治权力，才能迫使其老老实实在颐和园颐养天年，不再干预朝政。

---

① 《新闻报》光绪二十四年九月初五日；转引自汤志钧《戊戌变法史》（修订本），569页，上海社会科学院出版社，2003年。

对于康有为的分析，谭嗣同表示认同和支持，并以为只有与袁世凯联手，用其所部新军包围颐和园，再用江湖人士毕永年、唐才常等人设法入园劫持慈禧太后。毕永年已经来到北京，并且原则同意参与此事。

谭嗣同等人之所以青睐袁世凯，是因为袁世凯是当时清廷高级官吏中略具世界眼光和国外经历，具有一定维新思想的新人物。强学会成立时，袁世凯主动参与和支持；胶州湾危机发生后，袁世凯迅即意识到政治改革的必要性。袁世凯在当时虽然官不算太大，但由于他的经历以及天赋，使他在应对方方面面时轻松从容，与各方面的关系一般都比较好。对当时如日中天的南海康先生，袁世凯自然也不会忘记与其搞好关系，更何况康有为的许多主张虽然偏激，但若不因人废言，康有为也确实看到了中国问题的症结，而这些也不能不使具维新思想的袁世凯有深得我心之感慨，于是通过各种方式向康有为示好。

康有为、谭嗣同的分析获得了梁启超的赞同，但林旭则以为袁世凯狡诈多智谋，担心即便袁世凯同意联手，成功后也是一个重要隐患。林旭建议如果真的要动手，也应该去找董福祥，而不要用袁世凯。

董福祥确实是没有政治态度的一介武夫，康有为、徐致靖等人很早就曾想过找董福祥合作，并委派王照出面策反董福祥效忠皇上。而王照认为，正因为董福祥是一介武夫，从来只相信权力，相信实力，你要他效忠皇上，反对皇太后和他的顶头上司荣禄，他凭什么要相信你？所以董福祥，甚至还有那个聂士成，根本用不得。

没有政治头脑的一介武夫不能用，剩下的只有袁世凯。康有为也确曾在袁世凯身上下足了功夫，9月11日，他代徐致靖起草了保荐袁世凯的密折。9月16日，袁世凯受到光绪帝的接见，并被提升为侍郎候补，专责练兵。现在，袁世凯还在北京等着谢恩召见，要联络袁世凯，正是最佳时机。

谭嗣同坚持与袁世凯联手，并自告奋勇担当联络任务。当天晚上，谭嗣同在夜幕中前往法华寺拜访袁世凯，软硬兼施要求袁世凯效忠皇上，率领军队包围颐和园，逮捕皇太后，捕杀直隶总督兼北洋大臣荣禄。

袁世凯闻言极为震惊，经验告诉他，这些文人的规划根本不可能成功，他当然不愿蹚这趟浑水，他含糊其辞地告诉谭嗣同这件事的难处，但也没有完全拒绝谭嗣同的邀请，否则当晚很难摆脱谭嗣同的纠缠。

聪明绝顶的谭嗣同当然清楚袁世凯其实是拒绝参与其事。三个小时后，也就是9月19日凌晨三时许，谭嗣同离开法华寺，赶到位于东华门附近的金顶庙容闳寓所，向在那里等待消息的康有为、梁启超等人谈了与袁世凯交涉过程。他们的判断是形势极不乐观，认为袁世凯的拒绝意味着他将站到反对者的一边，甚至可能已经将这个计划向他的上司荣禄做了报告，慈禧太后甚至可能也已经知道了这个计划。原本很有希望的计划因为袁世凯突然流产了。

康有为、谭嗣同、梁启超等人的深深失望似乎也深深感动了在场参与谈话的容闳，容闳建议由他出面请求美国驻华公使进行外交干预，以避免慈禧太后真的如康有为所预测的那样将光绪帝废黜。然而康有为等认为，美国并没有在中国或中国周边驻有军队，没有军事上的压力，仅仅凭借外交手段根本无济于事，反而白白浪费时间，于是他们谢绝了容闳的好意。

容闳的好意无法执行，但他的思路无疑又启发了康有为，使他觉得既然美国公使手中无兵，干预无力，那么手中拥有相当军事力量的英国、日本或许有办法干预此事。于是康有为在稍事休息了两三个钟头之后，即于当天（9月19日）上午九时许拜访正在北京的英国传教士李提摩太，希望他能够说服英国公使出面干预。

李提摩太对康有为等人的处境深表同情，然而英国公使窦纳乐此时正在北戴河避暑。远水解不了近渴，康有为只好放弃向英国公使求救，转而由李提摩太介绍，寻求正在北京访问的日本前内阁总理大臣伊藤博文的支持。

伊藤博文与李提摩太住在同一家旅馆。当天下午三时许，康有为来到伊藤博文住处拜访，进行长达三个小时的谈话，大要是请求伊藤博文在觐见慈禧太后时，能够替康有为等维新志士美言几句，说服太后支持皇上主导的政治改革，相信这些年轻一代的维新志士在政治上的忠诚。

对于康有为的请求，伊藤博文欣然答应，但他知道自己可能并没有机会拜访慈禧太后，他之所以答应完全是出于礼貌。

伊藤博文的态度使康有为的信心稍有恢复，然而暮色中他回到寄居的南海会馆时，突然发现"屋室墙倾覆"，这似乎是不同寻常的征兆，增加了康有为的疑虑，促使他下定决心尽早离开北京。

当天晚上，翰林院侍读学士黄绍箕设宴款待康有为。黄绍箕告诉康有为，据传言，现在局势非常危险，直隶总督兼北洋大臣荣禄对你康有为非常恼火，估计荣禄可能会采取非常措施加害于你。黄绍箕建议康有为改穿西服出京，直奔山东，不要经过荣禄的辖地天津，或易僧服避入蒙古。黄绍箕似乎相信，康有为只要躲过了荣禄的捕杀，就没有大的危险。黄绍箕的建议引起了康有为的重视。

回到住处南海会馆，林旭来谈。林旭告诉康有为，据他所知，英国与俄国已经开仗，当天晚上慈禧太后也提前突然从颐和园返回宫中。这一新的变化自然引起康有为的注意，他又开始侥幸地认为，外交危机的突然到来，或许能够缓解国内的政治冲突。他觉得那些守旧势力无论怎样痛恨他们这些维新派，也不会在外交危机严重的关头发动政变，于是稍为安心，对于已确定的出走计划又表示了犹豫。

康有为的犹豫在门生弟子中引起了激烈反对，他们认为，只要康有为顺利逃脱，即便他们留在京城发生什么危险，那么凭借康有为与西方各国的关系，也一定会设法救助，他们便不会有真正的危险。谭嗣同拔刀以救皇上自任，促康有为快点成行；梁启超、康广仁等甚至下跪恳求康有为尽快微服出行。然而康有为此时真的并不想立刻逃走，他甚至以生死有命、听其自然的姿态面对或许真的将要到来的危机。

门生弟子无法认同康有为的分析，他们强烈要求康有为从全局考虑，一定要尽快离开北京。他们坚信，如果康有为不走，清政府就有可能将他们一网打尽，这样他们就毫无反抗的可能，而且其罪名也将是非常难听的谋反、犯上之类。

在弟子门生的强烈要求下，康有为同意留下梁启超、康广仁等人继续在京城"谋救"皇上，他个人携仆人李唐于9月20日天未明时凄凉地离京出走，丝毫没有奉谕旨赴上海督办官报的"钦差大臣"的感觉。

最危险的地方最安全。遵循这一原则，离京后的康有为并没有接受朋友的建议绕开荣禄的辖地天津，更没有易僧服远走内蒙，而是直奔天津，并顺利地从那里搭乘轮船经上海逃往香港。

正如林旭所说，慈禧太后确实于当天晚上从颐和园突然回宫，但林旭不知道的是，皇太后回宫与康有为的事情并没有直接关联。慈禧太后确实在9月18日收到监察御史杨崇伊专门跑到颐和园上递的一份报告，报告揭露被革职的政府要员文廷士与康有为、孙中山等人勾结，甚至准备邀请伊藤博文为客卿。杨崇伊与李鸿章长子李经方是儿女亲家，他对文廷士、康有为及孙中山的揭露应该带有李鸿章的成见，所以慈禧太后并不会给予怎样高的重视，何况杨崇伊的说法其实只是捕风捉影，并没有到非此不可的程度。所以，慈禧太后突然回宫与他并没有直接关系，理由是当天晚上皇太后又赶回了颐和园。

慈禧太后突然回宫的原因不必猜测了，不过那一天除了皇上接见伊藤博文这件大事外，另一重要事件就是康有为在是日凌晨悄然出走。清廷何时知道康有为出走的消息不太清楚，只是经过一个白天之后，清廷在当天（20日）夜里下达了一个逮捕康有为、康广仁兄弟的命令，罪名是"结党营私，诱言乱政"，并没有涉及康有为等人策划的武装政变。

21日一大早，步军统领衙门奉旨查抄了康有为居住的南海会馆，仅仅抓到康广仁及康门弟子程式谷、钱维骥，并仆人王升、王贵、田叔等，查获了一大批书信和文稿。

清廷或许不相信康有为真的逃出了北京，于是很快又查抄了康有为经常前往并留宿的张荫桓官邸。张荫桓是康有为的小同乡，比较认同康有为的危机意识和改革思想，为康有为在北京的政治活动提供了许多方便，介绍了许多关系。而张荫桓又是皇太后和皇上的双重亲信，只是由于与李鸿章、翁同龢等人错综复杂的关系，最近流年不利，被许多人举报贪赃枉法，专权弄权，受到皇太后、皇上严厉批评，甚至有撤职查办的传言。只是这些传言并没有真正威胁到张荫桓的处境，光绪帝20日中午接见伊藤博文，依然是由张荫桓引见。

在张荫桓的官邸也没有抓到康有为，只是带走了张荫桓的一个亲戚、刑部主事区震，步军统领衙门以为此人就是康有为。很显然，21日一大早的行动，就是要抓康有为、康广仁兄弟，并没有涉及其他人。

当天上午，梁启超往访谭嗣同，他们正在谈话时传来南海会馆和张荫桓官邸被查抄的消息，甚至还有慈禧太后已经再次垂帘听政的传闻。他们似乎也不清楚康有为是否逃出北京，也不清楚张荫桓并没有被逮捕。谭嗣同劝梁启超赶快前往日本驻华公使馆，请求伊藤博文设法帮助康有为、张荫桓。梁启超劝说谭嗣同一起走，而谭嗣同坚持留下，因为他清楚，包围颐和园劫持慈禧太后绝对是谋反的大罪，而他又是一个组织者，如果他侥幸逃脱清廷追捕苟活下来，那么他在江湖上的生命其实已经死亡，以后也不会有谁相信他。江湖意气使谭嗣同敢作敢当，他别无选择地在那里坐以待毙，听天由命。

在谭嗣同反复劝说督促下，梁启超于当天（21日）午后二时许来到日本公使馆。伊藤博文和日本代理公使林权助接待了这个面色苍白、惊慌失措的年轻人。梁启超向他们通报了他所知道的情况,请求他们设法帮助皇上、张荫桓、康有为以及那些可怜的维新志士。他表示,清廷已断然镇压改革派,所有参与改革的人都有可能被逮捕被杀戮,表示他梁启超如果能够得到日本公使保护的话,将感诵再生之德。

梁启超此时虽有相当危险,但毕竟没有受到什么指控,没有被列入清政府的通缉名单。日本公使馆如果就此给予保护的话,并不会得罪清政府,于是同意梁启超的请求,但告诉他必须尽快离开北京。22日下午,经东京方面同意,梁启超在日本人的帮助下,化装易服乘火车逃亡天津。稍后在日本领事协助下逃亡日本,开始流亡生涯。

步军统领衙门21日早上的查抄行动没有抓住康有为,仅仅抓住了他的弟弟康广仁。然而或许正是康广仁的被捕,使情况发生急剧变化。

可以想象,当数百名武装官兵将康广仁等押往步军统领衙门后,立即加以严厉审讯,要求他们提供康有为的去向。被捕的这几个人大概只有康广仁知道康有为的行踪和计划,所以康广仁坚持了三天依然没有吐露。到了9月22日夜,康广仁或许觉得康有为应该已经脱离了危险,或许是因为实在难以抵挡审讯者的拷打逼问,终于开口交代。他似乎不仅交代了他参与的包围颐和园的阴谋,还交代、"诬攀"百数十人。[①] 由此推测,清廷先前肯定不知道这些阴谋,否则在下令捉拿康有为的当天(9月21日)也一定会将后来抓捕的那几个人一起逮捕。

这样说当然不意味着康广仁变节求荣或出卖同志,但我们可以相信的一点是,当康广仁不得不作交代时,一定是侃侃而谈,他甚至以毫不畏死的精神滔滔不绝,甚至可以说带有几分炫耀也带有几分遗憾地谈到了他们的计划,他甚至会说,如果不是你们这些该死的动手早了一步,那么我们就可以获得成功,可能已经劫制了那个守旧的、保

---

① 参见蔡乐苏等:《戊戌变法史述论稿》,889页,北京:清华大学出版社,2001年。

守的、该死的老太后，可能已经将政权移交到了光绪皇帝这样圣明的君主手里。可惜的是，你们这些家伙仅仅早了一步，所以我们的计划就没有实现。①

康广仁的交代使清廷最高层非常震惊和高度恐慌，如果康广仁所说的这些都是事实的话，那么毫无疑问光绪帝必然负有不可推卸的失察责任，所以我们相信当光绪帝获知康广仁在审讯中交代的那些内容时，特别是当他得知康有为等人竟然背着他而又以他的名义搞什么兵围颐和园、劫持皇太后的阴谋后，真是跳到黄河也洗不清，因为他确实与康有为这些人有过单独接触，他确实不顾许多大臣反对而格外青睐这些政治新锐。现在，他出于保护自己的本能，也只有像杨崇伊奏折所提醒的那样，恭请慈禧太后出园训政，既由此稳定大局，也可由此减少自己的失察责任。因此我们看到，尽管慈禧太后在这一天已轻松愉快地"驾幸颐和园"，然而光绪帝却又发布了一个使很多研究者多年来弄不明白的恭请慈禧太后训政的上谕：

> 谕。现在国事艰难，庶务待理。朕勤劳宵旰，日综万机，兢业之余，时遇丛脞。恭溯同治年间以来，慈禧端佑康颐昭豫庄诚寿恭钦献崇熙皇太后两次垂帘听政，办理朝政，宏济时艰，无不尽美尽善。因念宗社为重，再三吁恳慈恩训政。仰蒙俯如所请，此乃天下臣民之福。由今日始，在便殿办事。

---

① 康有为后来根据各方面的传说，称康广仁在步军统领衙门待了差不多一天，第二天早上四点钟的时候方由步军统领衙门移交给刑部，刑部堂官亲自提审，关心的依然是康有为的下落，对这一点，康广仁并不隐瞒，他答称康有为已经出天津前往上海，审讯者指责康有为何以私逃？康广仁便非常充满正义地称："是奉旨敦促，经奏报初四日启程，并非私逃。"堂官曰："汝兄不来，必不释汝，必写信令汝兄来方释汝。"而移交给刑部的第二天，康之门人及仆人均获释。见《康南海自编年谱》，62页。

本月初八日，朕率诸王大臣在勤政殿行礼仪，著各该衙门敬谨预备。①

光绪帝的这个谕旨或许是他自己出于主动而提出的，或许是与诸如庆亲王奕劻等诸王大臣一起商量决定的。总之从这个谕旨的口气看，这是一个已经决定了的政策，之所以公布是要告知天下臣民。而且从稳定社会的角度看，由于当时京城乃至整个中国都已对康有为促动的新政有所不满有所厌倦，人们从这一系列改革中不仅没有得到多少真正的好处与实惠，相反却失去了许多。那时京城内外要求慈禧太后再次垂帘听政的声音正像杨崇伊奏折中所说的那样已有不少，许多官场上的人似乎都觉得如果像慈禧太后这样具有丰富政治经验的政治家不出来收拾局面，继续让光绪帝掌控中国的最高权力，那么大清王朝极有可能很快玩完，更何况光绪帝恭请慈禧太后出而训政也是一种勇于负责任的表现呢。②

不论光绪帝恭请慈禧太后再次出而训政的谕旨是否出于主动，但有一个显明的证据是，从那一天开始，光绪帝已愿意接受那些老臣们的建议，与康有为这些所谓维新志士疏远，不愿再与他们同流合污。这一天，尚不明白宫廷已发生了什么事情的御史宋伯鲁继续向清廷上了一个

---

① 《光绪朝东华录》第4册，4200页。

② 苏继祖在谈到当时清廷的内部矛盾时，并不认为诸大臣与光绪帝有矛盾，诸大臣主要是对康有为不满，且以为康有为蒙骗、蛊惑了光绪皇帝。他说："诸大臣并非皆与皇上有嫌，皆与康有为不两立耳。所以然者，忌之、恨之、畏之。盖康之上书曾有云'缓变不如急变，小变不如全变。'又云：'变法尤需变人。'又曰：'衰老大臣精力不足以辅新政。'兼之裁冗官，许言事，用新进，凡诸臣之求富贵保身家之道，将尽行蔽塞之矣，安得不以死命争之？非禁制皇上，不能去康有为也，故诽谤之诅之，思求其得以禁制皇上之道，不遗余力以谋之，遂激成八月之变。训政后，此辈皆告其戚友曰：'数月来，寝不安，食不饱，今始有命焉，非我皇太后如何得了也。'"见苏继祖《清廷戊戌朝变记》，《戊戌变法》第1册，351页，桂林：广西师范大学出版社，2008年。

保荐奏折,建议清廷利用伊藤博文来华访问的大好时机,速简重臣,结联舆国,以安社稷而救危亡,并推荐通达外务、名震地球之重臣李鸿章负责与李提摩太及伊藤博文进行联络,并推荐康有为为参赞。① 宋伯鲁的建议如果在一天之前呈递,肯定会获得光绪帝的首肯,至少会批转总理衙门大臣或军机处研究可行性。但是当天,皇上的心情实在不同了,他在宋伯鲁的这份奏折上充满愤怒地批道:"御史宋伯鲁滥保匪人,平素名声恶劣,着即行革职永不叙用。"这意味着光绪帝的立场正在发生急剧的转变。

光绪帝政治立场急剧变化并没有立即平息皇太后的愤怒,康广仁的交代毕竟将皇上卷了进去,尽管皇上并不知道康有为包围颐和园的阴谋,但皇上毕竟是这一事件的最大受益者。符合情理的推理是,当真相还没有弄明白时,皇上只能背上这个阴谋参与者的黑锅,皇太后当然不能原谅皇上。

连夜从颐和园返回宫中的慈禧太后立即在便殿召集会议,庆王、端王、军机御前大臣跪于案右,光绪帝跪于案左,慈禧太后并设朱杖于座前,疾声厉色质问皇上为什么只看重那个康有为,而不愿重用那些久经考验的老臣,为什么总是听任叛逆康有为的蛊惑宣传,变乱祖宗成法呢?

在训斥了皇上后,皇太后也不忘训斥诸位大臣,指责各位大臣太不负责任,为什么不能及时向皇上提出修正意见,而听任皇上偏听偏信,闹到如此地步呢?

一味追究皇上的责任并不能解决问题,皇太后遂与诸位大臣就当时最紧迫的问题做出一系列重要决定,一是电令天津、上海等处,严密查

---

① 《掌山东道监察御史宋伯鲁折》(光绪二十四年八月初六日),《戊戌变法档案史料》,170页。

拿康有为和他的同谋；二是责成步军统领衙门加强对紫禁城、西苑及颐和园等处的警卫力量，严防康党门徒狗急跳墙，借机生事；三是根据康广仁等人的交代，迅速逮捕张荫桓、杨深秀等人。

9月23日一大早，慈禧太后在勤政殿举行重新出山训政典礼，接受皇上及文武百官恭贺。典礼毕，太后复于便殿召集群臣谋划善后。24日，清查范围进一步扩大，张荫桓、徐致靖、杨深秀、杨锐、林旭、谭嗣同、刘光第，均被革职查办，由步军统领衙门缉拿归案，解刑部审讯。

随着这批人特别是四小军机的被捕，虽然没有人会追究皇上的责任，但皇上在这种情况下其实已难工作。然而传统中国政治体制是国不可一日无主，在没有确凿证据证明皇上领导或指使康有为等人谋反弑后的情况下，皇太后即便权威再大，皇上的反对者势力再强，也无法从根本上动摇皇上的地位，即无法很快找到一个能够替代光绪皇帝的皇权中心。在这种情况下，光绪帝既不能引咎辞职，也无法在第一线坚持工作、处理朝政，于是一个变通的办法应运而出。9月25日，皇帝诏曰：

> 朕躬自四月以来，屡有不适，调治日久，尚无大效。京外如有精通医理之人，即著内外臣工切实保荐候旨。其现在外省者，即日驰送来京，勿稍延缓。①

皇上身体不好，在当时是一个公开秘密，至少对一些大臣，这一点并不刻意保密。张荫桓后来在流放途中曾述说，皇上病势渐成虚损，已入膏肓，服药无效，惟贴庆邸所进膏药稍可，庆邸已将呈进情节奏知太后。皇上生病是事实，只是在政治如此急剧变化的紧急关头，皇上公开声称自己自四月以来实际上就是自新政开始以来屡有不适，调治

---

① 《光绪朝东华录》第4册，4202页。

日久，尚无大效，其政治方面的含义显然也大于宣布病情。这道谕旨自然引起各方面猜测，一个比较一致的看法可能是太后有意废黜皇上，另立新皇帝。

这个猜测当然也不是历史真实，皇上从这一天起确实移居南海瀛台幽居，有人说这是皇太后对皇上非法囚禁，有人认为这是皇上自我闭关，闭门思过，不再参与善后处理，因为这件事毕竟牵涉皇上太深，皇上不作适当回避，许多事情恐怕都难弄清楚。

也是在这一天（9月25日），清政府调荣禄即刻来京，其直隶总督兼北洋大臣职务由袁世凯暂时代理，政府改组开始进行。第二天，宣布新政期间准备撤销的詹事府等六衙门照常设立，士民上书被严格禁止。紧接着，新政期间颁布的各项制度和政策均被废止。28日，杨深秀、杨锐、林旭、谭嗣同、刘光第、康广仁等所谓"戊戌六君子"在草草审讯后被杀。康广仁、杨深秀、谭嗣同、林旭、杨锐、刘光第的罪名是与康有为、梁启超等结党，阴图煽惑；杨锐等人的罪名是每于召见时启蒙狂悖，密保匪人，实属同恶相济，罪大恶极。

至于户部左侍郎张荫桓，列强因各种原因向清政府施加不少压力，清政府只好从宽处理，宣布发往新疆，严加管束；已革翰林院侍读学士徐致靖永远监禁，湖南学政徐仁铸革职永不叙用。同时宣布，康有为、梁启超等人密谋的叛乱事件大致如此处理，其余被诱附从者，只要真心悔过，一般不再追究。① 一场轰轰烈烈的政治变革运动竟然如此戏剧性地戛然而止。

---

① 此后还有许多官员受到追究和处理，如礼部尚书李端棻、候补四品京堂王照、湖南巡抚陈宝箴、吏部主事陈三立、四品京堂江标、庶吉士熊希龄、少詹事王锡蕃、工部员外郎李岳瑞、刑部主事张元济等都受到不同程度的处理，甚至连开缺回籍已久的翁同龢也被追加罪名，永不叙用。

第三章　尴尬记忆

　　1898年秋天的意外变故，使长达三年之久的中国政治发展大逆转，维新时代大致结束，中国政治几乎全面重回旧轨道。据说除了京师大学堂还在继续筹建外，其他新政基本上暂时停止，光绪帝既不愿意承担失察的政治责任，也无法在现有的工作岗位上继续工作，继续像过去几年那样发号施令。在他的命运中或许真的蕴含有某种悲剧的因子，反正自他亲政后，中国的日子似乎一直不太顺利，这当然有国际大背景大环境的原因，但细究起来，光绪也负有不可推卸的决策失误、政治失察，至少是用人不当、偏听偏信的责任。这一系列问题积攒到1898年秋天总爆发，一场未遂政变差一点将大清王朝终结掉。事变之后，除了慈禧太后以"亲爸爸"的特殊身份对皇上略有指责谴责外，大概并没有人敢对皇上说三道四，只是皇上觉得忒没面子，于是以生病为由关了自己禁闭，除了参加一些非去不可的礼仪活动外，很长一段时间就住在南海瀛台不愿出来，大清王朝政治失序引起非常严重的问题。

大阿哥引爆政治动荡

不论光绪帝是自愿还是被迫暂时离开政治中心皇权中心，但其结果都是一样，先前的新政无法继续照旧进行，慈禧太后出园训政，大清王朝的政治走向从此进入了一个"维新变法的反动时期"，中国官绅、民众在基本价值取向上也由先前的向西方学习一变而成为鼓吹民族主义，盲目的排外主义情绪莫名其妙地崛起。

厌恶洋人，排斥西方，是因为西方和洋人不断地干预中国内政，不断地将中国内部事务当作自己家的事务去处理。光绪帝不论因为什么原因暂时离开皇权中心，在清政府看来，这都是大清王朝自己的事情，然而西方人不明所以，以为光绪帝是新政的象征，是所谓的改革派，是中国走向世界与世界同步的希望所在，所以他们不相信清政府的任何解释，反而相信并不知道政情内幕的流亡人士康有为、梁启超等人在海外的猜测与评论，将一场未遂政变解释成以慈禧太后为首的所谓守旧势力对维新政治势力的镇压，肆意夸大光绪爷与老佛爷之间并不真实存在的所谓冲突，所谓对立，所谓你死我活。一百多年过去了，我们的研究者仍在康梁所散布的迷雾中沉醉，这也真是一件令人尴尬、令人悲哀的事情。

光绪帝自年幼时代就身体不好，经过1898年的一惊一乍，可以肯定其龙体又受到新的损伤。他在那封暂时休息的告白上谕中说自己自新政开始的四月起就不太舒服，或许是为自己寻找开脱的理由，但其龙体欠安似乎是政治高层的一致认识。一个人生病原本是件再正常不过的事情，可是在专制主义体制下，皇帝生病却是国家的高度机密，至于皇上在上谕中公布自己的病情，就更加不寻常，这不能不引起外界和外国人的猜测。国内外舆论普遍相信康有为、梁启超在海外的说法，说光绪帝生病是慈禧太后迫害的结果，甚至是后党派人下毒的结果。这种说法太有戏剧性，但是在专制主义体制下，既然信息不透明，那么只好由别人猜测琢磨和半信半疑,只是六君子的鲜血还没有干,六君子不论做了什么样的非法事情,在西方国家看来,都不能这样未经审判、未经辩护就予以处决。清政府既然有了道义上的缺陷或不足,因此也就自然成了话语弱势。清政府无法天天喋喋不休地指责那几个流亡者是政治小人,是骗子,所说一切都是假的。更由于皇上确实有病,确实需要休养需要休息,所有也就无法解释皇上没有病,更无法此地无银三百两地说皇上的病与皇太后无关。而且问题的要害还在于,皇上的病一是太难说出口,二是皇上的病情在一惊一乍后更有加重的趋势。

皇上的病太难说出口,就是皇上多年来一直肾亏一直遗精,而且一直莫名其妙地这样日复一日年复一年,这是一个人们经常听到知道但又使不少人感到神秘的病。按照中医理论,肾藏精,主生殖,为先天之本,生命之根。肾亏的人,意味着肾气亏耗,肾气不足,于是在神经体液、机体免疫、内分泌、泌尿生殖等系统功能方面会出现种种衰退或病理现象。《黄帝内经》说肾气盛,则有子。现在皇上大婚已经好多年了,还有几个比较令人喜欢的妃子,可就是无法怀孕,无法生子,甚至没有一点生育的迹象。这在平常人已经是件非常烦心的事,对一国之君来说,其尴尬其难堪,肯定非常人所能体会。更要命的是,肾亏的病症是浑身乏力,腰酸背痛,除了平常夫妻生活中的难堪外,其后果是尿毒症,是肾衰竭。得了这种病的人,要让他有生活的乐趣和信心,委实太难,不管你是皇帝还是普通人。所以,尽管国内外舆论对皇上的病情表示怀疑,而确实患病的光绪帝根本无意理睬这些恶意的挑衅和质疑。这太不人道太不合乎情理了。

光绪帝的病情时好时坏,好的时候大概可以如常人一样生活,坏的时候则显得非常痛苦,生不如死。但是这些情形特别是隐私,外界都很难知道,很难体会,这也是清廷最尴尬最难堪的事情。然而皇帝生病的传言在政治高度敏感的1898年秋冬还是引起了一系列问题,所以清廷也像救火一样不断就此稍作发言或稍作透露。

1898年10月15日,总理衙门首席大臣庆亲王奕劻主动告诉英国驻华公使窦纳乐,中国政府清楚地知道到处流传关于皇上身体状况持续恶化以及所谓被废黜的传言。庆亲王说,这些传言是不真实的。皇上确实是龙体微恙,但并没有危害根本,没有像外界传说的那样严重。经过这段时间的治疗与调理,现在皇上的健康已大为改进,开始恢复工作常态,经常和皇太后一同听政,处理国事。

庆亲王还向窦纳乐解释,当然也期望通过窦氏向西方世界转述,外界传言皇太后重新训政是中国政治的大倒退,这是不对的。皇太后从来没有

庆亲王奕劻(1838—1917),乾隆帝曾孙,晚清宗室重臣。光绪十年(1884)担任总理各国事务衙门大臣,光绪二十年晋爵亲王

反对过中国进行改革,她只是认为先前一段时间的激进改革可能有点准备不足,引起了社会动荡,现在的调整,只是为维护社会稳定起见,并不存在着什么倒退与保守。

中国政府恢复社会秩序的许多举措获得西方国家的理解和同情,但新政的象征光绪帝又迟迟不能出来工作,西方国家普遍担心中国政治大逆转,担心它们在中国的投资和利益。这才是问题的关键。英国公使窦纳乐诚恳建议,如果情形真的像庆亲王所说的那样,那么使西方国家放心,使中国政治秩序社会秩序恢复常态的唯一办法,就是中国政府同意由西方国家的医生为皇上诊病,并签署一份健康证明。不论结果,谣言

止于智者,西方国家和中国国内大多数人都会对政府的举措同情理解。信息公开,是西方国家政治清明的保证,希望中国政府也能够如此消弭那些不实的传言。按照窦纳乐的判断,中国政府如果真的存在一个废黜皇上的阴谋,或者皇上真的像传言中所说的那样病入膏肓,危在旦夕,那么中国政府肯定不会接受这一建议。①

出乎窦纳乐等西方国家外交官预料的是,中国政府欣然接受了这个建议。这表明外界的传言特别是康有为、梁启超等政治流亡者在海外所散布的消息是不真实的,中国政府并没有什么不可告人的秘密,皇上确实龙体微恙,但中国政治并没有失范,中国的行政体制依然在正常运转。中国政府期待用这样的方法平息西方世界对中国政治稳定的担心和不安,也期待以这种方式告诉国内人民,经过1898年秋天的政治调整,一切如故。

10月17日,清廷御医和各省推荐来的名医对皇上进行全面会诊,结论是皇上浑身上下都有病,心肾不交,肝气郁结,中气不足,升降失宜。中医的检查表明皇上确实有病,不过这些都是慢性病。第二天,清廷将这份会诊报告批转六部九卿,并同意接受窦纳乐的建议,请法国公使馆医生多德福入宫为皇上诊断。20日,多德福向总理衙门出具了一份诊断报告。根据这个报告,皇上患有肾炎或慢性肾炎,病情并不太严重,只要在饮食方面善加调理,以必要的药物辅助治疗,一旦排尿正常,气闷消失,病情就会明显好转。换言之,皇上的病情并不影响他履行职务。

多德福的诊断在很大程度上平息了西方国家对中国的疑虑和不安,只要皇上健在,只要皇上还能和皇太后一起听政,西方国家就能够接受

---

① 窦纳乐致英国外交大臣信(1898年10月16日),《中国近代史资料丛刊·戊戌变法》第3册,538页。

皇太后重新训政的事实。过去几十年的交往经验使西方国家普遍相信，皇太后并不是一个政治上或文化上的保守主义者，没有她的同意和支持，中国不可能从十九世纪六十年代开始发生转变，开始向西方学习，开始融入国际社会。光绪帝亲政后，皇太后退居二线，现在皇太后归来，垂帘听政，相信她不会使中国政治大逆转，更不会对西方国家敌视到底。他们相信，只要皇太后有效控制局势，中国与西方国家的关系就会走向正常。

事实也确实如此，经过一段时间，光绪帝的身体状况略有好转，他的情绪也略有平复，他就真的和皇太后一起听政，处理国事。11月5日，他和皇太后一起接见日本使臣；一个月后，又和皇太后一起在宫中接见英、美、德、法、俄、日等国公使及其夫人。这一系列姿态都在向中外表明中国政治趋于稳定，皇上的健康已大致恢复，两宫和睦，共同治理着这个伟大国家，并不像康有为等政治流亡者所散布的那样，帝后之间势同水火，互不相容。西方社会特别是西方国家的政府逐渐接受了皇太后训政的事实和两宫共同治理国家的权力架构。这是1898年底的事情。

然而到了1899年初，皇上的病情出现反复。旧历新年前后，上谕几次告知中外"朕体违和"，不拟参加礼仪性活动，也不准备接受各国公使请觐拜年。事实上，皇上停止了所有的政务活动。

光绪帝病情不见好转反而恶化应该是事实，因为清廷在慈禧太后重出训政后如此严肃地否认皇上病情恶化，经过几个月的外交努力，西方国家刚刚修复对中国政府尤其是慈禧太后的信任，没有必要再次因光绪帝的健康状况而节外生枝。从这个意义上判断，应该相信光绪帝的健康状况在1899年初确实出现反复，甚至日趋严重，清廷不得不考虑皇上万一支持不下去或"龙驭上宾"的善后问题。1899年1月28日前后，慈禧太后会同满洲贵族政治领袖连续召见皇族中溥字辈幼童十余人，从中考察适合在皇上大行后担当皇帝重任的人选。

慈禧太后对皇帝继承人的考察尽管很秘密，但也不可能不被外界所获知，当这一消息在京城内外传播时，由于当时特殊的政治环境，不能不引起更多猜疑。或许正如张之洞判断的那样，梁启超主编的《清议报》专以诋毁朝政为能事，蓄意攻击皇太后，种种捏造，变乱是非，意在煽惑人心，必欲中国立时大乱而后已。①但在皇权专制政体下，朝政的非公开性只能导致流言盛行，康梁系人马即便不是有意造谣，那也是听信来自京城的传言，以讹传讹。或许是为了以正视听，皇上于1899年4月3日谕知两江总督刘坤一，表示自己这段时间按时服药，接受治疗，只是效果并不明显，身软气弱，不时眩晕，不耐久于坐立，每日召见臣工尚觉勉强，内心深处亦不胜焦急。这些描述正合乎肾病的一般特征。

皇上的病情不时反复，时好时坏，清政府虽然及时将这些情形向内外大臣及时通报，但由于1898年的政治变动，尤其是康梁等人在海外的大肆渲染，海外的政治流亡者甚至许多爱国华侨都越来越不愿意相信清政府公开解释的理由，以为清政府特别是慈禧太后在1898年秋天之后确实有废黜光绪，另立新皇帝的计划，所以清廷的许多解释不仅没有消解海外中国人的疑虑，反而添加许多的素材。光绪帝在南海瀛台静养被说成是幽禁，皇太后对皇上的任何关爱都被解释成别有用心。我们一百多年后重新检讨这些史实，应该相信一个合法的主权政府不会如此卑劣地造谣误导。我们在清廷高官所留下的文献以及清廷官方史料中根本看不到康梁等海外政治流亡者所说的那些事情，其实当年《申报》就有文章批评梁启超的种种说法毫无根据，只是故意丑化皇太后，离间两宫。皇上既为皇太后所立，假如皇太后真的不喜欢皇上，则

---

① 张之洞：《致上海日本总领事小田切》（光绪二十五年二月初八日），《张之洞全集》（9），7740—7741页，石家庄：河北人民出版社，1998年。

当日尽可在亲友中另行选择,何必一定要立光绪帝以统乾纲?至于康梁等人在海外肆意散布皇太后将皇上幽禁瀛台的消息,在《申报》作者看来也是不通之论。瀛台为南海中心,四面环水,素为列圣休憩之所,水木清华,亭台精雅,极适合休养。皇太后看到皇上的病情总是反复,不见痊愈,故令其于此消遣世虑,安心养病,怎么能够将这说成是幽禁呢?①

慈禧太后确实不是皇上的"亲爸爸",不过人类的天性是养育之恩一般大于血缘关系,几十年的辛辛苦苦相依为命,都是应该能够理解的伦理情谊。如果从善的历史观去观察,我们就不应该怀疑皇太后的一番护犊苦心,就不应该做出如此恶的解释。以皇太后的权势,她真的要想虐待皇上,可以有许多办法和机会,完全不必如此大张旗鼓将其幽禁在瀛台。

康梁等政治流亡者的攻击终于惹恼了清政府,甚至惹恼了光绪帝。1899年12月20日,皇上发布上谕严厉驳斥康梁的污蔑和攻击,强调自去年秋天训政以来,上下一心,宫府一体,告诫中外不要轻信谣言,妄加猜测。

作为政府文件,其严肃性值得相信,然而令人不解的是,在光绪帝发布上谕的前后,清廷内部选拔小皇帝的事情又被重新提起。1900年1月23日,上谕命恭亲王溥伟、贝勒载濂、载滢、载澜及大学士、御前大臣、军机大臣、内务府大臣、南书房、上书房、部院满汉尚书等于次日侍候召见。第二天,这一规模庞大的御前会议决定封端郡王载漪之子溥儁为大阿哥,继承穆宗毅皇帝同治为子,派崇绮为师傅授读,并派徐桐常川照料。此日为农历己亥年十二月二十四日,因此历史上称这一事件为"己亥建储"。

---

① 《禁逆书议》,《申报》1899年11月13日。

己亥建储确乎为光绪年间的重大政治事件，这一事件对于后来的政治发展产生过重大影响。关于此一事件的真相现在已很难说清楚，康梁系竭尽夸张之能事，制造并散布了不少传闻，使这一事件蒙上了厚厚的面纱。如果基于同情立场去看待清政府这一重大决策，其实也不难理解这一事件之所以发生，主要原因还是应该从光绪帝的病情、清代皇位的传承体制等方面去寻找。

按照清代皇位传承体制，立溥儁为大阿哥的主要出发点是因为光绪帝身体状况不佳，并且光绪帝到现在为止尚没有孕育自己的皇子。更为值得注意的是，光绪帝的肾病似乎已相当严重，孕育皇子基本上不太可能了。为了大清王朝的长治久安，必须早做准备，至少当光绪帝身体状况不足以应付朝廷日常典礼时，有了大阿哥代劳，多少可以使重病在身的光绪帝摆脱若干礼仪性活动压力，有助于其康复。

不妨善意地理解己亥建储。大阿哥经过适当教育培养，将来接替光绪帝也不是不可以。皇位的传承本来只是满洲贵族内部事务，外人无权干预，然而现在情况不同了，1898年政治变动的阴影被康梁无限夸大了，社会上总觉得这是清廷内部保守势力的一个阴谋，是对光绪帝1898年革新行动的继续清算。

至于大阿哥和他的父亲端郡王，此时还很难说有什么明确的政治立场，他们和光绪帝一样，与慈禧太后的家族有着复杂的姻缘关系，端郡王载漪是道光帝第五子奕誴的第二个儿子，他的福晋一说是慈禧太后弟弟桂祥之女，一说是慈禧太后的养女，不管怎样，肯定与慈禧太后有着不同寻常的关系，双方有着天然的亲近感信任感。

说到大阿哥的品行和能力，后来的野史几乎众口一词，说他是白痴，无能、无聊、无耻。其实，这是成者为王败者为寇的历史观在作怪。庞大的御前会议，庞大的满洲贵族集团，他们即便仅仅为了自身利益、自身前途，也不会在众多同辈青年才俊中选出一个弱智的，这不符合常识、常理和常情。

对于清廷的接班规划来说，己亥建储或许是一个根本解决的方案，只是在当时特殊的历史条件下，清廷的这个方案不仅没有被各方面善意回应，反而激起中外一致反对。康有为、梁启超等一大批流亡海外的所谓"保皇派"如丧考妣，以为大阿哥的出现将是他们的末日，是清廷守旧势力的上台，是最终废黜光绪帝的一个重要步骤。

在康梁超级话语的鼓吹下，国内外稍具革新思想的政治势力都对清廷这个举措表示失望。1月27日，上海电报局总办经元善联络地方名流士绅叶瀚、马裕藻、章炳麟、汪贻年、丁惠康、沈荩、唐才常、经亨颐、蔡元培、黄炎培等一千二百三十一人，通电要求皇上克服万难，坚守岗位，不要有退位想法，不要使国人失望，使皇太后担忧，使国内外混乱；他们还向各省发布通告，希望各省共同抗争，保全皇上，表示如果朝廷执意不理，我行我素，一意孤行，号召各省工商界一致罢工罢市。中国的政治形势因清廷这一举措可能逆转，这当然不符合列强的利益，各国公使普遍表示反对，拒绝入贺，也就是不承认大阿哥和端郡王的合法性。这自然引发清廷内部的排外主义情绪，而排外主义情绪又引发非常复杂的外交冲突和政治变故。

"运动"义和团

官方的排外主义情绪是因为洋人肆意干涉中国内政，以为大清王朝只是他们的傀儡政权，是"儿皇帝"，这是1898年后中外交涉的大致情形。

与官方排外主义情绪相伴而发生的，是中国民间社会的民族主义情绪持久发酵，终于酿成空前的中外冲突。

民间社会的民族主义情绪有着非常具体的政治背景和利益指向。

1895年《马关条约》签订后，外国经济势力大规模进入中国，使中国经济获得了大发展的同时，也带来非常严重的社会不公和社会危害。社会下层民众并没有上层社会"非我族类，其心必异"的民族主义意识，他们是最实际的自然人，不知道中国向西方学习究竟意味着什么，更不知道中国为什么要走向世界，与世界同步，他们所关心的只是开门七件事：柴米油盐酱醋茶。他们知道几十年前五口通商，给他们带来了许多洋货和生活上的便利，洋火总比打火石方便和实用，洋布总比土布光鲜和耐用，洋油总比松脂光亮和持久。这些生活的方便使他们并不觉得洋人可恶。相反，那些传教士不辞勤劳深入中国内地和边远乡村，为缺医少药愚昧落后的村民带来了外部信息和近代文明，他们对洋人反而有一些亲近感。

然而，《马关条约》之后不同了。根据这个条约和中国政府先前与列强所签订的一系列最惠国利益均沾原则，日本和西方各国在甲午战争后大幅度扩大了向中国的资本输出，清政府当时完全不必向西方人借钱偿还对日本的战争赔款，可是那时向西方借钱太容易了，甚至可以说是西方国家和它们的银行向中国主动放贷、强迫放贷，西方已经进入列宁所说的资本输出阶段，不再像后起的日本那样继续在领土、资源上打主意，而是通过贸易往来攫取最大的利益。

中国是一个尚未充分开发的国家，向中国投资就是一本万利的买卖，《马关条约》将中国大幅度拉入世界一体化轨道。这是一把双刃剑。外国投资为中国经济布局和后来的经济成长做出了贡献，而大规模的外国投资和利益攫取也彻底破坏了中国自给自足的自然经济。中国农民赖以为生的土地被大规模无限度地征用，修建庞大的铁路网，开发资源丰富的矿产，兴建各种各样的新型工厂，在在需要大量土地。这是一场非常奇怪的羊吃人运动，中国农民成为失去土地的流浪者，为城市和新型工业建设提供了大批廉价劳动力，只是由于失去土地的农民太多，新型工业园区、建筑工地尽管很多，但还是不能容纳全部失地农民。大批失地农民流浪在城市，流窜于乡间，他们没有工作，没有收入，但依然要养家糊口，也要生存延续。

除了大量失地农民流浪于城乡外，还有大量的兵勇无法安置，也同样流浪于城乡之间。甲午战后，中国步入一个可以期待的和平发展时期，大规模的战争不太可能在短期内再爆发，大量军队被裁减。这些曾经的军人可不像一般农民那样老实，他们遂成为后来政治动荡的一个重要因素。

基于最直观的感受，流民们知道这一切似乎都与洋人大规模进入中国有关，他们不知道条约体制，不知道中外之间达成的利益补偿原则，不知道外国人建厂房开矿山修铁路征用他们的土地，已经在双边或多边政府协议中达成补偿机制，所有损失都由外国企业补偿给了中国政府，而中国政府负责对这些失地农民的具体补偿。他们所知道的只是他们的土地没有了，他们并没有得到相应的补偿，或者补偿非常少，根本不合理，但是他们又没有反抗的机制和办法，他们是真正的社会弱势群体。他们一方面向这些新型企业出卖自己的廉价劳动力，一方面对外国人颇有微词，对于那些追在外国人之后的假洋鬼子特别是那些教民，更是不齿乃至痛恨。

基于直观感受与非理性判断，民众的集体无意识就是排外，就是民族主义抗争。他们知道，要想恢复往昔乡村田园生活的宁静与恬淡，只有将那些可恶的洋人驱逐出去。这种集体无意识持续发酵，终于酿成此起彼伏连年不断的教案。德国占据胶州湾后仅一年半，山东省境内因铁路、矿山及教案所引发的外交纠纷就有一千余件。

山东在甲午战后先是遭受日本人的蹂躏和掠夺，胶州湾事件后又成为德国人的殖民地和势力范围。德国人在山东大肆修筑铁路，开采矿产，抢占强占民房民田，破坏水道坟茔，破坏中国人格外看重的风水，山东人民尤其是铁路沿线的居民久已不堪忍受德国人。

按照中德之间达成的协议和谅解，德国人在山东境内修筑铁路开采矿产，必须征用居民土地时，应该给予适当补偿和优待，只是在实际操作中，这些被征用土地的居民根本得不到补偿，或者得到的补偿非常少，更不要说什么优待。这势必引起被占土地居民的严重不满，遂引起一系列突发的群体事件。

再按照中德双方达成的协议和谅解，一旦发生群体闹事或突发事件，概由中国地方官府从重惩办，德国人不得插手，更不得派兵直接镇压中国民众。然而由于中国地方官府行政效率太低，群体事件发生后，往往得不到有效制止和控制。地方官府或许也对德国人的蛮横久怀不满，多少有点纵容中国民众向德国殖民当局施压的意思，于是群体事件往往由小变大，逐步蔓延。久而久之，德国人当然明白是怎么一回事，于是他们根本不再顾及中德之间所达成的协议和谅解，一旦某地发生群体事件，殖民当局往往在第一时间绕开中国地方官府，直接派兵迅速镇压。那些以反对抢占强占自己赖以生存的土地为唯一宗旨的群体事件被镇压下去了，但并没有从根本上解决任何问题，反而使中外之间的对立越演越烈。

为了平息中国民众越来越严重的不满，参与处理这些纠纷事件的山东地方官员也曾向清政府提出过一些比较好的建议，希望仍由政府出面协调山东地方与德国殖民当局的关系，维持原条约中的相关规定，但凡德国人控制的租界外发生纠纷，仍应归山东地方官府处理，德国人不能插手和干预。然而这样的建议或不被清政府所重视，或不被德国人所接受，结果德国殖民当局与中国民间社会的矛盾日积月累，终于由局部临时性抗争演化成大规模有组织有计划的武装反抗。

山东境内向德国人抗争的主体人群是失地的农民，同时也结合了许多因自然灾害而流离失所的流民，以及被裁减的兵勇，还有许多是常年或祖祖辈辈游走于城乡之间的江湖艺人。他们是中国社会中的弱势群体，他们的自我保护手段就是结成比较紧密的利益同盟或组织。中国民间社会始终存在着秘密结社，这些秘密结社有着久远历史，最近的也要从清初"反清复明"的白莲教算起。

这些秘密结社在下层社会盘根错节，世代相沿，不绝如缕，拥有不易消除的巨大势力和不易掌握的庞大网络。它们的活动时隐时现，起伏不定，高潮或低谷直接反映了政治统治的清明昏暗。一般说来，在政治统治比较巩固比较清明的时候，人民的利益和诉求比较容易表达，民间秘密结社就比较萧条；反之，在社会严重失序，政治统治比较昏暗，人民的基本权益得不到起码保障的情况下，民间秘密结社就比较兴盛比较活跃。

甲午战后，中国一度进入一个政治上比较清明的维新时代，只是在这个时代，由于外国经济势力无限度大规模持久性地进入，严重损害了中国民众的利益，中国官府不仅没有成为民众利益的保护者代言者，反而成为外国资本的庇护人、代言人。被伤害、被侮辱、被侵害的中国民众无法通过正常渠道表达自己的政治经济诉求，于是他们向"次级渠道"接近和靠拢，各种秘密结社就在这个过程中重新活跃，恢复重建。

根据不完全统计，1895—1899年间在华北地区至少存在着武圣教（金丹道支派）、如意教（儒门教）、大刀会、红拳、义和拳、诀字、红门、弥勒教、梅花拳、铁布衫、金钟罩、红灯照、八卦教、离卦教、黄洋教、在理教、混元门、六合拳、圣贤道、一烛香、白莲教、江湖会、仁义会、红枪会、天地会、哥老会等。这些教门的成员主要是游离在传统农业社会经济结构之外的人，诸如和尚、道士、拳师、术士、游勇、流民等。他们浪迹江湖，见多识广；行踪诡秘，飘忽无常；身无所有，勇于反抗。在社会动荡期，他们往往是反抗官府活动的急先锋或政治抗争的组织者。

华北地区重建新建的这些秘密结社随着社会人口流动规模扩大和速度加快,也有走向联合的冲动和需求,经过不断归并不断整合,大致形成以白莲教为主,以金钟罩(大刀会)、义和拳(梅花拳)、神拳、红拳等为核心组织的网络架构。至1899年,逐渐归并为以刘士端为首的大刀会,以赵三多为首的梅花拳,以朱红灯为首的神拳等几大教门。这些组织在成立或改组之初,目标其实并不是与政府斗争,而是传统江湖社会的杀富济贫、打家劫舍,是以群体力量自发改变弱势特征,相互救济,相互保障,相互声援。他们的主要活动区域,在最初阶段主要集中在德国人控制比较薄弱的鲁西南以及直隶、山东交界地区,活动最为频繁和影响最大的主要有曹州、单县的大刀会,冠县的义和拳,以及茌平、高唐、平原等地的神拳等。

大刀会、义和拳等在最初阶段的活动似乎并没有引起清政府的重视,而且清政府内部有不同认识,许多地方官员可能更倾向利用这些民间组织,作为与外国人进行交涉的资源,所以说如果不是那么复杂的对外交涉背景,大刀会、义和拳不可能在那么短的时间里坐大,成为左右时局发展的重要力量。

曹州、单县等地的大刀会组织最初出现于甲午战争时期,带有民团的性质,只以"保卫身家"相号召,以各种不同手段秘密反对外国人特别是外国教会。1896年3月,刘士端邀集大刀会众约十万人在单县城关火神庙聚会,唱戏四天,展示功夫,以聚会友。十万之众手持红缨枪,在一个小小县城来来往往,公开活动,画符饮吞,掐诀念咒,排砖排刀,展示武功。其会众中有金钟罩、铁布衫、无影鞭等名号,大致表示刀枪不入,功夫不凡。

此时正值甲午战后,社会秩序比较混乱,流民众多,即便是先前宁静的乡村,也变得不再那么安宁,为防盗贼保身家,许多农村居民发自内心期待学习一点功夫,至少可以在发生危机时不至于太吃亏。这大概是大刀会、义和拳最初引起农村居民兴趣的根本原因，也是清政府在最初阶段予以容忍的原因之一。

刘士端为山东曹县烧饼刘庄人，幼年师从白莲教信徒赵金环习武，主攻金钟罩。后参与创立大刀会，逐渐上升为曹县大刀会首领。

与刘士端齐名的大刀会首领还有曹得礼。曹家经济状况并不太坏，有良田数十亩，属于乡村社会比较富裕的家庭。

刘士端、曹得礼等人大概有点像游走江湖的艺人，他们凭借自己的身手吸引群众，并换得生活费用。当然，由于这批民间艺人常年游走江湖，在他们身上必然存在着浓厚的江湖义气。这种义气在升平时代固然有助于社会稳定和政治统治，一旦秩序失范，这种义气又不可避免地成为社会动荡的因素之一。刘士端此次聚会，其愚者以为可保卫身家，黠者遂借以逞其凶暴，兼有外来游民盗贼从而煽惑，将单纯的聚众习武保卫身家变成聚众滋事；乡间百姓偶有不遂己愿者，则群起而攻之。

大刀会众的刀枪不入当然只能骗骗中国乡间老百姓，来自西方的传教士，当然不会相信血肉之躯真的能够抵挡刀枪。他们指责这些江湖艺人为"妄诞"，为愚昧。于是大刀会就此与天主教结下梁子，凡天主教堂，大刀会思尽烧毁；天主教人，思尽杀灭。大刀会聚众数万人，在曹县、城武、单县、丰县、沛县、萧县、砀山、考城、兰仪等县同时举事，烧毁了一些教堂，伤害了一些教民。

1896年6月，江苏砀山县刘隄头村教民凭借教会势力无理抢割平民庄稼，双方发生械斗。当地大刀会集合千余人，焚毁刘隄头教堂以示惩罚。邻近数县会众闻讯后群起声援，先后焚毁、捣毁教堂二十余处。刘士端还派单县大刀会会众千余人赶赴江苏助战。他们在山东、江苏交界的马良集，捣毁当地官署，焚毁教堂，与清军展开激烈战斗。

江苏砀山（今属安徽）大刀会首领庞三杰闻讯后联络山东大刀会以及牛金声（一作尤金声）、彭桂林、韩秉义、陈玉得、刘仲文等首领，率众前往单县及江苏丰县戴套楼等地，找教民复仇，砸毁一些教民家中的家具，并焚烧了薛孔楼洋学堂等。此次大规模民教冲突终于引起清廷注意，谕令两江总督刘坤一、山东巡抚李秉衡各派队伍，速往镇压。

庞三杰起事之初，率众不过四五百人，活动区域主要集中在苏鲁交界马良集等地。刘坤一与李秉衡派出官兵与大刀会在马良集等地鏖战数次，先后杀伤大刀会会众八百余人，彭桂林、刘士端、曹得礼等首领先后被捕，残部千余人继续活跃于山东曹州、河南东诸、江苏徐州等三省周边地带。

山东巡抚李秉衡在对大刀会进行镇压时，也曾对民间结社的兴起给予高度关切，派人深入调查这些民间秘密组织的情况。当他了解到这些民间秘密结社的政治诉求后，一般说来在执行朝廷政令实施坚决镇压的同时，也对这些民间秘密结社给予相当同情。李秉衡一方面比较清楚地看到这些农村民间秘密结社的主要目的是对付外国教会在广大农村的非法行为，因此当官府的力量尚不足以从体制上、实力上制约外国教会在中国的不法行为时，这些秘密结社显然是一种比较有效的自发自治组织，一般说来并不会对社会稳定，尤其是不会对官方政治统治构成多大危害。

另一方面，李秉衡注意到这些民间秘密结社虽然受到白莲教等民间秘密教门的影响，其前身虽然有反对清朝政治统治的历史，但到了他们这一代传人性质已根本改变，他们不仅不再是反对清朝政治统治的异己力量，而且因其以"扶清灭洋"相号召，反而是清政府进行对外斗争时可以利用的一种民间势力，是可以在与列强进行交涉时利用的一种政治砝码。列强和许多在华外国人确实也有许多问题，确实有得理不让人或欺行霸市、胡作非为之类的行径，他们的霸道激起中国民众的愤恨。中国民众对于外国人和传教士、教民的愤恨，并不是没有一点道理。

比较公平地说，在中国的大多数外国人是好的，但是有一些外国人或传教士干了许多与其身份不太相符的事情，与中国民众发生了许多不必要的冲突，然而当这些冲突发生后，各国公使根本不分青红皂白，不分是非曲直，一味指责中国人，似乎所有的坏事都是中国人干的，外国人总是冤枉的委屈的。各国公使特别是德国公使只是听信传教士的一面之词，只知道向总理衙门粗暴施压，以强势外交姿态迫使中国政府屈服。这样的情形不能不使中国官员觉得外国人也有不讲道理的，中国民众也有被冤枉的，所以中国官员也就在力所能及而不太影响外交大局的时候，对中国民众给予适度宽容。

当然，还必须承认，正是这种宽容使中国民众与外国人、传教士的对立越来越严重，并终于导致1897年底的"巨野教案"，并由巨野教案引发德国强占胶州湾事件，又由这一事件引发第二年急剧的政治变革。

巨野教案发生后，中国政府积极善后，因为不管怎么说，两个德国传教士的死亡是个事实，中国政府答应赔偿，表示遗憾，但是德国人为了实现蓄谋已久的强占海军基地的计划，不依不饶，在要求赔偿要求更多特权的同时，还一定要羞辱中国政府，一定要求中国政府革除李秉衡的山东巡抚职务。

李秉衡其实真的是清政府内部比较有见解、有立场、有坚守的巡抚，他在山东任内大致上还是能够控制住局面的，只是德国人蓄意挑衅，所以才有巨野教案的发生。在这一点上说，清政府在德国政府要求下将李秉衡撤职，李秉衡显然是有点冤枉的，所以清政府后来不仅重新起用，而且将他提升为四川总督。不过后来李秉衡并没有到四川就职，因为德国公使觉得太没有面子，给清廷施加更大压力。李秉衡就此隐居三年，心中对列强的愤懑可想而知。这也为后来的故事演变埋下了伏笔。

接替李秉衡的是张汝梅。张汝梅对列强固然没有李秉衡强硬，但他对民间秘密结社同样也没有李秉衡强硬和有手腕，他对这些民间结社的同情似乎比李秉衡还要多，对外国人和传教士的指责抱怨也比李秉衡还要强烈还要具体。他认为，山东境内会匪猖獗，地方骚乱经年不息，根本原因是中德之间没有很好地执行过去达成的协议和谅解，中国政府特别是总理衙门一味听从德国人的摆布。他认为，中国政府必须要求德国政府严格遵守中德之间达成的协议和谅解，德国公使必须约束德国人的山东的行动和言论，绝对不能允许纵容这些德国人飞扬跋扈、不可一世，否则中国的老百姓不服气，中外冲突也就不知伊于胡底。张汝梅这样的官员心理如此，怎能指望他们昧着良心去镇压自己那些可怜的同胞呢？

协助张汝梅治理山东的是毓贤，毓贤在山东从政二十年，熟知地方情形，也深悉民间结社之所以发生之所以兴盛的原因之所在。他和李秉衡一样，对这些结社主张剿抚并用，对那些不听招呼、寻机闹事、制造事端的，要毫不客气地坚决镇压，对于那些比较顺从的，则给予适度关照，甚至将他们收编。所以在张汝梅、毓贤治理下，山东境内的民间结社有增无减，获得了空前发展，经清政府批准，"化私会为公举，改拳勇为民团"。将这些民间结社纳入体制内，只是为了有效控制这些民间结社，显然是期望变无序为有序，变私营为官办。

张汝梅、毓贤的这些手段如实说来也有效，山东境内的社会秩序确实有了好转，只是他们两人忘记了另外一件大事，那就是对黄河的治理和维护。这是山东巡抚的一个重要职责，也是保障黄河下游社会稳定的一个重要基础。过去的山东巡抚每年总要有一半精力对付这件事，而张汝梅和毓贤乐于整合各地民间组织，构建一个省属的庞大民团，结果就忽略了黄河的治理和维护，导致1898年夏天黄河决堤，华北地区一夜之间变成了千里泽国，汪洋一片，大片农作物荡然无存，空前的饥荒接踵而来。无数农民倾家荡产，无家可归，流离失所。接下来又是一场蝗灾和两年干旱，导致了更加严重的空前饥荒和灾难。这无疑加剧了社会的动荡不安，增加了流民的数量、规模和流动的速度。张汝梅终于成为替罪羊，于1899年3月被解除山东巡抚职务，毓贤顺位接任。

或许是因为对外国人飞扬跋扈的愤恨，或许是出于对民间力量的赞佩，毓贤对民间结社始终怀有某种莫名其妙的好感。他始终认为教民仰仗着传教士的庇护，欺压其他民众，是山东民教冲突的根源，所以他认为非基督徒民众组织起来习拳练功，主要目的不过是自保身家。至于他们与教民发生冲突，更多是外来游匪冒充大刀会、义和拳的名义进行捣乱，以此挑拨非基督徒民众与教会之间的矛盾。

基于这样的认识，毓贤进一步加大化私会为公举的力度，逐步将各地大刀会、义和拳、神拳等统统纳入官办轨道，以便实行有效控制，使之成为与外国人进行交涉时可以利用的民间资源。1899年7月，平原县杠子李庄教民欺压拳民，知县蒋楷袒护教民，派兵捉拿拳民，引发杠子李庄和森罗殿等地大规模武装冲突。毓贤闻讯后，一方面派兵弹压，一面将蒋楷撤职查办，派兵前往平原等地招抚慰问义和拳、大刀会，并灵机一动，建议将"义和拳"改称"义和团"，团建旗帜，皆署有"毓"，以为这样就可以将这些散漫无统系的组织纳入一个可控制的系统中了。这显然又是毓贤的幼稚。

毓贤对义和拳、大刀会民众的默许纵容和支持，特别是对外国人外国教会的不以为然，不予保护，引起了各国公使普遍反对。在各国公使一再要求下，清政府终于在1899年底下令免去毓贤的山东巡抚，任命袁世凯接替。毓贤的处境其实与李秉衡一样，清政府虽然将他免职了，但并不认为他真的犯错了犯罪了，于是他解除职务回到北京后，并没有受到丝毫冷落，反而像英雄凯旋般地受到各方面的欢迎。

冲突在犹豫徘徊中持续升级

在各国公使看来，山东局势日趋恶化，主要是因为清政府用人不当，山东几任巡抚或许精明能干，但太缺少国际视野，不能平等包容地看待在那里辛勤工作的外国人，包括传教士和外国的工程技术人员，所以他们一再要求中国政府撤换山东地方官员，然而连续换人依然没有解决问题，依然没有使山东局势根本改观。1899年11月，各国公使要求撤换毓贤，并提出他们中意的人选袁世凯。

各国公使认为，袁世凯早年常驻朝鲜，拥有必要的国际事务经验，因此袁世凯对大刀会、义和拳及一切民间结社的危害性，较一般中国大臣认识深刻，始终主张严厉打击，坚决镇压，将之消弭在萌芽状态。袁世凯多年来在天津小站练兵，使用了不少外国教练，与外国人大致能够和睦相处，尊重外国人的习惯，而且袁世凯具有坚定的意志，有足够的能力智慧应对复杂局面。

列强的建议得到了清政府的积极回应。12月6日，清政府下令免除毓贤的山东巡抚职务，命令袁世凯代理。

袁世凯没有辜负列强的期待。他稍事准备，遂于12月26日率领数千名新建陆军自天津小站出发，前往济南赴任。

上任第二天，袁世凯就发布了措辞强硬的查禁义和拳公告，要求山东境内的义和拳必须尽快自行解散，否则必将受到严厉惩处，不分首从，格杀勿论。

在威胁恐吓的同时，袁世凯听从谋士徐世昌的建议，对义和拳民众采取分化瓦解的安抚策略，奖励献首，奖励自新，对一切放下武器、老老实实回家的义和拳民众，采取既往不咎的办法。这一着应该说很有效很实用，在短短的时间里，许多义和拳首领真的被部众杀害悬首了，许多义和拳组织，也就是先前张汝梅、毓贤时代的民团自动解散了。少数几支继续坚持的义和拳组织或被迫向山东境外转移，或在原地艰难维持，朝不保夕。山东的民间结社泛滥之风在袁世凯软硬兼施两手策略的治理下，很快有了很大改观。各国公使和清政府对此都感到比较满意。

然而，想不到的事情还是发生了。12月28日，在泰安办理教务的英国传教士卜克斯急于返回平阴驻地。那时平阴一带的局面几近失控，当地官员竭力劝说卜克斯不要冒险，待局势略有好转再启程。然而，卜克斯是一个典型的宗教狂热分子，他不仅听不进任何劝告，反而认为如此危机更需要他前往说服那些狂乱骚动的民众，他相信宗教的力量一定能够使这些狂躁的中国人平静下来，成为守法文明的公民和虔诚的基督教徒。

偏执的卜克斯雇了一头青驴作为坐骑，起初一路大致平静。然而，12月30日中午时分，卜克斯在距平阴县境不过二十里的肥城张店村遇到了麻烦。孟广文、吴方域、吴经明等十几位义和拳民众与卜克斯不期而遇，他们不认识卜克斯，更不知道卜克斯的大名和地位，他们只是看到卜克斯这个外国人悠闲自得地骑着毛驴，不由得怒火中烧，遂蛮横地下令卜克斯滚下来。

卜克斯年约三十，身强力壮，颇有功夫，桀骜不驯，作为一个宗教狂热分子，他早有为上帝献身的心理准备，他不仅不介意这些中国人的吆喝和恐吓，而且觉得这正是自己用宗教的力量去感化这些野蛮愚昧的民众的大好时机。

卜克斯从容下驴，不过他并没有采取宗教劝说的方式让这些中国人放下武器，而是凭借自己的身体优势，敏捷地夺下孟广文手中的大刀。吴方域等人见状不知如何是好，匆忙中就是一片混战，一阵乱打。身强力壮的卜克斯终于寡不敌众，束手被擒，被这十几个中国人轻易制服。

这十几个中国人用卜克斯做人质，去敲诈当地一个信仰天主教的富户，也就是通常所说的教民。然而敲诈不成，这十几个中国人于是将卜克斯交给了当地的义和拳民众。

义和拳民众似乎也无意伤害卜克斯，然而当他们抵达肥城、平阴交界的"四棵树"时,卜克斯见天色已晚,有机可乘,遂试图逃走,但没有成功。

卜克斯的逃跑终于激怒了这些中国人,因为他们知道山东巡抚袁世凯刚刚发布严厉命令,此时如果释放了卜克斯,无疑等于放虎归山,遗患无穷,他们一定会受到官府的清算,狠毒的袁世凯一定会将他们斩尽杀绝,株连九族。一不做二不休,一了百了。他们几个人终于下决心将卜克斯杀害,弃尸水沟,销毁证据,希望能够侥幸逃脱惩罚。

天下没有不透风的墙。卜克斯被杀害的消息并没有很快传出去,但他被中国民众俘虏还是有很多人知道。当地英国教会向地方官府紧急求救,平阴、肥城两地知县迅速派员前往营救,山东巡抚衙门也迅速向总理衙门做了报告。英国驻华公使窦纳乐获悉卜克斯被俘的消息后,立即向总理衙门进行通报,强烈要求中国政府采取一切措施加以营救。

中国政府当然答应了窦纳乐的要求,只是到了1900年1月3日,总理衙门获悉卜克斯被害的准确消息。总理衙门向窦纳乐表达中国政府的遗憾和惋惜,表示将尽快捕拿凶手,尽快善后。

窦纳乐对中国政府的诚意表示理解和接受,逝者已矣,他警告中国政府不仅要严肃对待这件事,而且要采取强硬得力的措施防止类似事件再次发生,强力镇压大刀会和义和拳,决不能再姑息这两个非法组织。

卜克斯被杀这一不幸事件,他个人负有一定的责任,就像窦纳乐认识到的那样,他不该不听从中国人的劝阻,执意在危险时刻到危险的地方去。但是根据中国政府与各国签订的传教章程,中国政府也确实负有保护传教士和平传教的责任,所以中国政府于1月4日发布一道上谕,对卜克斯之死表示惋惜,命令山东巡抚迅速查处那些疏于防范的地方官员,限期破案,缉拿凶手。同一天,中国政府还委派总理衙门大臣王文韶等前往英国公使馆,借新年拜会的机会,向窦纳乐当面表达歉意,寻求谅解和和解。

中国政府的诚意安抚了窦纳乐，窦纳乐并没有像德国公使那样借巨野教案敲诈中国，但是在中国政府内部却因卜克斯之死发生了一场争论，甚至差一点终结了袁世凯的强硬镇压政策。一些御史纷纷指责袁世凯，以为正是因为他那不适当的强硬镇压才出现这样的极端反弹，卜克斯这样的恶性事件在过去剿抚并重软硬兼施的政策下不可能发生，现在的强硬措施使那些义和拳民众非常害怕，一旦发生类似冲突，这些义和拳民众还会采取非常手段毁尸灭迹，期待侥幸逃脱惩罚。这是人性使然。

御史们的说法不能说没有一点道理，中国政府面对民教冲突确实不能一味镇压，不分是非、不分青红皂白，尽管民教冲突的根本解决有待寻求有待中外协商，但中国政府决不能像袁世凯这样一味强硬一味镇压，否则类似的恶性事件不是减少，肯定会增加。这些不是道理的道理深刻影响了清廷的决策，清廷于1900年1月11日发布的上谕要求各地督抚在对义和拳进行镇压的同时，不要扩大化，还是要像过去那样区别首从，区别对待，对于那些只是以练功习武、强身卫家为目的的安分良民还是要像过去那样适度宽容，务必不要惩罚任何无辜的人，不论他过去干过什么。很显然，这份上谕基本上否定了袁世凯的强硬政策，既让袁世凯感到很郁闷，也使各国公使很困惑，各国公使弄不清清政府的真实用意。

清政府的政策转向很快就带来了直接后果，此后义和拳的活动有增无减，加入义和拳的民众总数在日益攀升。更重要的是，义和拳民众对清政府产生了初步的同情与理解，通过这个上谕他们知道清政府还是爱护他们的，过去的和未来的一些镇压，可能都是做给外国人看的。

中国公众对1月11日上谕的理解是不错的，各国公使其实也看到了这一点，普遍对清政府的退让政策表示强烈不满，他们认为这个上谕向义和拳民众传递了一个非常不好的错误信号，所谓保护以强身健体自卫身家为目的的义和拳民众，所谓不要扩大化云云，其实只是借口，义和拳民众一定会利用这份上谕继续闹事，形势甚至会更为严重，在中国特别是在山东的外国人，处境因这份上谕更加危险。

清政府紧接着又做了一件强烈刺激各国公使的事，使中外冲突继续升级，更加难以找到缓解的机会。早在卜克斯事件发生后，窦纳乐就要求中国政府追究已经撤职的山东前巡抚毓贤的责任，因为正是毓贤的同情纵容才使该省的混乱局面始终难以平息。各国公使普遍认同窦纳乐的分析和要求，他们通过各种方式正式或非正式地要求清政府永远至少很长一段时间不要重新起用毓贤，以免向义和拳民众传递错误信号。

然而，清政府对于各国公使的严厉警告却置若罔闻，慈禧太后隆重接见了毓贤，端王、庄王以及大学士刚毅等王公大臣更是对毓贤隆重欢迎，盛情款待，似乎毓贤不是被撤职回京，而是从战场上胜利归来。

对毓贤在山东的作为当然可以有不同视角的评判。各国公使对毓贤的指责当然也只是看到毓贤的一个方面，并不是毓贤言行的全体。虽然不能说毓贤在山东爱民如子，他有残暴的一面，但是他毕竟注意到民教冲突的复杂性，注意到民教冲突的根本解决并不能靠单方面压制中国民众。因此清政府刻意表彰毓贤，只是这一点无论如何都很难让各国公使理解。

各国公使对清政府表彰毓贤的行动提出严厉批评和严肃交涉，强调这种言行实际上是向义和拳民众传递错误信息，无助于山东局势的稳定。各国公使甚至意识到，如果清政府一意孤行，我行我素，无意解决义和拳、大刀会问题，那么列强应该另外寻找解决办法，不能将全部希望寄托在清政府身上，否则各国可能会为此付出惨重代价。

1月23日，法国驻华公使毕盛提议召集法、美、德、英四国公使会议，讨论怎样应对中国政府在镇压大刀会、义和拳问题的上后退。第二天，他们向清政府提交了一份外交照会，认为清政府1月11日的上谕选择了一个错误的政策导向，大刀会、义和拳很可能从这个上谕中获取新的启示和力量，可能会继续进行对基督教徒的迫害。照会认为，在山东和其他地区所发生的迫害基督教徒的恶性事件，是任何文明国家都不能容忍的，是一种不能原谅的耻辱。各国公使强烈要求中国政府尽快纠正这个错误的政策导向，重申对大刀会、义和拳这两个非法组织进行严厉镇压的必要性，不失时机平息他们所引起的骚乱，恢复华北地区社会秩序，保护各国在华利益不受侵害。

四国公使当时并不知道在山东、在直隶还有很多意大利传教士，因此没有邀请意大利公使参加。意大利公使获悉这一消息后，也向总理衙门提交了一份内容大致相似的照会。由此，五国公使联盟大致形成。

五国公使的抗议照会并没有引起清政府的重视，因为清政府此时最重要的事情不是镇压大刀会、义和拳，而是忙于御前会议的筹备，忙于就光绪帝继承人问题进行磋商。诸位如果还记得的话，五国公使向清政府提交抗议照会的同一天，清政府终于宣布以端郡王载漪之子溥儁为大阿哥。这一震动中外的消息才是当天或稍后很长一段时间的国际热点和焦点，清政府哪有心情去应对五国公使的抗议呢？

大阿哥的地位始终得不到国际社会特别是这几个主要国家的承认，各国公使不对大阿哥和端郡王表示祝贺，这无疑加剧了中国政府与列强的裂痕，中外之间就大刀会、义和拳问题的交涉差不多因此中断了一个月之久。

持久拖延无助问题的解决，五国公使忍无可忍，终于在差不多一个月之后的2月21日向总理衙门提交了一封询问信，催促清政府对他们1月23日的照会给予答复。25日，总理衙门的答复姗姗来迟，表示政府已有旨命令山东巡抚、直隶总督剿抚义和拳。

总理衙门的刻意冷淡激怒了五国公使，他们指责这份答复照会错误地引用了需要回答的照会，而根本没有满足甚至没有提及五国公使的照会及要求,更没有提出尽快镇压大刀会、义和拳的具体措施。五国公使要求与总理衙门紧急会晤,指名要求庆亲王奕劻必须参加。

总理衙门同意了五国公使的要求,会晤安排在3月2日。然而到了3月1日晚,五国公使突然接到总理衙门的照会,附件中有直隶总督裕禄奉旨剿办义和拳的一个布告,这中间又包含一道上谕,上谕中明确使用的词句是"取缔"义和拳。

取缔义和拳本来是五国公使的要求,现在清政府用这种方式答应了他们的要求。然而五国公使的疑虑并没有因为这道上谕的发表而消失,他们担心这是清政府故伎重演,是以表面的答应拖延时间。五国公使立即向清政府提交了一个新的照会,要求清政府将取缔义和拳的上谕像1月11日的上谕一样,在政府公报中公开发表。

3月2日,英国公使窦纳乐、美国公使康格、德国公使克林德、意大利公使萨尔瓦葛和法国代办唐端等五国公使依然如约前往总理衙门,与庆亲王等中国大臣举行会谈。他们当面重申照会中的要求,就是要把这个取缔义和拳的上谕公开发表。德国公使还提出上谕没有提及大刀会,不知中国政府究竟是什么意思。

庆亲王就各国公使的疑惑进行了耐心的解释,告诉他们按照中国的行政体制,目前这种处理方式要比公开发表上谕更有效更迅速。至于德国公使提及的大刀会,庆亲王解释说,根据中国政府掌握的资料,大刀会与义和拳其实就是一个组织。

五国公使相信了庆亲王的解释,然而各地所传来的消息却使各国公使深感失望,各地义和拳、大刀会民众根本不理睬直隶总督裕禄、山东巡抚袁世凯发布的告示,参加大刀会、义和拳的人数不是减少了,而是大幅度增加。各国公使无法静观其变,他们于3月9日明白无误地告诉清政府,如果清政府继续拖延对大刀会、义和拳的镇压,各地形势没有根本好转,那么各国公使将建议各自政府,为了他们的侨民、传教士的生命财产安全，派遣海军陆战队前来，用武力自行解决。

五国在向中国动武问题上并不一致，这一点清政府似乎已经猜到，所以清政府对五国公使的警告并不介意，既没有采取有效措施制止义和拳蔓延，反而与各国公使的期待相反，在某种程度上鼓励义和拳向山东之外的地区发展。3月14日，清政府重新起用毓贤为山西巡抚，激起各国公使的强烈反弹，并最终改变了各国政府的态度。

各国政府对毓贤重新出山强烈反对，他们认为这是清政府故意与列强为敌，不仅不顾及列强的正面警告启用了毓贤，更严重的是将他安置在英美传教士人数更多的山西。各国政府相继接受公使们的判断，认为清政府可能真的缺少平息大刀会、义和拳骚乱的诚意，各国政府为了自身利益，大概必须采取断然措施。

3月下旬，英国政府改变先前方针，同意窦纳乐的请求，派遣军舰前往中国沿海。德国、美国等也做了相应判断。中外之间的关系骤然紧张。4月6日，英、美、德、法四国公使联名照会清政府，限两个月内必须剿灭大刀会、义和拳。届时如果不能实现这个目标，那么列强将不得不派遣海军陆战队深入内地代中国政府剿灭，由此所发生的问题，均应由中国政府承担责任。列强确实加快了军事方面的准备，12日还在大沽口海面组织联合军事演习，向清政府武装示威。

清政府对列强的警告越来越不介意，甚至显得很麻木，其中一个很重要的原因，是俄国人、日本人并不与西方列强完全一致，这给清政府留下了想象的空间。当各国公使建议各国军队联合向中国示威时，俄国公使格尔思明确反对，以为这种做法不会收到预想效果。俄国人以这种比较不一样的姿态，留给中国人许多想象和希望，使清政府觉得问题或许并没有那么严重。

不过，格尔思并没有纵容清政府继续拖延，他曾多次通过外交渠道告诫庆亲王，一定不要存在侥幸心理，一定要切实镇压义和拳，否则真的会引来列强干涉，到那时，俄国也就没有办法帮助中国了。

格尔思的建议并没有引起清政府的警觉，列强的警告也没有引起清政府的警惕。日子就这样一天又一天地过去了，清政府在剿抚两难的困境中无法自拔，而义和拳却在这种暧昧的政治氛围中茁壮成长日益壮大。因为山东巡抚袁世凯的强力镇压，山东的义和拳基本上被驱逐出去，四处发散，主要向京津一带转移。至1900年2月，在天津老城厢，已经能够看到有人在那里练习拳脚，他们痛诋洋人，仇杀教民，表示拥护清政府，所以官府衙门也就对他们视而不见，听而不闻，听任义和拳发展壮大。义和拳很快就遍布直隶，到了4月，京城内开始了有义和拳的活动，据说每当夕阳既西，京城居民争相习拳，甚至许多大户人家、王公贵族，也都热衷于练习拳脚，大有全民健体的意味。

京城居民练习拳脚，如果不去招惹外国人，如果局限于强身健体，当然也是一种可以理解的行为，然而义和拳的兴起毕竟与外国人与传教士，与那些和传教士有密切关联的教民有关，所以义和拳在京津发展之始，虽然对外国人比较忌讳，不敢招惹，但对那些同种的教民，却充满鄙视，从来不惧与他们冲突打斗，很多时候，应该说是这些义和拳民众主动出击，向那些依附于洋人的教民挑衅。4月底，京城第一个义和拳坛口终于出现东单牌楼西裱背胡同于谦祠堂内。京城地面到处出现各种各样的揭帖等宣传品，宣称现在中国的混乱扰攘不宁主要是由那些洋人招来的，这些洋人在中国各地传邪教，立电杆，造铁路，开矿藏，不信中国生人之教，亵渎天神，破坏风水，终于招致过去几年持续不断的灾害。这些招贴号召民众定期举事，攻击教堂和那些外国人，尤其是那些依附于外国人的假洋鬼子。在西四牌楼羊市南壁上发现的一则义和拳乩语写道：

一愁长安不安宁，二愁山东一扫平，三愁湖广人马乱，四愁燕人死大半，五愁义和拳太软，六愁洋人闹直隶，七愁江南喊连天，八愁四川起狼烟，九愁有衣无人穿，十愁有饭无人餐，过戌与亥是阳间。①

类似宣传品在京城到处张贴，原本宁静的京城实际上已处在大动荡大混乱的边缘。中国民众在义和拳的激励和中国政府默许下，情绪激动，而洋人、传教士，特别是那些教民则人人皆有朝不保夕、危在旦夕之恐惧，他们在六神无主中艰难地熬着日子，不知何时才能水落石出，有个比较明确的结果，哪怕真的是世界末日。

教民当然不享有外交豁免权，然而各国公使在那个年代肩负着保护传教使命的重任，自告奋勇地肩负起保护教民的责任，所以这些中国人就是因为信仰皈依了基督教天主教，就被外国人视为自己人，当然也就被中国人视为叛徒，视为汉奸。民教之间的冲突就在这复杂的背景下越来越严重。

京城内外，或者说整个华北地区的形势都不容乐观，列强和传教士的情报系统都在向各国公使传达一个危险的信号，那就是中国政府不论出于什么原因，事实上已经无法控制、无法收拾整个华北的局面，要想使华北地区的形势恢复平静，要想有效保护列强在华北的利益特别是在那里的传教士、教民，大概只有一条路，那就是各国公使曾经设想过的，由各国联合出兵，代清政府剿灭义和拳等非法组织。

5月17日，法国公使毕盛向各国公使通报，在保定府附近有六十一名天主教徒被杀死；18日，英国公使窦纳乐向各国公使通报，北京东南四十英里处的一个教堂被焚毁，一名中国牧师被杀死；5月19日，天主教北京教区大主教樊国梁神父写给法国公使的一封信在各国公使中传

---

① 《义和团文献》，《近代史资料》1957年第一期，15页。

阅。这封信以最灰暗最阴森的笔调描写了北京和华北地区日趋恶化的形势和可能的危险,认为北京已被义和拳从四面八方包围了,更多的义和拳民众正在收紧对北京的包围圈。他认为,正在发生的所谓宗教迫害只不过是个掩饰,义和拳的目的就是要消灭所有在中国的外国人。樊国梁以悲伤的情绪预言,义和拳将从进攻北京的教堂开始,然后攻击各国公使馆。在中国的欧洲人已经处在和1870年天津教案发生前夕同样危险甚至可能更危险的境地:同样的揭帖,同样的宣传,同样的威胁,同样的缺乏远见,同样的保护不力。樊国梁请求法国公使立即派遣海军陆战队保护北京的法国教堂和传教士,否则那些可怜的人必将遭到灭顶之灾。

樊国梁神父已经六十三岁了,在中国也已经居住了三十八年之久,能说一口道地的北京话,与中国社会各界有着广泛的接触,其情报来源应该非常可靠,其判断也素来受到各国公使的重视。5月20日下午,公使团团长、西班牙公使葛洛干召集英、美、俄、法、德、意、奥、西、比、日等十一国公使举行会议,主要讨论所面临的形势以及应该采取怎样的应对方针。各国公使对中国政府大致失去了起码的信任,以为继续依靠中国政府去镇压义和拳,可能不会有什么结果。不过,他们也担心,如果现在就由各国出兵干预,由联军直接深入中国内地代清政府去剿灭义和拳,估计也不是一个最好的办法,这样可能会刺激形势继续恶化。他们能够做的只有两点:一是对清政府施加更大的压力,促使清政府痛下决心,剿灭义和拳;一是各国务必尽早向北京添派使馆卫队,保护各国公使馆和教堂。各国公使同意立即向中国政府提交一封措辞强硬的外交照会,就剿灭义和拳提供了几点建议:

一、凡参与拳会操练,或在街头制造骚乱,或继续张贴、印刷或散发威胁外国人之揭帖者,均予逮捕。

二、义和拳集会之庙宇或场所的所有人和监护人，均予逮捕；凡与义和拳共同策划犯罪活动者，均作义和拳论处。

三、凡负有责任采取镇压措施之官员，犯有玩忽职守或怂恿暴徒之罪行者，均予惩罚。

四、凡企图杀人放火、谋财害命之首恶，均予处决。

五、凡在目前骚乱中帮助及指点义和拳者，均予处决。

六、在北京、直隶及北方其他各省公布这些措施，以便人人知晓。①

照会要求中国政府必须在五天内给予明确答复，否则各国将采取一致行动，自己动手剿灭义和拳。

中国政府对列强的威胁恐吓当然感到恐惧，不过正如赫德所判断的那样，中国政府实际上处于两难困境：如不镇压、剿灭义和拳，则列强很可能会自行采取行动；如果真的由清政府动手剿灭义和拳，那么很可能引起一场空前的反对大清王朝的政治运动。两害相权，大清王朝只能继续在剿与抚之间徘徊，对各国公使的建议要求，既不拒绝也不坚决照办，虚应故事，两不得罪，在一条钢丝绳上艰难行走。5月25日，清政府发布了一份禁止义和拳的章程，稍微加强了对义和拳的打击和约束。这当然是做给外国人的看的，各国公使对此也是心知肚明。只是他们对是否向中国用兵，以及何时用兵的问题也很难达成一致，他们既不再相信清政府的决断和能力，也无法找到一个能够解决危机的有效路径。他们只能继续向清政府施压，继续恐吓，继续要求清政府给予明确答复，否则又是如何如何。

---

① 《葛洛干先生致总理衙门照会》(1900年5月21日)，《英国蓝皮书有关义和团运动资料选译》，74页，北京：中华书局，1980年。

各国公使的这些招数确实也没有什么新的花样，清政府也只能在既定的剿抚之策中左右摇摆，中外之间的冲突在犹豫徘徊中持续升级，怎样才能真正打破这种僵局，在在考验各方的智慧。

走向对抗

各国公使对中国政府的态度不满意，但是各国公使也找不到解决问题的办法。清政府出于自身利益考虑，不愿实际上也不能在剿与抚上二者必居其一。如果真的剿灭义和拳，必将激起整个中国的大反抗，甚至那些原先支持满族人的汉族高级官僚，也不一定能够一直站在满族人一边；反之，对列强的要求一概不理，继续默许义和拳闹下去，似乎也不是办法，必然激起列强愤怒，必然是引狼入室。这两条道路只要绝对化，对清廷来说都是死路一条。

在各国公使强烈要求下，庆亲王于5月27日下午分别接见了英国公使窦纳乐和俄国公使格尔思。庆亲王明白告诉窦纳乐，清政府对义和拳最近的动态深感忧虑，这场动乱不仅反对外国人，而且也反对清政府，是国家的敌人。清政府已向直隶总督裕禄等发出最严厉的训令，要求严惩首恶，驱散那些受骗上当的民众。至于住在京城的外国人，不论是外交官还是传教士，庆亲王表示中国政府都有责任有能力负起保护他们的责任。

庆亲王的表态是诚恳的，也是有把握的，各国公使如果能够给清政府更多时间，协调步骤，相信清政府也应该有办法找到一个两全其美的路径。无奈先前几个月的拖延严重消磨了各国公使的信心，窦纳乐在庆亲王如此表态之后反而威胁说，如果清政府在最近几天不能有效平息义和拳动乱，那么各国必将向北京加派使馆卫队。

窦纳乐的威胁并没有吓住庆亲王，庆亲王回应说，各国公使如果真的担心自身安全，如果一定要向北京派遣使馆卫队的话，那么就请自便，中国政府并不刻意反对。

庆亲王的从容使各国公使稍稍放宽了心，然而清政府并没有在随后几天有效恢复秩序，平息动荡，北京依然处于混乱之中，各国公使终于无法继续忍受中国政府的拖延，终于在5月底下决心增派使馆卫队。

各国公使之所以下了这个决心，主要是因为形势并没有像庆亲王所许诺的那样很快好转，反而继续恶化，而且有许多传言说义和拳将在6月1日也就是中国的端午节那一天采取更大规模的行动。5月29日，已经停泊在大沽口洋面上的各国舰队先后接到命令，即刻派遣海军陆战队经天津向北京进发。

按照当时通行的国际惯例，保护各国使馆安全，是驻在国义不容辞的责任，外国军队无权自行调军队保护。然而在近代中国历史上，几次重要历史关头，列强都以形势危急为借口，调动军队自我保护。这一次，他们故伎重演，于5月31日傍晚自天津通过铁路向北京增派使馆卫队，名义上是应付传言中的义和拳起事，其后果无疑是加剧了动荡和危机。

使馆卫队的到来使已经非常紧张的局势更加紧张，也使那些原本准备向义和拳妥协的官员们找到了一个新的理由，既然列强准备用武力化解危机，那么中国政府又怎能自己动手解除自己的武装呢？5月30日，军机大臣兼刑部尚书赵舒翘联合顺天知府何乃莹建议清廷，既然义和拳到处蔓延，诛不胜诛，那就不如不诛，改用安抚招安的办法，将他们编入清军序列，统以将帅，因其仇恨基督教之心，用其果敢之气，化私忿为公义。一旦将来列强与我大清撕破脸皮，义和拳也是一个非常重要的助力。

清廷最高层并没有真的接受这样的建议，而是继续先前走钢丝的政策，惩办首恶，宽大胁从，继续等待更好的突破机会。然而，使馆卫队大规模向北京开进，无疑加剧了危机，各种传言使义和拳民众激动不已，他们不知道使馆卫队只是被动防守，反而以为这些外国军人就是要深入中国内地镇压他们的。与其束手待毙被敌人枪杀，不如主动出击，先杀死一些外国人。6月1日，在保定府的三十六名外国铁路工程师鉴于人身安全无法保障，乘船逃亡天津，不料在距保定一百六十里处与义和拳民众遭遇，九人失踪，后来证明四人死亡。义和拳终于与洋人正面发生冲突。

欧洲人失踪的消息传到天津，俄国公使格尔思应邀派遣一支哥萨克骑兵前往营救。6月2日晚，这些哥萨克骑兵在独流镇与义和拳民众正面冲突，双方大开杀戒，各有伤亡。

正面与欧洲人打斗当然不是义和拳的强项，弱者的正义和攻击手段当然是带有恐怖特征的突然袭击和破坏。至6月4日，义和拳在高碑店、长辛店、黄村，以及保定府、安肃县等，烧毁不少桥梁、车站、房屋，掀翻了许多铁路路轨，砍断了许多通讯电杆。至于那些教堂和教民，更被义和拳视为邪恶的渊薮和中外冲突的根源，找准一切机会狠狠打击。我们很难说义和拳对洋人的攻击是正义之举，也很难说这些攻击就是对近代文明的抗拒，是简单的排外。其实，如果没有使馆卫队的强行进入，义和拳民众即便围住了教堂和使馆，也不敢真的动手。全副武装的使馆卫队使义和拳民众产生了畏惧心理，为了防止被斩尽杀绝，他们只好变被动为主动，反攻为守。

义和拳的攻击行为和巨大的破坏力，也使各国公使稍感恐惧，迫使各国公使重新回到继续依靠清政府的立场上。6月5日下午，英国公使窦纳乐与庆亲王举行了会谈，强烈要求清政府一定要对义和拳实行镇压，尽快平息动乱。庆亲王告诉窦纳乐，义和拳运动和信仰在列强的刺激下已经深入人心，是中国民意一种不容忽视的表达方式。这个运动首先是教民和传教士引起的，是一场中外冲突，当然也是一场社会动乱。

不过，可以注意的一点是，义和拳虽然煽动动乱，但是到目前为止，普通的中国良民并没有受到骚扰。如果由于义和拳表达人民的情绪而不分青红皂白地予以镇压予以惩处，那么更多的中国人将认为这是不公正的。庆亲王承认，清政府确实不愿意严厉惩处义和拳，因为这个运动因其排外性质而深入人心。

庆亲王的这番表白使窦纳乐更加不得要领。他判断，可能是庆亲王领导的总理衙门已经无法左右形势，他甚至听说义和拳已经开始向清军中渗透，不要多久，清军都将成为义和拳。一种更加可怕的预感笼罩着窦纳乐和各位公使，他们除了要求各自国家向中国增派军队外，能做的事情，就是要求中国最高领导层的慈禧太后或光绪帝集体接见各国公使，当面解释义和拳问题的症结，对如何解决问题给予一个比较明白的答复。

中国政府意识到各国公使集体觐见皇太后和皇上，不过是向中国政府施加压力，无助于问题的解决，反而可能增加新的困扰，总理衙门遂以集体觐见不合体制为由婉言拒绝，原本只是准备协助帮助清政府镇压义和拳的各国公使，不得不走上动用兵力自行剿灭义和拳这条充满荆棘和不可预测的诸多困难的道路。列强不仅要与义和拳为敌，而且很可能与清政府处于对立面，先前的三分天下，很可能被逼着变成黑白分明的两大阵营。

6月6日，各国驻华舰队司令在英国中将西摩的战舰上举行会议，讨论时局及其可能走向。会议进行了两天，他们终于达成一致行动的意见，同意各国适度向中国增兵，计划在条件成熟时先夺取天津，然后以天津为基地，继续向北京用兵，向华北用兵，拯救被困在那里的外国人，当然也将毫不客气地剿灭义和拳及一切非法组织非法武装。

列强的气焰无疑激怒了义和拳。为了阻止外国人向北京向华北用兵，并无严密组织的义和拳竟然行动整齐划一，有计划地拆除天津至北京间的铁路，阻断外国军队向北京进发的通路。

义和拳的行动和列强的动向，促使清政府的政策发生变化。6月3日，慈禧太后向荣禄、裕禄发出最新指示，以为义和拳在京畿一带持续蔓延，应该迅速解散以靖地方，但告诫他们不要滥杀无辜，逼良为娼，官逼民反，不要将仅有的一点民心一点可用的民气全部摧毁殆尽，要切实劝导，使这些义和拳尽快解散、全身而退。慈禧太后似乎并不希望义和拳成为列强的炮灰，此时并没有利用义和拳抵抗列强的意思。

6月6日，直隶总督兼北洋大臣裕禄向清廷报告，表示仅仅凭借劝导根本无法将义和拳解散，现在政府唯一的出路就是尽快赶在各国动手之前将义和拳剿灭，否则后果不堪设想。熟悉列强和国际大势的商务大臣盛宣怀也在那几天向清政府提出建议，希望政府不要心存侥幸，错失良机，义和拳不过是一批乌合之众，并没有什么像样的武器，荡平义和拳并不难，难在立定主见，坚定信念。盛宣怀担心，如果义和拳一直不能得到剿灭，很可能出现的情况是，长江流域的秘密社会如哥老会以及流亡海外的康有为、孙中山，还有散布各省的会匪等联合起来，与政府为敌。到那时，要想平息骚乱恐怕真的不会那样容易了。

裕禄、盛宣怀的报告肯定引起了清政府的注意，不过清政府并没有很快接受自行剿灭义和拳的建议。相反，政府的政策朝着另外一个方向走去。6月5日，军机大臣赵舒翘和新任都察院左副都御使何乃莹前往涿州等地向义和拳喊话，希望义和拳能够和平解散，如果执迷不悟，拒不解散，那么势必将受到严厉制裁。第二天，协办大学士刚毅也前往涿州察看并劝散义和拳，但实际效果不可能很大。

清政府逐渐从剿抚并重的立场向后退，这个转变的动因肯定来自列强，也就是说正是列强的步步紧逼，终于将清政府推向义和拳一边，列强无意回应清政府的难题，无意帮助清政府中的温和派。这大概都是清政府转向的背景和原因。6月6日，清政府发布上谕，公然表示义和

坐者为端郡王载漪（1856—1922），光绪帝的堂兄。1899年，慈禧册立载漪15岁的儿子溥儁为大阿哥

拳的兴起事出有因情有可原，其练艺健身，守护乡里，并没有刻意与政府为难，与外国人为难。教民、拳民，均为国家赤子，朝廷一视同仁，不分教、会，所有民教冲突，都应该秉公办理。上谕认为，所谓义和拳骚乱主要是因为传教士过于偏袒那些非法教民，这些非法不良教民仗势欺人，且往往恶人先告状，结果引发激烈的民教冲突。这份上谕对民教冲突的原因给予新的解释，很显然，清政府准备放弃对义和拳的镇压和剿抚并用政策，倾向利用义和拳的力量一致对外。如此说来，各国公使的强硬姿态终于酿出了将由自己品尝的苦果。

6月6日的上谕发布后，京城及周边的形势继续恶化。外地的义和拳民众三五成群，头包红布，手持刀械，自由进入京城，到处张贴号召焚教堂，杀教民，不要加入基督教、天主教的宣传品。在随后几天，也确实有一些教堂被焚毁，一些教民被杀死。京津地区乃至整个华北处于红色恐怖之中。

紧接着，清廷于6月10日对政府进行大幅度改组，任命端郡王载漪管理总理各国事务衙门，礼部尚书启秀、工部右侍郎溥兴，内阁学士那桐等均在该衙门大臣上行走。免除了廖寿恒的总理衙门大臣职务，实际主持总理衙门日常事务的庆亲王奕劻也被靠边站，一个对外强硬的新政府正式成立。

端郡王载漪之所以对列强强硬，之所以坚持排外，并不是因为他有多少见解，更不是对国际形势有什么深入分析，主要是因为他和他的儿子，即那个新近被选出来的大阿哥始终不被列强认可，这是他心中最难以化解的郁闷。

清政府改组特别是端郡王出任首席大臣的消息传出后，京城的外国人中间出现更加严重的恐慌，他们中的许多人并没有与端郡王有过任何接触，只是听说端郡王和他所倚重的将军董福祥都是坚定的排外主义者，发誓要将在北京的所有欧洲人扔到太平洋里去。

西方人在理论上崇尚接触政策，但在实际操作中往往因瞧不起某些人的人品或厌恶某些人的立场而拒绝接触。假如各国公使像对待庆亲王那样与端郡王经常会面谈谈，相信即便不能促使端郡王彻底转变成庆亲王那样的友好人士，至少不会一直强硬，一直对抗。各国公使根本不给端郡王任何机会，各国公使的拒绝接触政策终于导致对抗升级。

就在清政府改组、端郡王出任总理衙门领班大臣的那天凌晨，各国驻天津的军事将领和领事团会议决定授权英国海军中将西摩率领一支陆战队迅速向北京进发，以便解救在那里的各国公使、外交官、传教士及其眷属和那些教民。在北京的各国公使和天津的领事团、军事将领想象着北京局势日趋险恶，想象着那些欧洲同胞将可能被端郡王、董福祥扔进太平洋。想象替代了现实，想象促使他们在并不那么紧张的局势下自己给自己制造了紧张气氛。

6月10日凌晨三时许，英、美、奥、意等国五百名官兵分别从塘沽向天津火车站集结。上午九时许，他们夺取了一列火车，自行开往北京。只是他们的准备太过匆忙，且消息走漏太快，义和拳民众终于和清军联手，迅速阻断了西摩联军向北京开拔的道路。整整一天时间，西摩将军乘坐的第一列火车开出天津火车站不到五十公里，就只好在夜幕中停靠在落垡火车站，前不着村后不着店。

西摩联军向北京进发的消息确实震动了清军。6月11日，日本公使馆书记生杉山彬奉命出城迎接联军先头部队，当他在永定门要求出城时，却被驻扎在那里的董福祥甘军扣留下来。杉山彬恼羞成怒，出言不逊，混乱中，愤怒的甘军官兵毫不客气地将杉山彬的头颅割了下来，并将尸体扔到城外。

其实，西摩联军根本无法前进，他们在京津铁路线上被义和拳和清军团团包围，既失去了与北京各国公使馆的联系，也无法获得后方天津基地的支援。他们不时受到义和拳和清军的骚扰和恐吓，不时发生零星战斗。然而他们始终无法前行，只能在十七天之后（6月26日）仓皇逃回天津租界。

西摩联军无法进入北京，而北京的局势却日趋恶化。6月13日，数千名义和拳民众纵火焚毁了具有两百多年历史的南堂。16日，在前门大栅栏商业区发生规模庞大的纵火案，连续三天不灭的大火使数千家店铺顷刻化为乌有，经济损失根本无法估计。大栅栏大火是1900年间的一个重大事件，不论对清政府，还是对一般百姓，都是一场灾难，一个沉痛记忆。北京的局面已经彻底失控，中外之间不再有协商以及和平解决争端的任何可能，走向对抗是双方的必然选项。

一场奇怪战争

从列强的立场看，西摩联军之所以行进艰难，动作迟缓，主要是它的后路被清军所控制，后方基地无法及时有效提供相应支援。因此，出于军事战略上的考虑，各国将领认为，要确保联军进入北京，解救各国公使和所有外国人，就必须打通天津通往北京的道路，必须占领大沽炮台。

大沽炮台具有悠久的历史，是天津的屏障，也是北京的屏障，反过来，就是遏制京津的咽喉，军事地位素来重要。经过数百年的经营，大沽炮台有比较完备的防御工事，然而在近代几次重要战役中，大沽炮台似乎都没有发挥应有的作用，反而成为列强进攻中国的滩头阵地。

当时，清军在大沽炮台驻守有三千人，守将为天津镇总兵罗荣光。在大沽周围海面上，还有北洋海军统帅叶祖珪的旗舰等数艘军舰在游弋。周边数十里处，还有不少清军的营地，他们与大沽炮台的守军构成遥相呼应的态势。在总兵力上，中国军队似乎并不弱于各国舰队。然而，当联军将领决意占领大沽炮台时，中国守军尽管进行了英勇抵抗，就是无法获取成功。

6月16日上午，各国将领向大沽炮台的中国守军送达了一份最后通牒，限令中国守军在17日凌晨二时将大沽炮台和平交出，否则将武力占领。

当天晚上，联军悄悄地向大沽炮台收拢包围圈，数十艘战舰封锁了航道，并将炮口对准清军各个军事目标。中国守军在罗荣光的指挥下，也在静悄悄地进行着准备，他们决定与炮台共存亡。

沉沉的夜幕宁静得吓人，清军炮台和联军的战舰都鸦雀无声，双方似乎都在等待对方在最后时刻是否会有什么变化，都在等待着凌晨二时的到来。

零时五十分，距最后通牒限定的时间还有七十分钟时，中国守军实在耐不住了，在明知寡不敌众、毫无胜算时，他们还是采取了主动出击的策略，以攻为守，争取主动，向停泊在海河中的联军舰队首先开火，一度获取战场上的优势和主动。联军舰队大概没有想到中国军队会主动开战，所以在第一波攻击中就显得非常被动，纷纷后撤。

后撤的联军稍事整理，就开始反攻，他们在强大炮火的掩护下，向炮台步步逼近，逐步缩小包围圈。经过几个小时激烈战斗，中国官兵虽浴血奋战，视死如归，终因后无援兵，没有呼应，大沽炮台还是在凌晨五时许陷落，罗荣光和七百多名将士为国捐躯。

大沽炮台攻防战开始前数小时，罗荣光就派员向直隶总督兼北洋大臣裕禄报警，请求裕禄从天津派兵援救。然而裕禄以天津防务紧张兵力不敷调配为由，拒绝了罗荣光的请求。从这个意义上说，大沽炮台的失陷，当然也有裕禄的责任。

除裕禄外，还有北洋海军统帅叶祖珪也应承担相应的责任，罗荣光在战前也曾派员向其求救，请北洋水师在战斗打响后提供火力支援，派遣鱼雷艇向联军发动攻击。然而叶祖珪在战斗打响后，竟然不顾海军官兵的抗战请求，强令舰队不准开炮，仓皇逃跑。然而他和他所统帅的海军将士都没有逃跑成功，都成了联军的俘虏。

大沽炮台失陷或许是历史必然，罗荣光的抵抗其实也只是在维护中国军人的起码尊严。然而这一仗最严重的后果可能还不是炮台的失陷，而是因裕禄因为某种隐情而误导了清廷最高决策者，导致清廷蛮横地向十一国宣战，弄出了一个国际笑柄。

大沽炮台攻防战的消息并没有及时传到清政府政治高层，但清政府政治高层在那几天确实知道京津地区乃至整个华北的形势都在急转直下，非常紧张。天津的消息基本中断，而西摩联军还在开往北京的路上，北京城内的义和拳民众和清军也是乱得一团糟，特别是日本公使馆书记员杉山彬被甘军杀死后，清政府与公使馆的联系也基本中断。公使团不知道清政府究竟是什么意思，清政府也不知道公使们究竟有什么想法。在北京的所有外交官都龟缩在使馆区不敢出来，原本气焰嚣张的传教士们和那些可怜的教民，也只好被围禁在西什库等几个教堂中。

在这一片混乱的局势下，慈禧太后和光绪帝连续数日召集王公大臣举行会议，研讨对策。然而由于大阿哥的事情一直没有结果，一直无法得到列强的认同；端郡王载漪出任总理衙门首席大臣也无法使列强接受，各国公使不仅不愿给端郡王起码的礼仪祝贺，甚至不愿与端郡王和新改组的政府进行接触。这一系列事件迫使清政府内部发生分裂，一个以端王为首的强硬派自然而然地形成，而另外一些大臣看到如此一意孤行与列强硬拼肯定不是办法，遂组合成一个不是派别的反战派。两派势力反复较劲，致使决策愈加困难。6月15日，清政府最高层无法就和还是战的问题做出最后判断，会议只是决定请善于与列强周旋的两广总督李鸿章立即进京。

过去的研究大都忽略了李鸿章立即进京这个消息的重大意义。如果仔细想想，此后许多突发事件的进程似乎都能从这个消息中找到蛛丝马迹。

李鸿章是慈禧太后多年来倚重的老臣，也是光绪帝素来敬重的老政治家。当年李鸿章建议不要与日本正面冲突发动战争，然而两宫还是顶不住以为"中国可以说不"的那些狂妄者的政治压力。这些狂妄者自信大清王朝经过三十年的经济发展，已经成为世界大国，怎能忍受"小日本"的欺凌？然而，两宫决定与日本一决雌雄时，并没有将战争主导权交给那些狂妄的主战派，而是交给了李鸿章。结果，中国大败，受尽屈辱，还是老臣李鸿章出面收拾残局，承担了中国失败的罪责，随后几年远离权力中心、决策中心。现在两宫决定召李鸿章进京，当然有收拾残局的意味，而收拾残局当然就要有人出局，于是宣李鸿章进京的消息就是一颗重磅炸弹，催生了清政府内部战和两派的最后角逐。

恭亲王去世，李鸿章出局，翁同龢弄权，张之洞常年在外，清廷中央自甲午战后几乎一直没有稳健的大臣协助两宫，所以在过去几年出现一连串的政治失误。到了1899年，光绪帝因看错康有为而自责不已，执意不愿继续在第一线主持朝政，而且他的身体状况似乎也不允许他像过去那样废寝忘食日理万机，再加上他无法生育自己的皇子已经是不能更改的事实，于是有大阿哥的选拔，有政府改组，有端郡王载漪组阁。这一切都是顺理成章，哪知道却是聪明反被聪明误，一场席卷半个中国的义和拳骚乱终于将这一切给搅和乱了。

两宫请李鸿章主即回京收拾残局，很显然是对现在的领导班子不信任，而现在领导班子的主导就是这个端郡王载漪。端郡王载漪确实不是一个有作为有能力的政治领袖，他不是一般的缺乏政治见解和国际视野，而是愚昧无知，心胸偏狭，如果不是他一心想着利用义和拳去逼迫各国公使承认大阿哥和新政府，如果他能够像东南督抚那样清楚地知道所有民间秘密结社对专制主义政治统治的危害，局面绝不至于发展到这样糟。现在两宫已经明显感觉到如果由现有领导班子继续干下去，只会使已经十分糟糕的局面更加恶化，所以请老臣李鸿章再度出山收拾残局。

我们现在已经明白了李鸿章回京收拾残局的最大障碍，或者说李鸿章回京收拾残局将最先收拾的人，肯定是现有领导班子，肯定是这个端郡王载漪和他的追随者。当天晚上，北京城内各种传言满天飞舞，有的说列强向清政府提交了一份"归政照会"，勒令慈禧太后立即将政权交给光绪帝。①

要求慈禧太后将政权归还给光绪帝的呼声由来已久，这是1898年秋天之后一直不绝如缕的政治传闻。这个传闻在过去或许并不怎样被慈禧太后所看重，现在列强兵临城下，谁知道会发生什么事情呢？所以这个传闻可能在这个特殊时候还是起到了催化剂的作用。

在6月17日的御前会议上，主战、主和两派继续争执，甚至连光

---

① "归政照会"的说法过于戏剧性，不见于《清实录》《东华录》等史料，多见于笔记野史。这个传闻有很多漏洞，低估了荣禄、慈禧太后、光绪帝等人的政治智慧，即便对端郡王载漪的人格也未免过于贬低，对其政治胆量则又估计过高。所以这个传闻作为历史是不可信的，但在当时可以对政治发展构成某种程度的影响，则不能低估。

绪帝也介入进去了。大约在这次会议上，皇太后主动提及外间的归政传闻，以为列强如果真的这样就是欺人太甚，只有破釜沉舟背水一战。即便是一直主和的光绪帝，在听说所谓"归政照会"的消息后，也深感困惑，表示如果确实到了无法挽回地步，那么也只好作"背城之举"，因为毕竟"宗社生民所系至重"。①

17日的会议结束后，力主讲和的军机大臣徐用仪率户部尚书立山、内阁大学士联元等前往各国公使馆解释清政府的立场，希望各国公使出面劝阻西摩联军不要继续向北京前进，以免局面彻底失控。徐用仪也比较强硬地告诫各国公使，如果联军执意向北京进军，执意不给中国政府面子，那么中国政府也只好奉陪到底，决一雌雄，各位公使也就只好下旗回国。

同一天，两江总督刘坤一、湖广总督张之洞也向清廷提出善后方略，力主自行镇压义和拳，防止各国借机干预。他们强调，邪术从来不能御敌，乱民从来不能保国。一旦列强动手深入内地剿灭义和拳，各省会匪必将乘机而起，大局溃烂，恐怕就无法挽救了。

刘坤一、张之洞的电报坚定了清政府内部的主和派，他们相信有刘坤一这批头脑清醒的疆臣在外与列强周旋，局面一定会有改观。太常寺卿袁昶等向清廷上了一份建议书，建议朝廷责成荣禄动手剿灭义和拳，为中外重归和好创造条件。

18日，两宫主持召集第三次御前会议。或许是因为天津战事不太明朗，加上西摩联军继续被困在前往北京的路上，为变被动为主动，这次会议并没有讨论怎样平息义和拳骚乱，反而转而讨论怎样围困攻打公使馆，围魏救赵，逼迫西摩联军退兵，逼迫驻扎在天津的联军不敢

---

① 《邹嘉来致□□□函》(1900年6月18日，北京)，《义和团运动——盛宣怀档案资料选辑之七》，69页，上海人民出版社，2001年。

轻举妄动。

主张围攻公使馆的端郡王载漪等人当然并不是真的要消灭这些外交使者，正像后来许多人所分析的那样，凭借清军的力量不一定能战胜各国联军，但对付并没有多少防御能力的公使馆恐怕还绰绰有余，他们的目的只是吓唬吓唬各国公使，让他们出面劝阻联军。只是中西文化的差异，使这些公使根本无法理解中国文化中白脸黑脸的意蕴，更不知道中国政府的真实用意究竟何在。他们不愿帮助清政府中的和平主义者，实际上是将那些唱黑脸的排外主义者推向绝境，迫使他们在排外的道路上越走越远。

窦纳乐等人当天在公使馆会见了前来谈判的总理衙门大臣王文韶、许景澄和立山等，中国方面要求西摩联军驻留在距北京城中心只有十二英里的黄村火车站，既给清政府一个面子，营造一些和平气氛，也使清政府有力量自己动手去剿灭义和拳。可惜，窦纳乐等西方使者太不理解中国文化了，他们对中国政府主和派的拒绝，终于为自己酿制出苦酒。

王文韶、许景澄、立山前往公使馆求和的第二天（6月19日），西摩联军没有停止向北京进攻的步伐，而天津又传来联军要求"收管"大沽炮台的消息，表示假如中国军队不能和平交出，联军将不惜以武力夺取。其实，裕禄将这个消息传到朝廷时，大沽炮台早已在联军手中了。

裕禄在6月17日收到法国驻天津领事杜士兰送来的这封外交照会时，就已经知道大沽炮台失守了。各国领事原本担心裕禄会出兵援救大沽守军，故意将送给裕禄的外交照会错后一天，没有与送给罗荣光的最后通牒同时送达。

裕禄在17日上午十时许收到这份迟来的照会，而此时距大沽失守已经有三四个小时了。大约是为了掩饰自己没有出兵帮助大沽炮台守军的失误，裕禄没有在紧急报告中向清廷汇报大沽炮台失守的最新进展，反而将这份已经迟到也已经无效的外交照会送给朝廷。这个外交照会和裕禄的报告给清廷的印象是：列强欺人太甚，竟然向中国索要大沽炮台。从战略上说，大沽为海口重地，也是守卫北京的重要门户，如果将大沽炮台交给联军收管，实际上就是将进入北京的大门钥匙交给了联军。对于联军的这一蛮横要求，清政府最高统治层不禁感到列强太过咄咄逼人。如果同意了这一要求，就不只是丧失北京的一个重要屏障，而且此后的政府也只能在列强的卵翼下苟且偷生，所谓的清政府也只能是洋人的朝廷，洋人一定会得寸进尺，步步紧逼。为了寻找应对办法，慈禧太后于获知这一消息的当天（19日）下午在仪銮殿紧急召集第四次御前会议。

由于裕禄的报告只是说联军将领要求和平占领大沽炮台，慈禧太后等政治高层并不知道大沽炮台其实已经沦入联军之手，他们的讨论主要集中在联军索要大沽炮台将要导致的政治危机，权衡利弊，他们认为中国目前所能做的就是坚决拒绝列强的这一蛮横要求，至少在外交上要做出准备破裂的姿态，以强硬的外交姿态迫使联军放弃占领大沽炮台的想法。所谓最强硬的外交姿态，当然就是不惜开战，不惜决一雌雄。

根据此次会议的决定，总理衙门大臣许景澄在当天下午五时许向各国公使送去同文照会，宣布因各国海军将领执意索我炮台，显然是各国有意失和，首先开衅。现在京城义和拳纷起，人情浮动，各国使臣的安全很难保证，因而请各使臣及其眷属、随员等在二十四小时之内下旗回国。

总理衙门的这个外交照会只是对联军将领索要大沽炮台的回应，至于天津究竟发生了什么事，大沽炮台的最新情形，清政府和各国公使其实都不知道。各国公使对中国政府突然强硬的姿态无法理解，他们在当天晚上的公使团会议上决定以照会方式回应清政府的要求，表示二十四小时的限制实在太短，且出京途中安全难以保障，他们要求第二天上午九时许前往总理衙门拜会庆亲王，当面表达公使团的意见；或者请庆亲王或端郡王前来公使馆当面解释。

各国公使的回复照会应该在当天晚上就送到了总理衙门，不过清政府并没有接受各国公使的要求，并没有同意接受各国公使第二天上午的拜访，甚至根本就没有就这个照会进行答复。各国公使的恐慌正符合昨天御前会议的判断，清政府期待恐慌的各国公使能够设法阻止联军将领索要大沽炮台，阻止西摩联军继续向北京进攻。

第二天（6月20日）清晨，由于各国公使并没有收到总理衙门的回复，使馆区的人们开始出现恐慌，公使团在九时许再次集会，商讨对策。大部分公使苦无良策，陷入深思，只有德国公使克林德认为不管清政府是否答应与公使团会面，各国公使都应该集体前往总理衙门，当面向中国大臣解释外交团不能在二十四小时之内离开北京的原因，争取宽限。

按照外交惯例，在通常情况下，外交公使递交照会要求同总理衙门长官会晤，会收到一个答复，或者说明该公使将在所说的时间内受到接待，或者表示不便接待。总理衙门在建议的会晤时间之前不答复首席公使的照会，就外交礼仪来说当然是一个很不礼貌的行为。不过考虑到清政府既然已送达了最后通牒，那么清政府实际上至少在单方面已宣布或感到处于战争状态，不愿会晤各国公使或不愿回复首席公使的照会，也就没有多少可奇怪的了。

克林德当然清楚这些外交礼仪，只是在目前极度危急的情形下，他能够想到的就是与中国政府负责任的官员当面谈谈，所以当所有公使都认为集体前往总理衙门毫无用处的时候，克林德执意独自前往。他的理由是，他先前与总理衙门约定当天中午十一时有个聚会，总理衙门并没有通知他取消这个聚会，所以即便出于礼貌，他仍然愿意践约而不失信。

会后，克林德乘坐官轿离开公使馆，前往总理衙门。为了表示自己的勇敢，或者为了避免自己的行动引起中国方面的恐慌，克林德有意不带卫队，仅携秘书一人，另有几名卫队士兵随行。然而当克林德一行来到东单牌楼附近时，一队清军突然出现，并将枪口瞄准了克林德的轿子。克林德以为遇到了劫匪，匆忙和恐慌中拔出手枪一阵乱打。清军让过克林德的一阵乱枪后，一个点射，正中克林德的头部，克林德当场毙命。

也是在克林德被杀的这一天，清廷公布了一份御旨，接着昨天送给各国公使的最后通牒往下说：

> 近日京城内外拳民仇教，与洋人为敌，教堂教民连日焚杀，蔓延太甚，剿抚两难；洋兵麇聚津沽，中外衅端已成，将来如何收拾，孰难逆料。各省督抚均受国恩厚，谊同休戚，事局至此，当无不竭力图报者。应各就本省情形统盘筹划，于选将、练兵、筹饷三大端，如何保守疆土，不使外人逞志；如何接济京师，不使朝廷坐困；事事均求实际。沿江沿海各省，彼族觊觎已久，尤关紧要。若再迟疑观望，坐误事机，必至国势日蹙，大局何堪设想？是在各督抚互相劝勉，联络一气，共挽危局。事势紧迫，企盼之至。①

这份御旨的含义比较复杂，比较模糊。主战者以为这道上谕意味着战争已经开始，于是从这一天起，董福祥所率甘军及武卫中军就在义和拳的配合下，将公使馆团团围住，各国公使及其数千眷属和那些避难者在这里开始了长达五十多天的孤岛生活，公使馆成了全世界瞩目的焦

---

① 《军机处寄各省督抚上谕》（光绪二十六年五月二十四日），《义和团档案史料》上，156—157页，北京：中华书局，1959年。

点。主和者从这个上谕中解读出另外一个意思，那就是上谕授权各省督抚相互劝勉，联络一气，抱团取暖，保守疆土，共挽时局，于是有后来的东南互保出现。围困公使馆可以说是当时的超限战，而东南互保则是1900年义和团战争中最奇怪的政治格局。

又是乞和与议和

清军和义和拳对公使馆的围困持续了五十多天，到了后来这反而成为清政府无法处理的烫手山芋。清政府既要保证公使馆不受义和拳的真正侵犯，又要保证公使馆的物资供应，还要设法与各位公使沟通，以免各位公使完全翻脸。正如慈禧太后后来所说，如果听任那些排外主义者任意胡闹，这些公使馆恐怕早就被踏平了。各国公使其实也能理解清政府主流力量的苦心，所以在后来的议和中并没有在这方面多追究。

至于东南督抚所策动的互保行动，也是非常时期的权宜之计。东南督抚的政治智慧远高于主政的端郡王载漪和鲁莽而没有政治头脑的董福祥等人，东南督抚认定6月20日之后的中央政府是端王篡权的"伪政府"，因而他们可以不奉诏，不听命，可以以地方政府首脑的身份与列强达成局部和平。

东南沿江沿海地区是中国经济最发达的地区，也是列强在华利益在华投资最多的地区，东南督抚的互保行动不仅使这一富庶地区免遭一场战争摧残，也符合列强的利益和当地人民的期待，所以这场奇怪的战争尽管不合乎逻辑，但在战后并没有受到任何方面的指责。

战争不可避免地继续进行着，联军在夺取了大沽炮台后一鼓作气拿下整个天津，并在那里组织了殖民政府。

中国军队在天津失陷后开始向北京收缩，组织新的防线，各国增援部队向天津集结完毕，于8月4日开始向北京进发。经过短短十天战斗，联军先头部队于8月14日攻入北京城，解救了被围困的公使馆。慈禧太后和光绪帝在大批官员的护送下，于8月15日黎明时分仓皇出走，向西巡幸。

战争爆发时，其实谁都知道这是一场力量悬殊的较量，中国的失败是注定的和必然的，不要说中国是以一国敌八国，敌十一国，即便是这八国联军中的任何一国拉出来，中国也很难有取胜的绝对把握。所以，战争将要爆发的6月15日，慈禧太后和光绪帝就坚持要善于列强打交道的老臣李鸿章火速来京，收拾残局，处理善后。

李鸿章接旨后表示将很快北上，并开始通过外交途径与各国联络，着手谈判。然而由于北方的情形一直不乐观，由于是清政府始终不愿下决心剿灭义和拳，致使列强从原本想帮助清政府代为剿灭义和拳，转变为与清政府为敌。这就使李鸿章非常为难，他拖到一个多月之后的7月17日，才在清政府反复催促下从广州启程。

7月21日，李鸿章乘船到了上海，或许真的是因为天气太热，或许是因为李鸿章年事已高，他刚到上海就患上感冒并伴有腹泻，元气大伤，不思饮食，休息也不好，两腿发软，无法行走，不得已只好向清廷告假二十天，希望在上海边调养边与各国领事进行谈判。

李鸿章滞留上海，身体不好是一个原因，还有一个原因是他虽然奉命入京平乱，但无路可走，京津地区的混乱以及中外之间的冲突纠结在一起，杀红了眼的义和拳民众不仅仇视一切洋人，而且对那些与洋人有关系有来往的中国人也充满仇恨，他们公开扬言，只要李鸿章胆敢北上，他们就有办法刺杀他。这种威胁当然不会吓着身经百战出生入死的李鸿章，不过他还是接受了各方面的劝告，留身为国，滞留上海静待时局变化。

在滞留上海五十多天时间里，李鸿章确实没有闲着，他通过中国驻外各公使与各国政府保持密切联系，向各国政府解释华北动荡的真实原

1900年，八国联军总司令瓦德西率军穿过午门进入紫禁城

因，商榷善后的可能性和大致途径。当然，他也通过适当的途径向清政府施加必要的压力，为善后创造必要的条件和可能。他始终认为，义和拳骚乱是这次中外冲突的根本原因，列强用兵中国并不是要与中国政府为敌，而是对中国政府不能自行剿灭义和拳、恢复华北地区的秩序深感

失望，不得已而选择的办法。他密告慈禧太后和光绪帝，不要再听信那些利用义和拳去抵抗外国人的谎言，要坚定自行剿灭义和拳的信心与勇气，至少要为联军动手剿灭创造条件，否则大局不堪设想。

在多年主管外交事务的生涯中，李鸿章与俄国建立了比较深厚的关系，他这一次北上，在很大程度上也是利用了与俄国人的关系。因为德国人在联军总司令尚未达到中国之前，最不愿意李鸿章北上，最不愿意看到李鸿章与各国公使开始谈判，德国人最想利用其担任联军总司令的机会，为其不幸被杀的公使克林德报仇雪耻。假如李鸿章与各国公使达成了妥协，报仇雪耻的事情或许就比较困难。所以德国人一再声称不承认李鸿章的全权代表身份，表示李鸿章若胆敢北上，德国军队就会将其逮捕扣留。

俄国人则不然。俄国人在1900年的义和拳骚乱中始终有自己的考虑、自己的利益和自己的判断，他们与列强有分有合，俄国人同意出兵参加联军，但不愿担任统帅，承担责任，不愿与中国政府正面冲突。这样，他们反而在某种程度上成了联军和列强的奸细，被中国政府视为知己，视为可以信赖的人。俄国人的目标不是要与列强瓜分在华北、华南的势力范围和利益，而是期待在帮助中国政府化解危机的同时，中国政府能够出让与俄国接壤的东北地区的权益。所以俄国人一方面响应各国呼吁，派兵向天津集结，参加联军，另一方面则单独出兵东北，并最终达到了自己的目的。

在俄国人的帮助下，列强之间的裂痕日趋明显，这就为李鸿章的外交活动提供了施展的空间。再加上美国人在这次事件中始终坚持适可而止的政策，并不愿意太多介入中国事务，更不愿意更多地干预中国内政，乘机要求更多赔偿。美国政府明确告诉李鸿章，美国政府一如既往地支持正在逃亡的清政府为中国合法政府，希望李鸿章出面尽快与列强达成一项谅解，尽早结束动荡与混乱，恢复和平与秩序。

俄国人、美国人，都很容易被李鸿章摆平，最难办的只有德国人，至于英国人、法国人和日本人，他们都与中国有着复杂的关系，在中国有着重要的战略利益，他们最终也不会不给中国政府面子，否则他们将在战后失去很多利益。西方国家在这一点上是最实际的机会主义者，他们没有什么必须遵守的原则和教条。

在与相关各方大致沟通已有眉目后，李鸿章于9月15日从上海启程北上，准备在天津或北京与清廷任命的另一全权议和大臣庆亲王奕劻会合，一起与各国全权代表，也就是各国公使进行正式谈判。

其实，当李鸿章还在南方滞留时，甚至在京师沦陷之后第三天（8月16日），联军就通过总税务司赫德与受清政府之命留守北京的中国政府官员进行了接触，然后随驾西行的庆亲王被派回京城，中国政府通过赫德居间调停开始了与列强的艰难谈判。

或许是应中国政府的要求，赫德于9月1日向中国政府提出一份善后文件大要，告诫中国政府万不可将围攻各国使臣一事看得太轻，这可能是将来中外谈判最难的部分。这份文件详细列举事件始末，分析中国政府特别是一些大臣应该承担的责任。

赫德的这份文件在观念上确立了中国政府必须承担在纵容义和拳问题上的责任，必须对围攻使馆进行道歉和赔偿。这就会后来的谈判划了一个大致范围。

在先前，清政府一直将这次中外冲突解释成民教冲突，一直强调朝廷的难为之处。清政府如果继续坚持这个立场，就很难与各国达成一致，现在经赫德提示，中国政府必须有敢于负责任的大臣出头求和，并且必须在观念上合乎国际公法，合乎各国的看法，否则就很难取得共识，很难进行善后谈判。而这种敢于负责任的大臣，在赫德心目中，其实就是李鸿章、庆亲王、刘坤一、张之洞等少数几个稍具世界眼光，稍微明了世界大势的人。

这几位中国大臣当然也没有辜负赫德和列强的期待，9月2日，李鸿章、刘坤一和张之洞等联名上奏流亡在西安的清廷，给此后的谈判定调。他们认为，中国政府必须改变先前的判断，承认中国政府在剿办义和拳问题上确实不力，承认纵容义和拳甚至派兵围攻公使馆是违反国际公法，是严重的错误。为求得列强谅解，中国政府必须诚恳承认这些错误，并且必须自己动手惩处引起这场骚乱的中国大臣，必须真诚忏悔和承担责任，以此换取列强的谅解，同意开议。否则，联军统帅瓦德西率领两万军队一旦到达，中国的处境必将更加困难。

李鸿章等人对清廷的忠告显然起了作用，清廷最高统治层开始考虑怎样接受列强的条件，独自主动惩办"肇乱大臣"。然而还没有等到清廷拿出惩凶的具体方案，德国政府就于9月5日明确提出严惩一切有罪的人，主要是那些政界、军界的罪魁祸首，是中外议和的先决条件。紧接着，俄国人在德国建议的基础上，提出了一个所谓首犯名单，主要有端郡王载漪、董福祥、刚毅、李秉衡和毓贤等人。

惩办祸首确实是一个很棘手的难题，这实际上是将议和中的次要问题提到了首要位置。在联军继续西进，继续扩张的条件下，要求清政府惩处这些主战大臣，实在是一件困难的事，而且弄不好会适得其反，引起反叛。

为了防止新的混乱，李鸿章、刘坤一、张之洞以及山东巡抚袁世凯于9月15日向清廷提出新的建议，建议分步骤解决这个难题，在目前条件下，可以先将端郡王载漪、庄亲王载勋、协办大学士刚毅、左翼总兵英年、刑部尚书赵舒翘等主战大臣或煽动庇护义和拳的大臣先行革职，听后惩办，一来防止反叛发生，一来换取列强同意开议。至于董福祥，由于手握重兵，只好暂时放他一马。

李鸿章等人的建议合情合理，受到了慈禧太后的重视和肯定，9月19日，慈禧太后在西安行在对端郡王、庄亲王等人严加训斥，轻而易举地改组政府，撤销了他们的职务，任命汉大臣王文韶主持政府日常事务，为正式议和扫清了障碍。

10月4日，法国政府向各国递交了一份备忘录，为将要到来的议和定调子：

一、惩罚主要"罪犯"，这些罪犯应由各国驻北京使节指定。

二、继续禁止军火入口。

三、对各国、团体及个人做出公正的赔偿。

四、在北京建立一支永久性的使馆卫队。

五、拆毁大沽炮台；对天津至大沽途中的两三个地方进行军事占领，以便万一在各国使馆希望到达沿海或各国部队企图自沿海前往北京的时候，道路可因此始终保持畅通。①

法国政府的这份建议获得了英国政府的支持，英国政府建议相关各国在这个基础上进行谈判。10月10日，英国公使窦纳乐在北京召集相关各国公使会议，讨论法国政府的这个方案。各国公使对这个原则大致同意，只是做了一些补充，随后经过漫长谈判和各国政府往来商榷，至1900年12月24日，列强终于达成最终方案，向中国政府提出议和大纲十二条，就过去一年来所发生的诸多大事做了回顾和定性，确定了大致处置原则和具体方案。

---

① 由于英国政府对在北京至大沽之间驻防军队持保留意见，法国政府稍后将这五条建议修改为六条，即将原第五条分解为两条：一是拆除大沽炮台，这是英国政府不反对的；二是将驻防军队占领京津间通路的问题改写为："由于各国使馆希望前往沿海或各国部队想要从沿海前往首都，为了保持道路始终畅通起见，各国对某些地方进行军事占领，那些地方由各国之间协商后决定。"参见《1900年10月19日法国大使馆送交的备忘录同文照会的草稿》，《英国蓝皮书有关义和团运动资料选译》，353—354页，北京：中华书局，1980年。

中国政府原则接受以议和大纲十二条作为继续谈判的基础，但是本着争得一分是一分的精神，责成全权议和大臣李鸿章、庆亲王向各位公使婉商磋磨，请求各国体谅中国的难处，尽量维护中国的主权完整和利益，稍资补救。在此后一段时间里，中国议和大臣与各国公使进行艰难的细节谈判，终于就惩办祸首、赔偿道歉、战争赔款、战后使馆卫队的扩大、列强在中国驻军，以及解除中国武装、武器禁运等问题达成一致，1901年9月7日，中国全权议和大臣与各国公使在这份协议上签字画押，困扰中国的噩梦终于结束。

这份协议，西人称为《北京议定书》。在中国，因为1901年为辛丑年，所以中国文献又称为《辛丑条约》。这份条约的最后文本共分两个部分，正约十二条款，附件共有十九个。正约十二条主要内容是：

第一款为德国公使克林德被害一事的善后，规定清政府派专使赴德致歉，并于遇害处所建立牌坊。这实际上是对中国竭尽羞辱之能事。

第二款为惩办"首祸"诸臣。按条约规定，对附和过义和团的官员，中央从王公大臣以下，地方从巡抚、藩臬以下被监禁、流放、处死的共一百多人。其实，这些肇事官员早在1901年2月13日就由中国政府自行处置，大致有：

已革庄亲王载勋，纵容拳匪，围攻堂馆，擅出违约告示，又轻信匪言，枉杀多命，实属愚暴冥顽，著赐令自尽；

已革端郡王载漪，倡率诸王贝勒轻信拳匪，妄言主战，致肇衅端，罪实难辞；降调辅国公载澜，随同载勋妄出违约告示，咎亦应得，著革去爵职。惟念俱属懿亲，特予加恩，均著发往新疆，永远监禁；

已革巡抚毓贤，即行正法；

已病故刚毅，追夺原官，即行革职；

革职留任甘肃提督董福祥,即行革职;

降调都察院左都御史英年、革职留任刑部尚书赵舒翘二人革职,定为斩监候罪名;

大学士徐桐、降调前四川总督李秉衡,均已身故,追加革职,并撤销恤典。①

礼部尚书启秀、刑部左侍郎徐承煜等,稍后也分别给予处置。

《辛丑条约》第三款为日本使馆书记生杉山彬被害事,规定清政府派专使赴日致歉。

第四款为"于诸国被污渎及挖掘各坟茔,建立涤垢雪侮之碑"。

第五款为禁止向中国运入军火。

第六款规定中国向各国赔款银四亿五千万两,按照当时中国的人口计算,差不多每人负担一两。这笔赔款规定分三十九年还清,年息四厘。列强终于如愿以偿,使这场战争终于没有亏本。从此,清政府在帝国主义卵翼下苟且偷生,奴颜婢膝;中国人民的生活则在这种沉重的战争赔款压力下更加困难;中华民族的灾难因《辛丑条约》的签订日益深重,社会经济日趋凋敝,国家更加衰弱。

第七款为订定东交民巷使馆区境界,规定使馆区由外交团管理,界内不准中国人居住,各国有权常留兵队保护使馆。

第八款规定将大沽炮台及有碍京师至海通道之各炮台一律削平。

第九款规定各国酌定数处留兵驻守,以保京师至海通道无断绝之虞。按照规定,北京到山海关铁路沿线十二处驻扎外国军队。驻军地点为:黄村(意大利)、廊坊、杨村(德国)、军粮城、塘沽(法国)、芦台、唐山(英国)、滦州、昌黎(日本)、山海关、秦皇岛、天津(国际

---

① 《上谕》(光绪二十六年十二月二十五日),《义和团档案史料》下,939—940页。

军)。上述各处及北京使馆区驻军总数为六千人。列强从此取得了在中国的驻兵权,不仅加强了对清政府的控制,而且为后来的中国政治发展留下了巨大的隐患。

第十款规定中国政府必须在中国全境张贴永远禁止设立仇洋之会、停止科举考试、保护洋人等历次谕旨;宣布永远禁止中国人民成立或者加入具有反帝性质的各种组织,违者一律处死;对一切反帝活动,各级地方官员应负责弹压,镇压不力者应予以革职。这样,清政府实际上成了替列强维持秩序的工具。发生反抗斗争的城镇,停止文武各等考试。列强借此夸耀自己的威风,企图磨灭中国人民的斗志。

第十一款约定商议改订通商行船各约。清政府在条约中表示同意按照列强的要求,订立新的通商行船条约,这当然有助于列强扩大对中国的经济侵略。

第十二款规定改总理衙门为外务部,班列六部之首,由清朝近支王公主管,另设尚书二人,其中一人为军机大臣。列强提高外务部的地位主观上是为了提高中国外交衙门的办事效率,与国际通行惯例一致,在客观上无疑培植了更便于执行卖国媚外政策的职业官僚。①

《辛丑条约》是近代中国历史上空前屈辱的奴役性条约。根据这个条约,列强进一步在中国获取了政治、军事、经济、文化等方面的更多权益,给中国社会带来了极其严重的危害:

一是巨额的战后赔款严重摧残了中国社会经济,加深了中国人民的苦难。这笔被称作"庚子赔款"的战争赔款是近代以来列强在中国所获取的最大一笔款项,白银本息合计多达九亿八千万两。这不仅使清政府的财政日趋枯竭,而且使中国的主权诸如海关、常关及盐税等均被

---

① 《全权大臣奕劻李鸿章电报》(光绪二十七年七月二十五日),《义和团档案史料》下,1308—1314页。

列强所控制。

除《辛丑条约》规定的庚子赔款外，还有各省府州县分别与当地外国教会约定的对地方教案的赔款。这笔款项各地均有，只是数目多寡不同，多者二三百万，少者数十万，即便那些未曾闹过教案的省份，也或多或少地被摊派承担直隶教案中二三十万至十数万不等的赔款。据研究者不完全统计，地方教案赔款总额多达两千二百七十万两。①

除此之外，由于稍后国际银价持续下跌，列强强行要求清政府以金代银进行支付。清政府被迫屈服，于1905年确认庚子赔款为金付款，并且同意以八百万两弥补1905年以前各国所得赔款的所谓亏损。仅此一项，中国实际上支付给列强的赔款远远大于《辛丑条约》规定的数额。

二是武装使馆区的划定，特别是列强在北京至山海关的军事存在，使中国的行政权力受到了极大削弱，中国的领土主权和国防能力受到了严重损害，而且由于列强在京津地区驻军，使中国的首都大门洞开，北京几乎成为不设防的城市，中国政治更容易受到列强的干扰与控制。

三是惩凶，禁止发生义和拳骚乱的地区五年内进行科举考试，以及派员赴德国、日本为被杀者道歉，为于骚乱期间被污渎及挖掘诸国各坟茔建碑涤垢雪侮等规定，不仅羞辱了中国人民和清政府，消弭了中国人民反抗列强侵略的斗志和意志，而且将镇压人民反抗外来压迫的斗争作为清政府的"条约义务"。这显然是近代条约体制建立之后增加的新内容，严重侵犯了中国人民的自由与权力。

---

① 参见李德征《八国联军侵华史》，424页，济南：山东大学出版社，1990年。

第四章　重新起步

近代中国有一个现象非常值得注意,那就是但凡中国在对外战争中被打败,之后总会有所改革,有所进步,失败越惨,改革的力度就越大,效果就越明显。如果没有这样的刺激,中国就往往在因循守旧的路上慢慢爬行,不急不躁。两次鸦片战争将中华帝国的面子彻底打破,区区数千远征军竟然将一个庞大的帝国打得找不到北。痛定思痛,中国人终于开始了向西方学习的艰难历程,十九世纪六十年代开始的洋务新政,将中国的旧面貌几乎彻底改变,那几十年中国就是一门心思向自己的敌人学习,成就了同治中兴的盛世伟业。三十年的发展使中华帝国重新焕发了活力,中国又开始骄傲了,开始向世界说不,开始不高兴,结果被东邻日本这样的小国所打败,倾三十年之力建设起来的北洋海军竟然那样不中用。又是痛定思痛,又是知耻而后勇,中国又开始向自己的敌人、自己的对手学习,甚至连改革的名称都与日本很相似。日本人不就是因为明治维新而成功的吗?那么我大清王朝也咸与维新,要不了多少年一定还能报仇雪耻。可惜,三年的"维新时代"不幸因故中断,中国又开始了一个新的彷徨犹豫的阶段,开始怀疑向西方、向东方学习的意义和价值，于是有一股非常强势的排外主义力量产生，有了1900年的义和团战争。这场战争同样以中国的失败而结束，其后果甚至比先前任何一次都要严重。然而，根据先前六十年的经验，中国在大失败之后一定会有大改革大发展。这是完全可以期待的。

而今迈步从头越

大规模的义和拳骚乱平息后，中外各方都在反省这件事的原因和教训，大家比较一致的看法是，中国与东西方国家相比还有很大差距，并不处在同一发展阶段。要想防止在中国再次发生这样大规模的排外事件，就必须想方设法将中国拉进世界一体化的轨道，必须对中国的政治架构、经济形态，乃至国民的思想意识进行彻底改造，使之与东西方各国大致相同。

基于这种判断和分析，列强在与中国进行善后谈判时，侧重点并不仅仅是通过战争攫取更多的利益，更不希望将中国的再生能力彻底摧毁，反而希望中国承担的赔偿不要太过，否则会影响中国经济的适度发展，影响中国的市场开发，对东西方各国来说，可能是得不偿失。列强在谈判中的侧重点，第一位的就是要解除中国的武装，对中国实行武器禁运，不让中国获取世界先进武器，强行将中国改造成一个民主的或准民主的近代国家。1901年4月6日，联军将领向公使团提交了一份正式建议，一是采取步骤铲平天津至大沽沿线的所有炮台、阵地工事；北塘、芦台及塘沽等地也应如此。其实就是解除京师的防卫，使列强的部队能够随时进入。二是联军自北京、保定撤出后，多国部队仍应永久性地占领黄村、廊坊、杨村、军粮城、塘沽、汉沽、芦台、唐山、滦州、昌黎及山海关等处。实际上是多国部队对中国实行共管，也正是从这个意义上说，清政府确实沦为洋人的朝廷。这些外国军队确实在中国待了很长时间。几十年后的卢沟桥事变，日本的所谓华北驻屯军，其实就是根据《辛丑条约》驻扎在北京周边的多国部队的一部分，只是其他西方国家的驻军先后撤离，只有日本坚守到底。

至于武器禁运，议和大纲第五款有明确规定，后来的正式协议也重申了各国达成的向中国出口武器的禁令，甚至那些能够被用来制造武器弹药的物资的出口也被严格禁止，只是向中国出口武器太有利可图了，这个禁令在后来的实际执行中其实是不了了之。

东西方各国希望将中国改造成一个热爱和平的国家，希望中国人能够与世界各国和睦相处，不再发生无端的排外事件，所以列强在善后谈判中一直盯住不放的就是惩罚1900年义和团战争期间的所谓肇乱祸首。这成为议和谈判的关键，更为严酷的是，除了在保定的几个清朝官员是由一个国际法庭审判处死外，其余的那些王公大臣都是由列强指名，由清政府自己动手处置。

这些所谓肇乱祸首后来也被严重地妖魔化了，而且是双重妖魔化。不仅列强将他们视为邪恶的排外主义者，凶残粗鲁的野蛮人，清政府也在列强的压力下，宣布这些大臣犯了不可饶恕的罪行。这其实是说不通的。如果从民族主义立场看，这些大臣可能确实排外，只是他们在联军与中国军队交战之后，只能是各为其主，各自为自己的国家而战。从历史主义的观点说，这并没有什么错。所以，这些所谓肇乱大臣尽管被清廷处死或赐死，其实他们内心是很不服气的。比如毓贤，他在山东的活动我们在前面已有分析，他对义和拳民众有所同情，但他在镇压义和拳时并没有手软，他后来在山西确实杀死了许多无辜的传教士，不过应该注意的一个背景是，那是清政府郑重宣布开战之后，他当然不应该屠杀没有武装的传教士，可是在两军对垒、敌强我弱的背景下，弱小者屠杀手无寸铁的平民，不仅在前面有，在后来，甚至在当代，也非鲜见。所以当毓贤后来在兰州被处死时，兰州绅民纷纷上书，请朝廷收回成命。

列强的目的是杀一儆百，是要消弭中国人的民族主义情绪，但是这些所谓的肇乱祸首，从中国人历史观、道德观来说，毕竟都具有忠臣的气质，那么怎样才能使民众心服口服呢？不知是谁的主意，清廷于1901年2月14日宣布，1900年6月20日至8月14日的谕旨并非全部代表清廷最高层的意思，而夹杂有"矫擅妄传"的内容，①暗示以端郡王为首的政府是伪政府，这一方面为东南互保寻找到了合法依据，另一方面也为惩处这些肇乱大臣找到了一个非常重要的理由。

自庄亲王、端郡王之下，数百名坚持抵抗的王公大臣被妖魔化为顽固的守旧者、疯狂的排外主义者而被赐死、处死或流放，这当然起到杀一儆百的作用，从此之后，朝野上下再也听不到对外国人、外国制度、外国事务的非议和抵制，中国在向东西方学习的道路上终于清除了所有障碍，终于可以大踏步地前进了。

除了改造中国官员的思想意识，列强在善后议和谈判中，更注意对候补官员群体的思想熏染。根据议和大纲和后来的正式签署的条约，但凡在1900年发生过排外事件的地区，都不同程度地停止那些青年学子参加科举考试的资格若干年，在全国范围内禁止成立任何排外组织，张贴或出版任何排外宣传品。列强试图从思想上彻底改变中国的年轻人，使中国的下一代能够建立起与东西方各国比较一致、比较协调的思想认识，减少至少是舒缓中国与西方之间的文化冲突。这对于后来新式教育的大规模推广，科举制度波澜不惊地被废除，其实起到了非常微妙的作用。中国在西方化的道路上迈出最坚实的一步。

中国的武装被解除了，中国的文化被改造了，中国人的思想意识也被深刻影响了，至于中国的经济，也基本上掌握在洋人的手里了。紧接着，清政府必须按照洋人的旨意改造中国的政治架构、政治设置，大幅

---

① 《光绪朝东华录》第4册，4615页。

度推动西方化的广度和深度。

1900年8月20日，还在流亡途中的清政府统治层以光绪帝的名义下诏罪己，对过去一年来所发生的诸多大事进行反省，开始意识到之所以爆发如此大规模的中外冲突，可能与先前中国政府的政策失误有着某些关联。这个罪己诏的认识当然还不是很明晰很坚定的，但这至少表明清政府统治层对1898年后的政治逆转有几分怀疑几分反省，确实在考虑政策的大转向大调整，确实准备重新回归1895年开始的维新时代，认同康梁当年的危机意识，有步骤有计划地推动中国政治改革。所以说，清廷的这个罪己诏虽然只是空话连篇，并没有多少实质性内容，但确实为后来的新政做了恰如其分的铺垫和舆论准备。

两天后（8月22日），清政府下诏求直言。这就有点重新回到戊戌年政治改革起点的味道了，谕旨承认这一次内讧外侮给中国带来了毁灭性打击，多年来全力经营者几乎毁于一旦。这个空前的大劫难并非毫无征兆，只是朝廷闭目塞听，不及察看而已。惩前毖后，谕旨要求凡有奏事之责者，对于朝廷决策中的失误知无不言，言无不尽，直陈无隐，随时呈递。这个政策在后来也起到很大作用，内外臣工确实就新政改革提出了许多好的建议，其改革力度深度广度甚至在某种程度上远远超过1898年的政治变革，既是1898年政治变革的延续与继承，也是1898年政治变革的逻辑发展和必然结果，是没有康梁的康梁政治革新。

清政府倾向革新的政治姿态很快在列强那里获得了积极回响。10月9日，日本天皇在回复光绪帝的国书中表示，中国政府如果有意早日结束战争，重建和平，就应该明降谕旨，断不举用守旧顽固之人，亟应简选中外重望有为者派为大臣，实行政治改革。英国政府也在此前后对清政府作过类似表示。

改变中国的政治构架，实行适度的政治革新，应该是清政府在义和团战争之后的唯一出路，因为只有进行这种改革，东西方各国才会接纳中国，原谅清政府。这一点是当时稍明事理、稍具新思想的官绅一个比较普遍的看法。到了1900年冬，善后谈判的基本框架大致确定，中国究竟应该向哪个方向发展已经刻不容缓地摆在了清廷面前。向回走，归复旧制，不思进取不思改革，不仅列强不答应，国内舆论也不会同意。中国的唯一出路只有往前走，只有重建信心，锐意改革，所以那时比较有思想见解的督抚、枢臣都在设法影响朝廷，促动朝廷尽快宣誓变法，重回正确轨道。

在这些督抚枢臣等大员中，最活跃的无疑当数这几年横空出世的政治新秀袁世凯。袁世凯在1898年和1900年这两个历史关键时刻的政治选择，可能在今天仍然受到许多人的指责，其实从历史主义的观点看，他的选择不仅政治正确，而且确实表现了他的政治敏锐、视野开阔、意志坚定、手腕不凡，所以当义和拳事件大体平息后，袁世凯不仅受到列强的青睐，而且其政治地位在督抚疆臣乃至那些枢臣中都有很大提升，成为当时参与主导政治发展的重要人物。

当议和谈判还在进行时，袁世凯一方面以个人的名义向西安行在致电，建议朝廷积极筹备重启改革，以为和议将成，赔款甚巨，此后愈贫愈弱，势难自立，如果不改先前几年的政治轨道，因循守旧，蹈常习故，故步自封，墨守成规，那么肯定是没有前途的，没有办法的，当然也不是列强所能答应的。他建议朝廷要求并允许内外臣工各陈富强之策，共谋发展，在回銮之前重建一个开明的维新政府形象，从而使列强改变对中国政府的观感，帮助中国回归国际社会。否则，清政府继续延续保守排外的政治形象，列强肯定不答应，一旦回銮，必然向中国政府直接施加压力，直接促动中国的政治改革，那样的话，当然有失国体，有失尊严。袁世凯不厌其烦地劝说政治高层，与其将来被列强牵着鼻子进行改革，不如主动改革，重建开明政府形象，使各国耳目一新，不致对中国内政粗暴干涉，无端指责。

另一方面，袁世凯还积极与湖广总督张之洞、两江总督刘坤一等大员串联，表示愿意与两位政治元老一起不断向朝廷施压，三人联衔入告，每月两三次，不断上奏，不厌其烦，不怕朝廷不被感化。同时，袁世凯还运用各方面的关系，请盛宣怀这些政治身份比较特殊的人物向朝廷建议，请朝廷中受两宫信任的枢臣不断吹风，以期全方位影响朝廷，促动朝廷的政治觉醒。

对于袁世凯的认识和做法，张之洞深表赞同。他同样认为，在目前情势下，只有枢臣与疆臣同心合力共同补救，或许能够寻找到拯救中国的办法。这个办法就是尽快重新开始已经中断很久的新政。张之洞指出，即便是碍于康有为等人的政治影响，现在不愿重提新政这个名词，也应该强调去新旧之见，在事实上推动新政的重新启动。

清廷此时大概确实比较忌讳新政、西法这类说法，因为康有为、梁启超在1898年秋天的折腾留给人们的影响太坏了，所以不仅慈禧太后忌讳新政、变法和西法之类的说法，就是先前倾向热心于新政变法和西法西学的光绪帝，也实在不愿回首往事，重提变政。

然而，张之洞、袁世凯等中外大臣则认为，变法、新政和西法是中国的出路，这些变革本身并没有错，1898年的变革也没有错，错只错在康有为借变法之名行其阴谋之实。所以他们通过各种方式方法建议朝廷建议两宫坚信坚守以中法为主，采用西法以弥补中法之不足，浑化中西新旧之见。这一点，绝对不能因为康有为一直在说而不愿做。所以我们看到在后来宣布新政的上谕中，有非常突兀的一段话，大批康有为的假改革、假变法，不是变法而是乱法，强调清廷现在开始的变法新政，才是真变法、真新政。

经过袁世凯、张之洞以及刘坤一、盛宣怀等中外大臣的反复劝说，两宫终于回心转意，重新认同了政治变革，重新回到向西方学习的正确轨道上来。两宫开始有意识疏远那些误导他们走向排外道路的王公大臣，特别是在列强和李鸿章、庆亲王、张之洞、刘坤一等人的坚持下，将这些王公大臣予以惩处后，两宫在政治上失去倒退的凭借，失去保守的基础，也就只好义无反顾地被袁世凯、张之洞等人赶着向变法、新政的道路上走。1900年12月1日，清廷上谕诏内外大臣督抚条呈朝章国政、吏治民生，学校科举、兵政财政的改革事项，限两个月内具奏。这意味着清廷开始考虑重回政治变革的轨道，并开始为即将启动的新政进行实实在在的准备。

12月24日，各国公使反复商量拟定的议和大纲十二条终于交给了清政府，惩处肇乱祸首的原则，中国赔偿的原则，中国必须进行某些改革的原则等，都在这份议和大纲中有明确的表述，清廷特别是慈禧太后、光绪帝心中的石头终于落地，终于可以开始重启政治改革，回归国际社会。也就是说，即将到来的政治变革，不仅是中国的内部要求，也是因为某种程度的外部压力或外部动力。

1901年1月29日，流亡中的清政府出人意料地发布变法诏书，宣称"世有万祀不易之常经，无一成不变之治法"，穷变通久，是一个亘古不变的常理。大抵法积则蔽，法蔽则更，惟归于强国利民而已。上谕表示，过去几年之所以出现这么多的政策失误，沉痛反省，其实就是积弊相仍，因循粉饰，以致酿成大衅。现在议和，一切政事尤须切实整顿，以期渐至富强。上谕强调，慈禧太后一直教导说：取外国之长，乃可去中国之短；惩前事之失，乃可作后事之师。将大清王朝实际上的最高领导人依然供奉为将要到来的政治变革的设计师和董事长。

上谕认同了康有为早几年反复强调的危机意识，但对康有为本身却大加痛斥，以为康有为过去所说的什么新法，其实只是乱法，而非变法。康有为等政治叛逆一直在海外对皇太后的攻击也是非常恶毒和不真实的。上谕指出，皇太后从来就不是一个守旧者，皇太后何尝不许更新，损益科条；朕何尝概行除旧，酌中以御，择善而从。确实，如果从历史主义的观点看,慈禧太后从来不是一个保守主义者,如果没有她的认同、热心和支持,中国在过去的四十年间就不可能发生那么大的变化。所以,康有为乃至孙中山等人在海外对慈禧太后的妖魔化,恐怕并不是历史真实,恐怕都值得重新检讨。

对于将要进行的政治变革,上谕也提出了一些大原则,强调现在重新开始的政治变革,就是要一意振兴,严祛新旧之名,混融中外之迹,服往圣之遗训,即西人富强之始基。中国向西方学习,不能全盘照搬,食洋不化,要结合中国国情因时因地制宜,特别是要注意中国的思想传统文化背景,注意在革新政治、引进西洋文化的同时,充分吸收中国传统中的精华。不此之务,徒学西洋一言一话、一技一能,而佐以瞻徇情面,肥利身家之积习,舍本源而不学,学其皮毛而又不精,那么怎么能达到强国富民重建辉煌的目的呢?①

不管怎么说,清政府 1901 年 1 月 29 日的上谕,是清廷在国内外政治压力下不得不做出的一个正面的积极的回应。这是一个良好的开端,一切归零,从头开始。中国或许能够以此为契机走出一条新路,攀上一个新台阶,成为国际社会中一个负责任的成熟大国。

清廷 1901 年 1 月 29 日的改革上谕,依然号召内外臣工满朝文武认真领会上谕中的精神,克服旧习,锐意创新,并就现在中国所处国际政治环境,参酌中西政治,就朝章国政、吏治民生、学校科举、军制财政等重大问题发表意见,对于哪些应该改革,应该怎样改革,提出具体方案。上谕希望内外臣工知无不言,言无不尽,各举所知,各抒所见,限两个月内报送上来,以供朝廷参考。

这个上谕开启了二十世纪初年中国政治改革的风潮,是大清王朝最高领导人真的认同了危机意识,认同了普世价值,认同中国必须世界

---

① 《光绪朝东华录》第 4 册,4602 页。

化、必须与世界同步发展这一客观而不可更易的大原则。

朝廷中的所谓守旧势力差不多因惩处肇乱祸首的决断而被消灭殆尽，现在朝廷又要开始变法，而且这次的调子比过去任何时候都要高，所以即便是先前对政治改革逐渐失去信心的人也被重新唤起巨大热情，投身于这场政治变革。在朝廷一再督促下，朝野上下内外还是很快提出了一些好的建议，并逐渐被朝廷所采纳。

提出这些建议的人来自各个方面，不过最先做出反应的可能还是那些原本具有政治变革思想倾向、又有准备的政治新秀。山东巡抚袁世凯是先前敦促朝廷进行政治变革最有力的人，现在朝廷已经决定这样做了，袁世凯当然是发自内心第一个拥护和支持，所以在督抚大员这个层级中他大概最先表态支持朝廷变法号召，最先回应朝廷号召，提出了比较有价值、有影响、有操作可能的具体建议。

袁世凯的建议于1901年4月15日向朝廷提交，共十条，标题为《遵旨敬抒管见上备甄择折》，十条内容在袁世凯看来都是"言之易行，行之易效"者，即慎号令、教官吏、崇实学、增实科、开民智、重游历、定使例、辨名实、裕度支和修武备。很显然，袁世凯虽然是鼓吹政治改革最力的人，但他的建议中并没有触及政治改革，而是将改革限定在易行、易效的范围，没有像康有为1898年那样大动干戈，大张旗鼓。这可能也是1901年开启的新政改革能够稳步推进初见成效的原因之一。

除袁世凯的回奏外，各省督抚在张之洞的策动下，也正准备联衔回奏，只是在反复权商中耽误了许多时间，后来又因为一些变故，取消各省督抚联衔合奏，改为各省督抚按照上谕的要求，"各举所知，各抒己见"，分别表达。只是张之洞、刘坤一因为特殊关系和特殊原因，他们两位大员继续联名连上三份奏折，合称为"江楚会奏变法三折"，计四万多字。

"江楚会奏变法三折"的第一折为《变通政治人才为先遵旨筹议

折》，上于 1901 年 7 月 12 日，主要就人才培养提出了四点建议：一是设文武学堂，二是改酌文科，三是停罢武科，四是奖励游学。如果熟悉 1898 年政治改革史或中国近代教育制度史的话，就知道这四点建议一点都不新鲜，都是当年曾经提出且正式讨论，甚至形成过正式决定的事情，只是后来的政治发展突然变化，这些改革没有实行而已。所以，这些方案现在重新提出，当然不难获得政治高层的首肯，不难进入实践层面。

一周后，1901 年 7 月 19 日，张之洞、刘坤一上了"江楚会奏变法三折"中的第二折，题为《遵旨筹议变法谨拟整顿中法十二条》。这十二条为：崇节俭、破常格、停捐纳、课官重禄、去书吏、去差役、恤刑狱、改选法、筹八旗生计、裁屯卫、裁绿营、简文法。其实就是整顿清代历史几百年所形成的政治积弊，为重建一良好政治秩序和政治制度作准备。

又过了一周，7 月 26 日，张之洞、刘坤一上了"江楚会奏变法三折"中的第三折，题为《遵旨筹议变法谨拟采用西法十一条》。很显然，第二折是就清除中国传统体制中的积弊而发议，提出十二条解决办法，这个第三折专就中国应该怎样采纳西方制度中的优点提出十一条建议：广派游历、练外国操、广军实、修农政、劝工艺、定矿律路律商律交涉刑律、用银元、行印花税、推行邮政、官收洋药、多译东西各国书等。如果我们不是太健忘，这十一条中，除极个别的如用银元、官收洋药等不见于 1898 年政治变革外，其余数条其实都是当年提出并讨论过的事情，其中广派游历、练外国操、修农政、劝工艺、制定各种专门法律等，当年还曾经进入过实践阶段。只是这些方案、办法，在 1898 年及其之后的"改革反动期"被一一废除，现在只是重新提起而已。从这个意义上说，"江楚会奏变法三折"其实就是一个比较中庸、比较实用当然也是比较机会主义的东西，并没有多少政治锋芒和政治刺激，只是要求清廷重启久已中断的政治改革进程,小心推进,碎步前行,只要走着就好,并没有指望一步跨入一个新的时代,开辟一个新纪元。所以这种稳健的政治改革,就比较容易被清廷最高政治层所欣赏所接纳。

不过依然应该指出的是,"江楚会奏变法三折"虽然具有浓厚的中庸调和、不偏不倚的色彩,但将中国逐步推上世界一体化的轨道确实是张之洞、刘坤一的真实想法。张之洞在新政诏书发布后,获悉两宫主旨并不是向西方学习,这使他非常不满,他向许多同僚公开表示既然开始变法而不言西法,仍是昔日故套空文,他在1901年2月27日致中枢大臣鹿传霖的信中强调,此后中国一线生机,或思自强,或图相安,非多改旧章,多仿西法不可。若不言西法,仍是旧日整顿故套空文,有何益处?不惟贫弱,各国看我中国乃别是一种顽固自打之人,将不以平等与国待我,日日受制受辱,不成为国矣。至少在张之洞的思想深处,清醒地知道中国的强大决不仅仅是物质财富的增长,绝不是在世界上称王称霸,而是要有世界一体化的政治理念和世界观,这样才能赢得世界的尊重,才能成为世界大家庭中平等的一员。

三折全部上达天听后,引起慈禧太后、光绪帝的高度重视。随着中国政治环境的不断改善,袁世凯的奏折和张之洞、刘坤一的这个"江楚会奏变法三折",逐步转变成清廷政治改革的行动纲领和施政方针,一个新的时代终于由此正式开启。

1901年9月7日,《辛丑条约》正式签署;17日,联军退出北京;10月2日,清廷特颁懿旨和上谕,责成中外臣工,须知国势至此,断非苟且补苴所能挽回厄运。唯有变法自强为国家安危之命脉,也即中国民生之转机。要求中外大小臣工同心合力,整顿中法,以行西法,刘坤一、张之洞会奏各条中可行者设法举办,认真实行,期于必成。三天后,10月6日,两宫自西安启程回京,新政就在这种背景和政治氛围中拉开了大幕。

构架现代新教育

我们知道,被中断的1898年政治改革是从教育领域开始的,那年6月11日颁发的新政诏书,其实只是宣布创立京师大学堂,以此作为新知识教育的基地,期望新教育体制逐步建立之后才废除或革新旧的教育体制、选拔体制,即以八股取士的科举制度。

改革旧有的科举制度是那时基本的社会共识,因为法久必弊,经过几百年的发展,科举制度已经从一种比较有活力的公平公开公正的人才选拔制度走向堕落,科场舞弊层出不穷,而科举考试内容的规范化原本有利于人才选拔标准的客观化,减少主观性,然而这种规范化走到极端,就是学非所用,用非所学。随着近代社会主题的变迁,以儒家经典为主要内容的考试科目显然与社会需求严重脱节,所以几十年来对科举制度尤其是八股取士制度的不满之声不绝于耳。

规范化的八股考试走向极致,也就是衰落的开始。八股考试类似于现在高考中的标准化作文考试,是名师归纳出的怎样应对命题作文的办法,这种办法在最初阶段对考生理解题意确有好处,弄到后来就有万变不离其宗的教条主义的嫌疑,使原本充分活力与个性的命题作文成为规范化的文字游戏。这就是八股考试之所以在近代中国遭到激烈批评的根本原因。

科举制度需要改革,八股取士可能真的需要废除,只是在没有其他更合理更科学的考试制度出现之前,以公平公开公正为主要诉求的科举考试制度可能还有其合理性和存在的依据,贸然废除这个沿袭上千年的人才选拔制度,显然也是一种不智之举,更是堵塞了一代年轻读书人的出路,我们也可以对比一下几十年后废除高考的后果。所以,清廷主政者尽管看到了科举制度的弊病,但也只能进行修补式的改革,先是以特科的办法招收选拔那些偏才怪才和奇才,然后再考虑参照西方的现代教育制度重建中国的教育制度、考试制度,只是最终取代中国旧有的制度可能会是一个漫长的过程,要有一代人至少是若干年的过渡。

清廷的政策设计应该说是可取的可行的,只是已经获取功名的康有为总觉得这是发起政治改革的突破口,于是他通过各种各样的关系、渠道向清廷最高层,向社会施加影响,期待清廷以一纸诏书一夜之间宣布废除这一历史悠久的教育制度,至于替代方式、废除的后果,似乎康有为都没有仔细地考虑。

康有为激进的改革方案不仅理所当然地遭到激烈反对,重要的是由这个废八股改科举的政策讨论引发出戊戌年经久不衰的新旧党争,引发官场大地震。后来虽有张之洞、陈宝箴中庸调和的科举新章被清廷接受,但是由于政治变动走向"后改革时代",这一渐进改革方案其实并没有实行。

现在,新政终于开始了,陈宝箴虽然在1898年出局了,但那个由张之洞参与制定的渐进改革方案还是被重新提起。所以新政的第一着与1898年政治改革的第一着一样,还是从教育领域做起,还是从克服科举制度的弊病,怎样引进西方新教育,重建中国教育制度入手。

在"江楚会奏变法三折"上报清廷之前,或者说当清廷宣布开始新政后,张之洞、刘坤一和两广总督陶模等力主改革的督抚大臣都本能地想起改革步骤,想到改革入手处。

新任两广总督陶模出身于社会下层,自学成才,文宗桐城,素来不喜八股文章,具有强烈的维新变法思想,1896年任新疆巡抚时就向朝廷建议停捐例,汰冗员,破除旗兵积习,禁止士大夫吸食鸦片,设立算学、艺学等教育课程,废武科考试,变练兵操法,选拔勋旧弟子游学各国,培植工艺等。1900年调任两广总督后,主张维新,主张变革。清廷新政诏书发布后,陶模率先响应,于1901年2月与广东巡抚德寿联衔复奏,请求清廷以变通科举为新政入手处,以为为政之要首在得人,取人之方不外学校科举。他们仔细辨析了古今中外人才选拔制度的利弊得失，建议恢复三代之制，以学校取代科举，责成各地广设学校，在学有成，予以承认，此后不论何项出身，不分旗汉，不得学校教育文凭者，不得授以实官。如此，则所取皆实学，所学皆实用。学校既兴，人才自出，吏治民生，军政财政，渐可得人。其商学、农学、工学、化学、医学等，亦皆听任民间自立，给予适当的政策支持和鼓励，学成各就所学用之。建议朝廷采取稳妥方式，逐渐将科举取士制度废除。

兴学校、废科举的建议几年前就提出来过，只是因为其他原因未及实行，现在陶模和德寿将这一方案重新提出，无疑比较容易获得朝野各界的广泛认同。直隶布政使周馥、四川总督奎俊、湖广总督张之洞，在此前后都有类似的思考。

3月31日，张之洞在与刘坤一电商怎样回应新政诏书时，也明确将"科举改章"作为新政九条要事中的一项，并明确设定从这个相对容易的地方寻求突破。由此，张之洞很自然地想到几年前奉旨拟就的科举改革方案，以为那个改革当年因为政治变动未及实行，现在应该提上日程了。于是他在6月2日与刘坤一联衔致电西安行在转奏朝廷，请酌量变通科举。

在此后与刘坤一联衔会奏的变法三折中，张之洞力主将兴学堂废科举作为第一折，以为此乃中国摆脱贫弱，走向富强、走向世界的关键。折中强调，中国不贫于财而贫于人才，不弱于兵而弱于志气。人才之贫由于见闻不广，学业不实；志气之弱由于苟安者无履危救亡之远谋，自足者无发愤好学之果力。保邦治国，没有人是不行的。中国由盛到衰其实就是人才枯竭的结果，而要想由衰转盛，重建辉煌，就只能从人才培养起步。根据这个设想，张之洞、刘坤一参考古今，会通文武，就教育体制改革提出四点建议：

一是设立文武学堂。 奏折考察了科举制度的历史演变，承认科举制度在承平之时也确曾为国家选拔出有用之才，只是到了近代，国蹙患深，才乏文敝，如果不能适应历史形势的转移改弦易辙，就很难使国家摆脱困境，为之注入活力。奏折参照近代西方教育制度和教育精神，拟定一套比较可行的学堂办法，重建中国教育体制和学校序列。

根据张之洞、刘坤一的建议，全国的新式学校教育序列共分三个层次。最低级或者说最基础的层次，就是全国州县普遍设立小学校及高等小学校，招收八岁以上的适龄学生，学制七年。这其实就是现在的小学低年级和高年级。

第二个层次是在府级行政区设立中学，招收高等小学校毕业的学生，学制三年。这其实就相当于现在的初级中学和高级中学。

第三个层次是在省城设立高等学校一所，招收各府中学毕业生。省城高等学校应该参酌东西学制分为七项专门：一经学，二史学，三格致学，四政治学，五兵学，六农学，七工学。并另设农、工、商、矿四项专门学校各一所。这些学校的学生学制三年，三年后学成会试，取中者可入仕为官，其成绩格外优异者可保送至京城专设的文武大学堂继续深造。

张之洞、刘坤一的这个学制设计参考了西方近代教育制度，也吸取了近代以来中国新教育的实践经验，许多主张在1898年之前几年不断有人提出，只是那时条件不甚具备，无法进入实践而已。

二是酌改文科。张之洞、刘坤一在奏折中认为，科举一事，为自强求才之首务。时局艰危至此，断不能不酌量变通。改章大指，总以讲求有用之学，永远不废经书为宗旨。具体改革方案，大致回到张之洞1898年与陈宝箴奉旨拟就的方案，大略分三场考试，各有去取，以期由粗入精。头场试中国政治、历史，二场试各国政治、地理、武备、农工、算法之类，三场试四书五经经义，经义也就是论说。改章之始，士林必须宽期肄习，至少要有一年的缓冲期，以便学子精心讲求，从容复习，从而考出好成绩真本事。他们建议在新式教育尚未普及的情况下，暂时应以科举考试与学校教育并行不悖，等待新教育逐渐发展，人数渐多，逐年递减科举取士的名额，逐年增加学校教育的录取名额，最终完成从科举向新教育的稳步过渡。

三是建议停罢武科。这个主张在戊戌年被多次提及并讨论，主旨就是废除冷兵器时代的武科考试。

四是奖励游学。建议朝廷逐步放开学生出洋留学的限制，鼓励学生赴东西洋学习近代科学和各种专门知识，尽快制定学成回国人员的使用政策。这个建议也是戊戌年教育改革中曾经提及并执行过的，只是由于后来的政治变动而中断。

张之洞、刘坤一这些废科举兴学校的建议代表朝野社会各界的共同心声，因而很容易获得清廷认同，也很容易进入实践。8月29日，清廷接受了张之洞、刘坤一的建议，宣布自明年（1902年）始，改革文科并废止武科。文科乡会试改革参照张之洞等人建议，分三场进行，第一场考中国政治历史论五篇，第二场考各国政治艺学策五道，第三场考四书义两篇及五经义一篇，并明确规定不准使用八股文，亦不再以书法定高下。1903年3月13日，袁世凯、张之洞奏请朝廷递减科举名额，以免影响新教育的发展。1904年1月13日，清廷颁布按十年三科内减尽科举，以回应张之洞及袁世凯的建议。至1905年9月2日，受日俄战争的结果刺激，直隶总督袁世凯、盛京将军赵尔巽、湖广总督张之洞、两江总督周馥、两广总督岑春煊及湖南巡抚端方等奏请立停科举，以便推广学堂，咸趋实学。诏准自1906年丙午科为始，所有乡会试一律停止。各省岁科考试亦即停止。并令学务大臣迅速办法各种教科书，以顶指归而宏造就。责成各省督抚实力统筹，严饬府厅州县赶紧于乡城各处遍设蒙小学堂。实行千年的科举制度一夜之间寿终正寝，且波澜不惊，令人寻味。

与废科举相配套的是兴学校，或者反过来说，废除科举制度之所以波澜不惊，主要还是因为新教育的发展在制度上为读书人的前途提供了基本保障。根据张之洞等人的建议，清廷于1901年9月14日命各省所有书院于省城改设大学堂，各府及直隶州改设中学堂，并多设蒙养学堂。紧接着，清政府又命将八旗等官学改设小学堂、中学堂，恢复几年前创办而后来中断的中西学堂等。清政府不断重申一定要加快推广新教育的步伐，要求各地不得以任何理由敷衍观望。在制度层面，清政府颁布有学堂章程，为新教育提供比较切实的法律保障。

新教育体系中的最高学府自1898年起就规定为京师大学堂，只是后来由于政治变动，京师大学堂的筹备并没有突破性的进展。义和团战争时，京师大学堂也受到严重破坏，各项筹备举步维艰，实际上陷入停滞状态。新政开始后，清廷于1902年1月10日选派张百熙为京师大学堂管学大臣，令其切实整顿，造就人才。在张百熙主持下，京师大学堂的整顿进展神速，相继聘请吴汝纶为总教习，张鹤龄为副总教习，于式枚为总办，李家驹、赵从蕃为副总办，大学堂的行政效率大为提高，接收了同文馆，创设了译书局，并且很快开设预备科及速成科。1902年12月17日，速成科正式开学，这标志着京师大学堂经过几年折腾终于重新回到正轨。这个速成科分仕学馆和师范馆，顾名思义，设立师范馆当然是为了培养师资，而仕学馆的功能其实就是后来的干部在职培训。为了配合新政的推行，清政府规定自明年（1903年）会试始，凡授职修撰、编修及改庶吉士与部属中书用者，必须先入京师大学堂分门肄业，取得文凭。这不仅从制度上保证了京师大学堂的生源，而且肯定有助于管理队伍的优化。因义和团战争而遭到严重破坏的京师大学堂又一次获得了新的发展机会。

新政期间的新教育还有一个重要内容，是各种各样技术学校、师范学校的创办。各地差不多都创办了农务工艺各类学堂，还有许多师范学校，如张之洞1902年动议创办三江师范学堂，就是那个时代非常重要的事件。

出洋留学在近代中国已有很久远的历史，只是时断时续，且缺乏制度保障。新政开始后，江南、四川和湖北等地督抚主动在自己职权范围内选派学生出洋留学，清政府也开始考虑怎样鼓励和支持出洋留学，怎样为留学生的权益提供制度保障。1903年10月，清政府根据张之洞的建议，颁布《奖励游学毕业生章程》，详细规定留学生归来后的各种待遇和地位，大约获得外国学士文凭者，可以考虑给予进士出身；得博士学位者，可以给予翰林出身。清政府的这些鼓励政策很快取得了实际效果，到东西洋特别是到东邻日本留学在这个时期出现了高潮，根据不完全统计，至1907年，留日学生总数就有一万五千人之多。这些留日学生以法政专业为主，这就为后来中国的政治变动留下了许多机会和可能。

现代军事体制的重建

新政的另一重要举措是进行军事改革，这也是举国达成共识没有异议的。

大清王朝的军事改革始自1894年甲午战争期间，战场上的节节败退使大清国领导人意识到不是中国的武器不如人，而是中国军队的建制、指挥系统，乃至军事动员等方面存在着严重问题，于是稍后开始的维新运动便从改变大清国的军事体制入手，裁汰绿营，添练新军。比较有名的是袁世凯经过特别准许开始在小站练兵，甚至聘请德国军事教练，参照德国军队建制、方法整军经武，应该说还是取得了一定的成效。然而由于1898年秋天的政治风波，使这些改革基本中断。庚子事变后，怎样进行军事的改革又被再度提起。

军事改革，首先是从废除武科考试入手。废除武科考试的呼声由来已久，早在1895年，荣禄就首先建议废止武科考试，以为这种沿袭几百年的考试制度存在很多流弊，除了大刀长矛等冷兵器与坚船利炮的热兵器之间存在代差外，武科举选拔出来的人才在思想观念、行为举止、知识构成诸多方面都没有办法适应现代战争。要在现代战争中打得赢，就必须参照西方国家的经验重构中国的军事体制，训练新式军人，未来新式军人决不能来自武科考试，而应由各省的武备学堂培养。

与荣禄具有同样看法的，还有在天津最先聘请德国人来华练兵的胡燏棻，以及新疆巡抚陶模等人，他们都在那一年向清廷做了类似建议。只是朝廷中的守旧力量太过强大，武科考试依然继续进行。

到了1901年，张之洞、刘坤一等封疆大吏旧话重提，他们在联衔会奏中的一个重要建议，就是停罢武科。他们的理由，也还是荣禄、胡燏棻、陶模当年的那些理由，即冷兵器根本无法对阵热兵器，这还在其次。更大的问题是武科考试选拔将官时要默写武经，那真是典型的纸上谈兵。即便如此，那些考生也没几个能做到，大率皆系他人代笔。文字尚且如此，何论韬略？所以自有武科考试以来，真正在战场上建立功勋的将官，根本没有武科考试出身的人。武科考试出身的将官，不过是一群恃符豪霸、健讼佐斗、抗官扰民的大小流氓而已，既于国家无益，实于治理有害。

封疆大吏、明智之士的执着建议终于感动了朝廷，清廷于1901年8月29日发布上谕，宣布废止包括武生童考试在内的全部武科考试。唐中期创制的武举制度经过长达一千两百年的发展，终于寿终正寝，走进了历史。

1903年清政府下令组建中央练兵处，统筹全国军队的训练，禁止各省自行训练军队，并制定军官训练制度，规定军官晋升的资历、条件和办法，使中国军队的建制、军官训练等大致上与西方国家保持了一致。

中国的军事体制改革迈出了坚实的步伐,其中最明显的是新建陆军的编练。新建陆军起源于袁世凯的小站练兵,这是中国军队特别是陆军真正走向现代的开始。新建陆军在组织构架上完全参照西法,设督练处即新军总部,下设参谋营务处、督操营务处,以及洋务局、粮饷局、军械局、转运局、军医局等机关,具体负责各项事务,专人专责,体现了近代军队的专业化、科学化特征。

袁世凯的新建陆军已经具有近代军队的基本特征,只是人数太少,仅具示范效应,而且其北洋六镇,说到底还具有很浓厚的私人武装的特征,还不是近代国家的武装力量。1905年,清政府下令将北洋六镇改组为新建陆军,在中央设置军咨处和陆军部,负责新建陆军的统领,军队国家化至此终于迈出关键性的一步,新建陆军与旧式军阀私人武装有了很大区别。

按照清政府的规定,新建陆军似乎要实行义务兵役制,年满二十至二十五岁的适龄青年都必须服正规役三年及预备役两年,这一方面扩大了兵源,改变了兵员构成,另一方面也有助于军队正规化、专业化,有利于军人地位的提升和待遇提高。清政府计划在十年内训练出三十六镇五十万正规军。后因种种原因,至1911年只编练成十四镇不到二十万人。

新建陆军在编练成军,甲午海战中全军覆没的海军怎样恢复,这个问题又一次提到清政府面前。中国拥有漫长的海岸线,有非常大的海洋权益需要保护,中国不可能永远不要海军,更不可能因为甲午战争中的惨败而与海军永远绝缘。其实自甲午战后,重建海军的计划被多次提起,都因各种原因没有贯彻下去,变成事实。1902年,北洋水师帮统领萨镇冰提出复兴海军的四点建议:一是派海军士官留学日本,二是在江阴设立水师学堂,三是以马尾船厂为基础设置战舰修理基地,四是于烟台及福州设立海军镇守府。

1908年，陆军部提调姚锡光提出《筹海军刍议》，建议按照"急就"和"分年"两个步骤重建海军。所谓"急就"就是以现有的南洋、北洋、湖广等舰队共二十八艘战舰合编为巡洋及巡江舰队，以应付海防、江防的急切需要。所谓"分年"，就是建议在十年或更长时间内整体规划，购置或建造十八艘至三十艘不同级别不同用途的战舰，建造相应的军港、船坞，设置学堂，训练海军人才。

同一年，直隶总督兼北洋大臣杨士骧责成海军前辈严复起草振兴海军计划，严复在这个计划中提出购置军舰、恢复并整顿水师学堂、重建军港、重建海军体制、加强海军训练等规划。第二年，清政府设立"筹办海军事务处"，正式启动重建海军计划。1910年，这个筹办海军事务处正式更名为海军部，一个有别于新建陆军的专门军种终于筹组成功。

根据《辛丑条约》规定，列强对中国实行武器禁运，一切外国先进的武器弹药，根本无法通过正常途径进口，中国军队面临非常严重的问题，先前进口的一些武器设施逐步老化而无法更新，中国军队不仅无法应付对外战争，即便是对付内部的骚乱，都是有其心而无其力。为了克服这方面的困难，清政府只好采取自力更生的办法，在先前数十年洋务新政的基础上，在汉阳、上海及广州设立三大兵工厂，自己动手解决军事装备的更新换代问题。至1910年，中国人自己管理经营和拥有自主知识产权的军事工业已经能够生产供应全国军队所需的山炮、弹药、连发来复枪及机关枪等。

自由经济的充分发展

与先前数次改革一样，清政府这次推动的新政改革，其实也是以经济建设为中心，以恢复经济、振兴经济作为挽救大清王朝意识形态和政治统治危机的手段，希望通过各方面的改革重建大清王朝经济体制，巩固大清王朝的政治统治。这是新政的本质，不必怀疑。

义和团战争结束后，《辛丑条约》规定中国必须向列强支付巨额赔款。实事求是地说，这些赔款虽然不至于压垮中国经济，但其巨大压力还是非常明显的。清政府财政上的严重亏空不仅使列强对于获取赔款信心不足，而且对清朝的政治统治构成了严重威胁。这在新政酝酿之初各地督抚的奏折和朝廷上谕中，都有流露。

新政开始后，清政府推动的一个重要改革就是振兴商务，奖励实业。而这一点其实如同其他改革一样，都是重回1898年政治改革的老路，当然是回到一条正确的老路上。

为了振兴商务，奖励实业，清政府于1903年9月7日设立商部，以载振为尚书，伍廷芳、陈璧为左右侍郎。

商部成立后恪守本职，倡导商业振兴，鼓励官民商绅创办工商企业，制定出一系列工商业规章和奖励实业的办法，诸如钦定大清商法、商会章程、铁路简明章程、奖励华商公司章程、矿务章程、公司注册章程、试办银行章程等，这些章程允许、鼓励、刺激自由经济充分发展，奖励一切兴办工商企业的行为，鼓励组织商会团体，鼓励商人在条件成熟时走上自治。这些政策不仅使全民经商成为可能，而且有利于经济恢复、振兴，有利于国家财政从根本上好转。在某种程度上可以说，新政时期是中国自由经济发展的黄金时代，自由经济在中国经济构成中占有越来越大的比例，以致能够在某种程度上左右和影响中国的政治走向，从而激起政治上的守旧势力设法出台许多政策进行打压，并最终引起自由经济与国有经济的大冲撞大决战。不过，这都是后话。

新政时期对自由经济的鼓励支持，不仅挽救了因义和团战争和辛丑赔款而接近崩溃的国民经济，更重要的是将中国经济拖上了世界一体化的轨道，中国经济已在很大程度上与世界经济接轨、同步。清政府颁布的《奏定商会简明章程》、《商人通例》、《公司律》等都有相应的法律规定，这就为自由经济的正常发展提供了制度保证。国民创办或退出企业已经到了非常自由的状态，与西方成熟的自由经济社会已经毫无差别，原先的经营批准制在新的法律制度保护下开始向登记制、备案制过渡。官办企业的垄断领域越来越少，政府越来越倾向做一个政策的制定者、政策的保护者，充当裁判员的角色，不再下球场与球员一起踢球，既当裁判员，又是运动员，不再与民争利。所有领域，包括工商、交通和金融，一律向所有资本开放，所有资本均享有同股同权的国民待遇。

随着自由经济的发展，中国人的财产观念也在变化。现代财产所有权的理念逐渐在中国人的思维中占有上风，合法的私有财产神圣不可侵犯，而且财产的所有权逐步由传统时代的以家族、家庭为本位的财产所有权向个人拥有绝对不可侵犯的财产权利过渡。

个人财产神圣不可侵犯观念的确立为自由经济的发展奠定了一个良好的观念基础和制度基础。经济发展的决定性因素无疑是制度，制度可以束缚社会经济的发展，制度也能促进社会经济突飞猛进，制度就是政治，只要政治上、制度上有办法，经济上就会有办法。这是所有国家的发展经验。良好的制度就是良好的投资环境，就是投资的保障，就是信心。根据一个未经证实的统计，新政期间中国民族资本工业发展速度达到年均百分之十五，比第一次世界大战期间列强无暇东顾时所谓的民族资本"黄金岁月"还要高些，这表明当时的国内外资本尤其是中国国内的民间资本对政治的信心指数还是比较高的，它们相信在中国的投资一定能够获得比较理想的回报。自由的市场经济制度、法律制度，都为资本的进入、转出及再投资提供了便利，而中国广阔的未经充分开发的国内市场，更是中国商人空前信心的来源。

现代法律体系的确立

新政的另外一个重大贡献，是通过相关改革确立了现代法律体系，彻底改变了两千年中国传统社会得以存在的法律依据，为现代民族国家的重建和新生提供了法律上的支援和制度上的保障。

清王朝和历代王朝一样，其政治基础和制度凭借就是三权合一的君主专制。也就是说，中国自古以来的法律制度、政治架构并不缺少三权分立的意识和制度设计，行政权、司法权和立法权，在中国传统政治体制中自有其地位和意义，三权之间的相互制衡、相互牵制几乎从一开始就存在。只是中国传统社会政治架构中的三权分立不是一种西方意义上的绝对化，不是至上和不可动摇的，皇权主导下的三权分立，行政、立法和司法三权的权力来源和法律凭借，最终都落实到皇帝一人。

三权合一的君主专制当然不利于私人资本的发展，不利于自由经济体制的建立。这一点在先前数十年就有许多很清醒很明智的认识，至少在十九世纪八十年代中国经济发展比较好的时候，许多冷静的思想家如马建忠等人就意识到中国传统法律体制和政治架构虽然有利于行政效率的提升和保障，但是在某种程度上可能是中国进一步发展的阻碍。在十九世纪九十年代中期开始的维新运动中，康有为曾明确指出旧有的法律已经不能治理变化中的中国社会。过去是强调天不变道亦不变，然而现在的问题是天变了，在强大的西方社会文化影响下，中国之天已经不再是过去的天，所以中国的治道也就是法律体制必须随之变化。这种变化不能是先前数十年小修小改的枝节改良，而是从根本上从整体上参加西方，学习西方。即便是文化保守主义者如张之洞，虽然反对全盘承受西方的制度和文化，但也在那时认为中国的法律制度有进一步改善的必要和空间，强调中国应该吸收和引进西方各国行之有效的法律制度，改善和进一步完善中国的法律和制度。只是由于大的格局没有发生变化，新的政治架构没有形成，所以新的法律制度建设也就无从着手。

《辛丑条约》签订后，中国面临巨额战争赔款的压力，西方国家其实也对中国是否有能力偿还这笔巨额款项持有某种程度的怀疑和焦虑。在《辛丑条约》谈判过程中和随后的商约修订谈判中，西方各国刻意诱导中国改善、改变自己的法律制度和政治架构，与世界接轨，与国际同步，鼓励中国尽早采纳在东西各国行之有效的自由经济制度。这样，就能够吸引外国资本在中国投资，就能够改善中国的经济构成和税收状况。

市场经济、自由经济，本来就不是一个国家的内部事务，资本的本质从来就是趋利性的，是没有国界、不分民族的。自由竞争要求司法独立，要求跨越国界，要求国际一致，否则资本的趋利性不会接受政治、法律的强制束缚，像国有资本、官办企业那样进行什么不计成本、不期待赢利的政治性投资和政治性贷款。所以东西各国在与中国进行的一系列谈判中，认为中国旧有的法律制度已经严重阻碍了国际资本在中国的投资，中国如果不能尽快改善投资环境，修订相应的法律条款，重建与东西各国大体一致的法律制度，中国在经济上可能会受到很大损失。反之，列强不止一次向中国政府暗示，如果中国政府的法律制度能够做出重大调整，尽快与国际社会与各国法律相一致，那么各国可以考虑放弃在华享有的领事裁判权。

中国人奉行的所谓"中华法系"或许在过去两千年中发挥过重要作用，但是与已经传入中国的西方法律相比较，与传教士和外国商人、西方外交官熟知的西方法律体制相比较，似乎确实存在许多弊端。在中华法系中，法就是刑，民刑不分，诸法合体，实体法和程序法不是一般的分不开，而是紧密地纠葛在一起。凌迟、斩首、刺字、戮尸、缘坐等非人道的酷刑依然想当然地被大清国执行着，实践着，被西方人视为野蛮，却被中国人视为严惩。这大概就是当时中西法律之间最大的区别。

列强地中国的暗示和表态，自然深深地引起了清政府的改革兴趣，而中华法系似乎也确实到了不能不改地步，旧有的法律体制不仅严重影响了中外交涉、中外贸易和中外之间的政治往来，而且严重束缚了中国社会发展经济进步。张之洞、刘坤一在"江楚会奏变法三折"第三折中就提醒清政府应该高度注意现行法律与东西方各国法律不太兼容的问题，这些法律大致包括矿律、路律、商律、交涉及刑律等。稍后，袁世凯也在1902年初建议清政府注意这方面的改革，注意向日本学习，借鉴日本1899年成功修订条约并全面恢复法权的经验，甚至可以考虑借助于日本法律专家的帮助，修订或改造中国法律中与现实不太合的内容。

封疆大吏的建议、列强的暗示，在在吸引了清廷的注意，清政府遂于1902年5月13日责成刑部右侍郎沈家本及四品京堂候补伍廷芳将一切现行律例，按照交涉情形，参酌各国法律，悉心考订，妥为拟议，务期中外通行，有裨治理。朝廷的这个判断本身就已承认中国传统法律中有与国际规则脱轨的内容，已不能适合于国际规则。所谓参酌各国法律，其实就是要将中国现行法律根本改造，使之与国际接轨，与世界同步，通行中外。

沈家本与伍廷芳，一中一西，是当时中国最有名也最有成绩的法学专家。沈家本出生于律学世家，他的父亲长时期任职刑部，是受人尊重的法律权威。沈家本早年孜孜不倦于科举考试，同时也在乃父影响下钻研法律问题，精通中国古典法律，著有《历代刑法考》等专门著作，是中国传统律学向现代法学转变的关键人物，当然也就是中国法律现代化的重要先驱者之一。

伍廷芳的出身与沈家本大相径庭。他祖籍广东新会，生于新加坡，后留学英国攻读法学，获大律师资格，为近代中国第一个法学博士，也是香港立法局第一位华人议员，后被李鸿章招揽幕中。伍廷芳对东西方各国制度有高度认同，对东西各国法律条文乃至其立法背景都格外娴熟。自十九世纪八十年代起，他先后追随李鸿章参与中法谈判、中日谈判，1896年被清政府任命为驻美国、西班牙和秘鲁三国公使。伍廷芳是当时中国非常少有的法律人才，以他对东西方法律制度的理解，协助沈家本修订法律，其价值趋向不言而喻。

对清廷而言，修订法律或许只是一个权宜之计，只是对列强的应付，只是使中国法律更好地与西方接轨，不至于直接冲突，屡屡吃亏。然而沈家本、伍廷芳等人在对大清王朝现行法律条文进行全面清理之后，发现问题相当复杂，深切认识到所谓独树一帜的中华法系确实到了非改不可的程度了。而这种改革，不可能仅仅在原有基础上小修小补，而必须通过对现有法律的清理，参照东西各国现行法律条文，另起炉灶，重建中国现代法律体制。

经过几年精心准备，沈家本等人主持的新政重要机构"修订法律馆"于1904年5月15日正式开张，这个普普通通的机构在袁世凯等督抚大力支持下，高薪聘请日本法律专家参与中国新法律条文的制定。在日本专家的帮助下，修订法律馆在短短几年时间里，对大清帝国现行法律进行了全面清理，对未来可能需要的法律法案进行了系统规划，尽最大可能翻译和研究东西方各国法律，酌定名词，考辨文义，以东西各国法律为参照，大规模大幅度对中国法律中与东西各国法律相抵触、不适应的内容进行删减、修改，主要参照日本的法律建构重新规范了中国的法律制度。

中国当时之所以愿意参照日本的法律体系重构自己的法律架构，一方面因为中国和日本同文同种，语言文字上比较容易沟通，另一方面毫无疑问是因为中国此时发自内心地佩服日本这个民族先走了一步，通过脱亚入欧已经在远东建立了一个名副其实的西方国家。在法律制度这个层面上，日本人将许多西方各国行之有效的法律条款译成日文，通过

"日化"重建了日本的法律制度。中国此时借助日本这个媒介，自然可以收到事半功倍的效果。

在日本法律专家帮助下，沈家本等参照东西各国法律体系，大刀阔斧地删减、重建中国的法律体制，经过几年时间的努力奋斗，大致建立起一个现代法律体系和司法制度，一些重要的必备的法律法规也都在那几年匆匆完成。这些新制定的法律法规为新政时期和此后的市场经济、自由经济和现代社会的运转提供了法律依据和制度支援，比如《奖励公司章程》、《商标注册试办章程》、《商人通例》、《公司法》、《破产律》、《各级审判厅试办章程》、《法官考试细则》、《集会结社律》等，都是当时迫切需要的法律法规，也在后来的政治实践和现代社会运作中发挥了非常好的作用。

不过，对晚清十年乃至后来数十年中国政治法律制度发生重大影响和启示的，可能还是沈家本等人参照东西各国现行法律制定的几部根本大法，比如《大清刑事民事诉讼法》、《大清新刑律》、《民律草案》等，这几部根本大法分别在程序法和实体法领域为后来的法律现代化奠定了良好基础，开了一个很好的先例。《大清新刑律》抛弃传统诸法合体的旧制，规范为一部单纯的刑法典，废除中国传统法律中的旧名词旧概念，如笞杖徒流死等五刑终于被规范为死刑、无期徒刑、有期徒刑、拘留和罚金，附加刑有剥夺公权和没收；确定了死刑的唯一原则，彻底废除了旧律中繁杂的死罪名目。此外，在西方各国习以为常的禁止刑讯、实行陪审和律师制度、改良监狱等，也都在那个时候逐步进入中国的法律体系。凡此，均使大清国的法律制度大踏步前进，大致能够满足中国与世界各国的交往需求，像清廷最初所要求的那样，使中国与东西各国正常交流而无滞碍。

清末新政中的法律体制改革，虽然还有很多不尽人意的地方，虽然许多新法典并没有得到完善，且大部分没有得到执行，但这场改革本身确实是中国法制史上前所未有的革命，是趾高气扬的中华法系第一次低下头来吸收东西各国法律优长，重造中华法系，为此后中国法律演化的走向规定了大致不变的路线图。即便大清国后来成为历史陈迹，大清王朝新政时期制定的法律制度依然被标榜"民主共和"的中华民国所继承。这出乎所有人的预料，表明新政时期制定的法律法规实际上已不再反映传统中国的社会状态，实际上葬送了自秦汉以来传承了两千年之久的中国固有法律体系，参照近代中国社会的实际变动和发展，全面引进了西方法律的大框架大格局，因而这样的法律体系不再反映中国的过去，而是对未来新社会新制度有很高很殷切的期待，为新社会制度的发生准备了种子。

改革又到困难时

清政府1901年启动的新政，应该是真诚的，因为当时所面临的困难局面是真实存在，不改革就是等死，与其等死，不如找死。所以新政改革就是要在政治上为大清王朝寻找出一条出路，因此这次改革并不存在着虚伪和欺骗。不过也必须看到的，近代以来几乎每一次改革，其直接动因都是外部危机，一旦这个外部危机得以化解，改革的动力就必然丧失，至少是减弱，因此近代中国每一次改革都无法按照既定目标持续下去，总是给人一种浅尝辄止的印象。

在新政起步初期，清廷规划的改革应该说是全方位的，既有经济体制、军事体制、法律体制、教育体制方面的改革，也有行政体制乃至政治体制方面的改革。改革的底线当然是改进、改善、加强和巩固大清王朝的政治统治，更准确地说是保证满洲贵族统治集团的领导地位不动摇，满洲贵族的利益获得保障。在清廷最初的规划中，改革只要能够做到这一点，就不存在禁区，不存在不能触及的领域。所以，新政诏书发布不久，不待各省督抚大员表态，清廷就于4月21日下发了一道令各省督抚甚至那些比较开明的东南各省督抚感到震惊的命令，就是成立以庆亲王奕劻为首的"督办政务处"，作为筹办、规划和推行新政的专门机构，任命李鸿章、荣禄、昆冈、王文韶、鹿传霖等为督办政务大臣，命刘坤一、张之洞遥为参与，稍后又增补袁世凯为参与政务大臣。

如果我们熟悉1898年中国故事，我们一定不难发现这个"督办政务处"与康有为当年建议的在内廷设立专门议政机构有同工异曲之妙，只是那一次没有结果，而这一次真的设立起来了。按照上谕的规范，督办政务处为议政机构，负责处理各地官员关于"变通政治，力图自强"的各种建议，务在体察时势，抉择精当，分别可行不可行，并考察其行之力与不力。从这个意义上说，督办政务处就是新政的总参谋部，智囊团，是各种新政信息的"统汇之区"，[①]分析机构，各位督办政务大臣就是要对一切因革事宜，务当和衷商榷，悉心详议，并负责起草新政各项改革措施和改革方案，次第奏闻，然后由朝廷决定是否采纳，怎样进行。从这些规范看，新政从一开始就没有设置什么禁区。

朝廷没有对政治改革设置禁区，当然也并不意味着可以随意变更政治制度，政治改革的底线是不能动摇满洲贵族的政治统治，这在当时是不需随时提醒的政治纪律。在规范的官场中不会有谁不懂规矩随意违反。所以我们不能说清廷没有进行政治改革，只是清廷的政治改革在满洲贵族们看来可能已经走得很远，但在反对者看来，在后人看来，其实可能还称不上政治改革，充其量只是"行政体制改革"而已。

行政体制改革在清朝中晚期一直在进行，十九世纪六十年代设置总理各国事务衙门就是这种改革最典型的反映。只是这个新设置的总理各

[①]《光绪朝东华录》第4册，4655页。

国事务衙门仅仅经过短暂的四十年，到了义和团战争爆发，却被列强视为没有效率的官僚衙门，各国公使对总理各国事务衙门在1900年的表现非常不满，在随后的政治谈判中多次建议清廷遵循国际惯例，废除这个颇具中国特色的不伦不类的机构，改设外务部，置于六部之首，主管外交事务。1901年7月24日，清政府终于接受这个建议，下令撤销总理各国事务衙门，于传统的六部之外，设置外务部，大清王朝的行政改革至此拉开了序幕，在多米诺骨牌效应下，在中国已有差不多千年历史的六部行政架构很快就变得不成样子，在某种程度上实现了康有为在1898年所提出的行政改革要求，裁冗署，裁冗员，创设新机构，成为1901年之后的大趋势。

1902年2月24日，清政府下令裁撤河东河道总督，其事务改归河南巡抚兼办。3月6日，下令将詹事府归并翰林院，并裁撤通政使司。1903年9月7日，下令设立商部，以载振为尚书，伍廷芳、陈璧为左右侍郎。1904年12月12日，清政府下令裁撤湖北、云南巡抚两缺，由湖广总督、云贵总督兼管。1905年9月4日，下令裁撤奉天府尹，改由巡抚兼管。10月8日，清廷下令设巡警部，以署兵部左侍郎徐世昌为尚书。12月6日，下令设立学部，以荣庆为尚书，熙瑛、严修为侍郎，并以国子监归并学部。凡此旧机构的裁撤，大都是在1898年提起而没有办到的，而新机构的设置则将原先的六部行政架构基本废除，使中国的行政体制与东西各国大体一致。

除了中央行政进行大刀阔斧的改革外，清政府还对地方行政进行了大幅度的改革和试验，其政治目标是促成地方逐步走向自治。

新政在行政体制方面的改革是有意义的，只是行政体制改革无论如何不能代替政治体制改革，其本身毕竟不是政治体制改革。随着国内外形势的不断好转，清政府的改革动力逐步消解，至1904年，中国究竟应该怎样继续进行改革，中国的改革目标究竟是什么，实际上又引起清廷的困惑。向前走无疑要进行政治体制方面的根本变动，清廷和整个满洲贵族阶层准备好了吗？这是个疑问。改革原本应该进入深水区，不料却在制度层面出现了困难。

第五章 短暂徘徊

政府从来都具有天生的惰性,不可能一直保持着革新创造精神。清政府通过几年新政改革,应该承认在政治、经济、军事、教育、文化等各个方面都发生了很大进步,初步摆脱义和团战争带来的深刻危机,因此改革的动力逐步衰减乃至消解。另一方面,到了1904年,各项改革其实也都到了"深水区",触及体制的根本,触及大清王朝的未来走向,向前多走一步,就是建立一个君主立宪的新国家,而这一点是清政府当年宣布新政时没有预想到的,所以也就没有相应的思想准备。在慈禧太后和光绪帝的意识中,新政改革就是要在原有政治架构基础上的改革,不论这种改革走多远,也没有说可以动摇皇权的至上性和唯一性,没有说要对皇权进行某种程度的约束。于是社会上进一步扩大政治改革的呼声越来越高,而最高统治者、满洲贵族集团却开始退缩、徘徊了,不知道下一步应该怎样走,究竟会走向何方。在1904年前后,中国的改革进程出现了一个短暂徘徊期。

一个人的革命

清廷的犹豫徘徊有自己的理由，只是这个短暂的徘徊却使中国政治发展增加了不可思议的变数，先前不被国人认同的革命思想开始蔓延，人们真的开始像革命者所宣传的那样怀疑清廷政治改革的真诚和改革底线，原本只是一个人的革命逐步演化成一个民族对另一个民族的战争。

晚清革命思想的起源并不是太早。经过几百年的民族融合，特别是因为西方"新异族"的出现，汉族知识分子久已认同了满洲人这个"老异族"，久已没有传统中国士大夫"非我族类，其心必异"那样的心理紧张。汉族知识分子在"我大清王朝"体制下活得也比较滋润，特别是在慈禧太后当国的这近半个世纪中，满洲贵族集团只是在名义上享有大清帝国的所有权，而经营权、管理权都几乎交给了汉族高官，清廷虽然在中央部院等一些重要岗位上设置满汉双首长制，但满大臣基本上是尸位素餐，饱食终日，无所用心，只要不是涉及、侵害满洲贵族集团的利益，满大臣一般放手让汉大臣尽心出力地工作。

汉族知识分子阶层已经被清廷的"联合执政"统一战线弄得神魂颠倒，不分东西，即便是后来反满意识强烈的孙中山，最初也不是要反满，而是要参与联合政权，希望在联合政府中谋得一个职务，哪怕这个职务只是一个小小的幕僚。

1894年6月，医生孙中山关闭了自己的诊所和药房，又通过关系请上海名流郑观应、王韬、罗丰禄等人写了几张条子，北上天津找到当朝汉族第一高官李鸿章，希望能够在李的幕府中谋得一个职务。为此，孙中山精心撰写了一篇建议书，对清政府怎样摆脱困境、重建辉煌提出了自己的看法。不过，一百多年之后再看，实事求是地说，孙中山的这份意见书并没有多少新东西，清政府已经进行或正在进行或准备进行相关改革，这些建议在大政治家李鸿章的眼里，当然就是小儿科。

李鸿章没有满足孙中山的期待，更没有给孙中山安置一个职务，甚至他都没有出面接见一下这个小青年。并不是因为李鸿章太过傲慢和冷淡，而是李鸿章此时正在忙于中日交涉。孙中山来得太不是时候了。

孙中山既然斩断了后路，不可能再回去当他的医生，继续悬壶济世；他又没有踏入中国官场的入场券，没有功名，无法按照正常的步骤步入官场。所有能够做的事情，思前想后只有一条，那就是造反，就是革命。

被李鸿章冷落的孙中山极端失望，由先前真诚地想帮助清政府克服危机的改良主义者，变成一个发誓要推翻清政府的造反者。他不仅不再相信洋务新政可以救中国，即使康有为、梁启超等人的改良主义政治方案也不再被他所看重。在孙中山的心目中，以后唯一念念不忘的就是革命，就是要用暴力手段推翻满洲，光复中国，重建汉族人的天下。

此处不留爷，自有留爷处。极度失望的孙中山只是对满洲人失望，对李鸿章等汉族高官失望，而对于中国的前途，孙中山不仅不失望，反而充满了浪漫构想，充满了乐观。他相信，只要全体汉族人的民族意识觉醒了，只要列强认识到依靠满洲人无法真的改造中国，无法使中国与世界同步，无法成为西方的朋友，那么中国革命就能够很快达到目标，一个全新的中国就一定能够很快屹立于世界东方。

基于这种认识，孙中山开始了他的革命历程。他先从朋友圈子做起，联络同志，争取同道。1894年11月，在檀香山组织兴中会，确立"驱逐鞑虏，恢复中国，创立合众政府"的政治诉求。翌年2月，又在香港成立兴中会。很快就策划武装起义，试图以暴力手段夺取政权，至少是制造政治影响。只是那时清政府虽然面临内外交困的窘境，但其政治统治的合法性并没有受到普遍质疑，特别是清政府在内外压力促动下一次又一次地启动政治变革，也为其政治统治的改善、加强和巩固赢得了机会赢得了时间，所以孙中山的革命理想很长时间内只是一个理想，革命理论也只是同志之间信奉的理论，并没有产生全国性的影响，更没有左右中国的政治走向的能力。尽管后来的研究将孙中山的革命经历考察得非常详细，但实事求是地说，孙中山的革命思想在1904年之前并没有转化为政治实践的契机和可能。

新政开启后，国内的政治管制开始松动，孙中山以暴力手段推翻满清、重建汉族人的国家这样极端的政治理想几乎没有任何生存的空间，所以在1901年之后，孙中山的主要活动范围实际上一直囿于海外华人和留学生的圈子里。

然而到了1904年，新政的动力在逐渐衰减，清廷面对政治改革的"深水区"，一时还拿不定主意是渡过，还是止步。就在这短暂的犹豫徘徊之间，孙中山的革命思想在汉族知识分子中获得了空间的发展机遇，至少一部分汉族知识分子开始相信孙中山的政治判断，相信清廷在涉及自己根本利益，在涉及满洲贵族集团根本利益的问题上，与汉族人还是有区别的，满洲贵族集团永远不可能将包括汉族人在内的全体中国人的利益作为自己的利益。于是汉族人的离心离德开始出现，于是清廷又获得了一股新的改革动力，看来只有进一步加大政治改革的力度，只有自己主动地变，才能摆脱"被革命"、"被推翻"的危险。

一场奇怪战争

清政府之所以在1904年或稍前在政治改革上产生了犹豫和徘徊，除了许多复杂原因外，还有一个直接背景是清政府对改革目标发生怀疑，不知道应该选择一种怎样的模式。

在1895年之后的历次政治改革中，清政府几乎每一次都在紧扣维新这个主题，预设的目标和榜样，也几乎没有离开过东邻日本。新政重新启动后，清政府的所谓官制改革，所谓仿行立宪等，在在刻意模仿日本的明治维新。具体如商部之设，就来自载振对日本商政的考察和制度移植。日本的明治维新在中国官绅的记忆中，已经走出近代第一阶段的不屑一顾、不以为然，转至由衷钦佩，真诚模仿。经过几年短暂时间，制度移植使古老的中国焕发出勃勃生机。

如果我们不是太健忘的话，我们一定还记得近代中国也很长一段时间以俄为师，师法俄国。当胶州湾事件发生后，严复一方面对沙俄乘人之危谋取不义深表不满，另一方面希望中国执政者要虚心地学习俄国，尤其是要学习沙皇彼得大帝发奋为雄，以俄皇大彼得之心为心，以大彼得之政为政，屈九重之驾，观列国之风，内兴文治，外修武备。求他人之所以文明，以去吾之粗鄙；求他人之所以强盛，以救吾之微弱；求他人之所以开化，以革吾之拘泥谫陋。[①] 显然，严复以俄为师，是看到俄国在过去两百年里，在彼得大帝领导下，从一个落后穷困的国家发展成强大的军事帝国。

俄国人的道路和成就始终被中国进步知识分子所关注和欣赏，康有为1898年向清廷所提出的政治改革建议，其实就是参照俄国和日本两个国家的历史经验归纳出来的。他的《日本变政考》主要研究日本明治维新的经验，而其《俄大彼得变政记》，就是沙皇俄国的发展史。

日本是典型的东方国家，通过明治维新实现华丽转身，成为位于世界东方的西方国家，日本的经验深深吸引了中国人，只是日本在实现现代化的过程中，在许多中国人看来，似乎也付出了非常沉重的代价，日本的民族性似乎受到严重戕害，这在具有"以夏变夷"悠久思想传统的中国读书人看来，似乎并不是最佳选择。反观俄国，它是横跨亚欧两大洲的国家，说它是亚洲国家，它又具有欧洲人的许多习性；说它是欧洲国家，它又具有许多亚洲人的特征。在许多中国读书人看来，俄国人在

---

① 《中俄交谊论》，《严复集》第2册，477页，北京：中华书局，1986年。

迈向现代化、西方化的过程中，同样实现了建设一个强大国家的基本目标，但是俄罗斯没有像日本那样彻底西方化，而是保留了浓厚的历史遗迹，保留了自己的民族根性，这才是当时最吸引中国的地方。中国人始终像张之洞所念叨的那样，既想要西方的现代化，又想要中国的传统。中国终于在俄国人那里找到了知音和先例。这就是中国在新政获取一些进步后迟疑不前的思想文化原因。

清政府执政者此时稍微倾向俄国模式，还有另外一个原因，那就是日本的明治维新通过君主立宪，还是比较明显地限制了天皇的权力。天皇虽然是日本国的最高权威和一切权力的来源，但日本天皇与俄国沙皇相比，在行使权力的时候还是受到了某些限制。中国尚没有走到这一步，但无论如何，作为最高统治者，慈禧太后和光绪帝本能地不希望像日本那样通过立宪限制住自己的权力，而是倾向俄国的高度集权，倾向沙皇的大权独揽。事实上一个落后的国家要发展经济，要现代化，可能并非只有民主、立宪一条路，可能并非一定要限制最高领导人的权力。或许相反，一个国家如果将总量有限且分散的社会资源集中起来高效使用，又接受了现代社会市场经济、商品经济的理念和运行规则的话，集权可能更有助于提高行政效率。如果从善意的角度来理解，清廷统治者在新政启动之后几年稍有迟疑，可能与考虑究竟是选择日本还是俄国的发展模式有着很大的关系。清廷统治者内心实际上是倾向俄国模式的。

当然，要说中国人对俄国人的心理疙瘩，丝毫不比对日本人的少。在近代中国历史上，中国人与俄国人没少打交道，而且每每是中国人吃亏。奇怪的是，中国人吃亏之后反而更加佩服俄国人。俄国人在《马关条约》签订后确实帮过中国人的忙，它和德国、法国一起，让中国多出了几千万两银子将辽东半岛赎了回来，这就是历史上所说的"三国干涉还辽"。

三国干涉还辽确实给了大清王朝不小的面子，因为辽东半岛毕竟是大清国的龙兴之地，这块土地如果像台湾一样割让给了日本，其后果确实不堪设想。然而，这块热土回归中国并没有多久，就在1898年春天被俄国人据为己有，理由是中国政府已经同意德国人在胶州湾修建一个海军基地，那么为了维护远东均势，俄国人必须占领旅顺和大连湾。

这还不算。到了1900年，义和团战争爆发，俄国一方面与列强一致行动，企图染指英国等西方国家在长城以内乃至长江流域的利益，另一方面单独行动，乘着天下大乱，清廷无暇顾及且不得不在很多方面有求于俄的机会，出兵占领了东三省，将原本与俄国领土相邻的东三省变成了俄国人的殖民地。

俄国将中国的东三省据为己有，是清政府的一块挥之不去的心病。自1900年开始，清政府想尽一切办法就此与俄国人交涉，希望俄国人看在中俄友谊的份上，将东三省还给中国，然而俄国人就是有办法，就是一拖再拖地赖在那里不走。

东三省问题始终不是单纯的一个中俄之间的问题，俄国人的强占打破了列强的均势，影响了列强特别是英美日等国的在华利益。尤其是日本，在明治维新之始就制定有东亚大陆扩张政策，计划通过朝鲜进入中国东北地区，进而向亚洲腹地扩展。所以，日本在一开始就坚决支持清政府对俄交涉，并通过各种方式向俄国施加压力。

1902年1月30日，英日两国缔结了一份协定，规定两国中的任何一国为保护它在朝鲜和中国的利益，可以采取必要行动；如果在采取这种行动时，任何一国受到攻击，另一缔约国应严守中立，并尽力防止其他国家参加对它的盟国的军事行动；倘若第三国参加对盟国的军事行动，另一盟国应立即声援，共同进行战争，并协议缔和。

英日协定对俄国显然构成了一定的压力，已经拖延很久的中俄关于东三省问题的谈判终于在这个压力下有了进展。1902年4月8日，中俄两国在北京达成协议，俄国同意将东三省的权力逐步交还给中国，同意将俄国军队在六个月以内从辽河以西撤退,十二月以内从盛京和吉林撤退,十八个月以内从齐齐哈尔撤退。

这个看起来很美的协议并没有得到很好的执行,因为清政府实在没有力量和底气让俄国人遵守协议逐步撤走。1903年4月8日,俄国无端拒绝执行第二期撤军计划。

这引起日本政府的高度关切,同年6月,日本政府决定与俄国就东北问题进行直接谈判,东北问题成为日俄双方争执的焦点,中国政府反而成为局外人。清政府除了不断敦促俄国政府履行撤兵承诺外,无所作为。当然,清政府内心也期望日本的力量能够迫使俄国人屈服。

8月12日,日本政府向俄国提出六条基本草案,大致内容为相互承担义务,尊重中国和朝鲜两国的独立和领土完整,维护各国在中朝两国的工商业机会均等;俄国承认日本在朝鲜的优先利益,日本承认俄国在满洲经营铁路方面的特殊利益;将来朝鲜境内的铁路延长至南满,与中东铁路及山海关—牛庄铁路相接,俄国不予阻挠等。

日本人的草案引起了俄国人的警惕,10月3日,俄国政府提出八条对案作为谈判的基础,大致内容为相互承担义务,尊重朝鲜的独立和完整;俄国承认日本在朝鲜的优先利益,但对日本的活动却提出一些限制;相互承认义务,不把朝鲜领土的任何部分用于战略目的;北纬39度以北的朝鲜领土作为中立区,双方军队均不得进入;日本承认满洲及其周边完全在日本的利益范围之外等。

分析日俄两国政府的提案,它们各自打着自己的算盘。日本在尊重中朝两国主权、独立和领土完整的名义下,真正想要的是加强自己在朝鲜的优势,并准备以朝鲜为基地,向东三省和亚洲大陆腹地前进,仅仅同意俄国人在东三省享有铁路建设管理方面的特权。而俄国既然已经在事实上占领上东三省,它当然不会轻易吐出来,更不会让其他国家轻易染指,它将东三省视为自己的独占独有,根本不愿意与日本谈判东三省问题。俄国将日俄谈判限定在朝鲜这个主题下，承认日本在朝鲜的优先利益，但不会允许日本以朝鲜为基地向东三省渗透。

日俄两国的方案几乎没有任何交集，各自都想守住自己的势力范围不让别人染指，又想染指别人的势力范围，这样的谈判当然无法进行。不过，这个谈判毕竟是日本人最先提出来的，所以到了10月30日，日本政府提出了一个修正案，同意在东三省问题上做出一些让步，承认俄国在东三省有特殊利益，这个特殊利益并不局限于铁路一端；同意东三省在日本的特殊利益范围之外，正如朝鲜在俄国的特殊利益范围之外一样；同意日俄两国修建的铁路今后相接，彼此皆不加阻挠。但日本仍坚持必须谈东三省问题，就像谈朝鲜问题一样。

12月11日，俄国政府提出一个修正案，减少原提案中对日本在朝鲜活动的某些限制，但依然坚持朝鲜领土不得用于战略目的并在朝鲜北部建立中立区。至于日本人最想谈的东三省问题，俄国人根本不愿与日本人讨论，日俄谈判实际上已经破裂，双方都开始考虑武力解决。

12月25日，日本政府一反常态，不再向清政府封锁日俄谈判的情报，日本外务大臣小村寿太郎主动向中国驻日公使杨枢透露日本已经准备对俄开战的消息，争取清政府的配合。

日俄谈判已经无法进行下去了，但俄国政府为了做好准备，采取尽量拖延战争爆发时间的策略，想尽一切办法将日本留在谈判桌上。1904年1月6日，俄国政府提议，如果日本接受有关朝鲜的那两条动议，那么俄国可以考虑在中国东北不妨碍日本及其他国家根据其对华条约所取得的权益。

俄国人的手腕，日本人看得很清楚。1月13日，日本政府要求俄国不仅要承认日本及其他国家在东三省的条约权力，包括建立租界的权力，还必须尊重中国在那里的领土完整。日本表示，这个要求是"最后的"，日本在未来两周得不到俄国的答复，或者答复不能满意，那么日本将自行采取行动。

2月3日，俄国人依然与日本玩弄外交文书的游戏，不耐烦的日本在尚未收到这个答复时，就于2月5日宣布终止谈判，断绝与俄国的外交关系。8日，日本军队向驻扎在旅顺的俄国舰队发动攻击。10日，两国相互宣战。日俄战争爆发。

这场发生在中国土地上的战争确实是一场非常奇怪的战争。战场开始前，日本向清政府做了通报，但它并不希望清政府介入这场战争，不希望清政府坚定地站在自己一边，联合向俄国作战。日本担心，如果中日结盟对付俄国，很可能会引起其他国家的介入，这样将不利于日本。日本相信，凭借自己的实力，一对一比拼，一定能够战胜俄国佬。

其实，列强也不希望中国介入这场战争。英国人对俄国人急剧扩张早就不满，更有心利用英日同盟关系帮助日本打败俄国，不过日本不愿使问题复杂化，反复劝说英国不要介入。美国对俄国的扩张也很不满，认为日本出面教训俄国，实际上是为美国的利益而战，所以美国对日本希望列强中立的请求心领神会。美国除了宣布中立外，在实质上帮助日本，为其提供巨额战争借款，保证了日本的战争经费。

列强的中立我们都可以理解，最难理解的是清政府也宣布中立。因为战争毕竟发生在你的土地上，那里有你的父老乡亲和财产家园。清政府在最初阶段确实有帮助日本从东三省赶走俄国佬的想法，然而最终作壁上观，一来是日本的拒绝，列强的劝说，二来是清政府有本身的利益考量。

俄国人在事实上占据了东三省，东三省的人民、财产都是清政府放在俄国人那里的抵押物。战争尚未爆发时，清政府内部就很担心，一旦日俄决裂，中国就面临非常困难的处境，中国如果与日本接近，不要说结盟、联合作战，那么俄国人就很可能像1900年海兰泡惨案时一样，在东三省大规模屠杀无辜。这是问题的一个方面。

问题的另一个方面是,清政府如果不宣布局外中立,那么战火就极有可能无法控制,极有可能烧到关内,而关内一旦受到日俄战火的牵连,不仅中国利益受损,势必会影响到列强在华北,在长江领域乃至华南的利益。这显然是列强不愿意看到的。

列强和日本都不愿意中国公开站在日本的一边对俄国宣战,而清政府也不可能站在日本的对立面俄国人一边,唯一的选择就是按照列强的指点,追随列强宣布局外中立,以此最大限度地维护中国的利益,保护东三省的生命财产。日俄两国相互宣战后,英美法德等国很快宣布中立,并明确建议中国政府也这样做,甚至照会日俄两国尊重中国的局外中立的立场,不要侵害中国的国家利益。

列强的压力,中国的现实处境,迫使清政府只能如此。2月12日,清政府照会各国宣布中立,并谕令各省督抚按照局外中立的原则处理与日俄两国相关事务,表示日俄两国均为中国友好邻邦,只是一时失和不得已而用兵,所以中国应该从大局出发,局外中立,不去偏袒任何一方。

震动与启示

日本因为俄国势力在远东的急剧膨胀,明显威胁到它在朝鲜的殖民统治和在中国东三省的贸易扩张,很早就已经寝食不安,早就准备寻找机会报当年三国干涉还辽一箭之仇,只是在这之前几年间,远东大事不断,日本一直没有寻找到合适机会。现在机会终于来了,那就是俄国人不愿遵守中俄谈判中达成的协议,不愿履行第二期撤军计划,准备继续赖在东三省不走。

俄国人给日本人提供了一个非常正义的理由,当中国的力量不足以制约俄国时,日本觉得自己就是亚洲的老大,有责任帮助中国。所以当中俄谈判的结果无法落实时，日本人出头要求俄国人必须按照中俄已经达成的协议，分批分期从中国东北地区撤军。

日本有列强在背后支持，因为俄国人乘着义和团战争的混乱，除了参与联军在关内、在华北的集体行动外，还单独出兵中国东北地区，乘机将整个东北地区变成自己的势力范围。毫无疑问，这侵害了列强先前达成并默认的利益均沾原则。所以日本人出面警告俄国人，列强不仅不反对，而且表示支持。

俄国独占东北侵害了列强的利益，更重要的是，俄国将自己的势力扩展至整个东北，其实也严重损害了日本在朝鲜的利益，因此日本在为中国出面打抱不平的同时，顺带着要求俄国承认日本在朝鲜的利益优先地位。

从日俄两国实力对比看，俄国的力量显然远远大于日本，俄国对日本的要求并不会认真对待，它既不愿意与日本讨论东三省的问题，以为这事与日本无关，又不愿意满足日本关于朝鲜问题的要求，以为这事还没有完。于是日俄两国只能用拳头说话，通过一场战争一决雌雄。然而最为奇怪的是，这两个交战国都没有想到去对方的本土作战，更没有诱敌深入，将敌人引进自己的土地，关门打狗，而是在将兵力部署在第三国也就是中国的土地上厮杀，而土地的主人却在这时莫名其妙地宣布局外中立。

日本对于这场战争已经有了足够的准备，说打就打。在宣战的第二天，日本军队就偷袭停泊在旅顺口外的俄国舰队，毫无准备的俄国舰队损失惨重。此后一段时间，双方反复争夺制海权，俄国舰队的控制力逐渐减弱。与此同时，日本军队开始登陆作战，在朝鲜，在辽东半岛，重创俄军主力。随后，日军连续进攻，经辽阳大战、沙河大战、奉天大战，日军是长驱直入，而俄军则节节败退，到了1905年3月，俄国军队死伤惨重，已有不堪支持的迹象，陆战败局已定。5月底，两国海军

日军重炮轰击俄军据守的旅顺

日俄战争中的日本步兵

又有对马海峡一战，俄国远程赶来增援的第二太平洋舰队被日本海军一举歼灭。俄国人虽然没有马上告饶投降，实际上已经没有力量继续这场战争。当然，日本此时也已捉襟见肘，人力、物力、财力似乎都到了山穷水尽的状态。

在交战双方都需要停下来的时候，列强也不希望远东局面继续混乱，不可收拾。6月，美国总统罗斯福出面调停。8月日俄两国代表在美国朴茨茅斯开始谈判。9月5日，双方签订议和条约，规定俄国将旅大租借地以及该租借地内的一切权益、公产等转让给日本；将长春（宽城子）至旅顺间的铁路连同其支路、利权、煤矿等无偿转让给日本。很显然，这个议和条约无视中国政府的主权和历次声明，俄国人只是将在东三省的权益转交给了日本，而不是还给中国。

俄国之所以在朴茨茅斯议和中做出如此大的让步，除了因为俄国的力量受到日本的沉重打击，又与其国内形势的急剧变化有关。而其国内局势的急剧变化，又深刻影响了中国的局势。

在日俄战争进行过程中，俄国军队虽然拥有较日本军队更加先进的装备，但在战场上却几乎一直处于劣势，俄国军人的自信心、自尊心严重受创，这引起俄国国内军政各界的强烈震撼和强烈不满，一般民众也对沙皇的领导能力、战略指挥表示不满和深深忧虑。俄国国内形势开始动荡。1904年12月，圣彼得堡发生大规模的罢工事件。翌年1月下旬，又有东正教神职人员发动工人到冬宫外广场和平游行，要求沙皇进行社会改革并终止日俄战争，帮助劳工阶级和社会底层。

和平示威引发暴力冲突，军警的血腥镇压唤醒了更多劳动者和社会底层起来抗争，他们不再相信沙皇的领导和许诺，一连串的罢工、示威，在全俄各地接连发生。

面对国内的抗议，沙皇政府给予积极善意的回应。1905年1月18日，沙皇宣布改组政府，撤换了内政部长，并组织一个调查委员会，调查各地罢工原因及事实真相。2月17日,沙皇尼古拉二世做出更大让步,宣布准许成立咨政团体,包容各种宗教,开放言论自由,以及减少农民赎回土地的费用。

沙皇的让步进一步唤醒了俄罗斯人的政治意识。1905年5月,来自全国各地的三百多名自治会代表在莫斯科集会,要求成立一个国家层级的议会。6月,沙皇允许召集成立人民代表会议。12月,沙俄政府颁布选举办法,第一届国家杜马预定于1906年春天经选举产生。

俄国因日俄战争发生的1905年政治革命,是后来的政治变动特别是十月革命的预演,不仅改变了世界历史的进程,而且对中国也产生非常重要的影响。

日俄战争深刻改变了远东的政治格局,但其后果却使中国人深深失望。正如许多人老早就预料到的那样,清政府的局外中立政策可能会使中国在这场豺与狼的战争中两面不讨好,两面都受伤。中国在战争爆发之初或许有不得不局外中立的理由,但在战争进行到一定阶段后,中国实在应该有所改变,应以收回东三省的主权为自己的行动方针。

俄国人在1900年乘着中国的危机抢占东三省,本来就引起中国人特别是知识人的痛恶和反感,只是中国人在义和团战争结束后所面临的困难实在太多,没有来得及与俄国人较真。中国政府在与俄国进行交涉时,俄国人原本答应分批分期逐步从东三省撤离,如果这个步骤得以实现,中国与俄国因东三省事件而发生的裂痕或许能够弥补。然而,令人失望的是,俄国政府实在不愿将已经吃到嘴里的肉再吐出来,它在1903年以一个并非恰当的理由拒绝了第二批撤兵,这不仅惹恼了日本,引发一场日俄战争,而且在中国人心中留下很坏的印象。中国人为此发动了一场声势浩大的拒俄运动,要求清政府坚定立场,坚决不能承认俄国人的无理要求,北京、上海、武汉等地的学生集会抗议,罢课示威,在日本的中国留学生甚至组成了"拒俄义勇队",每日操练不懈,准备随时回国参加拒俄战争，将俄国人从东三省驱逐出去。只是中国人尚未来得及与俄国人在战场上一决雌雄，日本人为了自己在朝鲜、在亚洲的利益，向俄国人叫起板了。

一场大战，嚣张的俄国佬不仅败在日本这个小国的手里，而且俄国内部所发生的革命给世界带来了前所未有的冲击和震动。先前还是"一个人的革命"，经过俄国1905年革命的刺激，孙中山的革命理想逐渐被更多的人所接受。

1905年，孙中山的革命影响日趋扩大，他在比利时、德国、法国等地的中国留学生中间先后建立了革命团体，这些团体也通过各种方式与国内的革命组织建立了联系，革命者的组织网络大致形成。同年8月20日，各个革命团体负责人在日本东京举行集会，决定将各个分散的革命组织整合为有统一领导和严密组织系统的同盟会，会议选举孙中山为总理，黄兴为执行部庶务。

同盟会的成立无疑是1905年中国政治生活中的大事件，对于清政府来说，它标志着先前分散的反政府力量终于在海外集结起来了，这无疑加剧了清政府的政治危机。消弭孙中山、黄兴这些政治反对派的革命危险，确保大清王朝的政治统治不发生沙皇俄国那样的政治变动，或者像沙皇俄国那样主动求变，以化解孙中山、黄兴等人政治革命的压力，都成为清政府未来政治运作中的一个重要目标。这是日俄战争、俄国1905年革命带给中国的巨大影响之一。

日俄战争带给中国的另外一个巨大影响，是在战争爆发不久中国人产生了一种新认识。随着俄国军队节节败退，日本军队高歌猛进，中国知识分子群体和开明官僚很快敏锐地意识到政治改革对于中国未来的重要性，意识到俄国人的失败，不是武器不如日本人，而是制度使然，是俄国的君主专制严重束缚了俄国军队的手脚，而日本的君主立宪体制则使日本军队放开了手脚，得以自由发挥。君主立宪与君主专制的利弊得失通过日俄战争一清二楚地摆在中国人面前，摆在大清王朝统治者面前。不再需要辩论，不再需要论证，制度优劣既然如此，那么中国应该怎么办，也就不言而喻。

君主专制与君主立宪

其实，随着1901年新政的开启，国内政治环境也开始改善。清政府虽然在政治改革方面一度裹足不前，但政治上的宽松还是为进一步改革提供了条件和可能。国内知识界在那时应该说没有什么不敢讨论的，从君主专制变为君主立宪，也并不是非常重要的言论禁区。所以在1904年之前的国内知识界，对君主立宪的可能性有过相当的讨论，以回应梁启超等立宪党人在海外的呼吁。

在风云变幻无穷的近代中国，梁启超素以"善变"而知名于世，褒之者誉其紧随时代，贬之者责其看风使舵，罪莫大焉。就连梁启超本人亦往往"以今日之我非昨日之我"自嘲，弦外之意，肯定现在，否定既往。只是从政治史的立场看，梁启超的每一次思想转变大致都能紧扣时代脉搏，提出与众不同的方案。

清政府1901年新政诏书发布后，敏感的梁启超就在流亡途中感到这可能是中国政治发生大变化的一个重要契机，因此他很快捐弃前嫌，不再计较清政府两年前残酷杀害六君子的罪恶，想要帮助清政府尽快走上一条正确道路。几个月之后，梁启超在其主编的《清议报》第八十一期上，以"爱国者"为名发表《立宪法议》，详细评述世界上正在实行的各种政治体制，这就是君主立宪、君主专制和民主立宪。君主立宪和民主立宪均为立宪政体，元首的权力在立宪政体下具有相当有限性，在专制政体下具有无限性。从表面上看，无限性的权力似乎对君主很有利，君主可以动用一切资源去实现自己的目的。其实从实际运作程序看,无限性、不受任何制约的君主,恰恰是将自己推入险境,中间没有丝毫可供缓和的中间地带,成功了固然是你君主的贡献,而失败了,则由君主承担全部责任。各级官吏都是君主的仆人,只领取皇上发给的俸禄,无所用心无所事事。这是一种很不经济、很不合算的政治体制。

梁启超指出,三种政治体制比较而言,人类目前最理想的政治形态无疑是君主立宪。因为民主立宪施政方略变化太快,选举总统时耗费巨大,竞争激烈,虽然形成了一个庞大的竞

梁启超和子女们

选经济,但是由于这种经济形态只是消耗不创造,至少在那个时代还不是一种理想的经济形态。至于君主立宪与君主专制,那不言而喻,君主立宪也远优于君主专制。

君主专制将人民与君主截然分为两个对立且不易调和的阶级,在这种体制下,君主视民众如草芥,人民视君主如寇仇,人民的日子不好过,君主的地位也时刻处在危险之中。这就是君主专制体制最大的问题。

君主立宪则不然。在君主立宪体制下,皇位的继承皆有一定之规,不仅权奸没有篡位的可能,即便是君主继承序列中的人也只好耐心等待,有的甚至一直没有继承的机会,也只好认命,而不会发生君主专制体制下弑君之类的事变。这是因为君主立宪体制下,君主的权力受到宪法的制约,君主虽然地位崇高,享有至上尊严,但君主的权力受到宪法和议院的约束,君主发号施令和大臣的任免,皆须经议院同意,这既最大限度地避免了政治决策的失误,也有效遏制了任何政治野心家对大位的觊觎和争夺。更重要的是，君主立宪体制真正打通了君与民之间的隔膜与对立，人民向议院表达自己的意见比较容易，而议院中的议员在本质上说也必须代表他的选民的利益，为选民说话。

根据梁启超的分析，从君主专制向君主立宪过渡是历史的必然，也是中国不能自外的唯一出路。中国当然不会也不能立即就过渡到君主立宪的政治形态，但是中国必须要为这个政治形态的实现准备条件，创造条件，制定路线图、规划图，争取在十年或稍长一点的时间后实现君主立宪的政治理想，这样就能够为中国寻找、创建一个可靠牢固的政治体制。这大概就是后来"预备立宪"政治构想的最初形态。

梁启超不仅为中国政治的发展开出一剂药方，而且天才般地设计出预备立宪的大致步骤：第一，皇上颁诏，定中国为君主立宪帝国；第二，派遣大臣三人赴东西洋考察各国宪政和法律；第三，考察完毕，在宫中创设法制局，起草宪法；第四，翻译出版各国宪法及相关著作；第五，公布宪法草案，征求全国各阶层意见；第六，自下诏定政体始，以二十年为期，达成宪法之治。清政府后来的所谓预备立宪确实在很大程度上参照了梁启超的这个方案。

不过，梁启超的君主立宪思想固然是受西方政治现实和思想影响，但在更大程度上则与义和团战争之后国内外风起云涌的革命思潮有关。经过1898年的政治波折，1900年的政治动荡，孙中山一系的革命党人更加不愿相信清政府有能力带领中国重新出发，步入世界一体化的进程，他们在国内外利用一切机会扩大革命的宣传，甚至争取与康有为、梁启超等政治流亡者进行合作，推翻满清，重建中国。

孙中山的争取曾经使梁启超有点心动，这一方面因为孙中山的道理可能说服了梁启超，另一方面则是清政府在1898年之后的一系列表现确实令人失望。然而梁启超的思想行动在很大程度上受制于乃师康有为，而康有为从自己的政治信誉着想，非常顽固地坚持政治改良主义的立场，拒斥革命，以为革命的破坏主义根本不可取，中国未来必须走上君主立宪的既定道路。

康有为的政治立场深刻影响了梁启超，而革命势力的发展在孙中山等人领导下如火如荼。正是在这样一种非常复杂的政治环境中，康有为的策略就是用革命的危险劝说清政府放弃君主专制，走上君主立宪；反过来，则是用君主立宪的理论和实践去抵制革命的发生。

其实，在当时的中国思想界，真正弄明白革命与立宪之间本质区别的人并不多，一是因为这两种主张在本质上都是爱国、反专制的，即便是康梁的保皇也带有某种革命的味道，并不是一味守旧，一味维护旧制度，所以在很多人的心目中，革命与改良至少在1905年之前并不被视为两个截然分途的政治派别，而被视为一个有别于清政府的政治阵营，只是这个阵营中较激进的求革命，稍温和者主立宪而已。这种政治分野的朦胧，自然有助于立宪和革命思潮的扩张。

立宪与革命在此时尚不构成对立的两极，但立宪的政治主张此时却与清政府的既定立场发生严重偏移。在清朝统治者那里，他们需要新政，需要经济重振，需要法制重建，需要教育改革，需要建设一支强大的现代化军队，当然也需要适度的政治体制改革。从统治者的立场说，他们从来没有停止过政治体制改革，只是他们从来也没有想过从君主专制向君主立宪进行过渡。所以，君主立宪在1904年之前尽管并不是一个被清廷禁止讨论的话题，但至少是清廷不太欢迎的政治主张。

清廷要变法而不要立宪的政治倾向，理所当然地受到思想界的批判。君主立宪的积极鼓吹者杨度在写给汪康年的信中指出，世界潮流已经向着民主的方向大踏步前进，世界上已经出现不少的民主国家，即便是那些依然坚持君主制的国家，也逐步从君主专制变成君主立宪，将君主的权力通过宪法予以适当限制。只有中国目前依然不识时务，继续奉行君权无限的君主专制体制，人民的学术、身家、财产皆受制于专制制度而无由提振，无法发达。清政府不明白这个道理而空言变法，无论怎样变来变去，也无法取得真正的效果。杨度的结论是，居今日而欲救中国，仍然不敢谈论君主立宪，不敢将君主的权力通过宪法进行制约，那么这种变法也就是空有其名，不如不谈。

对于清政府要新政不要进行政治体制改革的做法，中国思想界有许多不同的批评，这些批评在认同清政府改革倾向的同时主要表达一种不满足，认为真正的改革真正的新政，一定要从政治变革做起，因为中国的问题不在于经济、不在于外交、不在于军事，主要还是中国在政治上没办法，西方不能以平等兄弟之国待我。这才是问题的关键。所以他们重拾先前政治改良主义设议院、制宪法、伸民权、开民智的主张，并逐步将议论的重心集中在制定宪法这个至关重要的问题上，以为成文宪法是中国政治发展的基本保障，只有从宪法上确认君主立宪政体，才能真正调动起激发出中国人的政治热情，激活中国人的政治智慧。他们还真诚地向统治者说法，告诉他们君主立宪体制从表面上看是对君主无限大的权力进行约束，似乎是削弱皇权，但其本质是为了皇权的永固，保证皇权统治历千年而不变。如此，就能够上下相安，君民一得，联合大群以防外患之来，中国政治实现华丽转身，成为国际社会中与各大国享有同等地位的重要成员。用天津《大公报》1903 年 8 月 18 日庆贺光绪帝寿辰的祝词说，就是"一人有庆，万寿无疆；宪法早立，国祚绵长"。

制定宪法，伸张民权，实行君主立宪，至少在1903 年逐渐成为除革命党人之外的国人共识。上海一些比较积极、比较热心于政治变革的知识界人士甚至在那年 6 月召开国民议会，康有为的门徒龙泽厚提议不妨乘机向清政府发起一场请愿运动，促成清政府早日立宪。至此，君主立宪成为一部分中国人的政治信仰和政治追求，先前流行多年的维新派这个政治概念逐渐被立宪派所取代，立宪党人逐渐集结，逐渐成熟，逐渐成为中国政治生活中一支非常重要的政治力量。

又是一个成功典范

如果不发生其他意外，相信清政府开启的新政也能够缓慢地向政治变革转变，君主专制也能够逐步追随世界潮流向君主立宪的政治体制和平演变、平稳过渡，因为中国实在没有其他的道路可走。革命、共和、民主，虽然已有一部分人在坚定地追求，但这部分人不仅人数少，力量弱，而且其革命理由、论证逻辑，似乎还不是那么能够让人心悦诚服，至少在日俄战争爆发前如此。

日俄战争加剧了俄国国内的政治矛盾，促发了俄国人的政治改革热情，而俄国人的政治动向影响了中国人的情绪，激活了中国人政治改革的激情，革命派从俄国人那里获取了信心、信念和力量，而改良派也就是刚刚成型的立宪派也从俄国人的变动中看出了政治危险，那就是中国政治如果不能发生自主的变动，不能向君主立宪政体迈出关键一步，那么世界政治的多米诺骨牌很有可能会深刻影响中国的政治稳定，逼迫中国从事政治改革，那样的话，政治改革的结果就很难预料，究竟是革命共和民主，还是君主立宪，恐怕就不是清政府和满洲贵族集团一个方面所能决定的了。

还有一个不待论证的情形是，君主立宪的"小日本"在战场上连连得手，而君主专制的"大俄国"则节节败退，捉襟见肘，败象已露，这显然不是俄国的军事指挥系统出了问题，而是俄国的政治体制在起着决定性作用。这对中国国内先前久已存在的立宪思潮立宪热情，无疑起到了非常强烈的刺激作用。

先前几年逐渐倾向君主立宪的知识分子对日俄战争格外关切，他们一直期待着君主立宪的小日本战胜君主专制的大俄国，相信立宪胜于专制是世界政治发展的必然规律，日俄之间的战争不是单纯的军事力量之间的较量，而是政治竞争，是制度竞争，是君主专制与君主立宪两种政治制度之间的战争。

战争开局就证明他们的这个判断是大体正确的，中国的立宪党人开始相信，君主立宪政治体制并不是白种人的专利，日本的成功和在战场上的节节胜利，表明国家的强弱并不在人种，而在于制度。日本虽然国小人少，但君主立宪政治体制激发了一般民众的爱国热情，所以士气高涨，战无不胜；而俄国虽然国大人多，但君主专制体制使一般民众对这场战争不仅冷漠，而且庆幸，庆幸俄国人终于有机会乘独裁君主的外部危机去解决内部问题，逼迫沙皇在一系列政治问题上让步。这就是两种制度所带来的不同后果。

中国的立宪倡导者当然不是为了日本的胜利而欢呼，而是为了中国自身的政治问题，是期望用日本的成功打动政府，促动政府尽早觉悟，走上日本君主立宪的路。也就是说，假如日本能够在这次军事力量对比悬殊的战争中一举战胜俄国，那么体制优势就不证而明，就不怕清朝统治者再犹豫徘徊不敢走上君主立宪的路；反之，如果是俄国胜而日本败，那么清朝统治者的必然判断一定是中国之所以贫而弱，并不是因为中国没有走上君主立宪的路，而是君主专制体制还没有充分发挥应有的功能。即便一般民众恐怕也会在立宪还是专制的问题上动摇，以为黄种人灭，白种人兴，或许真的是天之定理，即便发愤爱国之日本人都不足以抗衡、改变这个定理，那么远较日本落后的中国就更不必说了，中国的前途就更不堪问了。

立宪倡导者的担心并不是没有道理，因为从中国外交路线进行分析，清政府虽然知道日本的可怕，但更惧怕国大民众的俄国，所以多年来不论俄国人怎样在中国的政治危机中坐收渔人之利，怎样毫无愧色地乘着义和团战争将东三省收至囊中，清政府不是乐意奉送，就是点头默认，因为清政府很长时间都是以俄国为外交援手，希望中俄结盟，化解中国的外部危机。正是这一不可动摇的亲俄路线才促使日本向俄国发难,至少日本在表面上是为中国打抱不平时,反而遇到清政府的冷漠和不合作。假如清政府当时执意参战,执意站在日本方面一起去"解放东三省",收复失地,那么清政府的政治结局肯定会是另外一个样子。

  清政府之所以宣布局外中立,更多的是清政府出于政治上的考虑。清政府至少是最高统治层此时尚无分权的任何思想准备,根本没有将君主立宪作为一个可能的选项,所以清政府一方面希望日本人将俄国人赶走,收复失地,巩固统治基础;另一方面又希望俄国人胜,这样清政府就有了进一步加强君主专制的理由和机会,因为在他们的判断中,中国近代以来出现的一系列问题,原因不是君主专制太过严厉,而是地方主义在一系列巨变中逐步坐大。假如俄国人胜了,清政府就可以光明正大利用这个机会加强君主权威,建设更加强有力的中央政府。

  日俄战争的进展并没有按照清朝统治者的期待发展,相反,强大的俄国军队就像十年前貌似强大的中国军队一样不堪一击,至1905年5月,俄国舰队经对马海峡一战全军覆没,小日本战胜大俄国已经成为不可更改的事实。这一事实极大激发了中国立宪政治倡导者的热情和信心,使他们毫不动摇地认定日俄战争就是立宪战胜了专制,中国不应该继续在君主专制的老路上徘徊,中国的唯一出路就是向日本学习,尽快走上君主立宪的康庄大道。否则,中国不仅要被世界潮流所抛弃,而且极有可能在未来的某一天重蹈俄国人的覆辙。日俄之战使中国国内政治力量的对比发生急剧变化,放弃君主专制,转而拥护君主立宪的人明显多了起来。

  与立宪运动同时高涨的还有革命运动。孙中山领导的革命运动也在这个风生水起,对清政府的政治统治构成极大威胁。为了迫使促动清政府走上政治变革的路,走上君主立宪的路,倡导立宪者没有少向清政府夸大描述革命的危机和后果,他们不断提示清政府,孙中山的革命手段当然是不足取的,其后果也肯定是很严重的,但是,孙中山等人的革命理由和动机不能说不合理，不能说不正当，因为他们所揭示的那些问题是确实存在的。所以，立宪主义者一方面反对清政府对革命力量的镇压和不妥协，一方面又向革命党人施加影响，不支持、不同意革命党人用暴力手段推翻清政府，认为革命或许能够铲除专制主义发生的土壤，但其后果太过严重，中国极有可能在这场革命中丧失元气，引起列强干预甚至瓜分。中国的唯一出路就是全国人民团结起来，一致努力，促使并帮助清政府实行根本的政治改革，建立君主立宪的政治体制，将国家公权还诸国民，一切平等，满汉不分，制定宪法，开设议院，张大民权，限制君权，实行责任内阁。

日俄战争触动了中国人敏感的政治神经，革命运动的高涨促动了立宪主义异军突起，立宪主义的追随者迅速增加，上自勋戚大臣，下逮校舍学子，靡不曰立宪立宪，一人唱之，百口和之，终于形成立宪主义的大合唱，终于为中国走上立宪道路形成了一个众声喧哗的舆论环境。各种各样的立宪刊物相继发行，先于政府的各种立宪团体也在这个有利的气氛中相继成立，一时间，"立宪"成为中国人的口头禅，立宪政治成为中国人除了革命之外最重要的政治诉求。

第六章 这才是中国的希望

在日俄战争之前很多年,至少可以说在1898年政治变革过程中,中国已有很多人认识到君主立宪取代君主专制的必然性,然而由于各方面条件不具备和各种机缘巧合,中国一而再再而三地错过了主动走上君主立宪道路的机会。现在,君主立宪的日本战胜了君主专制的俄国,这给中国树立了一个成功典范,中国再也没有理由和借口不改革自己的体制,不走上君主立宪的道路了。

上下联手

知识界和许多开明官僚在日俄战争前就已经意识到君主立宪可能是中国未来政治变革的不二法门,但是怎样才能促动清政府尽早觉悟,主动改革,各方面的意见并不一致,但有一点是非常重要的,就是要尽可能地多策动地方大员和中央政要赞同立宪,这样才能化解清廷最高统治者的内心恐惧,才能心甘情愿地放弃君主专制体制下的部分权力。

日俄战争爆发前夕,中国的政治危机、外交危机就非常严重,许多大员和朝廷的工作重心都放在怎样化解外交危机和政治危机方面，这显然是一种头痛医头脚痛医脚的政治短视，是一种政治被动。但署云贵总督丁振铎、云南巡抚林绍年认为中国的外交危机只是一种表象，最根本的问题还在中国的政治体制上。要想挽救或者说彻底化解中国的外交危机，就必须尽早主动地进行政治体制改革，尽早将中国的政治体制与世界接轨，与各国同步，中国若继续因循守旧，不思进取，不进行政治体制改革，那么可能在不远的将来，中国想变法都不再有机会。1904年1月19日，丁振铎、林绍年将这些意见报告给朝廷，期望清廷能够吸取先前几十年的经验教训，自改革而不是他改革，主动公开联合日本与俄国开战，这样不仅能够达到收复失地的目的，而且也可以在这个过程中逐渐改变自己的政治体制。

在丁振铎、林绍年联衔上奏前后，一些驻外使臣也联衔建言，希望朝廷利用此次机遇，大幅度推动中国的政治改革，一举完成君主立宪体制的创建。

然而，清廷大约此时根本没有这方面的考虑，根本没有准备放弃君主专制的威权体制，所以朝廷对这些建议不仅不愿采纳，反而以为这些建议实际上是为革命张目，或者说在本质上就是革命。

清廷不愿意在这个时候节外生枝去进行什么政治体制改革，但国际形势的变化特别是日本军队在战场上连连得手，迫使清政府不能不开始考虑战后远东政治秩序的安排。许多要员非常担心日本在赶走俄国人之后赖在东三省不走，那样中国的局外中立就是两面不讨好，两面落空。安徽巡抚诚勋建议朝廷不要指望日本会在战后将东三省平和地交给中国，中国不可能有力量坐享其成，即便日本真的在列强压力下不得不这样做，中国也必将在这个交易中付出沉痛代价。

江浙地区的立宪主义者对日俄战争的动态高度关注。战争刚爆发，南洋公学总理张鹤龄就敏感意识到这可能是中国政治转折的契机，他主张与同僚张美翊，以及已离开南洋公学到商务印书馆任职的张元济、张之洞的重要幕僚赵凤昌、盛宣怀的重要幕僚吕景端等人紧急磋商，以为中国局外中立的外交选择即便在当初有不得已的苦衷，但随着战争的进展，也到了需要检讨需要改变的时候了，他们建议盛宣怀与湖北巡抚端方、办理商约大臣吕海寰等联名奏请朝廷注意调整外交方针，不要使中国在战后被边缘化，什么也得不到。

盛宣怀等要员接受了这个建议，3月9日，盛宣怀、吕海寰、端方，以及两江总督魏光焘、署两广总督岑春煊等联名上奏，建议清廷考虑放弃局外中立的外交政策，乘着美国政府宣布保全中国土地主权的难得机会，迅速派遣亲重大臣，以考求新政为名，出访欧美有外交关系的各个国家，表明中国政府关于东三省的原则立场，东三省为中国固有领土，不得误认为中国已失之地。战后归还中国后，中国政府将以维持远东均势为前提，保证将东三省向各国开放，利益均沾。至于内政，盛宣怀等人建议清廷要选择几件有关新政的大事切实进行，痛除旧习，以动天下之观听。内政配合着外交，将来善后会议召开时，中国或许能够有机会参与其中，或许能够有助于东三省问题的彻底解决。

按照这个建议，派遣新政考察大臣奔赴东西洋各国主要是掩人耳目，真实目的是与各国沟通协商，为战后东三省问题的顺利解决铺路，也就是希望列强支持中国能够自然地参加战后议和会议，成为日俄战争利害攸关的一方。然而清廷对于这个建议并没有很快接纳，其中的原因比较复杂，既有人事方面的纠葛，也有条件不太成熟的考虑。清政府暂时还不愿放弃局外中立的立场，因而也就不必派员奔赴东西洋了。

江浙地区立宪主义者的这个建议从表面上看是为了战后议和，不过其本质或建议者的思想深处无疑是为了新政，为了借这次战争的机会推动中国的政治改革。然而这个建议被朝廷轻而易举地化解了，于是他们一不做二不休，干脆直接策动封疆大吏、中枢大员合词再请，建议朝廷在日俄战争结束前,先定国是,宣布中外,再派专使出访各国,或许能够达到不被边缘化的目的。张美翊等人为此曾联络两广总督岑春煊的幕僚,然而不知什么原因,这个动议竟然再也没有下文。

国内大员及立宪主义者的动议被阻止了,但并不意味着没有人敢于继续尝试。稍后,驻外大臣孙宝琦联合驻俄大臣胡惟德、驻英大臣张德彝以及驻比利时大臣杨兆鉴等于3月22日联衔上奏,请求朝廷尽早变法,以救危局。4月,孙宝琦又单独上书政务处,详尽分析中国所处国际环境及应对策略,强调日俄之间的这场战争必将以日本胜利、俄国惨败结束,日本的胜利是体制的胜利,制度的胜利,日本仅仅实行几十年的君主宪政体制,极大地激发了国民的爱国情怀。反观中国,孙宝琦认为自庚子以来,维新改革的政策不可谓不多,但效果递减;反复督励臣工发愤为雄,重建辉煌,然而百官玩世依然,天下精神萎靡不振。其根本原因在于并没有找到一副诊治中国问题的药方。解决中国的问题,关键就在政治上要有办法,而政治上的有办法,一言以蔽之,就是要与世界同步,向各国看齐,将君主专制威权政体尽快转变为君主立宪政体,制定宪法,改革体制,参照各国成例,变政务处为议院上院,都察院为议院下院,各省府县设公议堂,从上至下完成立宪政体的制度建构。

孙宝琦是近代中国政坛上一个非常复杂的人物,他的父亲官至太子少保,他本人是李鸿章的门生,又与庆亲王奕劻,显臣盛宣怀、袁世凯及张佩伦等相继结成儿女亲家。他的弟弟孙宝瑄是两广总督李瀚章的乘龙快婿,但有具有非常强烈的政治异端倾向,与体制内外的反对派和异见者关系密切,像章太炎、梁启超、谭嗣同、汪康年、夏曾佑、张元济、严复等,都是孙宝瑄的至交好友。正是这样一种背景,使孙宝瑄对政治的观察非常敏锐,他在乃兄孙宝琦出使法国前,曾草拟一立宪方案,请孙宝琦代为上奏,孙宝琦疑而不敢上,担心引出麻烦。不料他到了法国后,实地考察了近代西方各国政治制度,认识到西方国家之所以能够上下一心，日兴月盛者，皆因为有宪法制度作保证。所以，中国要想后来居上，要想真正变成一个现代国家，就必须在制度改革上下功夫。

遗憾的是，孙宝琦的上书并没有被政务处转奏上去，只是不知什么缘故，却在当时最负盛名的《东方杂志》上全文发表，许多报纸杂志或摘登或评论，影响反而比上奏清廷更大，朝野震动，立宪呼声骤然成为国内舆论中的最强音。

用一般性的宣传去转变人们的观念是重要的，但鉴于中国政治的特殊性，中国政治改革要想获得大进展，关键在那些从事政治的人。所以孙宝琦在上奏清廷要求立宪的同时，也利用各方面的关系影响那些方面大员，致函端方、张之洞等，希望他们能够利用自己的政治身份，将立宪的意思合疏上陈，说服朝廷，引导国中。

具有类似想法的人当然还有很多，比较重要且发挥过积极作用的主要有张謇。张謇是当年脚踏实地从事实业的状元，不肯为官，却热心于教育救国、实业救国和政治改良。他在1903年赴日本考察教育，实地感受了日本君主立宪带来的生机与活力，归国后就开始注意与同具立宪思想倾向的汤寿潜、张元济、赵凤昌、张美翊等人研究立宪问题，并设法运动湖广总督张之洞、两江总督魏光焘共同参与。

1904年5月8日，张之洞入京觐见后途经南京，与魏光焘议定联衔上奏立宪，并面召张謇详谈奏折起草的思路。稍后，张謇与江浙地区立宪主义者蒯光典、赵凤昌、沈曾植等详加讨论，最后由张謇与蒯光典参考其他督抚立宪奏稿，反复斟酌，数易其稿。大意谓日俄战争后，中国必有极大危险，欲加预防，只有实行立宪。这个奏折并没有什么出格的言论，不过老成持重的张之洞还是表示犹豫，指示张謇向直隶总督兼北洋大臣袁世凯探探口风和朝廷的态度，然后再定怎样处理。

张謇与袁世凯当然是老熟人了，而且还不是一般的老熟人。张謇早年在庆军幕府当差时，曾受提督吴长庆委托，教授袁世凯读书。吴长庆去世后，张謇似乎瞧不起袁世凯的所作所为，断然与之绝交，至此已二十年。现在张之洞委托他去打探袁世凯的口风，张謇也就只好捐弃前嫌，先是通过袁世凯的心腹幕僚杨士琦了解袁的最新政治见解，又于6月26日致函袁世凯，劝其仿效日本政治家伊藤、板垣诸人，共成宪法，朝廷立宪，巍然成就尊主庇民的伟业。

对于张謇的建议，袁世凯也确实慎重考虑过，不过他确实知道朝廷目前的情形和两难，知道现在的条件还不太成熟，所以他在回信中并没有反对中国走上立宪政体，只是表示目前时机还不是很成熟。听了袁世凯的分析，张之洞、魏光焘也就打消了立即奏请立宪的想法。几年前"江楚会奏变法三折"的历史盛景没有再次出现。

江浙地区的立宪主义者当然不会因为袁世凯的分析就完全放弃自己的行动，张謇、汤寿潜、张美翊、许鼎霖、张元济、吕景端、夏瑞卿等连日会商，最后决定另辟蹊径，由张美翊利用与当朝军机大臣兼外务部尚书瞿鸿禨的师生关系，上一份说帖，建议瞿鸿禨利用自己在朝廷中的特殊地位，争取在年内慈圣万寿圣节的时候，促动朝廷颁发诏令数条，一面调查宪法，一面制定中国立宪的方案、步骤，如此则满汉、新旧的隔膜一扫刮绝，人心既定，凡事可为，气象一新，必为环球所许。

瞿鸿禨是晚清政治中一个非常关键的重要人物，据说他收到这封说帖后很快就派他的弟弟前往上海找到鼓吹立宪政治的重要人物赵凤昌，嘱赵代为选购各国宪法方面的书籍以作为参考；另一方面，瞿鸿禨也利用近臣身份，秘密向慈禧太后面奏派员出洋考察宪政，他个人甚至准备亲自前往，实地考察东西洋各国宪政，为中国将来到来的政治改革做准备。

赵凤昌对瞿鸿禨的嘱托也非常上心，一方面抓紧选购各出版机构出版的各国宪法文本及其相关读物，一方面受张謇委托加紧印制《日本宪法义解》一书,以便送给朝廷和各方面的达官贵人。据说,慈禧太后读到《日本宪法义解》等书后就表示,日本有宪法,于国家甚好,似乎有意回应各方面的呼声,准备讨论君主立宪的可能性及具体步骤。立宪政治终于看到了一丝曙光,在最高层撕开了一条缝隙。

临门一脚

1904年,立宪主义者和开明官绅通过各种方式上下沟通串联,想方设法去影响朝廷,促使中国利用日俄战争的契机,改变国体,实现立宪政治。各家报纸杂志也在这个时候推波助澜,反复宣扬的道理只有一个,那就是中国目前的危机主要在于国是不定,定国是的关键就在立宪法,实现宪政。驻外公使,如驻英公使汪大燮、驻美公使梁诚等,也先后奏请朝廷顺应世界潮流,宣布立宪。而朝廷各部院大员、各省督抚,在这种政治气氛下,也是不甘人后,纷纷上奏,请求变法。

从朝廷的立场说,清政府在过去的几十年所从事的改革并不少,但这些改革从来都有一个重要的政策底线,那就是以加强和巩固满洲贵族统治集团的统治地位为唯一原则,一切有利于这个原则的都会被接受,而这个接受一般说来总是要有一个外部契机,或者说要有一个比较合理的外部理由。到了是年8月,日俄战争的结局越来越明朗,清廷战后究竟应该采取什么样的战略和策略,也确实到了一个必须讨论必须确定的时候了。8月2日,清廷谕令疆臣各抒对策。

稍后,各省督抚五花八门的建议案纷纷上报,有的主张联日拒俄,有的主张联德联美,有的主张调停日俄,只有林绍年继续先前的建议,坚持认为最重要的改革莫过于将君主专制改为君主立宪,署四川总督锡良建议委派重臣游历欧美各国,联络感情,以方便在稍后的善后议和中相互呼应。

清廷当然希望接受锡良这样的建议，派员前往东西洋各国加强沟通与联络，然而这个建议并不被各国所接受。迫于无奈，清廷不得不回到盛宣怀等大员3月9日的建议，表面上派员前往东西洋各国考察宪政，调查各国政治，以便归国后从事变法，实际上则是让这些大员在考察宪政的同时，加强与各国的沟通，争取各国在东三省问题上对中国的支持和同情。考察宪政是东西洋各国普遍欢迎也是普遍要求过的事情，只有如此才能突破列强在东三省问题上对中国的孤立。所以清廷是在不得已的情形下第一次讨论派员出洋考察宪政问题，尽管没有就此做出什么样的决定，但却意味着宪政运动可能有了新的机会。

据说，提出将宪政考察与东三省善后外交合二为一的是汤寿潜，汤寿潜是瞿鸿禨的弟子，也是江浙地区最著名的立宪主义者之一，他认为，东西洋各立宪国傲然以文明自负，我大清如果能够表示将对西洋这种文明有所输入，那么必然获得这些国家的欢迎。只要这些考察大员获得了西方国家的欢迎，那么顺水推舟，暗中商及日俄战争善后和中国利益，是最自然不过的事情。而且由于中国大员是以考察宪政的名义出访的，即便漏掉俄国，俄国也不会怪罪，因为俄国毕竟不是立宪国家。

汤寿潜的这个建议合情合理，自然受到瞿鸿禨的重视，而瞿鸿禨此时为慈禧太后身边的大红人，当然也就有机会将这些看法向太后详述，因而促成太后思想的变化。太后思想的变化又深刻影响了瞿鸿禨，瞿鸿禨对立宪的事情更加热心，他不时召见一些具有新思想、新观念的人讨论立宪的可能与步骤。户部主事陈黻宸此时提出一个具体方案，强调中国作为一个不立宪的国家居于一群立宪国之间，不待仔细分析，就知道其结局肯定不妙。所以居今日而言外交，言内政，惟立宪二字强于百万之师。中国只要做到与东西洋各国一致，走上立宪道路，许多困难大概都能迎刃而解。

是否立宪在当时已经明显构成中国的外交障碍。美国政府在邀请日俄两国协商战争善后时，对于中国希望参加的迫切心情视而不见，根本不予考虑，中国被完全排除在讨论东三省前途的会议之外，这不能不使清廷感到格外焦虑、格外尴尬。1905年6月23日，清廷以日俄和议有开议之说，命各衙门及各督抚筹划应如何因应，及将来接收东三省应如何善后办法。稍后，又将同样的问题责成各出使大臣筹划。

这个问题两年来已有很多讨论，头脑清醒智力健全的人都认为不能就事论事谈东三省，必须将立宪与东三省问题捆绑在一起，才能理出问题思路，找到解决办法。所以从这个意义上说，清廷的问题还是那个问题，答案自然还只能是那个答案。7月2日，直隶总督兼北洋大臣袁世凯与两江总督周馥、湖广总督张之洞联衔回奏，建议清廷明确宣布于十二年后实行立宪政体。袁世凯在此之前曾派员前往日本考察宪政，前后用了三个月的时间，已经积累了许多直观的经验和理论，并将这些经验和理论通过各种管道向最高当局和权贵们灌输，着力强调的一点就是实行立宪无损于皇室，无碍于皇权，且能使君权永固，万世不替。

稍后，周馥又单独奏请实行立法、行法、执法三权分立和地方自治的立宪政体。两广总督岑春煊也接受出使美国大臣梁诚的建议，奏请清廷唯有立宪，方可救亡，东三省问题的关键不在日俄，而在中国能否径仿东西洋政治，与民更始，改革政体。封疆大吏、中枢要员在这次回奏中差不多都站到了立宪一边。

封疆大吏、中枢大员们的建议，特别是立宪有百利而无一弊的说法，深深感动了政治高层。经过几天慎重讨论，7月16日清廷决定简派镇国公载泽、户部侍郎戴鸿慈、湖南巡抚端方、巡警部尚书徐世昌分赴东西洋各国考求一切政治，以期择善而从。27日，增派农工商部左丞绍英随同出洋考察各国政治。

五大臣的政治地位、思想倾向非常值得注意。载泽是宗室贵胄，留心时事，素号开通；戴鸿慈在中央部院任职甚久，经验丰富，颇讲新政，深知立宪可以救国；至于端方，奋发有为，于内政外交尤有心得，是满洲贵族集团中的政治新秀。所以，五大臣阵容新、责任大，自然引起国内外各方面的注意，特别是西方一些民主国家普遍认为，清政府此次派员出洋考察是为了学习日本、美国和重要的欧洲国家的宪法、政治制度和经济体系，中国终于下决心将西方行之有效的政治体制、宪法体制和经济体制移植过来了。

根据安排，由载泽、戴鸿慈和绍英率领的一路人马考察俄国、美国、意大利等国，由徐世昌、端方带队的另一路人马主要考察英国、德国、法国和比利时等。两个庞大的考察团很快组织起来了，所需经费也在南北洋大臣、各地督抚，特别是直隶、湖北、江苏等省支持下迅速解决。各地人士真是有力出力，有钱出钱，都在真诚期待中国能够尽早政治民主化，连边远的新疆这样的省份也为考察团任筹一万两库银。由此可见中国人的政治热情。

当然也有人不愿清政府立即推动政治民主化，实行宪政。五大臣准备出洋考察的当天，正阳门火车站就发生了一起自杀性攻击事件。

9月24日上午，五大臣率领大批随员从京城出发，各界官绅、学生以及大小官员，甚至还有各国驻华公使前往壮行，因为这毕竟是中国政治生活中的一件大事，标志着中国政治从此开始转轨，开始向世界靠拢。正阳门火车站锣鼓喧天，歌声嘹亮，冠盖云集，观者如潮，人山人海，一片欢腾。十一时许，五大臣与送行人群依依惜别，登上专列，火车汽笛长鸣，准备开动，突然，一颗炸弹在五大臣乘坐的专列上爆炸，巨响如晴天霹雳，随后是一片哭喊声、嘶叫声、警察的汽笛哨声，谁也不知道究竟发生了什么事，人们只能本能地四处奔逃。

后来人们才知道是革命党人发动了自杀性攻击，这个攻击实行者就是安徽桐城人吴樾。吴樾是大学者吴汝纶的堂侄，1902年追随吴汝纶前往保定高等学堂读书。吴樾在随后的几年里，接触了许多革命党人，像陈天华、杨笃生、赵声、蔡元培、章炳麟、秋瑾、陈独秀等激烈的革命者都成了他的朋友，通过他们的介绍，吴樾阅读了许多革命书刊，如《革命军》、《警钟报》、《自由血》、《黄帝魂》、《扬州十日记》、《嘉定屠城记》等。吴樾的思想为之一变，由信仰立宪转而支持革命、参与革命，而且成为革命党中最激进的人物，是"北方暗杀团"的重要成员，也是光复会的重要成员。

"北方暗杀团"和光复会的政治诉求都是推翻满清，恢复汉族人的国家，所以他们的暗杀对象始终锁定在满洲贵族和清廷中拥有政治实权的汉族高官，比如慈禧太后、铁良、袁世凯、张之洞、岑春煊等。他们在国际无政府思潮感染下，相信杀一儆百、以儆效尤的政治效果，因此找准一切机会准备发动。他们之所以如此反感清廷主导的立宪运动，主要是因为立宪运动的发起和开局确实改变了中国的政治生态，立宪的主张逐步获得了国人的首肯，甚至康有为、梁启超等保皇党人都欣喜若狂，准备重返清廷政治中心。相比之下，革命党人在这一片立宪的呼声中日趋没落，至少暂时处于低潮，处境困难，被严重边缘化。所以革命党人如欲重振自己的势力，如欲重回或进入中国政治的中心，就必须设法阻止清廷主导的立宪运动，因此他们一方面从理论上批评清廷的立宪是假立宪真独裁，是对人民的欺骗，一方面出重拳，惩治那些立宪运动的骨干和领袖。

在正阳门火车站这次自杀性攻击中，吴樾以及另外两个人当场死亡，五大臣中载泽、徐世昌受轻伤，绍英的伤势稍重。

吴樾后来被誉为革命英雄，同盟会在《民报》的增刊中将吴樾的遗著全部发表，民国成立后，政府隆重安葬其遗骸。不过，事发之后，除了同盟会一系的革命党人外，国内外舆论普遍谴责吴樾，以为五大臣出洋考察政治是为立宪作准备，关系中国前途，但凡稍具爱国心的人都

被吴樾炸毁的火车

1906年,载泽(前排中)等参观伦敦大都会铁路车辆厂

应该祝其成功，而不应使用这种恐怖袭击手段阻遏中国政治民主化的进程。

不过，也正如当时许多媒体所分析的那样，虽然很难体察吴樾内心深处的真实想法，但这个非常之举所得到的效果，可能与吴樾的期待根本相反，因为这颗炸弹一响，使政府知道立宪大有利于皇室，而不可不竭力以达成，不可不尽快去实现。吴樾的炸弹不仅没有阻止清政府实行立宪的步伐，反而坚定了清政府实行立宪的决心和信心，正如端方在致上海报界的一份电报中所说，这颗炸弹表明确实有人反对宪政，反过来也充分证明，从速实行宪政已经到了刻不容缓的程度。

五大臣出洋

清政府的立宪决心并没有因为吴樾的炸弹而改变，除了因为国内外的支持，还有一个重要背景就是日俄战争中的失败者俄国于此时也幡然醒悟，突然加快立宪改革的步伐。沙皇尼古拉二世在国内政治压力下，于10月17日宣布承认俄罗斯人民享有言论、出版、结社、集会、信仰、人身自由和参政的权利，同意着手进行政治体制改革，制定宪法，扩大选举范围，召开国家杜马，上下一心，讲求自立之策。

来自俄国的消息深刻影响了清廷决策者。10月27日，两宫面谕军机大臣时强调，派员出洋考察各国政治是当务之急，决不会因为反对势力的阻挠而终止，务必饬令各考察大臣克服困难，速即前往，不可任意延误。11月2日，沙皇尼古拉二世宣布立宪。两天后，即11月4日，端方等出洋考察各国政治诸大臣电商袁世凯、张之洞、周馥，拟联衔奏请两宫明降御旨，宣布立宪。袁世凯当即电复同意。6日，沙皇尼古拉二世宣布释放所有被关押的政治犯。

俄国的一系列重要政治举措为清政府提供了良好的范例，唤起清政府急起直追后来居上的信心和勇气。11月18日，清廷谕令政务处王大臣筹定宪法大纲，这是先前立宪主义者一直强调的重要政治举措

中国国情还是与俄国有所不同。不管怎么说，俄国靠近欧洲，对于立宪政治不是不知，而是不为，而对中国来说，几千年的政治传统中，似乎根本没有近代立宪政治的根基和因子，所以中国要想走上立宪道路，就只有向西方学习这一条路。11月25日，清廷谕令政务处王大臣设立考察政治馆，延揽人才，择各国政治与中国体制相宜者，斟酌损益，纂定成书，随时进呈，候旨裁定。

作为立宪政治的总设计机关，考察政治馆两年后改组为宪政编查馆，直接归军机处王大臣管理，除了继续关注外国政治有益于中国政治发展的内容外，兼管调查中国各省政治，下设庶务处、编制局、统计局、官报局等，在整个立宪运动中发挥了非常重要的作用，尤其是在信息搜集分析和制度设计方面，发挥了不可取代的功能。

清廷正式宣布考察政治的决定后，获得了国内外社会各界广泛认同，舆论普遍认为这是清廷对立宪政治认识的大转变，不管这种转变的背后原因是什么，不管这个压力是来自俄国的宪政改革，还是国内的立宪呼声，或是革命流亡者的暴力威胁。舆论认为，派遣王公大臣到东西洋考察立宪政治，势必改变国人的政治常识，提振臣民对朝廷的信心、信任和信赖，一旦中国踏上立宪政治的坦途，中国的政治面貌、国人精神，都势必有一番新气象。中国人特别是中国知识界真诚欢迎和支持清廷的这一重大转变。西方列强也对清廷的这个重要宣示表示欢迎，以为清政府在经历了无数挫折磨难之后终于如大梦方醒，东方这条睡龙终于在日俄战争的促动下发生了改变。

走向君主立宪是中国历史的大转变，决非像许多革命者所揭露的那样是清廷尤其是慈禧太后为了延缓革命、阻挠革命玩弄的把戏，清廷对这前无古人的重大转变始终抱着谨慎的态度，慈禧太后和光绪帝也始终

不愿以个人的情感好恶去左右这个运动的进程。清廷之所以耗费巨资委派王公大臣前往东西洋各国实地考察,其实就是要取得直观经验以为佐证,然后再决定如何进行。

吴樾的炸弹没有止住清廷立宪的步伐,反而在某种程度上推动它加快进行,只是为了防止类似事件再次发生,清廷的规划略有调整,且不再像先前那样大事张扬。10月8日,清政府为了加强京师乃至全国的社会治安,仿照东西洋各国实行已久的警察制度,创设巡警部,任命徐世昌为巡警部首任尚书。这样,徐世昌自然无法继续担当出洋考察政治的任务。五大臣中的绍英,由于伤势过重,恢复缓慢,自然也不宜继续远涉重洋。几经调整,10月26日,清廷决定改派山东布政使尚其亨和顺天府丞李盛铎会同载泽、戴鸿慈、端方前往各国考察政治。

经过一番调整和慎重准备,考察政治五大臣重新出发,只是鉴于前次的教训,五大臣离开京师的时候,分两拨进行,分期启程,不坐专车,也不再举行隆重的欢送仪式。

12月7日,由户部侍郎戴鸿慈、湖南巡抚端方率领的出洋考察政治代表团第一路四十余人仍由正阳门火车站上车,至秦皇岛转兵轮"海圻"号至上海。19日下午,搭乘美国太平洋邮船公司巨型油轮"西伯利亚"号向日本驶去。这个考察团中有各省派来随行考察的官员,船上还搭乘了前往美国留学的八名学生,其中就有后来大名鼎鼎的陈焕章。在日本稍事停留、参观访问后,戴鸿慈、端方率领这个考察团于1906年1月5日抵达美国。2月16日离开美国,取道英、法,转赴德国。3月24日,戴鸿慈、端方以西礼觐见德皇。德皇在谈到中国变法时,强烈建议中国要以练兵为先,至于政治措施,宜自审国势,各当事机,贵有独具之精神,不在徒摹形式。德皇的建议给考察团留下了深刻印象。接着,戴鸿慈、端方一行又考察了奥地利、俄国、意大利,并游历了丹麦、瑞典、挪威、荷兰及瑞士等。

由载泽、尚其亨、李盛铎率领的另一个考察团于1905年12月11日自北京出发，1906年1月14日从上海乘法国轮船"克利刀连"号启程。这个考察团也是先到日本，然后再转赴欧洲英、法、比利时诸国。一行人也是前呼后拥，浩浩荡荡。

经过两天航行，载泽一行于1906年1月16日抵达日本神户。出于地缘政治的考虑，日本朝野确实期待中国的政治发展能够在某种程度上与日本同步，所以日本朝野各界对中国宪政考察团的到来给予真诚欢迎，竭诚期待中国的觉醒，期待经过政治改革的中国与日本携手共进。1月22日，代表团抵达东京。25日，载泽、尚其亨、李盛铎一行觐见日本天皇，这是代表团在日本受到的最高规格礼遇。在此前后，代表团与日本政府现职各大员、故臣元老以及有关专家就日本立法原理、原则，政治沿革和损益等，相互交流，从容讨论。

参与日本政治变革全程的日本老一代政治家伊藤博文既向载泽等人详细讲解日本宪法，又对考察大臣所提出的一些疑问给予详尽解释，诸如君主立宪政体下的官吏任免、军队统领以及宣战、媾和、签约、发布命令等权限究竟应该规范等。此外，伊藤博文根据日本经验，反复提醒载泽等人，中国在未来的政治变革中无论如何不要让君权旁落，君主立宪的要旨不仅是用宪法约束君主至上的无限权力，而且要通过宪法授予君主必要的权责，成功的君主立宪国必须做到主权集中于君主一人之身，不可旁落于臣民。伊藤博文的这个告诫给载泽留下深刻的印象。

日本的经验和热诚赢得考察大臣的好感，而且从两国国情上说，日本的维新举措确实要比欧美诸国更合乎中国的需求。所以，载泽等人对日本的经验和制度格外推崇。

此次出洋考察的主要对象就是宪政，所以考察团每到一国，都要参观议院和考察议会制度。久而久之，考察团成员对于日本和西方诸国的议会制度有了新的认识。

载泽、尚其亨、李盛铎率领的这个考察团在结束了对日本宪政的考察后，于2月13日离开横滨赴美国。因为考察团对日本经验高度重视，他们决定将随员钱恂留在日本继续考察，系统总结归纳日本立宪经验，以便中国在未来的政治变革中参考。

5月8日，载泽、尚其亨、李盛铎一行抵达英国。5月15日，抵达法国，最后到达比利时。6月6日，长达半年的考察宣告结束。李盛铎因为被任命为驻比利时大臣，不再随团回国，就地上任。

经过漫长的考察游历，考察各国政治大臣载泽、尚其亨以及随员于1906年7月12日回到上海。7月23日返回北京。

另一路的戴鸿慈、端方等于7月21日返回上海。张謇、汤寿潜、赵凤昌等江浙地区坚定的立宪主义者先后四次与考察团会面，建议考察团速奏清廷尽快立宪，不可推宕。端方、戴鸿慈也真的在上海致电各省督抚，征求他们对立宪特别是立宪期限的意见。8月6日，戴鸿慈、端方一行抵达天津，又在那里与直隶总督兼北洋大臣袁世凯讨论预备立宪及官制改革诸问题。天津学生八万多人集体上书端方、戴鸿慈，请他们速奏朝廷宣布立宪，颁布宪法，更改官制，重定法律。8月10日，端方、戴鸿慈离开天津回京复命。

还在考察期间，五大臣中的李盛铎被任命为驻比利时公使，端方于1906年1月5日由湖南巡抚晋升为闽浙总督，戴鸿慈则于1906年2月18日由户部侍郎晋升为礼部尚书。这多少也说明清廷对考察团的肯定和重视。

两个考察团在半年多的时间里游历了十四个国家，他们调查考察的范围非常广泛，所到之处自然首先参观东西洋各国的新政设施。议院、行政机关、学校、警察、监狱、工厂、农场、银行、商会、邮局，以及博物院、戏院、浴池、教会、动植物园等，都是他们参观考察的对象，由此获取直观经验。考察团所到之处，不厌其烦地听取各国政治家、学者等详细讲解各国宪政原理及其与他国的不同点，调查收集各国各种语言的宪政资料、法律制度，尽可能多地带回国内，以便将来在实践中参考。

五大臣出洋考察对后来的政治变迁有着非常重要的影响，不要说他们几个人在西方现实的熏染下，思想发生重要转变，不再将立宪看成那么可怕的事情，而且在他们的影响下，慈禧太后、光绪帝的思想也有很大改变，确实意识到了中国在未来大概只能走上世界一体化的道路，即便是为了皇权永固，万世一系，也必须有所改革、有所进步，不可继续抱残守缺，食古不化，坐井观天，夜郎自大，尊己卑人，坚守君主专制体制，而必须像东西洋各国那样，创建适合自己国情的新制度，以制度创新应对日新月异的新世界，以内政革新、创新去化解外交上的新问题、新矛盾。只要国内政治有办法，外交就有办法。而内政有办法，就是其政体能跟上世界形势的变化，与时俱进，不断创新。东西洋各国之所以在过去若干年超越中国，日趋强盛，其根本原因只有一个，那就是它们普遍采用了立宪政体；而中国之所以在过去的若干年里一败再败，日趋衰落，任人欺凌，主要的或者说唯一的原因就是中国依然固守专制政体。所以他们的结论只有一个，那就是，在目前的"霸国主义时代"，中国要想生存，要想发展，要想富国强兵，除了与世界同步，采用立宪政体外，别无他途他术。

总算有了一个开始

考察各国政治大臣先后归国，对国内日趋高涨的宪政思潮起到非常重要的催化作用，各地的立宪主义者通过各种方式敦促出使大臣尽快奏请朝廷从速立宪，不再耽搁和拖延。各出使大臣在各方压力、激励和敦促下，也充分意识到中国不立宪的祸害真的不小，发自内心期待朝廷能够真的觉醒，与世界同步，尽早走上立宪道路，尽早迈出第一步。

载泽在出访期间受到的感触非常大，他在英国时就曾激动地表示回国后将会有所建议，一定会竭尽全力推动立宪以及财政改革、地方自治等。归国后，他利用7月24日被召见的机会，向朝廷详细汇报在国外的见闻感受，无保留地回答各种提问。7月25日，载泽上了一份上奏折，强调东西洋各国莫不以宪法为纲领，而中国先前数年新政之所以未能卓见成效，其根本原因就是没有能够在政治体制上进行适当改革，没有寻找到适合中国国情的政治体制。经过对多国的考察，载泽比较倾向向日本学习，认为日本是以立宪的精神实行中央集权主义。其要旨就是伊藤博文当面告诉他的，君主依然享有至上权力，主权依然集中于君主一人，而不会旁落于臣民。载泽认为，这个体制最合乎中国现在的需求，优于英国的虚君共和或其他民主国家的共和制。载泽建议政治高层破群疑以决大计，秉独断而定一尊，明发御旨，布告立宪，酌定若干年为实行之期。在此期间，认真研究各国宪法，拟定宪法草案，广兴教育，改良法律，整理财政，实行地方自治，以为立宪预备。

另一路出访大臣戴鸿慈和端方，也在稍后的召见中详陈出访见闻，以为中国之所以长时期积贫积弱，最根本的原因就是专制，中国要想走上富强道路，就必须与东西洋各国一致，重建立宪政体。他们反复强调立宪改制利国利民，可造国祚之灵长，无损君上之权柄。不过，他们也在建议中承认，中国目前似乎还不到立即颁布宪法的时候，因为中国固有制度与立宪政体的要求相差太远，贸然仿行，只会徒增困扰。他们建议朝廷参照日本的经验，预定立宪之年，详细编制逐年应做之事，认真准备，认真进行，这样经过大约十五年至二十年的过渡，中国必定能够成为一个真正意义上的立宪国家，召议员，开国会，实行一切立宪政治。至于立宪预备的入手处，他们建议从厘定官制开始。至于逐年准备的事宜，大要包括这样几个方面：一是逐步破除一切畛域，举国臣民立于同等法制之下，在法律、权利、义务面前人人平等；二是在中央预设临时议政机关，在地方酌设议会，为将来完全立宪作准备；三是充分吸收外国的长处，在学术、教育、法律、制度诸方面，集中外之长，以谋国家与人民安全发达；四是逐步区分皇室与政府的关系和各自责任，皇室经费和政府经费要分开；五是通过地方自治的试验，逐步确定中央与地方的各自权限；六是参照各国经验，逐步实行财政的预决算制度。

总而言之，在出访东西洋各国考察政治诸大臣看来，君主立宪政体利于君，利于民，不利于官，是到当时为止人类所发明的最不坏的制度。他们不仅将立宪有利于皇位永固、有利于外患渐轻、有利于消弭内乱这样"三个有利于"奏闻朝廷，而且还具体分析欧美日各主要立宪国家的权力构成及权力中心，以为美国是以工商立国的国家，纯任民权，其制度与中国不能强同。英国固然法良意美，但其设官分职，颇有复杂拘执之处，自非中国政体所宜，弃短用长，尚需抉择。与中国国情相似且体制易于采择的，在诸考察大臣看来只有日本。日本虽万机决于公论，而大政仍出自君裁，以立宪之精神实行中央集权之主义，其政俗尤与中国相近。所以比较而言，诸考察大臣愿意向清廷推荐的，也就是说，他们估计清廷最愿意接受的，恐怕只有日本的体制。因此1905年的出洋考察，诸大臣虽然遍游各国，但其重心始终放在东邻日本。

考察政治诸大臣的建议充分考虑了皇权的重要性，他们的解释或许能够说服最高政治当局，但很难彻底说服那些反对者和怀疑者，因为所谓君主立宪毕竟在本质上是要以宪法的形式去约束、限制君主的权力，怎能说这个制度是利于君利于民呢？在他们看来，君与民从来就是对立的两极，利于君就不利于民，利于民就不利于君。所以，这些反对者怀疑者反复质疑中国立宪的必要性，认为中国走上君主立宪的道路，可能是看错了病吃错了药，中国长时期积贫积弱的症结可能并不在君主专制，恰恰相反，问题的关键在君主的权力长时期被削弱。他们甚至向最高统治层暗示，鼓吹君主立宪的人可能藏有一个大阴谋，因为这个新体制不仅妨碍君权，而且势必是利于汉而不利于满，与那些革命党人的主张在本质上相一致。

清廷原本就对立宪政治心存疑虑，之所以派大员出国考察东西洋各国宪政，其实是因为东三省问题而起，并不是出乎清廷政治统治的内部需要，所以在反对呼声日高时，清廷最高层总是表现出退缩。清廷的犹豫徘徊使赞成立宪的人们深感失望，考察政治大臣镇国公载泽也愤怒异常，于8月23日向朝廷递交了一份密折，批驳揭露反对者的肮脏心灵，强调立宪政治的根本就是利于国利于民，而最不利于官，所以这些占有既得利益的官僚总是本能地反对。盖宪法既定，在外各督抚，在内各大臣，其权势总不如往昔之重，其利必不如往昔之优，于是设为疑似之词，故作异同之论，以阻挠于无形。这些人的心思当然不是有爱于朝廷，有爱于国家，而是负隅顽抗，竭尽全力保护自己的私权私利而已。载泽重申君主立宪的"三个有利于"，即有利于皇权永固，有利于外患渐轻，有利于内乱的消弭。这已被东西洋各国立宪历史所证明，是无需怀疑的事实。对于反对者散布的立宪是利于汉而不利于满，载泽认为这个说法非常荒唐不值一驳，现代世界竞争加剧，合中国全体之力都不一定能够迎头赶上，追逐世界潮流，岂有自分畛域的道理？现在的中国必须彻底破除满汉畛域，实现民族和解，为国家建万年久长之祚，而不能再像过去那样仅为一家一人之谋，而弃国家整体利益于不顾。

载泽的密折围绕着巩固君权进行分析，强调立宪政治对君权无损，对皇室有利，对国家有利，在很大程度上化解了两宫内心深处的忧虑。清廷最高政治层原本就对立宪政治、专制政治没有太多太深的成见，他们所关心的不外乎君权神圣不可侵犯不可损害，服制不可更改，辫发不能剃，典礼不可废。除此之外，两宫当然知道从来没有万世一系一成不变的法律制度，由君主专制向君主立宪转变大概真的是世界潮流，不可抗拒。

在载泽上密折的前后，封疆大吏和中枢大员也不断向朝廷施加压力，吁请朝廷顺应潮流，勇于改革，宣布立宪。8月12日，直隶总督兼北洋大臣袁世凯奏请立宪预备，宜使中央五品以上官吏参与政务，为上议院基础，使各州县名望绅商参与地方政务，为地方自治基础。

各方面不断强化的政治压力，载泽等王公大臣的透辟分析，终于使朝廷痛下决心，于载泽呈递密折的第三天即8月25日毅然决然宣布按照预先计划继续筹备立宪，加派醇亲王载沣，军机大臣、政务大臣、大学士及北洋大臣袁世凯会议考察政治大臣回京后向朝廷递交的十份文件，选择其中可行者，拟订方案，请旨办理。

朝廷之所以在这份御旨中命令袁世凯参与此事，大概是因为此时袁世凯也有重要建言，已俨然成为立宪政治的重要推动者之一。考察政治大臣戴鸿慈、端方等此时上的《奏请改定官制以为立宪预备》折，据说就是他们与袁世凯密商后由袁的重要幕僚张一麐起草的。这份奏折规范了预备立宪的政治路线图，建议朝廷以日本为榜样，宣布以十五或二十年为期，达成完全立宪。至于这十五或二十年中间的重要准备，奏折建议先从组织内阁作为突破点，也就是将皇室与政府进行必要的区隔，以维护皇室的至上尊严。而组织内阁的入手处，奏折建议从改革官制开始。这大致描绘了一幅不伤筋动骨而又能实现君主立宪政治目的的和平改革路线图，因而获得两宫嘉许，遂急召袁世凯进京与王公大臣会商。

8月26日，袁世凯抵京。27日开始，袁世凯与醇亲王载沣以及军机大臣、政务大臣、大学士等就考察政治大臣所提出的十份文件进行两天的密集讨论。在大的原则上，各位与会者一致赞成朝廷宣布预备立宪，只是在实施步骤轻重缓急等技术性层面，各位大臣的看法稍有差别。激进者如袁世凯、徐世昌、张百熙及庆亲王奕劻等，主张从速实施宪政，略微保守的孙家鼐、铁良、荣庆等强调不要操之过急，力主稳步推进。至于预备立宪入手处，与会者大致同意袁世凯等人的主流意见，以为应该从官制改革入手，为将来实现完全立宪准备一个良好的制度架构。

高层会商的结果及时向朝廷做了详细汇报，两宫迅速同意。1906年9月1日，皇上钦奉皇太后懿旨，宣布"我大清王朝自开国以来，列圣相承，谟烈昭垂，无不因时损益，著为宪典"。现在各国交往频繁，联系日密，政治、法度等，皆有彼此相因之势。而中国政令积久相仍，日处阽危，受患迫切，非广求智识，更订法制，上无以承祖宗缔造之心，下无以慰臣庶平治之望。出于此种考虑，朝廷先前派员出国考察各国宪政实况。现在各考察大臣回国陈奏，深以为国势不振，主要是由于上下相暌，内外相隔，官不知所以保民，民不知所以卫国。而各国之所以富强，主要是由于实行宪政，取决公论，君民一体，呼吸相通，博采众长，明定政体，以及筹备财政，经划政务，无不公之于黎民百姓。经过分析，朝廷认为唯有及时详晰甄核，仿行宪政，大权统于朝廷，庶政公诸舆论，以立国家万年有道之基。不过，现在中国的各项条件还是没有办法与各立宪国家相比，规制未备，民智未开，如果操切从事，徒饰空文，就很难对国民而昭大信。所以经过慎重考虑，朝廷决定在宣布预备立宪的同时，强调廓清积弊，明定责成，从官制改革入手，亟应先将官制分别议定，次第更张，并将各项法律详慎厘定。同时，广兴教育，清理财政，整顿武备，普设巡警，使绅民明悉国政，以为预备立宪基础。御旨最后要求内外臣工切实振兴，力求成效，俟数年后规模粗具，查看情形，参用各国成法，妥议立宪实行期限，再行宣布天下，视进步之迟速，定期限之远近。御旨要求各省将军督抚晓谕士庶人等，发愤为学，各明忠君爱国之义，合群进化之理，不要以私见害公益，也不要以小忿而败大谋。尊崇秩序，保守和平，逐步养成预备立宪体制下的国民。

清廷的政治宣示当然有许多保留，不过这个政治宣示毕竟意味着争论数年后君主立宪终于有了一个开始，大清王朝乃至整个中国历史由此发生一次巨大转折，传统中国向现代中国迈出非常重要的一步，因而受到中国社会各界的热情欢迎。9月3日，北京学界隆重开会庆祝朝廷宣布立宪，张灯结彩，锣鼓喧天。稍后，上海、直隶的天津、保定等通都大邑乃至僻壤遐陬，商界、报界、教育界无不开会庆祝，山呼万岁，对朝廷立宪举措给予充分肯定和深情期待。流亡海外的保皇党人也因而捐弃前嫌，以为自己多年来倡导的宪政终于被清廷所接受，他们多年的奋斗与痛苦终于换来了一个不错的结果。流亡海外的保皇党人和国内的立宪党人遥相呼应，相继成立许多立宪团体，最著名的有康有为的国民宪政会、梁启超的政闻社，以及国内江浙地区的预备立宪公会、湖北的宪政筹备会、湖南的宪政公会、广东的自治会等。这些团体一方面认同清廷的立宪举措，以为此举为中国历史上前所未有之盛举，先前数百年或数千年专制之局至此终结，此后数百年或数千年立宪之幕由此拉开。慈禧太后、光绪帝由此获得空前殊荣，政治声望达到顶峰。另一方面，这些立宪团体还肩负着重要功能，那就是以民间和社会的力量督促清廷的宣示走向实际的政治运作，要求清政府尽早召开具有制定法律、监督政府权力的国会，建立有实际权力的责任内阁等。他们期待预备立宪不要只流于形式和文字，而要有真实的内容和制度，真正拉近中国与世界的距离。

第七章　让理想变成现实

清廷1906年开始的预备立宪,是中国政治史上的重大事件。过去基于革命史观,人们总是比较恶意地怀疑清政府的诚意,以为清廷最高层特别是慈禧太后酷爱权力,不可能真的同意放权让权。其实,实事求是地讨论晚清政治史,清廷之所以走上君主立宪的政治改革道路,当然有不得已的苦衷、复杂的国内外背景和现实压力,但是所有家天下的君主都以为朕即天下,朕即国家,天下者为我的天下,国家者为我的国家,没有任何一个人会看着自己的天下国家一天天坏下去而无动于衷。所以即便从非常自私的立场出发,清末君主立宪的诚意不用怀疑,因为立宪派们已经说得很明白,这个政治体制是利于君利于民而不利于官。

改定中央官制

朝廷在宣布预备立宪的第二天,即1906年9月2日,就动真格地宣布成立编纂官制馆,特派镇国公载泽以及世续、那桐、荣庆、载振、奎俊、铁良、张百熙、戴鸿慈、葛宝华、徐世昌、陆润庠、寿耆、袁世凯等酌古准今，上稽大清王朝法度之精，旁采列邦规制之善，屏除成见，折衷至当，悉心妥订，共同编纂。又命端方、张之洞、升允、锡良、周馥、岑春煊等选派司道大员来京，随同参议。并加派庆亲王奕劻、孙家鼐、瞿鸿禨总司核定，候旨遵行，以昭郑重。

两天后（9月4日），官制编纂大臣举行第一次会议，讨论相关事宜。紧接着，清政府于9月6日下令成立官制编制馆，以孙宝琦、杨士琦为提调，金邦平、张一麐、汪荣宝、曹汝霖为起草委员。陆宗舆、邓邦述、熙彦、吴廷燮、郭曾炘、黄瑞祖、周树模、钱能训等为各课委员，参与具体政策的讨论和制定。六部及财政处、练兵处等亦派有专人参与相关问题的讨论、政策制定等。

经过一段时间的调查、讨论和研究，并参照东西洋立宪各国的成例，官制编纂大臣们对当时官制中的混乱之处进行仔细排查，认为此次官制编纂最重要的任务就是要革除中央官制权限不分、职任不明、名实不符等弊病。9月18日，载泽等编纂官制大臣上厘定官制宗旨折，建议从五个方面入手重建中央官制：

一、此次厘定官制，遵旨为立宪预备，应参仿君主立宪国官制厘定；

二、厘定官制因旧制精义浸失，名实不符，或事无专责至先推诿，或人无专事致多废弛。故此次厘定要旨，总使官无尸位，事有专司，以期名副责成，尽心职守；

三、立宪国通例，俱分立法、行政、司法为三权，各不相侵，互相维持，用意最善。三权分立而君主大权统之。现在议院遽难成立，先从行政、司法厘定，当采君主立宪国制度，以仰合大权统于朝廷的谕旨。

四、钦差官、阁部大臣、京卿以上各官，作为特简官；各阁院所属三四品人员，作为清简官；各阁院所属五品至七品人员，作为奏补官，八九品人员，作为委用官；

五、厘定官制之后，原衙门人员，不无更动，或致闲散，拟在京另设集贤、资政各院，妥筹位置，分别量移，仍优予俸禄。

很显然，这些原则虽与1898年康有为提出的方案有许多相似性，比如区分特简官、请简官、奏补官、委任官，设置集贤、资政各院，但是一个最明显的不同，此次官制改革是在稳定的前提下先易后难稳步推进，并不企求一次性解决所有问题。9月27日，侍读学士柯劭忞奏请朝廷在厘定官制时不可一切更张，完全推倒重来。28日，御史蔡金台建议朝廷在厘定官制时应对阁部督抚州县之权给予适当限制。30日，铁良与袁世凯在官制改革问题上的冲突公开化，大致说，袁世凯主张大改，主张取消军机处，设立责任内阁，裁撤合并一些衙门；而铁良主张小改，反对建立责任内阁，主张在官制改革中削减督抚权力，集权于中央，主张设立陆军部统辖全国军队，限制官吏兼职等。10月1日，御史赵启霖建议朝廷在官制改革中分步进行，逐渐变更，先中央后地方，待中央层面的改革大致完成后，再进行地方官制改革。因为这一系列建议和当时的实际情况，清廷在改革之初就明确了分步实施、先易后难的大原则，明确划出中央官制改革中"五不议"的范围，即军机处不议，内务府不议，八旗事不议，翰林院事不议，太监事不议，以此减少改革压力和阻力。

尽管有如此明白的政策限制，但在讨论过程中还是出现许多争论和问题，特别是对许多裁撤合并的机构究竟怎样处理，对于那些因机构裁撤而自动下岗的人员如何安置等，也都引起许多无休止的争论。其中争议的最大问题就是能否实行责任内阁制，赞成的人以为这是君主立宪的关键，将使君主摆脱日常事务，立于从不犯错永远正确的至上地位；而反对的人则以为责任内阁在本质上是剥夺削弱君主的权力，是率天下士大夫背叛朝廷，不如正在实行的军机处体制能够保证皇权有效执行，保障皇权的至上尊严，更重要的是方便国家动员，能够使清廷有力量有办法动员一切力量做大事。

袁世凯(1859—1916),字慰亭(又作慰廷),河南项城人,故人称"袁项城"

铁良(1863—1938),字宝臣,穆尔察氏,满洲镶白旗人。清末大臣,宗社党主要成员之一

从来改革乃至一切政策的制定都是各方力量妥协的产物。清廷原本计划通过此次官制改革，一步到位达成君主立宪体制，但终于在反对者的压力下有所收缩。原本准备以军机处为基础建立内阁体制，几经折腾已经严重变质，不再具有君主立宪政体下责任内阁的意义；仿照日本内阁体制设置的内阁总理大臣、左右副大臣也就不必再提。改革后的中央部院设置为外务部、民政部、财政部、陆军部、法部、学部、农工商部、交通部、理藩院、吏部等。另外，由于暂时没有设立议院的条件，所以改政务处为资政院，礼部为典礼院，大理寺为大理院，都察院仍旧，增设集贤院、审计院、行政裁判院和军咨府等。

总司核定大臣奕劻、孙家鼐和瞿鸿禨等对这个方案反复核查，最后又决定将财政部改为度支部，交通部改为邮传部，取消典礼院，恢复礼部，将行政裁判院、集贤院删除。11月2日，这个方案报给了朝廷，并详细说明这个方案与君主立宪主旨相近，对于清除过去中央官制中的积弊应该很有帮助。

因为君主立宪体制下不能没有内阁体制，所以这个方案采取变通办法，建议改军机大臣为办理政务大臣，各部尚书均为参预政务大臣，大学士仍办内阁事务。名称略异，规制则同。中央行政机关分之为各部，合之皆为政府。各部尚书入则同参阁议，出则各治部务。如是则中央集权之势成，政策统一之效著。

中央官制改革方案得到了朝廷的高度重视，又几经讨论反复斟酌，朝廷于11月6日发布厘定中央官制改革方案的谕旨，对先前一切讨论有所尊重有所采纳，当然也有所抛弃或调整。谕旨宣布，此次中央官制改革的指导思想是专责成，清积弊，求实是，去浮文，期于厘百工而熙庶绩。根据这个指导思想，御旨内阁、军机处一仍其旧，其理由为，军机处为行政总汇，雍正年间本由内阁分设，取其内接近庭，每日入值承旨，办事较为密速，相乘至今，尚无流弊，所以不必刻意废除，为了改革而改革。

谕旨强调,内阁、军机处一切规制不必改动,其各部尚书均命充任参预政务大臣,轮班值日,听候召对。至于中央各部院,外务部、吏部,均照旧;巡警只是民政事业的一部分,所以命巡警部改为民政部;户部改为度支部,以财政处并入;礼部以太常、光禄、鸿胪三寺并入;学部仍旧;兵部改为陆军部,以练兵处、太仆寺并入;另行设立海军部及军咨府,在其未设立之前,其职权归陆军部;刑部改为法部,专任司法;大理寺改为大理院,专掌裁判;工部并入商部,改为农工商部;轮船、铁路、电线、邮政应设专司,定名为邮传部;理藩院改为理藩部。这就是改革后中央各部院行政架构的大致框架。不难看出有新有旧,具有非常明显的过渡特征。

至于中央各部院行政主脑的职权、职数,1906年的改革方案也有很好的规划。谕旨强调,除外务部情况特殊,各部均设尚书一人,侍郎二人,不分满汉;都察院本纠察行政之官,职在指陈缺失,伸理冤滞,改为中都御史一人,副都御使二人;六科给事中改为给事中,与御史各员缺均暂如旧。

至于新增设的机构,首推资政院和审计院。资政院的功能是博采群言,为将来开设议院作准备;审计院的功能为核查经费,为政府行政开支把关。

还有宗人府、内阁、翰林院、钦天监、銮仪卫、内务府、太医院、各旗营、侍卫处、步军统领衙门、顺天府、仓场衙门等,谕旨决定在此次改革中暂不涉及,一仍其旧。

谕旨发布的同一天,清廷就便参照新章程对中央人事做了调整,宣布奕劻、瞿鸿禨仍留在军机处,世续补为军机大臣,林绍年以侍郎用,在军机大臣上学习行走。鹿传霖、荣庆、徐世昌、铁良均开去军机大臣,专管部务。

第二天，清廷又宣布了改组后的中央各部院尚书。外务部情况比较特殊，仍按照旧的体制运行，以奕劻为管部总理大臣，那桐为会办大臣，瞿鸿禨为会办大臣兼尚书。其余各部院尚书名单为：鹿传霖长吏部，徐世昌长民政，溥颋长度支，溥良长礼部，荣庆长学部，铁良长陆军，戴鸿慈长法部，载振长农工商，张百熙长邮传，寿耆长理藩部，陆宝忠为都察院都御使。

从清廷批准的改革方案看，此次中央行政机构的改革大体上遵循稳步推进的方针，既没有全部推倒重来，又没有形式主义地走过场。这个方案的亮点在于清廷终于迈出宪政的步伐，终于在行政架构上向立宪政体靠拢，确认三权分立的原则，尤其是新增设的资政院和审计院，确实是在为未来君主立宪完全达成做着扎扎实实的准备，为三权分立的真正实现创造条件。至于不被人们充分关注的军事管理体制改革，更是过去十多年同类改革的集大成，是一次非常重要的体制创新。陆军部、海军部的创设，使中国传统军种发生了重大变化，顺应了世界潮流；至于新创设的军咨府，更是一个非常重要的军事机构，其功能类似于日本军队的大本营或参谋本部。在甲午战后就有人提出进行类似改革，在1898年差一点变成事实，不幸都因种种原因而中止。现在重新提出并一举创设，应该说是体制上的一次重要创新，是中国政府、中国军队管理体制向世界各国看齐的一个重要步骤，军政、军令开始分开，中国的国家体制确实迈出了关键性的步伐。

当然，也有许多人对清廷的这个改革方案非常不满意，以为清廷宣布的最终方案非常令人失望，几乎所有的机构仍是本来面目，军机处继续为权力中枢，礼部仍旧保存，许多中央部院的改革，说到底也不过是更换一个更加时髦的名字而已，职权未变，本质未变。于是这些不满者以为这次所谓的中央官制改革不过是"弥缝主义"，是"伪改革"，徒为表面之变更，而无内容实质之变动，只是承袭了立宪国的皮相而遗漏其精神，是龙头蛇尾、因循守旧的假改革。

更有激烈反对者，以为清廷的所谓改革不过是借改革之名而收聚中央大权，巩固满洲贵族集团的集权统治而已。他们的一个重要论据是，改革后的中央部院均各设尚书一人，废除了改革前各部院尚书两人，满汉各一人的成例。而改革后十一个中央部院共有十三个尚书，满人占了七个，蒙古人一个，汉人只有五个，明显减少了汉尚书的名额。这一点确实为后来的政治纷争埋下了种子，潜伏着危机。

重建地方官制

改定中央官制只是1906年官制改革的一个环节，官制改革的另外一个重要环节是地方官制的改定与重建。

清代的地方官制情况各地不一，并未在全国范围内实行统一的地方制度，而是因地制宜予以变通。大体上说，在中原腹地，继承元明以来的行省制度，实行统一管理和统一制度。至此次改革之前，大致实行省道府县四个层级。省的最高行政机构为督抚衙门，最高行政长官为总督或巡抚，之下大概实行类似于三权分立的体制，有专司政务的布政使（全称承宣布政使司，简称藩司），专司治安的臬司（提刑按察使司），专司司法、检察的按察使。另有中央政府直接任命和管理的学政，负责省内教育。省以下为道，道置道员，俗称道台，亦称观察。道员的职责是协助督抚及藩司、臬司等省级机构管理属地政务事务，并监督府县，课农桑，兴贤能，励风俗，简军实，固封守，其地位职守都介于省与府县之间。道以下有府，府的行政长官为知府。府以下设县，县有知县。

在东三省、蒙古、西藏等周边地区，清政府实行更为宽松的特别制度，其中东三省为龙兴之地，制度最为特殊。至于京师，继承明朝制度而略有调整，设置顺天府，作为中央直属的特别行政区，是首都最高行政机关，顺天府尹为正三品，且一般由尚书、侍郎等层级的中央大臣兼任。顺天府虽在直隶总督的辖区内，但府尹与直隶总督不存在隶属关系。

清代的地方制度，中间有过几次改革和调整，特别是对于督抚同城现象，早在洋务运动之末就有一些批评，1895年开始的"维新时代"曾尝试着解决这些问题，比如裁撤同城督抚之一，比如湖南新政时尝试成立保卫局等。只是后来政治突然变化，许多新政措施不得不中止。1901年新政开始后，地方行政管理体制的改革再一次提上日程，其要点及核心就是增加地方的权限，减少管理层级，减少官员人数，提高行政效率。

1906年宣布预备立宪后，地方行政改革再次引起了各方面的重视。这一次的改革当然是为地方自治和宪政体制的实行准备条件，为将来实施宪政奠定基础。1906年11月5日，官制编制馆拟定的外省官制改革方案公布，电请各省督抚裁酌。第二天，朝廷责成奕劻等官制编制王大臣陆续编订各省地方官制，并会同各省督抚筹备地方自治。

对于中央官制编制馆的方案，各省督抚都进行了仔细的研讨，对各种方案进行比较和加减，然后通过相关渠道上报中央。各省督抚的大致意思是，全国幅员广阔，人口众多，各地风俗不一，发展也不平衡，所以制度的制定应该充分考虑到各地的特殊情况，本着宪政的精神和原则进行，允许有先后有迟早，不必强制一律，强制推行。

各地督抚的建议合情合理，所以清政府在1907年初决定参照各地在人才、经费、民智等各种因素不平衡的实际情况，分阶段逐步推行，先从东三省开始试点，待取得一些初步经验后逐步推广。

东三省为大清王朝的龙兴之地，尽管自1900年先后被俄国和日本占有，但这块热土一直被朝廷视为特别区域，一直设置实行比较特殊的政治架构和统治政策。东三省的最高长官为将军，由满族或蒙古族人担任，在吉林将军和黑龙江将军的署下，参照中央政府的政治架构，分设有户、礼、兵、刑、工五司。在陪都盛京，其体制又稍有不同。1625年清太祖把都城自辽阳迁至沈阳，并着手在那里修建了皇宫，所以清太宗皇太极于1634年将沈阳改名盛京。1644年大清王朝迁都北京后，就将盛京定位为留都，实行特殊的行政体制，陆续设立户、礼、兵、刑、工五部，各部设侍郎，置内大臣为总管，留守盛京。稍后，又改内大臣为镇守昂邦章京。至康熙元年（1662），改镇守昂邦章京为镇守辽东等地地方将军。1657年，朝廷以"奉天承运"之意在沈阳设奉天府，原镇守辽东等处地方将军改称镇守奉天等处地方将军。乾隆十二年改称盛京将军，主要负责当地军政事务，兼管奉天府尹事务大臣，监督府尹。奉天府的设置参照了京师特别行政区顺天府的行政架构和功能，甚至在某种程度上说，其体制的崇严较顺天府有过之而无不及。

按照清廷最初设计，东三省为其根本之地，所以并不允许关内人民迁至该地，实行封禁政策。如此一来，人烟稀少，除原有居民外，就是驻防在那里的八旗。东三省之所以设置将军，继续保留军事化、半军事化的政治框架，主要是因为那里的政务实在简单，除了极少量的居民有民政需求外，就是管理那些八旗。只是到了后来，随着流民不断流入，土地开垦不断扩大，商业发达，城市兴起，非军事人口不断增加，于是清政府不得不在一些经济发达地区陆续设立地方行政机构，以加强社会管理，维护社会秩序。

日俄战争后，东三省的情形更加混乱，俄国人据有北满，日本人据有南满，新旧体制冲突加剧，各种各样的社会冲突时有发生，东三省已经不是原来意义上的龙兴之地，更非原来封禁状态下的独立王国，因此改革东三省的管理体制，就成了非常迫切的问题。盛京将军赵尔巽奏请朝廷派员勘察东三省的实际情形，制订改革方案。朝廷采纳了这个建议，于1906年10月派遣载振和徐世昌前往东三省实地考察，研究改革方案。1907年初，载振、徐世昌回到北京，东三省行政体制改革由此逐步推进。4月20日，清廷下令东三省改制，将盛京将军改为东三省总督，兼管东三省将军事务，随时分驻三省行台，奉天、吉林、黑龙江各设巡抚一职，分掌各省事务。朝廷同时宣布以徐世昌为东三省总督，并授为钦差大臣。以唐绍仪为奉天巡抚，朱家宝代理吉林巡抚，段芝贵以布政使衔代理黑龙江巡抚。并责成徐世昌等拟定东三省的新官制报中央批准后实行。

5月22日，新任东三省总督徐世昌等将东三省官制及督抚办事纲要上报朝廷并获得批准。根据这个方案，东三省的行政体制不同于内地，继续实行特别政策，三省各设行省公署，取消了督抚、藩、臬各署，公署内设承宣厅、咨议厅，以左右参赞充任。又设置交涉、旗务、民政、提学、度支、劝业、蒙务等七个司，分司各类事务。行省公署另设督练处，主持军政；设提法司，主管刑法。总督为东三省最高行政军政长官，三省巡抚为次官，各加副都统衔。八旗事务的处置权在东三省总督和三省巡抚。

经过这一次改革，东三省的行政体制发生了很大变化，虽然继续保留着一些特别权力，但其体制已经趋于与内地大体一致，并具有一些近代化的特征，使行政效率获得了很大提升，为全国的地方行政体制改革提供了范例和经验。

在中央官制改革以及预备立宪的大背景下，东三省的这些改革十分引人注目。1907年7月7日，奕劻、孙家鼐等参照东三省的行政体制，奏请朝廷颁行地方体制改革章程。根据他们拟定的方案，各省按察使一律改为提法使，增设巡警道和劝业道，府州县有辖境的同治、通判改为州县，有属县的直隶厅改为直隶州，裁撤分守分巡各道，酌留兵备道，分设审判道，增易佐治员。

根据这个方案，各省督抚设会议厅，定期召集司道以下官员讨论本地各项紧要事务，重要且涉及本地的事项，还要定期不定期邀请当地乡绅一起讨论，听取各方面的意见，增加决策的民主性，扩大一般民众对当地事务的参与权力，培养民众的参与意识。

至于在府州县层级，由于取消了佐贰杂职，一律以佐治员代替，分掌巡警、教育、农工商、交通、监狱和税收等事宜，而这些佐治员必须通过相关考试予以录取，这在很大程度上有助于这些佐治员也就是后来的公务员的专业化、职业化、中立化，不必受到现实政治更多干预，有助于行政效率的提升。同时，还应该注意的是，这个改革方案中，规定府州县这个层级必须创造条件，分期分批设立议事会、董事会等各种各样的民意机构，允许各地尝试地方自治，为地方民主政治的完全实行准备条件。

基于预备立宪的考虑，这次地方改制方案还注意到了三权分立意识的培养，特别是趋向于司法独立，为社会公平提供一道有力的保障线。方案要求各省设提法司，置提法使，专责司法行政，监督各级审判，并规定设立高等、地方和初级审判厅，从而使地方司法行政与审判实践逐步分离，为司法的真正独立奠定了基础，提供了可能。

或许是因为这个将要通行全国的地方改制方案稍显激进，朝廷担心如果一旦全面推开就可能无法控制，于是几经酌商，谕令将这个方案由东三省先行开办，直隶、江苏择地试办，其余各省体察各自情形，分年分地，请旨办理，逐渐推广，争取用十五年的时间使全国的地方行政体制趋于统一，一律实行新体制、新制度。

对于地方行政体制的改革，清政府还是采取了比较稳妥的立场，因而也被许多人批评为比较保守，不过如果从长远立场去观察，这个地方行政改革毕竟迈出非常关键的一步，使大清王朝踏上了一条近代化改革的不归路。因为这个改革虽然缓慢，但其本质却异常激进，不论是中央还是地方行政，其改革都不外乎是立宪政体下的技术问题，注意到了在立宪政治体制下从行政、立法、司法三权分立的视角进行制度设计和制度创新,使各级各类政府机构向专业化、职能化、技术化和政治中立化方向迈出了一大步,逐步形成职业性能比较高的行政管理体制。它是中国行政管理体制现代化的开端,一般民众的政治参与能力和参与热情在这一过程中获得了很大提升。

革命促改良促立宪

1907年7月7日,清廷颁布外省官制改革方案。就在这个月的28日,清廷重臣袁世凯又向朝廷上了一份非常重要的秘密奏折,建议朝廷赶紧实行预备立宪,并开列了应办必办的十件大事:昭大信、举人才、振国势、融满汉、行赏罚、明党派、建政府(采内阁合议制度)、设资政院(州县设议事会,省设咨议局)、办地方自治、普及教育。同一天,袁世凯还向清廷建议派遣大臣分赴德国和日本,会同出使大臣,详细考察两国宪法,为早日实行预备立宪进行实实在在的准备。

袁世凯的政治危机感一方面来源于各地立宪运动的不断高涨,他不希望清政府被各地的立宪运动牵着鼻子走,而主张主动进行,这样才能掌控时局。另一方面,袁世凯的危机感主要来自体制外的革命压力,以为孙中山和革命党虽然还没有进入社会中心,但是清政府如果不能主动改革,那么这股革命势力和革命思潮迟早会成为中国社会的中心力量和中心议题,清政府主动立宪,主动变革,才是消弭革命的良药。毫无疑问,袁世凯的这个认识是真切的。

孙中山和他领导的革命党人经过差不多十年的奋斗,确实已经成为中国政治生活中一股不容继续忽视的重要力量,尽管革命党也曾因清政府的新政、预备立宪等政治改革的开启而一度陷入低谷,但最终清政府无法有效推动这些政治改革,政治改革总是在一些关键性问题上止步不前，因而又往往为孙中山的革命，为革命党人势力的扩大提供了可能和空间，于是有同盟会的成立和革命力量的大集结。

同盟会的成立当然是中国政治生活中的大事变，它的直接动因在某种程度上说就是清政府政治变革裹足不前和俄国政治改革的强烈刺激。俄国人的政治变革运动不仅改变了俄国的政治生态，而且彻底唤醒了亚洲，唤醒了中国，先前被压迫被奴役的阶级终于觉醒了，要求新的生活，为争取人的起码权利，为争取民主而斗争。这预示着革命高潮的到来。

仅从国内情形看，国内的革命思潮和运动在新政开始后确实一度陷入低潮和困境，清政府的政治改革确实给相当多的中国人带来希望和憧憬，善良的中国人在两害相权后总是觉得革命是不得已的最后举措，希望清政府的主动变革能够有效调整国内各阶层的利益，化解各阶层各阶级之间的冲突。然而，像任何政府一样，清政府始终是一个被动的变革主体，它的每次大的变革，总是发生在重大危机之后，一旦通过变革化解了危机，变革的动力也就减弱乃至消失，那么不满的怨言反对的力量必然再次集结，再次爆发。二十世纪初年的中国政治几乎始终没有逃脱这个循环往复、这个政治周期。

同盟会并不是在一片空白上从零开始的，它的真正意义其实是对先前许多政治组织、政治力量的整合。这些政治组织可能具有不同的政治诉求，但在大的方向上差不多都不满意于清政府的政治统治，不相信清政府政治变革的诚意。这些政治组织主要有孙中山的兴中会，黄兴等人领导的华兴会，蔡元培等人领导的光复会等。

兴中会成立于1894年末，原本只是孙中山等少数人的政治团体，其目标为"驱除鞑虏，恢复中国，创立合众政府"。在孙中山的卓越领导下，兴中会发展神速，经过短短十年时间，孙中山和他的兴中会不仅在江湖上威名远扬，而且经过一系列武装起义和系统的政治宣传，成为清政府的心头之患。

与孙中山兴中会力量相当,地位相垺的政治团体首推华兴会。华兴会成立于1904年初,其主要成员有黄兴、宋教仁、刘揆一、陈天华、刘道一、张继、秦毓鎏、章士钊及周震麟等,黄兴为会长。华兴会的政治诉求与兴中会相似,就是"驱除鞑虏,恢复中华"。就是要以清政府为敌,就是要推翻清政府。

在同盟会中起到重要作用的政治团体还有光复会。光复会成立于1904年冬,其主要成员基本来自江浙地区,领袖及其骨干力量主要有陶成章、蔡元培、章炳麟、徐锡麟及秋瑾等。光复会的政治诉求也是反对清政府,同样将清政府看作异族政府,视汉族过去几百年为被殖民状态,其政治誓词为"光复汉族,还我河山,以身许国,功成身退",显然其关键词就是"光复"二字。

这几个政治组织的主要领袖,在过去的若干年中通过各种各样的政治手段和政治机会,建立了各自政治声望和政治地位,清政府对他们的每一次打压、每一次驱逐、每一次关押,都使他们在江湖上、在社会上甚至在国际政治舞台上的声望上再上一个台阶。他们的革命活动成为列强观察中国问题的一个视角,甚至渐渐成为列强对中国未来的一种期待、一个选项。所以这些反对清政府的政治组织尽管在国内受到严厉打压,但他们在外国,甚至就在被外国殖民统治的中国土地香港、澳门和台湾,都享有充分的政治自由。

同盟会成立正是在清政府政治改革步入深水区,逐渐陷入困境的时候。清政府内部有许多人期待中国能够像日本一样实现君主立宪,放弃君主专制,而革命党人在孙中山的影响下,却走得更远。他们一方面不相信清政府的改革诚意,另一方面甚至不相信君主立宪是解决中国问题的良药,主张抛弃不合时宜、不合中国国情的君主立宪,直接选择地球上最文明的政治法律制度,也就是民主共和,号召推翻满洲人的异族统治，恢复汉民族的国家，重建一个属于中华的共和国，这就是"驱逐鞑虏，恢复中华，建立民国，平均地权"。

孙中山的政治理念和政治远见成为同盟会内部各个政治团体的共同认识，也成为同盟会超速发展的强大动力。同盟会总部于东京成立后不久，就在国内，在南洋，在美洲，在欧洲，相继建立了一系列支部，吸收整合国内外各类进步人士尤其是青年知识分子。同盟会的队伍迅速壮大，人员遍及国内及世界各地。

同盟会的迅速发展当然引起了清政府的高度关注。清政府在继续打压革命势力的同时，也确实因革命的压力而加大政治改革的力度。只是革命党人既然不认为君主立宪是中国政治的最好选择和唯一道路，所以无论清政府的政治变革走到哪一步，都很难说服这些革命党人。

孙中山在1905年底创刊的《民报》中第一次公开提出民族、民权和民生"三大主义"，较为系统全面地阐释了中国革命所要达成的目标，所要采纳的方式和途径。革命党人普遍不能相信清政府的立宪，主要是基于清政府过去的政治诚信记录。正如朱执信在《民报》创刊号中所发表的文章标题所揭示的那样，"满政府虽欲立宪而不能"，之所以不能，就是统治者的本性使他们不可能主动放弃或约束自己的权力，不可能放弃甚至减少自己的政治利益和物质待遇。所以中国的进步不能寄希望于清政府，更不能在君主专制和君主立宪上徘徊反复。陈天华在同一期创刊号中的文章标题为"中国宜改创民主政体"，而这个民主政体显然不是通过改良清政府已有政治架构可以实现的，而是要推倒重来，重新建构，就是要驱逐鞑虏，恢复中华，就是要推翻满洲贵族对政权的垄断，恢复汉民族的国家。

满洲贵族集团当然不能代表整个中国的利益，甚至也不能代表所有的满洲人。满洲贵族集团其实就是一个特殊的利益阶层，是大清王朝的既得利益者，所以他们对政治改革天生地具有一种排斥性，他们的利益决定他们只能选择保守的政治立场。孙中山在三民主义理论框架中所展示的民族主义诉求在后人看来可能狭隘了一些，但在当年确实击中了清政府的政治要害和软肋。至于民权和民生，这两大主义是民族主义实现之后的应有之义，革命党人之所以不再相信君主立宪，就是认为君主立宪不论怎样开明，怎样以宪政的力量约束皇权，都不如没有皇权来得干脆、来得彻底。中国建立人民当家做主的民主共和体制，不是对至上的无限的皇权进行形式主义的约束，而是从根本上否定任何政治家终身统治的合法性，一切政治领导人都要接受人民的选择，为人民服务，对人民负责，接受人民的监督，这些统治者一旦超越了人民的授权，任意胡作非为，那么人民就有权力将他们赶下台。

孙中山的三民主义理论很快赢得了国内外民众的欢迎和信仰，当然也在清政府内部激起阵阵涟漪，清政府之所以在1906年之后加快政治改革的步伐，在很大程度上是因为革命理论和革命声势的刺激。

革命当然不是一件好玩的事情，革命当然会付出血流成河的代价，所以革命和三民主义的理论一方面赢得了民众，另一方面诱发了中国社会原本存在的革命恐惧症。先前与清政府内部保守势力结仇的康有为、梁启超不计前嫌，在新政开始后逐渐认同了清政府的政治改革举措，以为清政府真的回到了正确道路，尽管清政府开出的十五年预备立宪时限可能真的长了点，但君主立宪确实是一条合乎中国实际的政治解决方案，足以解决中国问题，因此他们对孙中山和革命党人鼓吹的革命理论和三民主义理论坚决反对。康有为于1907年11月4日写信给梁启超，表示他个人从不担心中国被外国所吞并，而深为忧虑革命所引发的内乱，以为中国如果不发生内乱，则无论怎样不进步，也依然是世界一霸；如果内乱，则必然发生印度等国的情形，必然导致国无宁日甚至走向灭亡。康有为指出，未来中国发展的关键不是立宪与不立宪，而是革命与不革命，中国的最大危险主要就来自革命所导致的内乱。

康有为反对革命的言论深刻影响了他的门徒们。梁启超在他主编的《新民丛报》中竭尽全力对革命党人的革命理论进行全面批判，以为中国现在还不到实行共和民主的时候，中国国情决定中国只能走上缓进的改良道路。梁启超的批评引起革命党人的强烈反弹，于是一场以革命还是改良为主题的激烈论战在《民报》和《新民丛报》中展开。

根据1906年4月出版的《民报》第三号发表的《〈民报〉与〈新民丛报〉辩驳之纲领》的归纳，革命党人与康梁保皇派之间的原则分歧主要体现在这样十二个方面：

《民报》的主张	《新民丛报》的主张
共和；	专制；
望国民以民权立宪；	望政府以开明专制；
以政府恶劣，故望国民之革命；	以国民恶劣，故望政府以专制；
望国民以民权立宪，故鼓吹教育与革命，以求达其目的；	望政府以开明专制，不知如何方副其希望；
主张政治革命，同时主张种族革命；	主张政府开明专制，同时主张政治革命；
以国民革命，自颠覆专制而观则为政治革命，自驱逐异族而观则为种族革命；	以为种族革命与政治革命不能相容；
以为政治革命必须实力；	以为政治革命只须要求；
以为革命事业，专主实力不取要求；	以为要求不遂继以惩警；
以为不纳税与暗杀，不过革命实力只一端，革命须有全副事业；	以为惩警之法在不纳税与暗杀；
以为凡虚无党皆以革命为宗旨，非仅以刺客为事；	诋毁革命而鼓吹虚无党；
以为革命所以求共和；	以为革命反以得专制；
鉴于世界前途，知社会问题必须解决，故提倡社会主义；	以为社会主义，不过煽动乞丐流民之具。

双方围绕着这些议题反复辩论，革命派以为自己的理论逐步深入人心赢得人心，有效扩大了革命势力的阵容；而康梁等改良主义者也始终

不愿认输，以为自己的理论和主张才是治世之良药。其实，实事求是地说，双方的自我评估都有道理，改良主义的主张温和平和，因而容易被人们所接受；而革命派的理论虽然激进、令人恐怖，但清政府的不争气，却使革命派的那些预言不幸而言中。所以在论战的早期，改良派略胜一筹，但了后来，随着清政府一天天失去人心，许多先前主张立宪、主张和平改革的人却反戈一击，成为激烈的革命者。

政治改革突然提速

革命思潮的传播和革命运动的高涨，使清政府政治高层甚感恐惧，头脑清醒如袁世凯者，大都明白建议清政府迅速决策，加快预备立宪的进度，尽快制定和颁布新宪法，以君主立宪抵消革命对中国的冲击。

袁世凯呈递这个秘密建议为1907年7月28日。几天后，清廷重臣张之洞于8月7日致电军机处转奏朝廷，痛陈革命党横行天下，人心惶忧，建议朝廷布告天下，化除满汉畛域，所有立宪、议会等事俱以此为基础，自然推行无滞；恳请朝廷处以镇静，固不宜为因循旧习所误，也不要为浮言张皇所摇。张之洞的这个建议迅即被朝廷采纳，朝廷命张之洞迅速来京陛见。

各位重臣的赤胆忠心当然不难被朝廷所理解，清廷遂于8月13日下令将考察政治馆改组为宪政编查馆，直属军机处，由军机大臣总理其事，性质类似于立宪国家责任内阁的法制局，主要承担奉旨交议有关宪政折件；承拟军机大臣交付调查各件；调查各国宪法，编订宪法草案；考核法律馆所拟定各种法典草案及各部院、各省所订单行法及行政法规；调查各国统计，汇集全国统计表及各国比较统计表等。稍后，清廷谕令各省成立调查局，考察本省民情风俗历史现状，随时汇报宪政编查馆。中央各部院也相继成立统计处。1907年10月，宪政编查馆奉命创办《政治官报》,刊登政府有关预备立宪御旨、批折、宫门抄,以及相关法律法令、条约合同等,旨在行政公开,信息公开,增加政治生活透明度。

按照清廷的设想,新改组的宪政编查馆仅为法律法案编制机构,并不具有议会功能。而按照清廷的政治日程,正式议会的设立还有漫长时间,要经过一个相当长的预备过程。这个预备过程当然是为了使国民养成立宪的习惯,培养社会立宪的基础,而要达成这个目的,又必须设置一个具有过渡性质的政治机构,这就是清廷于9月20日下令设立的资政院。

资政院是完全立宪后正式议会的预备机构,只是预备立宪的一个重要举措,是清政府仿照东西洋立宪各国法规体制而设立的中央咨议机关。其主要功能与宪政编查馆相配合,宪政编查馆主编纂,资政院主审定,显然是一个准议会组织。

清廷宣布设立资政院是在1907年9月20日,但是各项筹备似乎并没有很快提上日程,受命会同军机大臣共同拟定资政院详细院章的资政院总裁溥伦和孙家鼐,不知什么原因直至1908年7月8日方才将这个院章草案上报朝廷,这显然已经严重落后于政治实践,因为当时非常活跃的立宪主义者不再期望过渡形态的资政院还能发挥什么功能,而是要求清政府在最短的时间内尽快召开正式国会。以清政府为主导的政治改革显得越来越被动与无奈。

中央层面的政治改革或许只能是碎步前进,无法一步到位,而地方上的立宪运动,在经历了几年的酝酿和各地不同程度的试验后,大致上可以放开手脚稳步推进。于是清政府于1907年10月19日下令各省督抚可以视各自情形设立各省咨议局,选拔那些公正明达的官绅参与此事,以期将各省咨议局办成地方舆论的中心,一方面能够指陈各省政治举措的利弊得失,筹划地方治安,将各省应兴应革之事详加讨论,形成决策，减少失误，另一方面期望各省咨议局能够为中央资政院储备人才，以便将来资政院选举议员，可由各省咨议局公推递升。

其实，各省立宪团体在那几年已有很大发展，已经为各省咨议局的成立准备了足够的条件。1908年7月22日，清政府公布各省咨议局章程十二章六十二条；另行颁布咨议局议员选举章程一百一十五条，限各省根据这些文件在一年内办齐。

按照各省咨议局章程的规定，咨议局议员的选举有多种方式，但是享有选举权的人一般应为本省籍贯，必须年满二十五岁，且为男子，妇女尚不能享有选举权。至于非本省籍贯，必须寄居本省满十年，或在寄居地有一万元以上的营业资本或不动产。此外，还有一些附加条件。

至于被选举资格，章程也有严格规定，尤其重视被选举人的品行及诚信记录、文化程度、生活习惯（比如是否有不良嗜好如吸食鸦片），财产是否清白等。对于本省官吏或幕友、常备军人、巡警、僧道、牧师以及小学教员等，章程规定暂停其被选举权。

咨议局议员资格的认定当然比较严格，于是有资格获选的人并不是很多，这些规定其实来自东西洋各立宪国家，在许多方面参照了美国联邦参议员的选举和资格认定，是一种比较理想的制度引进和制度创新。只是稍有不同的是，东西方各国地方议会均为地方权力机关，享有充分的立法权和监督权，而清政府规范的各省咨议局则是议会政治的过渡形态，不是咨议局去监督和控制地方政府，而是地方政府中的督抚有权监督、控制咨议局。咨议局议决事件，督抚若不以为然，可令咨议局复议。复议后督抚仍有异议，仍可不执行。咨议局并不享有强制督抚必须执行的权力。甚至督抚有权监督、召集、停止甚至解散咨议局。由此看来，咨议局仅仅是地方民主政治的一种过渡，是督抚主导下的民主政治形态，还不具有西方国家地方议会的功能和特征，不是地方上的权力机关。只是各省咨议局的相继设立为本省政治民主运动提供了空间和可能，为那些立宪主义者提供了合法的政治活动场所，对后来的政治变动准备了多个选项。

按照清廷最高政治层的最初构想，君主立宪既然是中国发展的必由之路，那么就应该积极筹备，准备实行，只是这个筹备的时间可能会很长，所以从一开始就将之定性为"预备立宪"，而不是立即立宪，至于完全的立宪时间，清政府在最初只是给出一个大概期限，说是十五或二十年。

然而随着以同盟会为主体的革命运动日趋高涨，国内的政治动荡日趋加剧。1907年7月6日，安徽巡警学堂监督徐锡麟在公开场合枪击安徽巡抚恩铭，将清政府的政治危机推向一个小高潮，引起许多大臣的重视。袁世凯、张之洞等不约而同地建议清廷加快立宪步伐，期望以立宪消弭革命。而加快立宪步伐最重要的标志，就是尽早公开宪法。国内的立宪党人，流亡海外的保皇党人及华侨，也通过各种各样的方式向清廷施加压力，促使清廷公布宪法，实行君主立宪。

国内外的压力深刻影响了清廷的决策。1907年9月9日，清廷接受各方面建议，命外务部侍郎汪大燮、邮传部侍郎于式枚、学部侍郎达寿分充出使英、德、日本考察宪政大臣，分别前往各国考察宪政尤其是宪法。

汪大燮曾任留日学生监督、驻英公使，两年前升任外务部侍郎，具有广阔的国际视野，见多识广，既熟悉国际大势和外交关系，更对英国宪政有相当独特的研究和认知。他在这次考察后向朝廷递交了《英国宪政要义》《国会通典》等十四种宪政著作，对于中国宪政进程也有比较重要的贡献。

于式枚出身于北洋，充任李鸿章幕僚多年，1896年参加过康有为发起的保国会，也算是具有新思想的新人物，然而他在出使德国专门考察宪政和宪法后，却得出与其考察目标完全相反的结论。他在1908年6

月 18 日递交的考察报告中指出，宪法自在中国，无须求之外洋，中国不必像东西洋各国一样，形式主义地走上立宪道路。他认为，各国宪法条文有很多是中国固有的成文法，有的虽为中国所没有，但无须模仿，也没有必要引进。各国立宪，大都由于底层百姓的要求，求而不得就要争，争而不得就要乱。国政归于一则臣民无非分之想，国政散于众则臣民必有竞争之心。立宪的最高境界不过是日本的明治维新，搞得不好反而成了法国大革命，扰乱社会几十年甚至更久远。于式枚的结论是中国不必模仿东西洋各国匆匆忙忙走上君主立宪的路，中国应该按照自己的实际情况决定下一步的政治路线图，但其要点是不要发生法国式的大革命。于式枚的观点在当年确实令人吃惊和称奇，只是后来中国的政治发展恰恰向着于式枚最不愿看到的路上走去。

在 1907 年三个出使考察宪政大臣之中，真正对后来的政治发展起过直接作用和重要影响的是达寿。达寿在日本得到许多宪法专家的热情帮助和耐心指导，对日本宪法及其宪政制度、宪政实践等进行了系统分析和仔细归纳，对于君主立宪的真义、内涵都有比较深刻、比较有新意的解读，是近代中国君主立宪理论"汉化"的重要人物。

达寿回国后组织编写有《日本宪法论》、《议院说明》等著作，并于 1908 年 8 月 7 日奏请朝廷实行君主立宪，颁布钦定宪法，宣布国会预定年限，建议宪政预备，不可过迟。并请先立内阁，统一中央行政机关。达寿认为，在目前世界政治格局中，国家强弱和地位高下，端赖其政治体制能否改良，能否跟上世界潮流，不自外于世界一体化。假如一个国家执意与世界潮流相对抗，那么必召阴谋，惹来麻烦；如果执意与国内民意相违背，那么必将被人民所抛弃，终成暴动，或被武力所推翻。达寿还指出，遵循世界潮流，将君主专制改为君主立宪并不是一件多么可怕的事情，所谓君主立宪，无非是君主将某些权力交还给人民，但他们同时也承担纳税、兵役等义务，人民有权参与国家大事的讨论，这并不会对皇权构成实质性的威胁，相反却会增加政府在国际交往中的力量。达寿建议清廷采纳日本的钦定宪法体制，因为这种体制充分保证了君主权力的有效与完整，君主是军队的最高统帅，其神圣不可侵犯是宪法的原则，所有臣民只能在法律框架内行使权力，国务大臣的权限表面上看很大，但他是对君主负责而不是对议会负责，议会的功能就是行使立法权和预算议决权。

日本与中国同属亚洲，同文同种，一衣带水，在社会结构、民族心理、文化背景与文化传统等方面，都有许多相似相近之处。日本过去曾经将中国的汉唐制度移植过去，只是到了近代，日本在西方的压力下，较中国先走一步，成功地脱离亚洲加入西方，再一次将一个外来制度成功移植过去。日本的经验在过去十几年中一直被中国知识分子津津乐道，知识界认为从日本进行制度移植，一来可以减少制度变异的压力和冲击，可以照着日本的步骤走而不必从头试验，二来日本的制度设计充分照顾到了东方文化背景下君主权力的有效性和完整性，这既符合清政府的利益，也能为一般民众所接受。清政府期望君主权力在宪法体制下不要受到无端损害与约束，而一般民众担心君主权力的削弱可能会引起国内纷争与社会混乱。正是在如此复杂的政治背景和文化心理的作用下，清政府最终选择了向日本学习，终于踏上君主立宪的路，1908年8月27日，清廷正式批准颁行《钦定宪法大纲》，一个新的时代似乎从此开始。

一个美好期待

清政府颁布了《钦定宪法大纲》，确实意味着一个时代的开始，标志着经过两千年的帝制时代之后，中国向立宪政体迈出了重要一步。然而，可能由于中国人在过去被压抑得太久了，因此统治者任何在政治上的让步，不是使被统治者获得满足，恰恰相反，而是被统治者提出更高要求的开始。中国人不习惯于政治上的讨价还价、妥协、让步和良性互动，统治者和被统治者的政治相持一旦被打破，总是陷入一种恶性互动或新的政治冲突之中。

《钦定宪法大纲》的颁布，获得了国内外立宪党人的一片喝彩之声，以为此举必将开辟一个新时代，极大拉近中国与世界各国的政治差距。不过，对于这份具有划时代意义的重要文献，革命党人却提出严厉的批评和强烈的质疑，以为清廷这一系列政治举措不过是掩住国民的耳目，讨好洋人而已。钦定宪法不但没有带给中国真正意义上的光明，反而使原先的政治更加黑暗。

革命党人对清政府立宪政治的批判，当然有足够的政治理由，不过也应该看到，就像1905年前后革命一度陷入低潮一样，清政府立宪政治的加快和实现，一方面是革命对清政府所形成的政治压力所导致的结果，是为了压制、消弭革命对中国政治特别是对清政府政治统治所构成的压力；另一方面，正如许多要求清政府加快立宪步伐的人所期待的那样，加快立宪一定能够抵消革命的压力，实现立宪就一定能够将革命这个洪水猛兽重新关到笼子里。这当然意味着革命与立宪是跷跷板的两端，立宪起则革命低，革命起则立宪低。从这个意义上反观革命党人对立宪政治所谓欺骗性的批判和指责，可能更多具有一种宣传的成分，并不一定是清政府的本意。

当然，清政府的立宪也确实有其不彻底性，也确实有许多不能令人满意之处，尤其是《钦定宪法大纲》的制度设计，只是注意借鉴日本立宪政体对君主权力、尊严的保护和维护，而对于人民所享有的权利确实未免有所漠视、有所冷淡。革命党人不愿意讨论《钦定宪法大纲》的任何可能性，而立宪党人在讨论这部宪法草案时，除了不满意，就是抱怨，清廷的诚意在这部宪法草案公布之后反而受到非常广泛的质疑。这是清廷先前无论如何没有想到的。

清政府公布的这份《钦定宪法大纲》总计二十三条，共分"君上大权"和"臣民权利义务"两大部分。这部宪法草案主要参照日本帝国政府1889年的宪法，但删去了日本宪法中对君主权力的限制约束方面的相关条款，充分体现"大权统于朝廷"的立法宗旨，一厢情愿地规定大清帝国的皇帝统治大清帝国，万世一系，永永尊戴，君上神圣尊严不可侵犯，皇帝有权颁布法律，发交议案，召集及解散议会，设官制禄，黜陟百司，编订军制，统帅陆海军，宣战媾和及订立条约，宣告戒严，爵赏恩赦，总揽司法及在紧急情况下发布具有法律效力的诏令。宪法草案还规定了君主享有用人之权，但凡国交之事，一切军事等，都不必交付议院讨论决定，君主皆可专断。如此制度设计，所谓立宪也真的只是一个名义上的，专制君主所拥有的权力在这个立宪政体中依然如故，所以清政府颁布这个宪法草案并没有想象中的难度。

关于臣民的权利和义务，这份宪法草案只是以附则的形式规定臣民有纳税、兵役以及遵守法律的义务，享有在法律范围内的言论、著作、集会、结社以及担任公职的权利和自由。至于人民本应该享有的选举权和被选举权，这部草案竟然没有触及。臣民的权利与义务放在附则中规定，也显然在重申君主与臣民在本质上的不平等。

《钦定宪法大纲》另外一个重要缺陷或者说不能令人满意的地方，是没有给议会政治留下足够的空间，议会只是君主手中的一个议事机构，没有独立的立法权、审议权和决策权，更不要说制衡与约束君主权力，一般立宪国家议会所享有的权利，在这部法律中几乎都被君权所取代。草案规定皇室的经费由国库中提支，但同时又规定议会不得置议。凡此，均为这部重要文献为时人及后人所诟病处。

不过从历史主义的观点看，这部有着极大缺陷的宪法草案对于中国来说还是具有非凡的历史意义，因为这毕竟是中国历史上第一次规定皇帝什么事能做,什么事不能做,第一次将皇帝从来不受任何约束的无限权力有限化,第一次将一般百姓从来不知道的宫廷秘密政治公开化,第一次规定皇帝必须在这个宪法的框架内进行活动,第一次将司法权与行政权分离,这显然是对"朕即国家"、"朕即法律"皇权意识的否定。《钦定宪法大纲》确实没有给中国人带来一个理想的美好的立宪国家制度设计,没有明白无误地宣布三权分立的原则,但是这个宪法将一部分司法权、立法权从皇帝的权力中剥离出来,这无疑也是对先前君主一元权力架构的颠覆,是向完全意义上的君主立宪政体缓慢靠拢。人们完全应该相信,在当时的政治气氛中,中国如果真的采纳了这个具有明显过渡形态的立宪制度,经过若干年的磨合与试验,中国的政治架构必然会随着实践而逐步改进,逐步完善。

在臣民的权利与义务方面,《钦定宪法大纲》当然还有改善的空间,不过仍然从历史主义的观点看,这部宪法草案毕竟是中国历史上第一次用宪法的形式确认了臣民的权利,无论如何都应该说是一个空前的巨大进步。臣民权利的内涵和细目,公平地说也与当时东西洋立宪各国的规定相差不大,只是在文字表述上略有不同而已。至于人民的选举权和被选举权,在《钦定宪法大纲》中确实没有明白无误的宣示,但在其附属的《选举法要领》中,确有明白规定。这些规定与东西洋各立宪国家相差也不是很大,其中对选举人财产及籍贯等方面的限制,也是立宪各国的通例,并不是专门针对某一部分人群。

总而言之,《钦定宪法大纲》虽然具有这样那样的问题,虽然表明清政府立宪的步子还不够大胆不够快,但这个碎步慢跑式的进步还是值得肯定和鼓励,无论如何不能以清政府缺乏立宪诚意去解释。清政府的立宪诚意真的不必怀疑,因为这样大的国体政体变动绝不是儿戏,绝不像革命党人所猜疑的那样只是为了阻止革命,糊弄人民,拖延中国的进步。假如从同情与理解的立场上去观察,就能感觉到清政府在表明自己立宪诚意的同时，也明白宣布此次政改的政策底线和分年步骤。

宪政编查馆资政院王大臣在会奏《钦定宪法大纲》的同时，还上了一份《九年预备立宪逐年推行筹备事宜清单》，开列每年应该完成的事项。按照这个清单，预备立宪从颁布《钦定宪法大纲》的光绪三十四年开始，这一年需要办的事项还有筹办各省咨议局，颁布城镇乡自治章程、户口调查章程、清理财政章程，设立变通旗制处，筹办八旗生计，融合满汉，编辑简易识字课本、国民必读课本，修改新刑律，编订民律、商律、刑事民事诉讼律等法典。对于这些必须完成的事项，清单还列出责任部门如军机处、民政部、度支部等。

《九年预备立宪逐年推行筹备事宜清单》规定第二年各省一律进行咨议局选举；颁布资政院章程，进行资政院选举；筹办城乡城镇乡地方自治，设立自治研究所；颁布厅州县地方自治章程；调查个省人口总数、岁出入总数；厘定京师官制，编订文官考试章程、任用章程、官俸章程；颁布法院编制法；筹办各省省城及商埠等处各级审判厅；核定新刑律；颁布建议识字课本、国民必读课本；厅州县巡警也必须在这一年粗有规模。

预备立宪的第三年，按照计划要做的事项有：召集资政院议员开院；续办城镇乡地方自治，筹办厅州县地方自治；汇报各省人口总数，编订户籍法；复查各省岁出入总数；厘定地方税章程，试办各省预决算制度；厘定各省官制，颁布文官考试章程、任用章程、官俸章程；限年内各省省城及商埠等处一律成立各级审判厅；颁布新刑律；推广厅州县简易识字学塾；限厅州县巡警年内完备。

按照《九年预备立宪逐年推行筹备事宜清单》规划，第四年应做事项有：续办城镇乡地方自治、厅州县地方自治；调查各省人口总数，会查全国岁出入确数；编订会计法，颁布地方税章程，厘定国家税章程；实行文官考试章程、任用章程、官俸章程；筹办直省府厅州县城治各级审判厅；创设乡镇简易识字学塾；筹办乡镇巡警；核定民律、商旅、刑事民事诉讼律等法典。

第五年应做必做事项有：限年内城镇乡地方自治粗具规模，续办厅州县地方自治；汇报各省人口总数，颁布户籍法、国家税章程、新定内外官制；限直省府厅州县城治各级审判厅年内粗具规模；推广乡镇简易识字学塾、乡镇巡警。

第六年，实行户籍法；试办全国预算；设立行政审判院；直省府厅州县城治各级审判厅一律成立，筹办乡镇初级审判厅；实行新刑律，颁布新定民律、商律、刑事民事诉讼律等法典；城镇乡地方自治一律成立，厅州县地方自治、乡镇巡警年内粗具规模。

第七年，试办全国预算，颁布会计法；试办新定内外官制；厅州县地方自治一律成立；乡镇初级审判厅年内粗具规模；人民识字义者，应达到人口总数的百分之一。

第八年，确定皇室经费；变通旗制；设立审计院，实行会计法；乡镇初级审判厅一律成立，乡镇巡警一律完备；实行民律、商律、民事刑事诉讼律等法典；人民识字义者，应达到人口总数的五十分之一。

预备立宪的最后一年，也即预设中的光绪四十二年，公元1916年，要宣布宪法，宣布皇室大典；颁布议院法、上下议院议员选举法，举行上下议院议员选举；确定预算决算，制定明年确当预算案，预备向议院提议；实行新定内外官制；设弼德院顾问大臣；人民识字义者，在这一年应该达到人口总数的二十分之一。

如果我们不带任何先入为主的政治偏见的话，应该承认这个立宪日程表是可行的，因为这个政治日程表中既规划了筹备立宪的总体目标、详细方案、责任目标，逐年应办必办事项，还有详细的责任机构。它的内容，政治上涉及咨议局的筹备和开办；资政院的选举和开院；地方自治和户籍调查。经济上涉及国税、地税的划分及制度保障，会计法的实行，皇室经费的确定，审计院的设立，预决算制度的实行。在教育文化方面，重点是普及提高国民识字率，为普选奠定基础。更重要的是，立宪政治就是法制政治，因此清廷在逐年筹备事项中更注意法律制度的建设，注意将先前已经开始的法律、司法、官制制度改革进一步深化，注意新刑律、商律、民事诉讼律的制定和颁布。

清廷九年立宪日程设计是详细且大体可行的，如果真的逐年推广逐步实行，那么到了1916年，中国必将进入一个新的时代，必将与东西洋各立宪国家同列。然而，清廷的这一改革进程设计不被国人所认同，更没有在随后的日子里得到认真执行，清政府在风雨飘摇中度过了此后短短的三四年，就在一片倒彩声中黯然退出历史舞台，君主立宪的政治规划被更加美好的制度设计所取代，中国登上了另外一趟班车。

清政府制定的立宪目标和立宪步骤是经过认真审慎研究的，也是刻意模仿日本的。只是日本在明治维新开始后，用了整整二十二年的时间才走出立宪政治的预备过程，于1890年宣布召开国会。而清政府肯定迫于革命的压力和政治危机，被立宪党人化解革命危机的焦灼情绪催赶，有一种时不我待的感觉，所以清政府的立宪计划就没有照搬日本的政治日程，而是极大缩短了立宪政治的准备过程，宣布要用九年的时间走完日本用了二十二年方才走完的路。这个速度，是世界近代宪政史上还不曾有的。然而，清政府的这一决定从后来的眼光进行检讨，还真的应验了中国的一句老话：欲速则不达。

中国是一个农业大国，农业人口占全国人口的大多数，识字人口少，文盲多，因为传统农业没有对文化对知识的需求，没有需求就没有动力。清政府在规划立宪步骤时，肯定意识到了这个国情实际，因此格外重视识字率的提升，要求各地大办教育，严格执行脱盲计划，识字率在第七年要达到百分之一，第八年达到五十分之一，第九年达到二十分之一。如果说第七年达到百分之一还可信的话，那么此后两年的脱盲速度，就是玩笑了。从后来的教育实践乃至二十世纪中国历史上几次扫盲运动的效果看，这个设计肯定脱离了中国社会实际。

识字率的提升带有虚夸的成分，问题还不是太大。其他各项实际事业比如地方自治的迅速推广，就不是一般的虚夸，不是数字游戏，而是对地方、对全国政治进程起到非常重要的刺激。根据清廷的规划，地方自治成为立宪的重要内容和标志，全国的地方自治由中央政府用行政命令自上而下推行，而不是地方上根据本地的实际需求自发进行。况且全国的地方自治甚至没有像戊戌年间那样允许湖南这样的个别地方先行试验，取得经验后再全面推广，而是由中央政府通过统一的规划，逐年按照规划硬性进行。按照九年立宪规划，到1911年，全国大部分城乡都相继成立了地方自治机关。比如直隶成立自治研究所九十九处；四川成立地方自治会一百处，镇会一百四十三处，乡会六十七处；东三省规划成立城镇乡地方自治区域四十六处，至此成立了二十四处。如此快速且大规模地推进地方自治，除了形式主义地表明立宪决心外，能有多少实在内容呢？更重要的是，形式主义的地方自治严重影响了立宪的声誉，使许多人觉得所谓立宪不过如此，轰轰烈烈的政治运动只是政治家的嘉年华，与普通老百姓的实际生活并无多少关联。

清廷突然加速政治改革有着许多复杂的背景和原因，革命的压力是一个方面，立宪党人的期待、不满和逐渐疏远可能也是清政府必须要考虑的民意基础。清政府此时的政治基础就是各地和海外的立宪党人，这些立宪主义者出于对革命过程、后果的恐惧，愿意支持清政府通过立宪的手段改变现状。所以在某种程度上说，清政府之所以在颁布《钦定宪法大纲》时，将原本估计要用十五至二十年时间才能完成的立宪预备过程缩短为九年，除了清政府自身好大喜功外，未尝不是国内外立宪主义者强烈要求的结果。

1908年6月30日，预备立宪公会郑孝胥、张謇、汤寿潜电请清廷速开国会，以两年为限；7月3日，政闻社致电宪政编查馆，呼吁清政府务必在三年内召集国会开会；7月11日，预备立宪公会郑孝胥、张謇、汤寿潜等再次电请清政府，重申两年内召集国会开会的请求；12日，河南代表胡汝霖、杨懋源等也向清廷提交召开国会的请愿书；21日，江苏国会请愿代表雷奋、孟昭常，安徽代表许承尧、方皋等专程赴京，29日向清廷递交尽快召开国会的请愿书，而请愿书的领衔者为学界领袖缪荃荪、蒯光典等；7月25日，政闻社社员、法部主事陈景仁向清廷提交了一份建议书，一是要求清政府务必在三年内开国会，二是要求清政府将反对立宪的考察宪政大臣、邮传部侍郎于式枚革职以谢天下；8月6日，山东代表于洪起及八旗吉林士民也相继向清廷递交召开国会请愿书；8月11日，各省代表联名上书宪政编查馆，呼吁清政府尽快召开国会，满足各界对立宪的期待。这些"各省代表"其实就是预备立宪公会的各省同志；8月20日，浙江代表叶景莱等向清政府呈递国会请愿书。

正是在这一系列压力下，资政院于1908年7月8日向清廷提交了资政院院章；7月22日，清政府颁行各省咨议局章程及议员选举章程，限令各省一年内一律举办；8月7日，出使考察宪政大臣达寿建议清廷改立宪政体，钦定宪法；8月10日，会议政务处正式提出新内阁组织问题。至同年8月27日，情况大变，宪政编查馆资政院王大臣奕劻、溥伦等进呈宪法、议院选举各纲要及议院未开之前逐年应行筹备事宜。清廷诏命将这些文件刊刻分发在京各衙门、在外各督抚府尹司道，悬挂堂上，责成以限举办。每届六个月，将筹办成绩，胪列奏闻。自本年起，务必在第九年将各项筹备事宜，一律办齐。届时即行颁布宪法，召集议会。这显然是屈从于各方面压力改变先前既定方针，缩短预备年限，争取提前实现完全立宪，建立完全意义上的君主立宪政体。

第八章　向立宪政治艰难行进

清廷于1908年匆忙中宣布九年立宪，或许存在许多问题，不过确实在一定程度上和一段时间内平息了国内外的不满，使国内政治重新回到比较平稳缓和的轨道上来。然而，出乎所有人的预料，一个偶发事件彻底葬送了清政府的预备立宪，连清政府本身也在这个偶发事件的打击下成为历史陈迹。

一个偶发事件

经过几年发展，孙中山领导的中国革命已经不再是一个人的战斗。因为清政府应对各种政治危机和突发事件的无能和连连失策，国内外对清政府的不满日益剧增，为了变被动为主动，清政府最高政治层在经过一系列事变打击后，终于做出"以改良消弭革命"的决断，期待在保持满洲贵族利益集团执政地位不变的前提下，从事包括政治改革在内的全面制度变革、体制创新，重新回到1898年政治变革的轨道，重新唤起中国民族资产阶级对政治的热情、期待和参与。应该承认，经过短短几年变革，清政府的政治构架、经济政策、法律体制等都发生了巨大变化，君主立宪政体的确立也是指日可待，那几年对中国来说是少有的黄金岁月，国家的政治经济形势一天比一天好，国际地位也日趋提升，许多外国人包括来自发达国家的外国人，也以能够在中国谋个差使为荣。"以改良消弭革命"的手段确实在某种程度上阻断了革命的机会。许多先前拥护革命的人，也开始怀疑革命的意义和可能，认同改良或许是中国最好出路的判断，积极介入国内政治事务。甚至连那些流亡国外的政治异见者也开始分化，革命与改良的论战就是最好的说明。

清政府主导的政治改良确实蒸蒸日上，仿行立宪、议会政治、召开国会等政治议题确实吸引了国人的注意力，特别是随着政治上的开放，政治体制的重建，中国经济在那几年也出现许多不曾有的新因素，民族资本、私人资本在国家经济生活中的份额日益加重。不过，清政府在经济高速增长的过程中严重忽略了社会分配不公和贫富差距的无限扩大，没有注意下层民众在政治发展经济增长的过程中并没有得到相应好处，反而失去了许多。在那几年中，各地的民变、群体性事件层出不穷。这些民变，除极少数是革命党人策划发动外，绝大多数都是因为社会不公、司法不公而在那些局部地区自发产生的，各个事件之间并没有相互的牵连和串通，没有共同的政治诉求，所有的诉求都非常具体、非常微小，绝大多数都是因为经济的原因而发生，参与者在政治上对清政府高度认同，反贪官不反皇帝，期待清政府痛下决心解决社会不公、司法不公这一系列问题。可惜的是，清政府没有尊重民间意识，忽视社会下层弱势群体的利益诉求和微弱的反抗声音，结果各地民变相互激荡，相互影响，局部性的骚乱逐步扩大规模，先前被严格控制和打压的秘密结社通过各种各样的方式重获生机，并逐步介入各地民变，连年不断逐年增多的民变逐步成为反体制革命者可以操控的工具。统治者无法照旧统治下去，统治者的政治危机终于酿成革命高潮。

各地连年不断、规模大小不一的群体性事件严重威胁着清朝的政治统治，为革命高潮的到来积蓄着能量。但这一切当然并不意味着革命高潮立即到来。然而到了1908年11月，光绪帝和慈禧太后在二十四小时之内相继去世，这一谁也没有提前预料到的突发事件改变了中国历史的进程，引发此后一系列重大政治变故。

光绪帝和慈禧太后在那么短的时间里相继去世，大概称得上二十世纪之谜乃至千古之谜。到目前为止几乎所有的研究者都不相信清政府的官方记载，而是相信传言，推测光绪帝的死亡乃为慈禧太后的迫害甚至是直接加害。最近几年，随着国家清史编纂工程的介入，运用高科技检测光绪帝遗物，慈禧太后毒死光绪帝的说法似乎将要成为盖棺之论。

其实，这所有的猜测和论证都带有阶级斗争年代的深刻印痕，带有清政府政治反对派尤其是慈禧太后政治上的反对者肆意编造的印痕，清政府的官方文书没有这方面的丝毫记录，当年能够真正接近权力中枢的大臣们也没有人对光绪之死表示过怀疑。最早怀疑光绪之死可能包含着某种阴谋的是康有为，他在光绪帝去世的同一天就致电美国总统罗斯福，指责袁世凯谋害光绪帝，变换君主，扰乱中国，请求美国政府联络各国，对于清廷的权力变动不予承认。

康有为此时人在美洲，在光绪帝去世同一天做出如此判断，这显然是一个大胆猜测，并没有充分足够的证据，并不知道事情真相。康有为之所以将矛头指向袁世凯，显然是因为他没有忘记袁世凯在1898年的作为，也就是所谓袁世凯告密，导致慈禧太后发动政变，囚禁光绪帝等。这个说法现在已经基本上被推翻，不过康有为似乎一直坚信不疑。所以，康有为对袁世凯和慈禧太后的指责，很难说是为了弄清事情真相，而是为了现实的斗争，为他们这些保皇党人在国外继续从事政治活动制造合法性。

当然，当年怀疑光绪帝之死与慈禧太后有关联的也不止康有为，在北京的官场和民间似乎也流传着各种各样的传闻。在君主专制体制下，宫中的消息并不及时向外界发布，一般民众往往只知道结果，而不知道原因，不知道背景，更不知道其中的曲折与阴谋，于是往往凭借自己的想象去揣猜。更何况光绪帝和慈禧太后在前后不到二十四小时之内相继去世，更何况多年来人们都已经相信皇太后与皇上之间不是一般的不和谐，而是不共戴天、视若仇雠，天下事没有如此之巧者。人们揣猜议论并不意味着一般民众对政治多么关心，对皇上多么同情，只是此事实在是茶余饭后难得的消遣、难得的谈资。

民间的传言和议论当然不能代表历史真实，而历史真实只有当事者或政府当局知道。我们不必怀疑清政府在道德上的起码诚信，以为清政府内部真的有人敢对当今皇上动手脚，大逆不道，因为当时皇帝的权力高于一切。我们稍微留意清代正史，就能发现光绪帝即便到了生命的最后时刻，也没有放弃自己的权力，依然以自己的名义发布谕旨、发布命令，故宫中保存的医案更清楚地说明光绪帝甚至在对自己疾病的治疗用药上，也几乎是自己说了算，权威远远超越那些宫廷御医的专家意见。所以当这些带有诋毁性质的传言在国内外广泛流行时，清政府毫不客气地下令民政部、步军统领衙门及各省督抚悬赏缉拿那些造谣生事、试图煽动动乱的人。这种种迹象表明，清政府不可能在国内外如此密切关注的重大问题上做手脚留把柄，更不可能给那些政治上的反对者留下攻击的口实和证据。

至于慈禧太后与光绪帝之间的真实关系，时过百年后重新检讨，只要我们站在一个比较平和的立场上，就应该能够理解过去那些所谓皇太后与皇上不共戴天视若仇雠的说法，可能也非历史真实，而是出于政治反对派的肆意攻击和诋毁。历史的真实或许与这些传言相反，他们的关系不是一般的和谐，而是荣辱与共，特别是在外界不断质疑不断攻击、不断诋毁的情况下，即便他们先前有某些误解，最后为了整体利益、为大清王朝的根本利益而捐弃前嫌，团结一致。

人们之所以对慈禧太后与光绪帝的关系发生怀疑，其实说到底就是一个原因，即光绪帝不是皇太后的亲生子。1898年的政治变故中，根据康有为等人的想象，一个养母怎能真的疼爱、关心一个养子？特别是当这个养子将大权独揽，剥夺皇太后的权力时，皇太后怎能与这个养子不发生矛盾呢，怎能和好如初呢？从常理说，这种怀疑自有其道理。不过，从同情与理解的立场，从温情与敬意的情理，从日常世俗伦理层面，我们完全可以从善的层面予以重新解释，重构光绪帝、慈禧太后相继死亡的真相。

正如许多研究者都指出过的那样，作为女人，慈禧太后其实是非常不幸的，女人最忌讳的几件不幸事件，慈禧太后几乎都遇到了。慈禧太后1835年出生，1852年十七岁时被选秀入宫，为咸丰帝的妃子，四年后即1856年生下咸丰帝唯一的皇子载淳，也就是后来的同治帝，这大概是慈禧太后一生中最为快乐、最为得意的一段时光。可是好景不长，内忧外患使身体原本就很虚弱的咸丰帝心力交瘁，终于在经历了1860年英法联军攻入北京的奇耻大辱后，第二年黯然病逝于热河。年仅二十六岁的慈禧太后就此开始了漫长的寡居生活，在皇叔恭亲王的帮助下，与东太后一起领着六岁的皇儿同治帝共同治理着这个庞大的帝国。表面上的辉煌和体面怎能填满一个青春少妇的正常欲望？年轻的寡妇守着的不是大清王朝的江山，而是孤独和寂寞。

1872年，年仅十七岁的载淳长大成人，开始亲政，两宫太后撤帘归政，准备颐养天年。可惜不到三年后，慈禧太后的亲生子也就是同治帝一命呜呼，于1875年初病逝，年仅十九岁。这一年，慈禧太后四十岁。正应了中国老话，女人的最大不幸就是青年丧夫，中年丧子。从同情立场去观察，应该说慈禧太后真的是不幸。

慈禧太后是个不幸的女人，也是个不幸的母亲，而且往深了说，她还是一个不合格的母亲。大约是因为咸丰帝早逝,同治帝年幼丧父,使慈禧太后觉得小皇子也怪可怜,于是在小皇子的成长过程中,慈禧太后对之溺爱纵容、听之任之。同治帝结交了许多不三不四的坏孩子,比如宫中的太监,终于在这些佞臣宵小的影响下,走上堕落之路。他整日里嬉戏游宴,耽溺男宠,常常在几个小太监的陪伴下溜出皇宫,微服冶游,整夜在南城琉璃厂、八大胡同等一些茶园酒肆、青楼妓院、花街柳巷盘桓,狎邪淫乐,流连忘返,往往直至第二天早朝时方潜回宫中,以致召见军机大臣时或仍处在醉酒状态,语言失次,杂以南城猥贱之事,不堪入耳。

小皇帝微服冶游是个人爱好,不过他似乎也知道贵为皇上这样不好,所以他在南城狎邪淫乐时总是担心遇到自己的众爱卿,那样的话不是一般地丢失体面而是太过难堪,所以他总是在那些佞臣宵小的带领下,尽量避开大臣们常去的著名妓寮,专觅那些下等私娼取乐,天长日久,终于染上了不洁之病。死前数日,下部溃烂,臭不可闻,洞见腰肾,或曰梅毒,或曰疥疮,当然也有掩饰性的解释说是天花。

同治帝之死,说明慈禧太后不是一个合格的母亲,而这样不合格的母亲在中国传统社会甚至现在的中国社会中也并不鲜见。年轻的寡妇不能见到自己的独苗吃苦受累,更不愿让自己的独苗受到什么约束。如果我们将慈禧太后视为一个常人,大概不难明白她的这一系列遭遇其实和普通人没有什么不一样。

十九岁的同治帝死了,也没有留下儿子,且同治帝为独根独苗,无兄无弟,皇位既不能按照惯例由皇子顺位继承,也无法按照"兄终弟及"的原则由亲兄弟继承,不得已,清廷只好从最亲近的亲属中选择皇位继承人,于是找到了醇亲王奕𫍽不到五岁的儿子载湉。

载湉生于1871年8月,他的父亲醇亲王奕𫍽为道光帝第七子,咸丰帝的弟弟,所以从皇族关系论,载湉为慈禧太后的侄子。而从慈禧太后的娘家关系说，载湉的母亲叶赫那拉氏为慈禧太后的胞妹，载湉也就是慈禧太后的亲外甥。1875年2月25日，年仅四岁的载湉正式继位，这就是清朝第十一位皇帝光绪帝。

青年丧夫、中年丧子的慈禧太后对于这个小皇帝应该说是有真情实意的，绝不会像那些政治上的反对者所说的那样势不两立视若仇雠，果真如此，凭借慈禧太后的权势和决断，她在任何一个时候都可以找任何一个借口撤换皇位继承人。当然，也正如许多领养孩子的中年妇女一样，慈禧太后和小皇帝在多年的相处中也不可能对所有问题的看法都一致。不过，如果从日常情理的层面去观察，他们之间的相互关系应该是，皇上清楚地知道自己是领养的，也知道自己在家、国两个方面将要负起的责任，因此对于皇太后是尊重、敬仰、佩服的，对于皇太后的所有安排嘱咐一般地说来是照单遵守、认真执行的，因而形成了对皇太后的高度依赖，凡事总以皇太后的意志为意志，并没有什么反叛精神。在这一点上，领养的光绪帝和慈禧太后的亲生子同治帝有着本质的区别。慈禧太后鉴于同治帝的惨痛教训，不再娇惯纵容这个领养的儿子，也是人之常情，是任何做母亲的本能。

光绪帝是慈禧太后的养子，从血缘上是自己的亲侄子、亲外甥，是老太太自己的未来和大清王朝的未来希望，是老太太的所有寄托，老太太严格要求皇上并没有错，这是任何正常人都会做的事情。而且慈禧太后在这个过程中也并不是想象中的那样自行其是，她不仅要受制于皇族近亲、满洲贵族统治集团，而且她很快将光绪帝的生身之父提升至非常重要的位置。醇亲王自1884年取代恭亲王奕䜣成为大清王朝首席军机和总理衙门的领班大臣，直至1891年去世，一直位居清王朝的权力中枢。所以我们无论如何不能相信康有为等人后来所编造的那样谎言，说什么慈禧太后与光绪帝不共戴天、视若仇雠。

1886年，慈禧太后五十一岁了，小皇帝也满十五周岁了。这一年，慈禧太后找来皇上的生身之父、醇亲王奕譞及军机大臣礼亲王世铎等，商量让小皇帝早日亲政的事情。几经周折，这件事情终于在1887年成为事实，慈禧太后在各方面要求下只是继续帮助小皇帝拿拿主意，帝国的日常事务处置权逐步向光绪帝手中转移。应该承认，慈禧太后在这个问题上决不像康有为和后来许多研究者所描述的那样卑劣，她要真的想赖住权力，大概完全可以不这样做。

慈禧太后执掌大清国的朝政已经三十年之久，作为一个青年丧夫的寡妇，她先是辅助亲生儿子同治帝治理这个庞大的帝国，亲生儿子不在了，又抱养了这个小皇帝，现在小皇帝终于可以亲政，可以自己当家做主治理国家了，她想歇一歇了，有什么可以怀疑的呢？无论怎样眷恋权力的人都无法抵抗岁月的流逝，无法抵抗舒适生活的诱惑。慈禧太后确实准备结束一个时代，确实准备颐养天年，过上几年轻松日子。这是人之常情。

然而，大清国的政治现实并没有满足慈禧太后的期待。光绪帝亲政不几年，甲午战争爆发了，维新运动开始了，为了大清国的整体利益，慈禧太后不得不再次出山，帮助儿皇帝料理国家大事。

如果仅仅从权力构成上说，中国传统社会一直强调的皇权至上性和不可分割性，皇权中心的一元化，几乎是历代王朝不得不遵守的原则。晚清政局之所以出现两宫共同专制的局面，完全是特殊的历史条件所致。不过，如果我们以客观的立场去观察慈禧太后在1894年之后的作为，也应该承认，她对权力的使用是相当克制的，她并没有滥用自己的权力干预朝政，并没有越过皇上处理国家大事，她只是对皇上的决策保持最后否决权。这只是在替年轻的皇帝把把关。所以，尽管经历了那么多的政治波折，大风大浪，我们从清代正史中从来没有读到皇上对皇太后的抱怨，皇上至死都是感激皇太后的养育之恩和多年来的精心照料、耐心辅助。

皇上身体不好是一个谁都知道的事实，他不仅自幼体弱多病，更重要的是他没有完成而且永远无法完成繁衍继嗣的责任，甚至无法对皇后对嫔妃履行一个丈夫应尽的义务。这是男人无法说出口的羞耻，也是光绪帝后来性格稍有扭曲的一个重要原因。他的肾病由来已久，奇怪的是，他不仅肾功能有问题，而且从大婚前后开始长时期遗精，据他自己说到1907年这已有二十年的历史。长期遗精当然不利于夫妇生活，一个没有夫妇生活的人，当然会对性格形成某种程度的扭曲。这是现代医学、现代心理学所证明的。长时期遗精和长时期的肾病对皇上确实构成一个很大的困扰，也是皇上一个很难说出口的尴尬，是他后来稍微有点抬不起头的最重要的原因。对于这样的一个后辈，慈禧太后能够做的事情，除了安慰，除了劝勉，还能做什么呢？我们完全可以想象，慈禧太后只能在内心深处哀叹自己的命太苦，为什么上帝或者说老天爷要把一切危难、一切坏事都留给她呢？青年丧夫、中年丧子，也就罢了。为什么用几十年辛辛苦苦养育的这个儿子，这么听话，这么有出息，却又这样让他身体不好，让他无后呢？

光绪帝的病情大约从1898年秋天之后就逐步恶化，好在他贵为天子，享受着帝国最好的医疗，经过宫廷御医和各地名医精心呵护、精心治疗，患有肾病的光绪帝竟然在那个没有血液透析医疗手段的时代存活了十年之久。这本身就是一个奇迹。

谁也没有想到，1908年秋，在政治改革最吃紧的关头，年仅三十八岁的光绪帝病倒了，而且一病不起、一命呜呼。关于光绪帝的死因，清代正史和医学专家的意见大体都是正常死亡，是长期受到肺结核、肝病、心脏病、风湿等慢性疾病的侵扰，致使免疫力严重下降，最终造成心肺功能衰竭，合并急性感染而死亡。

历史的巧合在于，在光绪帝发病之前一段时间，七十四岁的老太太慈禧太后也因吃了一点不合适的东西，拉肚子好长一段时间了。拉肚子可以置人于死地，这也是医学上的常识，特别是对体弱的老人而言，更是如此。问题还在于，慈禧太后患痢疾已经好长时间了，如果不发生光绪帝死亡事件，相信慈禧太后大概也不至于突然不治。光绪帝的死亡对慈禧太后的打击太大了，生命垂危中的老太后越想越伤心，越想越觉得自己的一生太命苦，所有的希望均成为泡影，所以她在这个养子年仅三十八岁英年早逝后不到一天时间，也就一命呜呼。这个解释不仅来自清代官方正式文件，① 而且应该更合乎人道、合乎人情、合乎常理、合乎历史和逻辑。

如果我们对自己民族的历史抱有适度的温情与敬意，如果我们对晚清历史不是抱着先入为主的偏见，我们就应该承认光绪帝和慈禧太后确实是中国历史上不可多得的杰出政治家，他们尤其是慈禧太后在其漫长的政治统治中或许有这样那样的问题值得重新检讨，但无论如何我们都不能否认，他们在生命的最后几年，就像慈禧太后自己所说的那样，"前年宣布预备立宪诏书，本年颁示预备立宪年限"。这个迟到的觉悟使他们母子获得了巨大的声誉，其时，"海以内编户之氓，海以外重译之使，皆奔走呼号，如赤子失慈父母，靡所瞻依，此以见德泽及人至深且远"。② 这种描述虽然稍嫌夸张，但离真相似乎不远。

---

① 太皇太后在遗诏中说，"大行皇帝入嗣大统，时事愈艰，万机待理，民生愈困，内忧外患，纷至沓来，不得不再行训政。前年宣布预备立宪诏书，本年颁示预备立宪年限。万机待理，心力俱殚。幸予气体素强，尚可支持。不期本年夏秋以来，时有不适。政务殷繁，无从静摄，眠食失宜，迁延日久，精力渐惫，犹未敢一日暇逸。本月二十一日复遭大行皇帝之丧，悲从中来，不能自克，以至病势增剧，遂致弥留。"（《光绪实录》第 59 册，893—894 页，北京：中华书局，1987 年。）慈禧太后的这个解释合乎逻辑，不应于此不疑处生疑，更不应怀疑其母子之间的真感情。

② 《光绪实录》第 59 册，901 页。

王朝终结者

根据相关记载，光绪帝的病情在1907年之前虽然多有反复，但他毕竟是中国最高领导人，毕竟享有那个时代最好的医疗保健待遇，所以尽管皇帝的身体不是太好，然病情大体上还能得到控制。只是到了1907年秋，光绪帝的病情开始恶化。根据清廷指示和皇上要求，直隶、两江、湖广、江苏、浙江等省督抚先后保送陈秉钧、曹元恒、吕用宾、周景涛、杜钟骏、施焕、张鹏年等名医来京会诊。这些名医提出很多治疗方案，有的被接受，有的被拒绝。

到了1908年秋，随着预备立宪政治改革步步深入，朝廷政务更趋繁忙，皇帝的身体状况似乎在这时更趋恶化。根据皇帝后来的陈述，他在当年11月初，开始感到阴阳两亏，标本兼病，胸闷胃胀，腰腿酸痛，食欲渐差，兼有咳喘、麻冷发热等症，夜不能寐，精神困惫，情绪自然受到很大影响，长期处于焦虑状态。

生命只有在将要终结时才显现出其可爱和值得留恋。年仅三十八岁的光绪帝太想活着了。他或许是久病成医，他的好学使他对自己的疾病深有研究，且凭借自己的任性充当着自己的"医疗组长"，在御医、名医开出的方子上，光绪帝任意加减。皇帝的威权至高无上，皇帝的意志就是御医们的意志。所以当其病情继续恶化时，光绪帝并没有放弃治疗，更没有绝望，他怎么也不能相信自己会英年早逝，会出师未捷身先死，他甚至在生命的最后一刻发布了一道谕旨，紧急要求各省督抚遴选医学专家火速来京，甚至提出不管这些人有无官职，是否出身正道，只要能够给他治病，就可以不拘一格。光绪帝甚至少有地许诺，如果治好了他的病，不仅要重赏这些民间名医，而且必将重赏那些保荐者。

然而，正如中国一句古话所说的那样，再好的医生，再好的医术，再好的药方，也只是治得了病，治不了命。光绪皇帝在三十八年有限生命中延续了二十年的慢性病终于持续恶化，引起各个器官的衰竭和各种综合征并发。光绪帝年轻的生命终于走到了尽头。因为他没有子嗣，因而清廷的皇位继承突然间就成了最大问题。

光绪帝当年得以继承大位，是因为年轻的同治帝没有留下皇子，所以清廷按照血统远近的原则进行选择，现在同样的问题再次出现，清廷在毫无办法、毫无任何准备的情况下，选择了与光绪帝血缘关系最近的溥仪作为其政治继承人。

溥仪是道光帝的曾孙，是醇亲王载沣的长子，而醇亲王载沣为老醇亲王奕𫍽第五子，也就是光绪帝的亲弟弟。从这层关系说，溥仪也就是光绪帝的亲侄子。选择他，与光绪帝当年过继给同治帝为接班人的情形非常相似，保证了清廷大位传承的合法性。

从慈禧太后方面说，溥仪的祖母为慈禧太后的亲妹妹，母亲苏完瓜尔佳氏为晚清重要政治人物荣禄之女，而荣禄为慈禧太后最为仰赖的重臣，苏完瓜尔佳氏也被慈禧太后收为养女，她与载沣的婚姻也是慈禧太后一手包办，且将载沣先前已定婚约强行解除。所以选择溥仪为光绪帝的继承人不仅合乎大行皇帝的利益，也合乎慈禧太后的期待，在他们都没有亲生子女可以继承的情况下，最好的选择也只有找血缘最近的人。

小皇帝溥仪生于1906年2月7日，此时满打满算不过两岁半稍多些，不足三岁。这样的小皇帝当然只能像光绪帝当年那样，接到宫中，用心培养，待其年长至十七八岁时亲政。光绪帝当初接受教育时，是由慈禧太后代替他垂帘听政，处理政务。现在，由于光绪帝到了生命垂危的状态，慈禧太后也重病缠身，肯定将不久于人世。于是清廷的权力架构一时间出现了大问题。几经商榷，清廷在光绪帝、慈禧太后弥留之际做出重要决定，宣布由光绪帝的弟弟、小皇帝的生身父亲、醇亲王载沣出任摄政王，地位大约相当于在光绪帝年幼时代为处理政务的慈禧太后。

摄政王当然不是清廷权力架构中的常设位置，不过作为暂时性临时性的措施，在清代两百多年历史上也不乏先例。因为在清代历史上，至小皇帝溥仪即位，十二帝中共有五个小皇帝，接近于半数。开国之君顺治帝福临和同治帝载淳都是六岁即位，康熙帝玄烨八岁即位，光绪帝四岁即位。先前四个小皇帝君主，不过除了同治帝稍逊风骚外，其他几位其实也真是一代明君。在他们即位的最初阶段，也都是由摄政王或顾命大臣之类的人襄赞政务，处理国政。

近的例子有咸丰帝弥留之际任命的顾命八大臣，又称赞襄政务大臣，只是这八大臣在听命于咸丰帝的同时，太过无视东西两宫皇太后的存在，把顾命当主政，于是被两宫皇太后设计裁制。

远的例子有清初第一位辅政大臣多尔衮，他当年所享有的名分就是"摄政王"。摄政王多尔衮是努尔哈赤第十四子，皇太极的弟弟，他本身就是清朝开国元勋之一，对大清王朝定鼎中原立下汗马功劳，且是皇室中的近亲。所以他在清初辅政时，大权独揽，对清初政治发展、定国开基等都做出巨大贡献。

从这些成例进行推测，处于弥留之际的慈禧太后和光绪帝大概是期望载沣能够像他的前辈那样，以摄政王的名义协助小皇帝治理国家，使大清王朝的基业不致因慈禧太后、光绪帝的突然去世而中断受损。

根据调整后的清廷权力架构，摄政王载沣是大清王朝实际上的最高领导人，接替了老政治家慈禧太后的角色，名分上地位甚至比清初摄政王多尔衮还要高些。多尔衮摄政而不监国，而载沣除了摄政还被慈禧太后特别任命为监国，在小皇帝成年之前名正言顺地处理政务，有权裁定军国大事，有权任命罢斥中外大臣。这显然比清初摄政王多尔衮的威权更尊贵。

不过从实际效果看，清末的摄政王确实没有办法与清初摄政王多尔衮相提并论，多尔衮协助幼主入主中原，奠定了大清王朝两百年基业；而载沣却是亲手葬送大清王朝的人，是大清王朝的终结者。这也是清朝历史一个令人遐想的巧合，仅有的两个摄政王，一头一尾，却带给清朝不一样的结局。

摄政王载沣生于1883年，此时年仅二十六岁。慈禧太后1861年底与东太后一起开始主持朝政时，也就是摄政王载沣此时的年龄，二十六岁。两宫皇太后在议政王奕䜣辅佐下，整顿吏治，重用汉族出身有真才实学的高官，依靠曾国藩、左宗棠、李鸿章等，先后镇压了太平天国、捻军、苗民、回民起义和一系列骚乱，缓解了大清王朝的内部危机，赢得了一个难得的和平发展环境，开始了向西方学习的艰难过程，中国的经济和实力获得了恢复和很大的提升，虽说还不能与历史上的盛世相媲美，但"同治中兴"不管怎么说也是一个小阳春，是个小盛世。

现在，清廷在慈禧太后生命垂危之际又推出了一个摄政王，其目的不言而喻，就是希望摄政王载沣能够像摄政王多尔衮和慈禧太后那样，在没有皇帝名分时候能够以"监国"的身份尽心尽力，领导大清王朝度过这段最困难的时期，继承光绪帝和慈禧太后已经开启的政治改革未竟之业，重建大清王朝的辉煌。

然而遗憾的是，摄政王载沣没有老摄政王多尔衮那样的政治资历和功勋，没有慈禧太后的智慧和决断，生于深宫的摄政王载沣虽然是晚清王爷中走向世界的第一人，具有一定的国际视野，但他确实不具备足够的政治权威、政治智慧，且刚愎自用，既不能像慈禧太后那样团结满汉大臣为我所用，也不能有效巩固满洲贵族执政团队的地位。他是光绪帝的亲弟弟，或许听信了1898年袁世凯告密的政治传言，或许自己的无能使他生出忌妒之心，总而言之，他掌握政权之后的第一件事就是将"治世之能臣，乱世之奸雄"袁世凯开缺回籍。这不仅极大伤害了汉族士大夫的尊严，挑起了民族主义情绪，而且实在是放虎归山，为后来的政治发展留下诸多选项。紧接着，摄政王的执政团队连连决策失误，什么铁路国有，与民争利，国进民退，一系列昏着伤害动摇了国民经济的基础，使原本大致和谐的经济体制变得混乱不堪，民间资本、民族资本、私人资本在这一系列混乱中损失巨大，这些资本所有者对清政府、对摄政王载沣逐渐失去信心。这是摄政王载沣在经济层面不可原谅的失误。在政治层面，慈禧太后和光绪帝生前已大致确定了中国政治民主化的路线图和时间表，然而他们的相继突然去世和摄政王的无能，使这个时间表开始出现混乱，民主的呼声日趋高涨，摄政王顶不住压力开始让步，由于让步太小，又激起社会不满，于是国会请愿运动一拨接着一拨，政治变革的日程表也就在不断增强的压力下变来变去。

与此同时，摄政王最不应该犯的错误是推出了一个皇族内阁，以相信自家孩子的幼稚理由，阻断了社会和解、民族和解、民主重建的任何可能。汉族士大夫、民族资产阶级在这一过程中普遍感到失望，使他们觉得清政府过去几年的所有许诺都是在骗人。摄政王亲手将这些政治同盟者推向了政治反对面，革命党的势力突然间获得极大发展，甚至在清军中也有了政治变革的要求和呼声，原本维护清朝统治的军事力量最终埋葬了这个王朝。武昌城内的一个偶发事件终于引发一个王朝的颠覆。

清初的摄政王多尔衮帮助小皇帝创建了一个庞大帝国，清末的摄政王载沣代替小皇帝葬送了这个庞大的帝国。历史的巧合有时真的不可思议、不可捉摸。

制造敌人

摄政王确实不是一个心胸开阔的成熟政治家，当然也不是一个老辣的权谋者，作为光绪帝的亲弟弟，他或许真的相信康有为编造和反复宣传的一个故事，以为1898年秋天中国政治的急速变化或许就是因为袁世凯的叛变，是袁世凯出卖了光绪帝。这个说法当然没有足够的证据支持，不过摄政王载沣在接管权力之后确实将袁世凯视为政治上的最大危险，准备整治袁世凯，甚至一度产生过要置袁世凯于死地的想法。只是摄政王载沣缺少决断，多了一点点妇人之心，结果放虎归山，养痈为患，咎由自取。

作为清廷政治的新核心，摄政王载沣在慈禧太后和光绪帝的多年关照和栽培下，不至于幼稚到相信康有为的造谣和宣传，他当然清楚1898年中国政治转折的关键点，知道袁世凯是有密可告但其并没有告。假如袁世凯当年真的像康有为所指责的那样不堪，那么就很难理解在这之后他的升迁和不断被重用。

问题在于，康有为在外面的宣传使社会上对摄政王载沣掌控政治权力后清廷的政治走向有诸多猜测，舆论一般相信摄政王载沣一定会为他的哥哥光绪帝报仇雪耻，整治袁世凯。其实这只是外界的揣测，并不代表历史的真实。

摄政王载沣与袁世凯之间确实有矛盾，只是这个矛盾并不那么简单。按照一般规律，新主人上台后总是要从平反冤假错案开始，大赦天下，提拔心腹，收拾人心，重振王朝新气象。这是中国历代王朝政治政随人亡的一般规律。在比较平和的情形下，摄政王载沣掌控权力后，正确的选择应该是尽量向流亡在国外的康有为、梁启超等人开放政权，像民国初年新政府所做的那样，因为不管康有为在1898年做了多少对不起太皇太后和光绪帝的事情，其在国外流亡的这些年毕竟始终以保皇为号召，毕竟没有与革命党联手对付清政府。现在慈禧太后不在了，康有为、梁启超等人回国参政的可能性至少在理论上出现了，如果摄政王此时顺应潮流，从这些方面入手，相信在民族和解、民主重建、民生提升这几个方面一定能够在先前君主立宪改革的基础上再出发，宣统元年的形势一定是另外一个样子。

然而摄政王没有遵循这种历史惯例和常规，他在太皇太后去世后不久，就利用手中的权力拿太皇太后当年的宠臣、重臣袁世凯开刀，结果适得其反，人心丢失了一大半。

摄政王之所以拿袁世凯开刀，当然不是因为他认为袁世凯有负于他的哥哥光绪帝——那些民间传言和演绎并没有扎实的根据，主要还是因为袁世凯在政治上坐大，功高震主，已经严重影响了清政府的政治安全，这是清廷内部少壮派无论如何都不能继续无视和容忍的。

我们知道，袁世凯是继李鸿章之后汉大臣中的第一人，甚至在某种程度上他的手腕远较乃师李鸿章更厉害，他不仅拥有极大的权力，更重要的是，他在清廷内部攀缘结交了许多重要关系。在大清国，谁都知道袁世凯是慈禧太后跟前的大红人，是清政府倚重仰赖的重臣。

袁世凯炙手可热，天下无敌，在强权人物慈禧太后和光绪帝的掌控下，当然没有问题。因为只要主子有本事、有权谋，再能干的奴才只能是奴才，无论如何不会变为主子。有本事的奴才会得到主子的青睐，这种青睐不过是让奴才多管些事多出些力，丝毫不意味着主子准备把这个家交给这个奴才。奴才就是奴才，主子随时可以将这个能干的奴才的功夫废除，只要抽掉这个奴才的活动平台，奴才再有本事也没有办法。所以袁世凯在慈禧太后、光绪帝的时代，无论拥有多大权力，都是在给大清国办事，慈禧太后和光绪帝从来没有感到袁世凯对他们会有什么威胁。

现在的情况不同了。现在是弱势的摄政王执政，而摄政王在过去几年中，就屡屡与强势的袁世凯冲突，且每每被袁世凯打败，摄政王对袁世凯的怨恨已经积累很久，现在终于找到了爆发的突破口。

摄政王与袁世凯之间的怨恨，主要还是源于以袁世凯为代表的汉族高官尤其是军事高官的崛起，不仅损害了满洲贵族集团的利益，而且在很大程度上确实也要威胁到摄政王的政治统治。在慈禧太后的默许、纵容和支持下，清廷在过去几年的政治改革中，确实准备走上行政中立的政治道路，确实准备像东西方立宪各国一样，最大限度地消弭人们生而不平等的出身问题，所有的人享有生而平等的政治权利，除了君主之外的政治职位对所有人开放，不再以出身决定一个人的升迁罢黜。清廷做这个政治选择，当然是出于孙中山等革命党人"驱逐鞑虏，恢复中华"的政治压力，但从本质上说也表明清廷和满洲贵族中的大多数人开始觉悟。行政中立的原则既没有表明汉族人的优越，也没有再规定满洲贵族的政治优先权，但是毫无疑问的是，由于满洲贵族在政治架构中永远只能占一个非常小的比例，永远只是一个非常小的团体，所以这个政策在表面上并不是要损害满洲贵族的利益，但在客观效果上肯定对满洲贵族不利。这也是后来之所以出现一个奇怪的"皇族内阁"的根本原因。

清廷的行政改革在客观上符合汉族官僚的利益，然而实在说来，在慈禧太后、光绪帝主导的新政和预备立宪政治改革过程中，汉族高官尤其是袁世凯大概还没有为汉族人谋私利的主动意识。这大概有两方面的原因，一是汉人孙中山领导的革命党一直在海外鼓吹种族革命和民族革命，民族分野在当时的国内政治界已经成为一个非常敏感的政治问题，袁世凯等汉族高官既然已经获得了政治上的一定发言权，他们无论如何不会有意识地将自己与孙中山的革命党联系在一起，至少不愿让自己的政治作为成为满洲贵族保守派攻击的把柄。二是汉族官僚不论在政权的高中低哪一个层面，都占有绝对的多数，既然已经占据绝对的多数，他们更没有必要在这方面挑起满洲贵族集团中保守派的怨恨。基于这两个原因，以袁世凯为代表的汉族高官在当年的政治改革中无论怎样竭力争夺、竭力地出风头、抢镜头，他们都没有引起清廷最高政治层的反感，慈禧太后、光绪帝很坦然、很欣赏地看着袁世凯等汉族高官拼命工作，相信他们绝不是为汉族人的私利，而是为大清国的久远利益而工作。

慈禧太后、光绪帝的判断是对的，但是满洲贵族中的保守势力特别是那些少壮派，他们眼见原本自己可以不劳而获、不才而得的位置权力都被这些能干的汉人抢走，心中的醋意真的是难以言说。于是他们与汉族高官、与袁世凯的钩心斗角、相互倾轧终于从潜流公开化。这就从事实上验证了孙中山在海外所宣传的满汉冲突。

1906年9月，袁世凯奉命进京，参与中央官制改革的讨论，在他的授意下，编纂官制局提调孙宝琦、杨士琦等人认为中央官制改革的关键是行政中立的原则。在那时尚没有党派冲突，他们认为影响行政中立的关键在于官僚身份的认定及出身，他们建议取消军机处，设立责任内阁，将来的责任内阁主要对议会负责。这样就可以保证行政中立，但显然削弱了朝廷对行政的控制，当然也削弱了满洲贵族统治集团对政府的控制，因而也就激起了满洲贵族统治集团的普遍反对。

满洲贵族统治集团中的少壮派大概认为，袁世凯等人的这些建议具有非常险恶的用心，无疑像孙中山等反满革命倡导者所鼓吹的那样，反对满洲贵族对中国的统治，他们与孙中山的区别只在于，孙中山是用武力、用暴动的方式从外部攻击大清王朝，而袁世凯等人则是用改革的名义、用和平的手段从内部瓦解大清王朝的政治统治。于是这些少壮派针锋相对地反对废除军机处、设立责任内阁的建议，反而参照立宪国家行政中立和军队国家化的原则，提出设立陆军部，统辖全国军队，将各地督抚的军权统统收归中央。这个主张从理论上说当然没有什么问题，只是结合当时政治背景看，显然是针对袁世凯这样大权在握的督抚，是假立宪的名义削弱汉族高官对军事权力的掌控。换言之，即便袁世凯这样的汉族高官可能在心里并没有像孙中山那样老是想着汉族、满人之类的身份区别，但在满人的眼里，大概已有"非我族类，其心必异"的意思了。据说，在这次讨论中，袁世凯等汉族高官与满人高官之间舌剑唇枪，互不相下，气氛高度紧张。

孙中山等人在外面的宣传肯定影响了满洲贵族集团中相当一部分人，这部分人真的开始怀疑汉族人与满洲人离心离德，不过清廷最高统治层比如慈禧太后和光绪帝可能并不像那些少壮派那样担心，他们认为既然身份认同已经成为政治变革中的大问题、大障碍，那么就应该解决这些问题，让这些问题不再成为政治改革进程中的大问题、大障碍。所以在稍后的讨论中，清廷一方面比较明确地否定现在就立即废除军机处、设立责任内阁的建议，另一方面宣布废除过去的中央各部双首长制，即宣布废除满尚书、汉尚书的区分，在新官制方案中实行满汉平等的原则，中央政府任命的新尚书不再区分满汉。但是，在最初一批新尚书名单中，还是满洲贵族出身的高官占了多数，汉人所占的比例反而不如满汉双首长制时高，这当然使许多汉族官僚感到郁闷。

此外，满洲贵族统治集团中的少壮派对袁世凯等人揽权深感不满或者说不安，他们想办法要求清政府通过改革的方式剥夺汉人高官对权力的占有，他们不再像慈禧太后、恭亲王奕䜣信任和仰赖曾国藩和李鸿章那样对待汉族出身的高官，反而接受孙中山的宣传，以为满汉处于利益冲突之中。他们要求限制官吏的兼差，这在客观效果上当然是要打击袁世凯这样能干的汉族官僚。所以到了1906年底，原本热情推动政治改革的袁世凯反而成为"被改革"的对象，于是他自觉请求清政府免去他的所有兼差，并主动交出北洋军队的统帅权，支持设立陆军部，似乎期待以此换取满洲贵族统治集团中少壮派的信任。

袁世凯的退让并没有换来满洲贵族统治集团中少壮派的信任，他和少壮派之间的较量角逐越演越烈。当然，袁世凯大致处于被动状态，少壮派则采取咄咄逼人的进攻态势，他们暗中煽动言官、御史捕风捉影、栽赃诬陷，交章弹劾袁世凯权重势高、贪私误国，甚至恶意预言袁世凯迟早要像历史上的曹操、刘裕那样，篡位夺权。仅1907年，举报袁世凯的信件据说就有五六封之多。

清流们的攻击当然没有影响慈禧太后对袁世凯的信任，慈禧太后、光绪帝和此时主持朝政的庆亲王奕劻当然知道袁世凯究竟是个什么样的人，他们对袁世凯的信任不仅没有因为满洲贵族少壮派和清流们的攻击而稍减，反而增加了。1907年9月，清廷调任袁世凯为军机大臣兼外务部尚书,与刚刚调来的原湖广总督张之洞及庆亲王奕劻一起主持中央政府日常事务,成为慈禧太后和中央政府最信任也最离不开的重要人物。在为光绪帝选择皇位继承人以及选择摄政王载沣这样重大的问题上,慈禧太后也曾认真听取袁世凯的意见,这是满洲贵族统治集团过去所不曾有过的。

慈禧太后对袁世凯信任不疑,袁世凯对清廷、对皇上、对慈禧太后的忠诚也是真诚的,只是慈禧太后和皇上的突然去世,反而使这种信任成为袁世凯的政治包袱和压力。

本来,在慈禧太后向袁世凯咨询皇位继承人问题时,袁世凯十分赞同由三岁的溥仪继承皇位,支持载沣为摄政王为监国,他这样做可能会有多方面的考量,但毫无疑问的是,袁世凯期望自己的真诚拥戴能够化解他与满洲贵族统治集团中少壮派的矛盾,大家能够携起手来帮助摄政王载沣领导国家度过这段最困难的时期。

然而遗憾的是,袁世凯的拥戴并没有换来满洲贵族统治集团中少壮派的理解和和解,这些少壮派集中在摄政王周围,不断向摄政王施加压力,要求处死袁世凯,以防止袁世凯利用手中曾经拥有的军权发动政变,篡夺大清王朝的统治权。

国家刚刚遭受慈禧太后、光绪帝两位主要领导人大丧这样的重大打击,如果立即对慈禧太后十分信任的大臣下手,决非国家之福,弄不好就会社稷动荡,甚者引起内乱。因为不仅孙中山等革命党人在外面虎视眈眈,在寻找一切机会,即便是袁世凯曾经统帅的北洋新军,也绝非满洲贵族统治集团中的少壮派说拿来就能拿来,即便拿来,也不一定就听你的,甚至可以起来推翻你。

果不其然,当满洲贵族统治集团中的少壮派军人密谋收拾袁世凯的时候,袁世凯在北洋系的政治盟友和追随者就在保定府发动了一场小小的兵变,弄点颜色给摄政王和那些少壮派看看,结果摄政王没有完全答应少壮派的要求,于1909年1月2日将袁世凯开缺回籍养病了事。谁知道这不仅使袁世凯对这些不中用的满洲少壮派瞧不起,而且可能连带着对摄政王产生了不值得信任、不堪辅助的想法,袁世凯大约从此与满洲贵族统治集团离心离德,摄政王用自己的手为大清王朝制造了最强有力的敌人。

袁世凯开缺回籍,原因当然不是那么简单,可能还有许多人们至今并不明白的背景与原因,甚至是当时国际大环境的产物,是列强在远东竞争的必然结果。

我们知道,袁世凯是慈禧太后在生命最后岁月最为仰赖的重臣,他与汉大臣张之洞分享着管理中央政府日常运作的权力,张的主要职责在内政,而袁世凯以外务部尚书的身份主管着大清帝国的外交事务,与外务部管部大臣庆亲王奕劻密切合作。

经过几十年的发展,特别是《马关条约》签订之后,列强在中国的投资越来越大,对外经济在中国经济生活中所占的份额也越来越突出,中外之间的交往越来越密切,中国的内政越来越多地受制于外交,外交博弈成为清政府当年最重要的一门功课。这也是袁世凯的政治地位凸显的一个重要原因。

英国在甲午战争之前原本与中国关系最为友好,两国的贸易往来文化往来最多。甲午战争中,英国先是借给了中国"高升"号运兵船,中国可能有拉英国人下水的意思。然而当"高升"号出事之后,英国人不仅不愿与日本人翻脸,反而越来越倾向日本,中英关系渐行渐远。英国与日本在1902年缔结同盟条约,这也是日本稍后敢于与俄国发生正面冲突的背景。

在欧洲,英国是德国的宿敌,中英关系的疏远导致了中德关系的亲近,特别是在《马关条约》谈判过程中,德国人拉着俄国人、法国人,多多少少为中国说了一些好话,帮过中国一些忙,尤其是三国干涉还辽,很让中国人感激。

日俄战争的结果使英日同盟在远东占尽了上风,远东的战略格局因英日同盟而被打破。英日同盟对远东的垄断当然不符合后起大国德国和美国的利益,为了抵制英日同盟,德国人于1906年动议组建中美德三国同盟。

三国同盟的建议引起清廷的高度重视和兴趣,只是清廷考虑到英国和日本对这个三国同盟可能产生的激烈反弹,因而迟迟不敢答应德国人的建议。

中国的自我孤立鼓励了英国和日本,几经折腾,日本竟然与俄国握手言欢,稍后甚至出现了英、法、日、俄四国同盟的雏形,它们联合统治着远东,使德国还有美国都感到格外失落,于是德国人再度推动中美德同盟,美国人对此也变得非常积极。

对于德美两国的建议,此时主持中国外交事务的袁世凯高度认同,认为这是中国走出外交困境的一个重要机会,中国如果能够与德国、美国结盟,一定能够在亚洲遏制日本,甚至牵制俄国、英国和法国。基于这一系列判断,清廷批准了袁世凯的方案,于1908年秋派遣唐绍仪出访美国,推动中美德三国同盟的建立。

为了防止不必要的干扰,中国对三国同盟的消息严格保密,然而日本和英国的谍报网委实强大,日本人和英国人在唐绍仪出访前就获悉了中国政府的计划。日本人当然不希望中国与美国、德国结盟,所以一方面加快与美国的秘密谈判,以重大让步阻止美国与中国结盟。1908年11月30日,日美两国换文,宣布维持中国独立,保全中国领土,机会均等,维持现状。日本以重大让步换取美国默认日本对东三省享有的特殊权利,阻止了中美结盟;另一方面略施小计将唐绍仪的代表团拖在日本动弹不得。日本人下决心破坏袁世凯的布局,下决心要用美国人的力量清除对日本最具威胁的袁世凯。

待唐绍仪率领的代表团于12月1日抵达美国时，形势已经发生了变化。一来美日达成了新的协议，美国人似乎对日本更感兴趣；二来中国政治局面发生大变化，慈禧太后和光绪帝相继去世，美国人弄不清这件事的真相，虽然对康有为、梁启超等人一直宣传的那些故事略有怀疑，但也无法证实。他们担心与袁世凯走得太近可能会产生不利后果，毕竟摄政王载沣是已故光绪帝的亲弟弟，如果摄政王真的像康有为所说的那样要为兄长报仇，那么美国就很可能在远东的角逐中再度被动。基于这些考虑，美国政府当然不愿对唐绍仪过分热情，中美德同盟因此迅速降温。

唐绍仪的外交失败当然是日本人的阴谋，日本人的目的当然也是要收拾如日中天的袁世凯，担心袁世凯将中美德三国结成一个紧密同盟，吃亏的肯定是日本。因为袁世凯之所以急于与美国和德国达成同盟，主要的目的就是抵制日本对东北的蚕食与控制。现在，唐绍仪的外交失败了，在东北对日本的抵制也就无从谈起了，清政府内部的亲日派再度抬头，他们期望以和平的手段阻止日本向中国的渗透，所以袁世凯的命运也就由此注定了，他不下台怎么可能呢？①

摄政王载沣没有按照满洲贵族统治集团中强硬的少壮派的要求处死袁世凯，使清廷避免了一场政治危机，但是将袁世凯放虎归山，实际上也为自己制造了敌人，为后续政治的发展埋下了伏笔。

---

① 袁世凯罢官肯定有不同寻常的国际因素，这一点我们过去的研究是不够的。过去的研究太过看重摄政王的复仇，现在看来这大概是一个假问题。关于国际背景的研究可以参见美国学者李约翰的《清帝逊位与列强》（孙瑞芹、陈泽宪译），26页，北京：中华书局，1982年。

新时代，新希望

正如许多研究者久已指出的那样，摄政王载沣或许不是一个英明的政治家，不是一个有胆略、有智慧、有权术的政客，但他确实是一个好人，是当时满洲贵族统治集团中最有世界眼光的贵族。他知道世界趋势的大概，平生喜读西方典籍，接受了不少新思想，所以他对慈禧太后和光绪帝多年来竭力推动的君主立宪政治改革发自内心地拥护。他之所以将新皇帝的年号选定为"宣统"，据说就是要新皇帝继承先帝光绪爷的遗志，推动中国的进步与发展，做个有作为、有贡献的明君和圣主。

从当年的政治格局和人事布局看，摄政王载沣是国内外立宪党人和进步势力所期望的政治领袖，相信摄政王在接管了清政府的政治权力后，一定会沿着政治改革走过的道路继续前行。国内外立宪党人之所以对摄政王有着如此高的期许和期待，因为摄政王在过去若干年确实表现优异，是大清王朝政治变革运动中一个比较重要的赞助者。

早在1906年，尚未进入清廷政治统治高层的载沣就真诚拥护预备立宪的动议，以为预备立宪可能就是中国强盛和大清王朝万世一系、皇权永固的关键。随着预备立宪运动的进行，各省代表纷纷请愿，要求开国会，行宪政。此时担任军机大臣的载沣不是虚与委蛇，消极应付，而是真诚相信清廷如果能够对人民的这些要求给予积极回应，那么必定能够推动中国的政治进步，消上下隔阂之弊。他建议清廷及早制定选举规则，及早宣布召集国会的时间或期限，万不可以人民程度不及为词婉拒，那样的话，势必失去民心，失去政治上的凭借。

摄政王在政治上的认识是清醒的，态度是坚定的，他在新皇帝即位后多次公开重申政府先前宣布的九年立宪不变，以宣统八年达成完全立宪作为大清王朝最近期的施政目标。要求各级官吏激发忠义，淬厉精神,不准观望迁延,贻误事机,九年内应行预备的各项立宪事宜,均应次第举办,努力实现,务使有计划的政治能够按照计划达成,宪政成立,朝野乂安。

清廷宣布九年立宪就是一种有计划的政治,有计划的政治就是要遵守诺言,逐步实现。摄政王接手大清王朝政治权力后,确实是按照这个计划逐步推行,要求各地各级官吏只能按照这个计划往前走。他一度考虑过加快立宪的步子,尽量缩短召开国会的年限,但是后来随着国内政治形势的变化,摄政王还是放弃了这个想法,期待继续坚守朝野已经达成共识的九年立宪规划。

在将袁世凯开缺回籍的同一天(1909年1月2日),摄政王载沣下令于宪政编查馆内设立专科,专门考核九年限内议院未开以前逐年应行筹办进行事宜。这个举措至少是从姿态上表明清廷对预备立宪的诚意和决心,并有意无意消解袁世凯是预备立宪主导的传言,表明清政府有计划的立宪政治并不会因为袁世凯的离开而中断,甚至可能会因此而加快。

摄政王载沣与清廷最高统治层此时立宪的决心与信心是不必怀疑的,在这种情势下,清廷虽然没有宣布加快立宪的步伐,但对各地立宪进度的督促确实在加强。1月6日,宪政编查馆电令各省督抚迅速依限举行咨议局应办事宜,强调各省一定要按照九年计划逐年有进展、有变化。

咨议局是预备立宪过程中的一个重要机构,它既是为未来的完全国会储备人才,也是地方民主政治、地方自治的议政机构,是地方的议会。所以清廷在立宪筹备过程中始终抓住这个关键,多次督促各省一定要按照九年计划及时完成咨议局的选举。

根据九年规划,1908年为各省咨议局的筹办年,第二年就是各省咨议局的选举年,各省咨议局都要在这一年完成选举,并正式开始活动,一方面为中央资政院储备人才，一方面从实质上推动地方民主政治的发展。所以在这一年，清廷的工作重心就是不断敦促各地举行咨议局选举，解决选举中的纠纷，纠正选举中的弊病。

摄政王载沣和清政府的诚意、决心，深深打动了各地立宪党人，使各地立宪党人觉得一定要踏踏实实按照九年立宪规划去执行，一定要在1909年将各省咨议局选举完成，于是各地立宪党人除了积极参与各省督抚召集的官方筹办活动外，也利用清政府提供的政治空间，自行建立各种各样的政治组织，主动参与各省咨议局的筹备活动。以江苏省为例，江苏的立宪党人在1908年秋就组织了咨议局调查会，通告全省人民自行预备，协助官府，对全省劝学所、商会等城乡中介组织的情况进行详细调查，根据清政府颁布的选举办法，认定选举人被选举人资格，编制选举人名册。江苏民间力量的主动有力推动了立宪运动的发展，确实有助于以官方为主导的民主政治的进程，对相邻各省也起到很好的示范作用。

与江苏情况稍有不同，直隶地区也是当年筹办咨议局活动办得比较好的地区，只是直隶并不是依靠民间力量推动，而是完全由官方为主。这可能与袁世凯在直隶的多年经营有关。由官府为主导进行筹备，当然显得更有条理、有秩序，各项筹备更充分。

按照清廷的指示，各省咨议局应由官绅双方共同筹办，官方与民间应该处于一种良性互动状态，双方的力量缺一不可，没有民间社会的自觉，一切选举都不过是走形式；而如果没有官府的协助、主导，民间力量也很难发动全省人民热情投入。

清政府对各省咨议局的选举抓得很紧，进入1909年之后三番五次地发电报、发指示，敦促各省不得以任何借口无端拖延，必须按照九年规划按期完成，对于进展顺利、正常的一些省份，清廷给予表彰，而对那些因各种原因滞后的省份，清政府也不客气地通报批评，敦促它们迎头赶上，无论如何不能拖了全国的后腿。稍后根据实际情况，强调全国除新疆因情况确实比较特殊，可以延后举办咨议局选举外，其他各省必须一律依限选举依限成立。

1909年确实是一个充满希望的年份。在清政府的引导、敦促下，在各省立宪党人不惧艰辛反复动员下，从来没有过选举经验的中国人终于被动员起来了，他们开始对自己的政治权利产生兴趣了，开始对一人一票的民主制度争先恐后、趋之若鹜了。根据事后统计，发动比较充分的地区比如江苏，投票率高达三分之二，这可是并不强制并无补助的自由选举，而且又是中国历史上的第一次，能够达到这个比例应该说是非常不错的了。

当然，由于是初步民主，在许多发动不充分的地方，特别是在那些偏远的乡村，人民对自由选举的理念还根本不知道，甚至还有许多人为生活所迫而不愿牺牲那半天时间。在选民登记过程中，由于人民对这个程序不了解，总以为财产之类的登记是为官府将来征收各种赋税提供方便，因而在内心深处予以抵制，从而导致投票率下降。与此相反的情形还有，某些对票选有过研究和了解的投机分子，在乡民并不了解的情形下，劝诱乡民按照自己的意思将票投给某一个人，有的甚至冒领选票，公然行贿，胡乱投票，结果有些劣迹斑斑的地痞流氓即便没有当选，也获得了不少的票。凡此，皆为民主初步时期难以彻底避免的情形，清政府也及时给予纠正和指导，坚决打击各地贿选或操纵选举的弊政。

好在1909年各省咨议局选举总体上是好的，更重要的是，中国终于走出民主政治的第一步，如果按照这条路走下去，中国的民主生态一定会改善，民主选举一定会逐步走向成熟。在各地的选举中，被选举出来的人大致上反映了人民的意愿，而且那些当选议员也差不多个个自命不凡，许多人曾经留学日本，或者毕业于国内新式学堂，大致是那个时代的社会良知和社会脊梁。他们中有些人有过从政的经历，具有问政议政的能力，大都雄心勃勃，很有点西方立宪国家职业政治家的味道，他们中的许多人确实准备代表民意从事政治活动，准备在民主政治中显露身手，做出一番事业。

至1909年10月14日，全国二十二个行省中除新疆经中央同意缓办外，二十一个行省都如期完成了咨议局的选举。各省咨议局如期成立，如期开议，中国政治就此发生重大转折，各省督抚的权力在某种程度上说开始受到一定的约束，标志着人民通过票选的方式开始参与国家政治生活，是中国民主政治的新起点，是中国一个新时代的开始。

各省咨议局的选举和成立给中国人一种新的希望，人们越来越意识到咨议局的成败不仅关系到各省民主政治的发展，地方经济社会事务的得失，而且关系到整个国家的兴亡衰败。为了帮助咨议局议员了解把握各省形势和民意民情，各省士绅在咨议局成立前后还成立许多辅助组织，比如江苏、山东等省的咨议局研究会，浙江、直隶、福建、吉林、江西等省的议案预备会、人民建议协会等。政闻社也在东京成立咨议局事务调查会，专门调查日本欧美各国中央与地方政务情形，以及内地各省相关事宜，相互比较，进行分析，以供各省咨议局议员参考。这些辅助组织为咨议局准备了许多议题和议案，期望咨议局议员能够在咨议局开会时有效发声。

在各省咨议局第一届会议开始后，议员们确实做出了许多贡献，他们积极参政议政，对地方政治经济发展、社会改革等各方面事务都提出了许多很好的议案。在监督官吏、澄清吏治等方面，议员们更是功不可没，其实际效果远远超过过去的监察纠察体制，对于行政官吏起到了相当的震慑作用。在经济建设方面，由于议员都是本地人，最了解各地发展实情，因而他们提出的各项议案都比较务实、比较可行、比较切合各地发展实际，比如江苏省的围垦、直隶的纺纱、吉林的矿产等兴办案，都对后来当地经济发展起到过不可估量的促动作用。许多地方的咨议局会议开得非常好，据说一些外国观察家说，甚至达到了成熟的民主国家所能达到的程度，议员们从容不迫、文质彬彬、激烈而有秩序地讨论着各种议案，充满诚意、善意、严肃而礼让的美德。

第九章　民主政治短暂的春天

咨议局的发展和活跃或许合乎各地的利益，是各地民主政治蓬勃兴起的象征，也应该是清政府特别是摄政王载沣的真诚期待，清廷在最初发起立宪运动时，就清楚地知道这些结果。但不必否认的是，也有一些人看出来，各省咨议局这样发展下去，肯定会损害清政府的利益，肯定会挑起地方与中央政府之间的冲突。特别是各省咨议局极想抱成一团的愿望，迟早意味着满洲王朝的终结，因为各省咨议局所遵循的民治民享的原则，从本质上不合乎清政府的政治传统，不合乎清政府的政治利益。①

咨议局：民主初步与有序参与

或许清政府真的是希望实行一种鸟笼民主，希望建设的是一种有计

---

① （澳）骆惠敏编：《清末民初政情内幕——〈泰晤士报〉驻北京记者、袁世凯政治顾问乔·厄·莫理循书信集》（刘桂梁等译）上，650页，上海：知识出版社，1986年。

划可控制的民主,而不是一种不可控的民主,而中国的民主政治或许是被压抑得太久,一旦放开,总是超越主导者划定的界限。所以当各省咨议局经过短暂的可控制发展后,就像脱了缰绳的野马,不再听从中央政府的管控,而是按照自己的意志往前冲。

1909年10月,各省咨议局同时开幕,中国政治民主化要向前迈出一大步。然而就在这一大步迈出的同时,各省立宪党人却不满意已获得的这些权利,以为清政府对地方民主政治的约束已严重阻碍了中国政治的发展,限于一隅的地方民主政治并不能给中国带来新的希望,只有整个中国共同进步,只有尽早召开正式国会,只有全国人民一起参与全国政治,才能真正推动中国的政治进步,挽回时局,唤起沉疴,推动中国迈向立宪政治。

立宪党人之所以在中国民主政治迈出一大步的时候发出这样的感慨,是因为就在各省咨议局将要开会的时候,却传来中日两国政府于9月4日在北京达成《中韩界务条款》(又称《间岛协约》)的消息。根据这个条约,日本承认延边地区为中国领土,以此换取日本在东三省扩张修筑铁路开采矿山的权利,并取得了干预东北地方司法等事务的条约权利,这标志着日本殖民主义势力在东三省急剧膨胀。兴致勃勃的立宪党人突然间觉得很泄气、很扫兴。

突然而至的外交危机再次引发国内的政治变动。10月13日,也就是各省咨议局开会的前一天,江苏咨议局议长张謇会同江苏巡抚瑞澂以及立宪党人雷奋、孟昭常、杨廷栋、许鼎霖等商量,建议由苏抚瑞澂联合各省督抚一起要求清政府尽早组织责任内阁,由张謇出面联合各省咨议局一致要求清政府尽早召开国会,并委派杨廷栋、方还、孟昭常等分别前往各省联络,约请各省咨议局在第一届常会闭幕后派员到上海会商统一方针,确定下一步行动计划。他们确实希望能够利用咨议局这个平台,推动清政府加快民主进程。

11月初，张謇亲往杭州，与浙江巡抚增韫会晤，增韫明确表示在推动政治民主化方面愿与江苏巡抚瑞澂保持一致，取同一态度。紧接着，张謇又会晤浙江立宪党人的领袖汤寿潜、王清穆等，劝说各方联合起来，一起为政府分忧解愁，拯救危难，化解困局。他们决定共同上书，请求清政府更改先前的九年规划，提前召开国会；假如改变九年规划确实有困难，他们建议根据已经变化了的形势，在九年规划中增加临时国会一项。这显然是一个新的动议。

张謇等人的呼吁和多方串联，引起各省立宪党人的高度关切，各省咨议局也开始觉得九年立宪的期限可能真的有点过长，过渡期的资政院由于不是民意机构，无法代表民意，无法监督政府，因而他们也开始倾向接受张謇等人的建议，设法要求清政府更改先前的九年规划，提前召开正式国会。各省代表陆续向上海汇集，准备在那里当面商量下一步的计划。

12月18日开始，云集上海的十六省共五十一名代表在预备立宪公会事务所连续召开"请愿国会代表团谈话会"，公推福建咨议局副议长刘崇佑为主席，孟昭常、林长民为书记。他们在连续会议中详细讨论了进京请愿的目的、方法，并制定了相应的规矩，要求所有进京代表听从指挥，一致行动，他们先是要求清政府在两年内召开正式国会，在明年，也就是1910年先召集一次临时国会。但是到了12月30日最后一次会议时，各省代表又对请愿书做了最后修改，要求清政府在一年内召集国会。

1910年初，各省请愿代表陆续抵达北京，很快在琉璃厂设立专门的事务所。1月14日，各省代表召开谈话会，议决进行次序和方式方法，并重申了请愿时应该遵守的纪律。16日，各省请愿代表列队前往都察院呈递请愿书，从内政、外交等各方面分析中国目前所处的危险局势，要求清政府根据已经变化了情况适度更改先前的九年立宪规划，尽早成立责任内阁，负起全国之责，以强力处理外交和内政事务，使皇室处于稳固之地。

国会请愿代表都是各省政治新秀，具有非同寻常的政治能量，他们在请愿书递交之后的那些天，四处活动，在充分发动各界民众的同时，更利用各自的人脉，遍谒军机大臣、政府要员，诱导他们说服清廷最高统治者改变九年立宪的既定方针，速开国会。

在请愿代表的努力和整个社会氛围的感染下，一些军政大员开始改变了态度。先前就力主中国走上宪政之路的军机大臣戴鸿慈，虽然认为中国不经过充分的预备就贸然走上宪政实践，可能具有很大的政治风险，但他在代表们的殷切期待下，也转变态度，表示愿意为早日召开国会尽力。庆亲王奕劻也认为，既然中国走上立宪道路是既定方针，那么早几天晚几天也就没有什么本质上的不同，所以他对国会请愿代表深表同情，给予理解和支持。

提前召开国会或许并不是一个好建议，但是当国民情绪被充分煽动起来之后，政府一味压制只能是适得其反。驻外公使和一些督抚如孙宝琦、程德全、陈昭常、丁宝铨、袁树勋等对国会请愿运动看法不一，不过他们大体上赞成清政府考虑请愿代表的要求，给予善意的积极的回应，即便不能如请愿代表所愿立即召集国会，也要使这些代表真正充分理解清政府的用心和真诚。曾经担任过驻日公使和出洋考察宪政大臣的李盛铎对日本明治维新的历史有着深刻理解，他甚至这样告诉清政府，现在这一批国会请愿代表绝对不能小视，他们都是各地的政治精英和社区领袖，享有很高的政治威望和政治号召力，甚至影响力也不限于一地，其言论更可鼓动于一时。这些人就像日本明治维新初期的士族，用得好，可以为善，足以辅助皇上创盛世伟业；用得不好，或者政府对不能立即召集国会的理由解释不充分，这些人失意而归，那么他们就不能理解朝廷的苦心和用意，就会怀疑朝廷的真诚。李盛铎说，欧洲社会的政治变动多起于中等社会，也就是社会的中间阶层，现在这些请愿代表和他们所代表的那个阶层，其实就是中国的中间社会，政府如果不能妥善对待，那么这件事情可能会给中国带来意想不到的后果。

李盛铎的分析深刻且犀利，但他的这个分析并没有被清政府衮衮诸公所接受。军机大臣世续、鹿传霖等人对请愿代表的动机做了非常恶毒的揣测。摄政王载沣虽然看到了这些请愿代表的政治能量，看到了大势所趋，但是由于政治统治层无法统一意见，而清廷在立宪准备上可能也确实做得不够，因而于1910年1月30日颁发谕旨，先是肯定请愿代表的爱国热忱，然后强调因为国民程度尚未获得适度提升，各项筹备还不完全，如果强行召集国会，恐怕徒增纷扰，甚至会为宪政前程留下阴影。不过，摄政王明确重申，宪政必立，议院必开，朝廷之所以慎重筹划，以九年为期，就是要根据国情，分清轻重缓急先后之序，届时达成一个值得中国人夸耀的真正的立宪体制。

清廷不会轻易接受立即召集国会的建议，是请愿代表早就预料到的，所以在这个结果尚未出现之前，他们就在北京成立了国会请愿同志会，筹措资金，征集签名，宣传造势，摆开不达目的誓不罢休的姿态。因此当清廷明确拒绝了请愿要求后，他们迅速布置第二次请愿活动，很快征集到三十万人的签名。

在做了充分准备和声势浩大的舆论宣传后，国会请愿代表团于1910年5月再集京师，然后展开密集活动，为第二次请愿进行最后准备。

6月16日上午八时许，各省请愿代表齐集都察院，由领衔者依次向左副都御史陈名侃递交代表直隶咨议局议员、直隶和旗籍绅民、各省政治团体、各省商会、教育会，以及澳洲华侨等民意的十份请愿书。这些请愿书的内容各有侧重，各有特色，各自承担着不同的功能。咨议局的请愿书对清廷不愿立即召开国会的理由进行辩驳和正面阐释，强调国民程度并不是政府想象的那样低，立即召集国会并不会引起政治上的动荡；商会的请愿书则从世界经济大势分析中国因没有国会而遇到的难处和中国商人在国际上受到的不平等待遇；各省政治团体的请愿书侧重于分析九年立宪预备的不恰当，认为只要认真筹备，九年规划中的事项只要一年就可以完成。总而言之，这十份请愿书一致要求清政府对人民的呼吁给予积极正面的回应，一定想办法在一年内召开正式国会。

第二次国会请愿活动在全国闹得动静太大了，动静太大有好处也有坏处，好处是动员了民众，扩大了影响，坏处是使官府中的人开始感到害怕，担心政府如果真的顺应这个所谓民意，予以让步，提前召集国会，那么可能会引起一场多米诺骨牌效应，至少也会给将来开了一个不好的先例，有计划的政治总会被打乱，朝廷的威信无疑会受到极大伤害。基于这一系列的考量，清政府于1910年6月27日毫不犹豫地拒绝了第二次国会请愿的要求。

清政府拒绝了第二次国会请愿，不过清政府政治高层特别是摄政王载沣对民众的力量还是感到极大震动，他发自内心不愿与民众为敌。摄政王看到一年来各地抗捐抗税的群体事件此起彼伏，各种各样的骚乱还有革命党组织的武装暴动，在在影响着清政府的政治统治，清政府现在的统治基础就是这些立宪党人，如果清政府再将这些立宪党人推到敌对方面，那不仅是立宪党人的悲哀，而且可能是大清王朝的末日。所以摄政王在拒绝提前召开国会的同时，并不主张对国会请愿运动进行镇压，反复交代在向请愿代表说明不能提前召开国会的理由时，一定要注意方式方法，注意措辞，注意以理服人，注意保护请愿代表的政治热情。

就政治认同而言，大多数的立宪党人当然主张以清政府为合法政府，为立宪的基础和主体，实行君主立宪只是用宪法的形式约束君主的权力，并不是剥夺君主的权力。这是国会请愿运动的主旨。当然，清政府一再拒绝了这些请求，久而久之，也就必然会使一部分原本赞成支持清政府走上立宪道路的人感到有点不耐烦，以为清政府主政者是典型的叶公好龙，清政府之所以反复强调九年之期，其实就是拒绝中国走上立宪道路。因而，这批激进的立宪党人渐渐与清政府疏远，渐渐与革命党人亲近，甚至用革命党人的理论要挟清政府。

其实，站在清政府特别是摄政王的立场，有计划的政治就是坚持已经达成的共识，有计划有步骤地去执行这个共识这个计划。九年预备立宪是先前相关各方共同认定的政治日程表，现在并没有发生重大的外部事件，如果因某些人的要求说改就改，恐怕也会被批评者视若儿戏，也是一种政治上的不严肃。所以说，摄政王坚持九年立宪计划，并不表明他在故意拖延立宪的实现，而是在坚持一种原则，坚持一种理想，而这种坚持本身就是一个负责任的政府、负责任的政治家必须做的，这本身就是宪政的一部分。摄政王反复强调，朝廷从来都是希望宪政早日达成的，只是考虑到国家至重，宪政至繁，缓急先后之间，为治乱安危所系，必须慎思而后动，必须坚持一种定见一种原则。宪政不是只有国会一端，而是一个复杂的政治工程，以中国幅员之广，财政之艰，再加上连年自然灾害不断，地方治安也有许多问题，此时贸然前行，放弃先前的既定计划，并不是最合适的政治选择。他希望国会请愿代表能够换位思考，能够站在政府的立场上考虑政治选择，不要继续剑走偏锋。现在资政院就要正式开院了，资政院虽然只是一种过渡形态，但这个形态对于养成完全的议会政治还是非常必要的，这个过渡形态的制度设计在当年也有过充分的论证，大家都应该继续坚守，待九年期满，国会自然成立，完全宪政必然实现。

清政府和摄政王的解释没有说服这些请愿代表，请愿代表中的激进者认为清政府只是一味敷衍，一味拖延时间，缺乏预备立宪的诚意。他们中的一部分人开始向革命党人靠拢，至少开始有意利用革命党人的政治压力迫使清政府就范。梁启超就反复鼓吹这个道理，表示清政府如果不能接受和平召开国会的请愿，那么很可能引发全国性的兵变，而这个兵变也并不尽是革命党人的煽动,而是政府拒绝和平改革使然。而另外一部分人则继续坚持请愿运动,根本不在意清廷拒绝的理由,下决心发动规模更大的第三次请愿运动,表示不达目的誓不罢休。

经过充分酝酿和切实准备,再加上国内外舆论的影响,比如梁启超接连不断的政治檄文,在很大程度上激励了请愿代表的政治勇气,滞留在北京的各省国会请愿代表相继成立一些政治组织,准备发动更大规模、更大范围的政治请愿,决心继续向清政府施压。

清政府最高统治层中的主流派虽然拒绝了第二次国会请愿,但并没有无视这些请愿代表的爱国热忱,不仅没有采取强制措施将这些人清除出北京,而且对请愿代表的政治要求也曾给予适度的善意回应。8月17日,清廷突然宣布改组军机处,将公认守旧的军机大臣世续,以及世续的政治追随者、军机大臣上行走吴郁生免职,提升略具新思想的管理军咨府事务大臣贝勒毓朗、邮传部尚书徐世昌为军机大臣。8月27日,另一位公认守旧的军机大臣鹿传霖病逝。旧人物出局,新人物入选,为政治变动打开了想象空间。滞留北京的请愿代表,一时间愈发亢奋,以为朝廷对提前召开国会的态度可能会因人事变动而改变,因此他们进一步加大活动力度。

与此同时,中国的外交又传来不好的消息,这也为第三次国会请愿的发动注入了新的力量。外交危机再次成为国内政治改革的动力。

1910年7月4日,日俄两国在圣彼得堡签订第二次《日俄协定》,如同1907年的第一次协定一样,是背开中国瓜分东三省,并由先前互不干涉对方在东三省的特殊利益,发展为互相支持各自在特殊利益范围内的活动。这种协定近似于共同防御同盟,既有日俄共同抵抗其他列强向东三省渗透的意思,又无视中国政府对东三省的主权。

第二次日俄密约无疑强化了日本在东三省特别是东三省南部的地位。或许是因为这个条约的鼓励,日本政府再接再厉,又于8月22日逼迫朝鲜订立合并条约，规定朝鲜完全而且永远地把全国的一切统治权交给日本，就这样，日本正式宣布吞并朝鲜。

国内外的政治变动为国会请愿运动提供了新动力。8月12日，各省咨议局联合会在北京成立，除甘肃、新疆没有代表外，二十个省的咨议局共五十名代表参加了会议。汤化龙当选为主席，蒲殿俊、为副主席，孙洪伊、杨廷栋、刘崇佑、雷奋、周树标、王法琴、吴赐龄、汪龙光、孟森等为审查员，孟森被推为审查长。

从表面上看，咨议局联合会只是各省咨议局的一个协商联络机关，并不是政治结社，但从它后来所发挥的政治功能看，却是一个非常重要的指挥机关，不仅有效协调了各省咨议局与各省督抚及中央政府的关系，而且因成员身份的特殊性，成为此后请愿运动的领导指挥机关，深刻影响了此后政治运动的进程。

有计划政治：立宪日程表

九年立宪是慈禧太后和光绪帝在世时制定的政治日程表，也是当时国内立宪党人的共识，现在国内外形势变了，是否意味着这个政治日程表就一定要变呢？这就是1910年中国国内最大的政治纠纷，而这场纠纷不仅耗尽了清政府的政治威信，而且使中国的民主道路走上了一条非常奇怪的道路，此后的政治家特别是那些不堪的政客，一旦遇到不合乎自己利益的事情，就对先前的政治约定不予承认，对有计划的政治实施无计划的破坏，中国人在二十世纪上半叶几乎很难建立起多少政治共识。

现在，各省咨议局联合会成立了，请愿代表有了总协调，有了与清政府进行斗争的总指挥，他们决定在资政院开会时提出速开国会的议案；国会请愿代表团成立了，国会请愿更有了一个合法的理由和依据。

国会请愿代表团于1910年8月15日通过几项决议，根据日俄新约和日本吞并朝鲜的政治现实，准备向将要召开的资政院请愿，要求提前召集国会。他们甚至要求咨议局联合会，如果清政府再不答应提前召集国会，那么各省咨议局就应该出面抗捐抗税；如果清政府依然不答应这个要求，那么各省咨议局应该同时解散。

根据九年立宪政治日程表，正式国会的过渡形态资政院于1910年10月3日正式开院。这是一个准议会性质的机构，具有明显的过渡特征。资政院的议员包括宗室王公世爵十六人，满汉世爵十二人，外藩王公世爵十四人，宗室觉罗六人，各部院长官三十二人，硕学通儒及纳税多额者各十人，总计一百人，均由皇帝钦选。民选议员亦是一百人，主要由各省咨议局推选。资政院代行议会的职能，负责议定政府财政的收入与支出，制定法规，弹劾大臣，但由于不是完全议会，因而在本质上只是皇帝的御用机构。

资政院并不拥有很大的独立的权力，但对国会请愿代表团来说，却是一个哭诉的对象。资政院开院的那一天，国会请愿代表团向全国人民发布了一个通告，宣布将向资政院、会议政务处、摄政王监国等请愿，目标只有一个，就是请政府立即召开正式国会，立即采取措施，以救国亡，抵制日俄对中国的蚕食。

10月7日上午，孙洪伊等请愿代表整装待发，突然有学生赵振清、牛广生等十七人向请愿代表递交了一份请愿书，并拿出利刃，准备以自杀为请愿代表饯行。自杀的事情在请愿代表阻止下没有发生，但这两位学生还是趁人不备，各自从身上割下一块肉，以表达对请愿代表支持到底的决心。第二天，同样的故事在北京再次发生，青年学生张成珍、张云湖等将自己的血书送交代表团，激励请愿代表不达目的誓不罢休。

学生的悲情和社会舆论的激荡深深影响了请愿代表团和咨议局联合会的每一个成员，他们在那些天里不辞辛劳来回奔波，将陈情书、请愿书送至摄政王府、资政院，并利用各种各样的渠道拜访军机大臣和政府要员。他们的辛苦与悲情终于打动了那些王公大臣和政府要员，终于换来了执政者的首肯与认同。庆亲王奕劻当面表示他个人高度认同速开国会的要求，并表示在方便时他也会促成朝廷尽快做出决定。10月22日，资政院通过速开国会的议案。消息传来，请愿代表倍感振奋。

在清政府的政治架构中，资政院的制度设计原本只是过渡的，只是为了培养人民的参政意识，引导人民有计划、有秩序地参与政治。清廷之所以同意这样做，当然最终目的是达成完全立宪，建立一个更合理的政治体制。现在，既然作为御用机构的资政院都通过了速开国会的议案，那么摄政王又怎能继续反对呢？10月25日，摄政王在接见请愿代表孙洪伊等人时表示，他虽然继续认为立宪过程应该遵循先前的约定，有序进行，有序参与，但如果资政院有了新决定，他个人一定会尊重资政院的决定，决不会固守立场，冥顽不化。

各地督抚也在向清廷施加压力。10月20日，东三省总督锡良向清廷报告了日俄两国对东三省的威逼，建议清政府倾全国之力以谋东三省。在摄政王接见孙洪伊，答应不会为难请愿代表的同一天（10月25日），锡良又与湖广总督瑞澂、两广总督袁树勋、云贵总督李经羲、伊犁将军广福、江苏巡抚程德全、安徽巡抚朱家宝、山东巡抚孙宝琦、山西巡抚丁宝铨、河南巡抚宝棻、新疆巡抚联魁、江西巡抚冯汝骙、湖南巡抚杨文鼎、广西巡抚张鸣岐、贵州巡抚庞鸿书等联名致电清政府，要求立即组织内阁，定明年开设国会。同一天，直隶总督陈夔龙也单衔奏请朝廷先行组织责任内阁，以拯救时局。

26日，资政院通过速开国会折稿，奏请朝廷顺应民意，速开国会。27日，陕西巡抚恩寿奏请朝廷先立责任内阁，再定召集国会的日期。

各位封疆大吏这一系列政治举动，一方面是对国会请愿运动的支持，另一方面当然也是对清政府对摄政王载沣施加政治压力。这一系列关键性举动，在某种程度上真的改变了中国历史进程。

国会请愿代表团的热忱曾经深深打动过摄政王，但这种打动总不如他的那些"众爱卿"的建议有力量。既然大多数督抚都这样认为，摄政王一人怎能继续拒绝呢？10月28日，因为顺直各省咨议局及各省人民代表等陈请速开国会，东三省总督锡良等督抚大员联衔奏请组织内阁、钦颁宪法、开设议院，摄政王载沣命令将这些建议提交会议政务处及王大臣讨论，决定方针，预备召见。

11月3日，摄政王载沣如约召见会议政务处王大臣等，垂询对国会请愿代表团、各省咨议局联合会，特别是对锡良等督抚大员奏请钦颁宪法、组织内阁、速开国会等建议的处理意见。各位政府要员、王公大臣充分表达了各自的看法，大部分人认为应该对各方面的要求给予积极回应，在注意继续保持政治秩序稳定的同时，尽量缩短正式国会的筹备时间。

各省督抚和这些王公大臣的看法对摄政王发生了积极影响，摄政王在会议政务处王大臣会议第二天（11月4日）郑重宣布将先前九年立宪的政治规划缩短为五年，即于宣统五年（1913年）开设议院。在正式国会召开前的两年，摄政王宣布将加紧进行各项准备，先将官制厘定，预行组织内阁，编订宪法。很显然，摄政王对各方面的要求给予了尽可能的积极回应，他认为这些调整折衷至当，所以他要求各省请愿代表即日散归，不得继续滞留北京，继续进行什么请愿活动，朝廷绝不会再对此做出什么调整，万不能再议更张。

清政府的这个决定应该说是对请愿代表的积极回应，也充分考虑到了中国政治实际，之所以选择1913年正式召集国会，主要是因为那时也正好赶上资政院重新选举，朝廷利用这短短两年的时间加紧准备，届时一定能够实现宪政目标，满足人民的期待。

应该相信，清政府对立宪的态度是真诚的。11月12日，清廷令民政部、度支部、法部、学部等主管衙门将关于宪法范围内必须提前赶办事项，均于召集议员以前一律完备；又令各省督抚将开设议院以前地方应行赶办事项，切实进行；12月6日，又以提前开设议院，令宪政编查馆将预备立宪逐年筹备事项，缩短年限，切实进行。凡此，都可认为是清政府最高统治层在对1913年的立宪进行认真准备，因为1913年转眼就到。

正式国会的召开缩短了三年，较之请愿代表要求的1911年仅差两年时间，所以清政府的这个决定公布后，请愿代表中的许多人特别是江浙地区的代表感到满意和满足，表示将按照清政府的要求，劝说请愿人员尽早离开北京，以便让政府有时间、有精力尽心准备。

然而也有许多人认为政府既然做出了让步，为什么不能一步到位，还要这样讨价还价呢？他们再次对清政府的诚意提出质疑，以为既然有计划的九年立宪规划可以修改，那么为什么不按照请愿者的要求，宣布立即召集国会呢？朝廷诸公为什么还要拿那些与宪政无干的问题作为延缓宪政的借口呢？朝廷既然强调之所以修改九年立宪的政治规划，是接受了各省多数督抚的建议，那么为什么不能接受各省督抚的意见，明年召开国会呢？这些质疑，当然也不能说没有任何道理。

有了这么多的疑问和困惑，这些代表决定继续留在北京，并决定发动第四次请愿，迫使清政府答应立即召集国会的要求。这些代表以东三省籍为主，这肯定与东三省的外交危机、沦丧危机相关。

清廷的强硬姿态并没有吓退东三省的人民，因为他们的切身感受就是如果不能立开国会，那么国将不国。所以东三省请愿代表很快集中到奉天，向东三省总督锡良请愿，要求锡良再次向朝廷建议立开国会。

12月2日，奉天学界赴京请愿团三十余人前往省咨议局，与议长吴景濂等会商进京事宜。谈论中，激昂的学生金毓绂拔刀断指，李德权持刀割股，书写血书，场面感人，极具悲情，深深感动了吴景濂以及副议长袁金铠等人。4日上午，奉天省城学生五千多人列队向督署游行请愿，要求东三省总督锡良再为冯妇，代他们向政府要求明年就开国会。锡良在学生真情感染下答应代奏。锡良的态度又影响了请愿者，6日，全省范围的大请愿再度发生，来自全省各地有一万多人齐集咨议局门前，并向总督衙门行进，咨议局议长吴景濂等相继加入。至总督府，游行人数增至两万余人。在各界代表再三哀求下，锡良答应代大家向朝廷表达意见。第二天，锡良将奉天绅民要求明年开国会的请求转递朝廷，建议朝廷不必再计较如此区区两年，应该顺应民意，与民更始。

锡良的奏请和东三省代表的要求使朝廷非常为难，清廷经过缜密研究，以为如果同意这些请求即开国会，必定给中国带来更大困扰，于是清廷于12月24日命民政部、步军统领衙门将东三省要求速开国会的请愿代表押送回籍，劝说大家不要留在北京继续闹了，大家都应该回到自己的岗位上埋头工作。同时宣布严禁学生干预国政，如果有人胆敢违抗，各省督抚在开导劝说的同时，有权自行处置，予以弹压，查拿严办。

一场有计划的政治变革开始变味，和平请愿的空气中有了一些血腥味。天津、吉林、江西、四川、湖北等地的学生请愿运动在政府强力压制下归于失败，以奉天、直隶为中心的全国第四次国会请愿运动终于在1911年初偃旗息鼓。

按照九年预备立宪规划，清政府主导的政治改革，应该说在1910年大多数时间都处在稳步推进的状态，所取得的效果，应该说比预想的还要好。各省咨议局在其第二届会议上普遍表现优异，与各省督抚主导的地方行政系统并立，俨然成为分权制衡的重要一方，各省督抚提出的许多议案特别是预算案，受到咨议局的严格审查和讨论，许多省的预算案虽然勉强通过，但大都进行了重大修改。这些应该看作是中国民主政治的进步，中国如果沿着这条道路走下去，民主一定会从初步走向成熟形态。

中央的资政院,是九年立宪过程中的过渡机构,具有正式议会的部分功能,只是资政院的议员并不完全由选举产生,相当一部分议员名义上是由皇上钦定,因而资政院就受到人们的质疑,以为资政院不过是皇权的橡皮图章。各省立宪党人之所以联合起来进行国会请愿,要求清政府尽早召集正式国会,就是对资政院议员构成表示不满。在正式国会召集后,即便依然还会有钦定议员,有皇室宗亲,但这个数量一定不会很多,民选议员一定是正式国会的主导。

其实,从民主政治的一般进程来说,总要有一个过渡时期。从当时中国的情况看,中央层面的三权分立大概确实不易立即实行。过去君主专制政体下的三权分立,如果发生冲突,由皇权中心进行协调,现在要实行君主立宪了,君主也只是中央政府的行政主导,君主要受制于宪法,君主也就没有权力、没有能力去协调三权分立中的矛盾和冲突。怎样重新架构三权分立的国家政权,使三个权力处在一个大体平衡、大致协调的状态,应该说是九年立宪筹备中的一个重要问题。资政院的架构和构成,应该说是这个探索中的重要一环。

资政院尚不是完全的国会,只是在皇权领导下的一个过渡性的临时立法机构,当年清廷预备立宪制度设计者之所以提出这样的政治架构,其目的只是要培养锻炼议员的议政能力,为成立两院制的完全国会储备人才,积累经验。

至于资政院立法权的不完全,这也是其过渡性决定的。在完全立宪国家,重要法律法规都要经过议会的审定和通过,君主的颁布只是形式上的,君主在一般情况下,没有否决议会通过法案的权力。现在,中国的制度设计,既然是从君主专制向君主立宪过渡,那么只能适应这个过渡,两面兼顾。从君主的方面说,既要辅导议员增加议政能力,也要逐步适应分权趋势,逐步放弃许多先前享有的政治权利;而从议员的方面说,虽然所享有的权利与完全议会形态下的议员有差距,但毕竟其产生是中国政治的重大进步,既要忠实履行自己的权力,又要在这个过渡期接受皇权的辅导,逐步养成民主的习性,最终脱离皇权的约束,成为与皇权分立且相互制衡的一极。

作为过渡期的议会,资政院要做且能做的事情其实还是很多的,比如国家财政的预算、决算,税法的制定,公债的发放,重要法律的制定与审议等,这都是资政院的分内事务,并不受到来自皇权中心的制约。皇权中心在某种程度上也渴望资政院能够成长壮大成一个议事中心,与清朝固有体制中的行政中心军机处相抗衡,所以资政院从一开始就拥有向行政部门问责,弹劾军机大臣、行政大臣的权力,甚至拥有评判各省咨议局与行政当局即各省督抚之冲突、异议的权力。从这个意义上说,资政院也不是简单的御用机关、橡皮图章、表决工具,更不是皇权专制主义的点缀、摆设或捧场机构,而是一个拥有相当权力的不完全形态的过渡议会。

明白了资政院的过渡性质,就应该容忍这种过渡性质的不完美;知道其不完美,才能在实际过程中逐步克服,逐渐走向完美。资政院在存在的短暂几年中,也确实是这样做的,确实对推动中国政治民主的进程,发挥了许多正面的作用,对于国人民主政治习性的养成,对于民主政治程序的制定和完善,起到了不可替代的作用。这是应该肯定的。

皇族内阁≠责任内阁

晚清政治改革进程中值得检讨的教训有很多。导致一个重新焕发了生机的王朝走向覆灭的根本原因,可能莫过于任用皇亲国戚,以成立责任内阁的名义出台了一个皇族内阁。

按照君主立宪的一般原则,或者说根据1908年《钦定宪法大纲》的规定,为了保证君主享有至上权威和永远不出错,皇族亲贵不得出任政府要职，不得担任任何享有政治权力的行政职务。然而，此时的统治者错误地理解《钦定宪法大纲》中关于皇权至上的另一个规定，即大权统于朝廷，皇帝享有颁布法律、召集解散议会、设官制禄、黜陟百司等权力，以为君主立宪体制中的黜陟百司就是皇帝有权任用一切官员。

君主立宪政体下的黜陟百司，只是君主根据议会的选举结果，或根据政府的提名任命官员，这个权力显然只是礼仪性质的，并不具有实质性意义。也就是说，皇帝的任命并不是皇帝的决定，皇帝宣布议会和政府的决定，是使这些政治任命具有合法性和权威性。所以，君主立宪政体下的黜陟百司和君主专制政体下的黜陟百司具有完全不同的性质。

至于皇族亲贵不得担任政府要职，这是君主立宪政体下的必然规定，主要是为了避免皇族亲贵被拖入某些政治的或经济的丑闻，要保持皇室的神秘、至上、榜样的功能，就必须在制度上保证皇室亲贵只做好事不做坏事，比如皇室亲贵可以从事某些慈善事业、亲善事业，但绝不能担任任何实质性的官职。政府或者说国民可以全资将皇室贵亲全部养起来，就是要使这个特殊的第一家庭不发生任何影响国民信仰的丑闻。通观世界各君主立宪国家，其实都是这样做的，这是君主立宪的起码要求。

其实不止在君主立宪政体下必须这样做，即便在君主专制政体下，英明或强势的君主也严格禁止皇室成员干政用事。清朝至少自雍正朝开始，就有这方面的严格规定，严格禁止皇室亲贵担任行政职务。直至咸丰年间，因为时事危机，因为恭亲王奕䜣实在太有本事，他的哥哥咸丰帝才违反祖制，于咸丰三年命恭亲王在军机大臣上行走，开皇室亲贵用事之端。咸丰十年，恭亲王奕䜣临危受命，担任议和大臣，成为此后清廷政治生活中的关键人物。恭亲王奕䜣头脑清晰，有眼光有见解，懂得世界大势，所以他虽然是皇亲贵胄用事，但还算是做了一些好事，顺应世界潮流，推动了中国的现代化。但是如果从不好的一面去检讨，恭亲王奕䜣担任政府首席,也有许多问题。1860年的祺祥政变,如果不是他占据政府中的有利地位,可能结果会不一样,政变或许根本就不可能发生。至于此后他与慈禧太后争权,介入许多政治纠纷,都可以从皇室贵胄违反祖制出任政府要职中找到某些蛛丝马迹。

恭亲王奕䜣出任政府要职,开启清廷皇族成员从政的先河。接替他相继出任军机大臣的礼亲王世铎、庆亲王奕劻,都是循恭亲王的先例主持朝政,成为晚清政治史上的关键人物。

慈禧太后、光绪帝之所以相继同意恭亲王、礼亲王、庆亲王等违反祖制,担任政府首席,可能有多种考虑,其中一个重要的考量,可能与清廷在同治年代开始重用汉大臣有关。汉大臣曾国藩、李鸿章、左宗棠、胡林翼等人在平定国内骚乱的过程中发挥过重大作用,他们在后来的政局中也就拥有非同寻常的地位,如果不能对这些重臣进行有效制衡,如果这些重臣不能具备曾国藩那样的忠诚,对大清王朝来说,肯定是非常危险的。这大概是皇室亲贵相继出任政府要职的一个重要原因。

在1901年新政前,满洲贵族有出任满尚书的惯例,那是为了保证这个部门在政治上的正确,是清廷采取的分权手段。这些满洲贵族并不是指狭义的皇室成员,皇室成员在政府中任职的情况还是比较少见。但是,随着晚清政治改革的进程,不仅满洲贵族逐渐占据政府要津,而且皇室成员也跃跃欲试。庆亲王奕劻的长子载振先后担任商部、农工商部尚书;镇国公载泽先后担任出使各国考察宪政大臣、度支部尚书;肃亲王善耆相继担任崇文门税监、步军统领、民政部尚书等。他们虽然在晚清政治发展中有过正面的影响乃至贡献,但皇室宗亲出任政府要员实际上对皇室的声誉必定构成相当的风险。像贝勒载振1907年在天津惹出来的杨翠喜案,对皇室的伤害决不应低估。

皇室贵胄当然有从事政治,享有国民的一般待遇的权力。只是如果这些皇室成员执意从政,执意享有一般国民权力,其实就应该放弃自己的皇室地位，否则就是一种不公正，就会伤害皇室。然而摄政王载沣并没有弄明白这一点，所以在他接手大清王朝的权力后，先前政治的弊病和偏差不仅没有得到改变或扭转，反而较先前更严重。或许是因为他个人觉得自己的威望不足以服众，或许是他真的担心汉人势力坐大，影响满洲贵族统治集团的利益，总而言之，他在接管权力之后不久，就任命弟弟贝勒载涛和贝勒毓朗、陆军部尚书铁良等为新成立的中央禁卫军训练大臣，掌控禁卫军。稍后，又任命毓朗、载涛为新设立的军咨府的负责人，另外一个弟弟贝勒载洵为海军部大臣、参预政务大臣，毓朗为军机大臣，溥伦为农工商部尚书。这些皇亲国戚不是说不能从事政治活动，不是说不能担任行政职务，更不是说他们没有这个能力，而是说他们担任了这些职务之后，一定会影响政治中心的权力运作。特别是在预备立宪的过程中，一定会使汉人产生很不愉快的印象，一定会使汉人觉得，还是孙中山等革命党人说得对：满洲贵族对权力是高度垄断的，满洲人推动的政治改革都是骗人的，你看，《钦定宪法大纲》明明规定皇亲国戚不得担任要职，干预国政，更不能掌握兵权，可是满洲贵族统治集团从来都没有准备遵守这些规定。清廷的政治威望随着皇亲国戚在中央政府拥有席位的增加而下降。

以摄政王载沣为首的清政府在化解了国会请愿运动危机后，也在政治信誉上有重大牺牲，清廷此时宣布接受国会请愿代表团和各省督抚的建议，将九年预备立宪缩短为五年，宣布于1913年召集正式国会。在此后的两年预备期中，清政府要做的工作还是很多，还是很紧张。当时清政府宣布，在这两年的筹备期中，要先厘定官制，要编订宪法，要组织责任内阁。这些都是非做不可的事。

实事求是地说，清廷对于这个宣布是认真的，宣布之后清廷也是踏实筹备、踏实进行的，所以当清政府的这个决定公开之后，先前一致要求提前召集国会的人开始出现分化，江浙地区的立宪党人基本上退出了此后的持续请愿，愿意与政府一起扎实准备，迎接正式国会的召集。

按照清政府1910年12月6日的宣布，两年筹备期中三个最要事项中，最值得期待的大概就是责任内阁。稍具异端思想倾向的人在无法根本改变清朝政治制度的时候，只有把希望放在清廷能够推出一些新面孔新人方面，所以进入1911年，国内各界都对清廷的这个举措给予高度关注。

清廷最高统治层当然也知道国内外对责任内阁的期待，也真诚希望出台的责任内阁能够获得各方面的拥护支持或认同。1911年1月17日，宪政编查馆奉旨将九年立宪预备期按照五年的标准进行调整，原先列在第六年以后的所有筹备事项，都根据修正后的时间做了相应改动，提前到前面进行。根据这个调整，新的立宪计划大致为：1910年厘定内阁官制、弼德院官制；1911年，设立内阁、弼德院、行政审判院，颁布施行中央和地方官制，颁布会计法；1912年，颁布宪法、皇室大典、两院制的议院法、议员选举法，选举议员，确定预算决算，设立审计院，实行新刑律、民律、商律、刑事民事诉讼律，续办地方自治，县以上各级审判厅一律成立，续筹八旗生计；1913年，颁布召集议员令，开设议院。至此，完成完全立宪。

从这个调整后的程序看，清政府要做的工作确实不少，而在1910年仅有厘定内阁官制、弼德院官制两项，进入1911年，只有设立内阁、弼德院、行政审判院，颁布施行中央和地方官制，颁布会计法等。

宪政编查馆在1910年确实拟定出了内阁官制草案，但这个草案似乎并不令人满意，军机大臣对此进行了许多修改。1911年5月8日，朝廷正式公布内阁官制与内阁办事暂行章程两个重要文件，内阁官制和责任内阁的组建终于向前迈出了重要一步。

新颁布的内阁官制规定内阁由国务大臣组成，而国务大臣包括内阁总理及各部大臣。国务大臣的职责是辅弼皇帝，担负责任。总理大臣为内阁首脑，为国务大臣领袖，决定内阁政治方针，保持行政统一；有权停止执行各部大臣的错误命令或处分；有权对各省及藩属长官发布行政训示，实行监督，并停止其错误命令或处分；有权发布内阁令，随时入对。

根据内阁官制及同时颁布的办事暂行章程，内阁就是国家的行政中心，在皇帝领导下，享有处置全国行政事务的大权，这对于重建中央政府层面的三权分立，当然是一个比较重要的尝试，将来以内阁与议会相互牵制，再加上监察机构的监督，中国政治制度重建一定指日可待。

《内阁官制》和《内阁办事暂行章程》公布的同一天（5月8日），清廷还宣布了第一届内阁组成名单：

内阁总理大臣：庆亲王奕劻（皇族）；

内阁协理大臣：那桐（满）、徐世昌（汉）；

外务大臣：梁敦彦（汉）（邹嘉来署理）；

民政大臣：善耆（皇族）；

度支大臣：载泽（皇族）；

学务大臣：唐景崇（汉）；

陆军大臣：荫昌（满）；

海军大臣：载洵（皇族）；

司法大臣：绍昌（皇族）；

农工商大臣：溥伦（皇族）；

邮传大臣：盛宣怀（汉）；

理藩大臣：寿耆（皇族）；

从总理大臣至各部大臣，总计十三人，如果按照他们的出身进行分析，确实有点奇怪。这十三个人，皇族出身的竟然有七人，占了一半以上；汉族出身的只有四人，不到三分之一。这就是后来所说的所谓皇族内阁，当然使许多人大跌眼镜。

在同一天公布的其他方案中,清廷宣布裁撤旧设内阁、军机处及会议政务处;旧设内阁大学士、协办大学士,仍次序于翰林院,裁内阁学士以下官;设立弼德院,以大学士陆润庠为院长,大学士荣庆为副院长;改军咨处为军咨府,以贝勒载涛、毓朗为军咨大臣;命内阁总理大臣、协理大臣,均兼充宪政编查馆大臣。

内阁官制的公布和责任内阁的出台,是1911年的头号重大事件,内阁官制问题不大,而责任内阁的名单似乎引起了很多人的反对和猜疑。所以到了第二天,内阁总理大臣奕劻和协理大臣那桐、徐世昌一致向摄政王表示难以胜任,请求摄政王收回成命,另请高人。摄政王当然不会同意,于是奕劻在第三天也就是5月10日再次请辞,并明确表示责任内阁的人员构成太偏向皇族成员,这与立宪体制明显不合,现在的中国正处在改革的关键时期,决不应该以"皇族内阁"为发端,辜负皇上的期待和天下臣民的厚望。皇族内阁既不利于天下,也有害于皇室。奕劻对此已经说得很明白。

庆亲王奕劻的第二次请辞依然被摄政王所拒绝,摄政王当然明白奕劻的理由,但权衡利害,摄政王坚持让奕劻走马上任,出任责任内阁第一任总理大臣。

摄政王之所以坚持既定方案,显然有着自己的考虑。这个考虑就是,现在公布的内阁名单,只是一种过渡时代的过渡形态,还不是完全意义上的责任内阁。这是第一。第二,立宪国家的政治改革,是泯灭一切民族身份,所有民族一律平等,所有出身都不再区分贵贱。汉族人可以出任内阁总理大臣,满族人乃至满洲贵族也同样可以出任内阁总理大臣。立宪政治人无分贵贱,是对所有人而言,那么为什么要限制皇族成员出任政府要职呢?更何况,从当时实际情况看,这几个出身皇族的内阁成员,也并不是五谷不分的草包饭桶吧?第三,当时中国的政治精英似乎也就那么多人,可供摄政王选择的实在太少了。汉族出身的高官自老一代李鸿章、张之洞相继去世，袁世凯被开缺回籍后，真正有力量有影响的人物实在还没有出来，北洋系自袁世凯以下的政客如段祺瑞、冯国璋等都还不算成熟，汉族士大夫中的杨度、张謇等人，给人的感觉是还差那么一个层次。满洲贵族统治集团的人才其实也是如此，自恭亲王奕䜣去世后，中间虽然也出现过端王之类的人物，但真正在大清王朝台面上撑起门面的，也就只有庆亲王奕劻，至于新内阁中另外几个满洲贵族统治集团中的政治新秀，那都是最近若干年刻意培养出来的，现在除他们，也真的没有多少可用之才。

在立宪政体下，当然人人都有从政的自由和权力，只是在君主立宪政体下，皇族出身的人依然享有皇权带来的许多好处和优先，这些人介入实际政治或许会给现实政治带来许多意想不到的好处，但更多的时候则会给皇室带来无穷无尽的负面影响。所以东西各立宪国家从来都对皇室成员采取厚养的办法，由国家拿出相当的钱财让他们过着体面尊严的生活，成为国家的名片，从事慈善，而不让他们介入实际的政治活动，更不会让他们出任政府要职。

只是中国的情形太特殊了，处于过渡期的立宪政体，如果不让满洲贵族统治集团承担主要角色，那么满洲贵族统治集团怎么能够愿意逐步放弃权力呢？说到底，立宪政治就是要逐步削弱乃至剥夺皇帝的绝对威权，如果上来就这样做，又有多少可能呢？所以说，皇族内阁的出现，在当年中国是个不得已的"赎买政策"，既然先前那么多年都容忍了皇族成员对现实政治的干预、介入，现在又有什么不可以呢？

而且，还有一点值得注意的是，清政府确定的立宪目标已经是不可更易的，1913年就要实行完全意义上的立宪政体，也是确定无疑的。届时，新的政府必须重新组织，而新的政府就是立宪政体下与议会真正对立制衡的两极，如果此时筹建的政府是一个比较弱的比较没有效率的机构，那么怎么能够保证两年筹备期内诸多事务能够按时保质完成呢？一个强有力的中央政府不仅是晚清社会所需要的,也是任何政治改革必需的,自上而下的政治改革必将遇到无数的压力和困难,必将遇到来自皇族的反对和抵制,因为他们毕竟是改革的利益受损者。当皇族成员出面反对时,谁最有力量出面反击或劝阻呢?当然是皇族自身。

实事求是地说,新颁布的内阁官制和新宣布的责任内阁,较之先前的旧体制还是有很大进步。过去的军机处虽为全国行政中心,但在事实上对全国行政并不负有责任,而只是皇帝的办事机构、秘书处而已,只是负责上传下达而已。现在新成立的责任内阁,依然是辅弼皇帝,但明确规定了内阁要担负起自己的责任,国务大臣不能再像过去的军机大臣那样遇事敷衍推卸。军机大臣,不愿、不敢,实际上也无法承担实际责任,因为所有的决策都来自皇上,即便是军机大臣的主意,但因为变为皇帝的意志了,因而军机大臣无法继续承担责任。现在的内阁制,内阁处于行政第一线,总揽全局,独立决策,许多政策的制定颁布,都是内阁应有的权力和责任,所以内阁总理大臣、国务大臣,就无法像过去那样推卸敷衍。于是倒阁是立宪政体下最常见的事情,内阁再也不可能像军机处那样从来只是局部改组,遇到重大政治失误,内阁必须承担责任,这是立宪政体的基本要求。所以,内阁成员是不是皇族出身,其实已经没有那么重要了。只是从皇族自身安全说,皇族成员确实应该像清朝早期祖制所规定的那样,不得介入现实政治,不得出任政府要员。

新内阁名单的发布引起了国内外一些人的反感,以为这个名单确实不是一个理想的名单,尤其不合乎宪政的原则,不过是过去的军机处班底换个新名字而已。更重要的是,这个以皇族为主体的新内阁,恰恰证明了孙中山等人多年来的指责,证明满洲贵族统治集团决不会轻易放弃自己的权力,决不会还政于民,决不会让汉族人掌握政府的主导权。凡此,对清政府尤其是摄政王政治威信的伤害都是巨大的,也是此后政治演变越来越不利于清政府的重要原因。

满洲贵族统治集团或许真的相信自家的孩子最值得信任，或许真的具有比较狭隘的心胸和民族主义立场，但是现在确实是弄巧成拙，得不偿失，坐实了革命党人的指责。"皇族内阁"不是一般的有碍观瞻，而且深刻影响了大清王朝的政治前程。

铁路干线国有：国进民退引爆革命

皇族内阁的出台使清政府主导的政治改革黯然失色，人们不太清楚清政府的真实用意，开始不自觉地怀疑清政府对立宪政治的诚意。这对清政府的伤害是巨大的，因为一个不被人民充分信任的政府，一个总是被人民怀疑的政府，是很难带动社会进步和改革的，它所出台的每一个政策都会被人民问一个为什么是这样而不是那样，这当然使政府的行政效率逐步减弱，到了最后就是很难推动任何改革。

从当时的情况看，皇族内阁真的是清一色的老班底，十三个国务大臣个个都是经验丰富的政客，经多见广，应该不会出现决策性失误。然而，恰恰是这样一个班底，上台之后就犯了一个致命错误，这个致命错误终于将大清王朝送上绝路。

责任内阁名单公布的第二天，也就是1911年5月9日，内阁副署了实行全国铁路干线国有政策的诏令，宣布全国铁路干线一律收归国有，其四至范围是：北京至汉口至广州为南干，北京至张家口至恰克图为北干，北京至齐齐哈尔至珲春为东干，自汉口至成都为西干。诏令几乎采取无赖的方式宣布将这些干线收归国家，不论这些干线过去是通过何种方式获得批准的，怎样筹资建设的。至于先前介入铁路的民间资本，这个诏令网开一面，只准参与支线建设。诏令还强硬表示，如有抵抗，即照违制论。

清政府此时出台铁路国有的政策，尽管是用对了药方，但确实是选错了时机。说是用对了药方,是因为铁路建设中积累的问题已经不容继续忽视,不给予妥善处理,肯定要出大问题;说选错了时机,就是不该在此时亟亟出台,应该在一个更恰当的时候,用分类别类的方式一个一个地个案解决。

当时的铁路建设,资金来源和管理方式确实比较复杂,也确实已经形成比较严重的问题,到了非解决不可的程度了。

近代中国的铁路建设起步较迟,大规模有计划有规划的铁路建设,大约在《马关条约》之后起步。1895年7月19日,署两江总督张之洞建议朝廷加紧铁路建设,改变先前不允许外资进入中国铁路建设的既定政策,可以考虑在开始阶段,允许西方小国的商业资本投资中国的铁路工程。张之洞的理由是,中国的版图太大了,之所以长时期利不能兴,弊不能去,一个重要的原因是由于地势阻隔,各地不能顺利地交通、不能顺利地交流。中国只有架构起基本的铁路路网,只有使万里之外旦夕可至,才有可能改变中国的经济构成和经济环境,进而改变整个国家的气象。不过,张之洞也强调,西方小国的钱可以用,大国的钱最好别用在铁路上,他担心铁路在开始获利后,收回或费口舌,只有那些小国、远国的商业资本或许不至于给未来中国留下什么困扰。

张之洞以及其他一些人的建议获得了朝廷的认同,当帝国主义发展到资本输出阶段,中国铁路大发展在资金筹措上确实不是问题。那时的中国一心一意谋发展,不拘一格使用外国资本,或借钱自己修筑,或允许外国资本在中国的总体规划中自行修筑,总而言之,是希望用各种各样的资金,各种各样的合作方式,尽快地将中国的基本路网建构起来。

经过几年努力,利用外国资本修建的津卢铁路1897年建成通车了,这对外国资本是极大的鼓励,资本的趋利性使外国资本潮水般地涌进中国,那时的中国想不用外国人的钱都不行,于是卢汉铁路、粤汉铁路、津镇铁路等相继上马,东北路网也开始勘察和构筑,直至今天依然有效的南北两条大动脉,其实就是那时打下的基础。

外国资本对中国铁路的高度热情,当然不是为了帮助中国的发展,而是这个项目实在有利可图。不过,清政府在甲午战后借款筑路是一个正确的英明选择,如果不是采用这个办法,中国铁路路网不可能在那几年获得超常规的大发展。至于让列强从中国铁路建设上获取大量的利益和超额利润,那是落后国家在寻求超常发展模式时必须付出的代价。

从积极意义上说,那几年铁路建设的超常发展,不仅使中国的铁路从无到有,从小到大,而且基本完成中国铁路网的总体布局,对于当时乃至现在中国经济的发展、中国综合国力的提升都起到了极其重要的作用。铁路的延伸,传播着近代文明的种子。铁路的兴建,改变了古老的中华大地的面貌,改变了中国传统社会结构,改变了人们的物质和精神生活方式。短短几年间近万里铁路的铺就,不仅带动了铁路沿线矿产资源的开发、新型工业的崛起,而且重绘了中国经济布局的蓝图。一批铁路沿线的新兴城市如哈尔滨、沈阳、郑州、石家庄等,渐渐地成为中国新的中心城市,而一批老的中心城市如天津、上海、武汉等,也因铁路的修建更加壮大,成为全国性的中心枢纽,西方近代以来的先进技术、先进观念,通过铁路这条大动脉源源不断地流向中华沃土。

中国人从铁路建设中看到了利益,民族主义的考量到了二十世纪初年开始变味,一场突如其来的权利收回运动在1903年悄然兴起,而触发点则是粤汉铁路的修筑。

粤汉铁路的历史贯穿了近代中国铁路发展的全部过程。当清政府于1895年12月6日决定大举兴办铁路时,粤汉铁路的规划就已经提出。

1897年1月6日,中国铁路总公司成立,清政府决定将卢汉、粤汉南北干线接通,形成中国南北交通的大动脉。粤汉铁路最初拟从武昌经江西至广州,后来为了与法国计划的自九龙起筑至湖南的铁路竞争,又为了拉直铁路,缩短距离,在湖南绅民的要求下,改为经湖南下广州。

粤汉铁路全长约 1048 公里，工程预算约为三千万两白银，铁路所经的湖南、广东、湖北的绅民对粤汉铁路怀有极大热情，倡议集股修筑，不用外国资本。湖南绅民迅速创办了湘粤铁路公司，准备集股自行修建，以此抵制外国资本的输入和外国人的控制。1898 年 1 月 26 日，清政府谕令直隶总督王文韶、湖广总督张之洞、两广总督谭钟霖、湖南巡抚陈宝箴等随时会商铁路总公司督办盛宣怀，参照卢汉铁路办法，妥议招股借款各节，并选举各省绅商，设立分局，迅速开办，强调各国如有承办此路为请者，即由总理衙门告以三省绅商自行承办已有成议，予以拒绝。

清政府以三省绅商自筹资金为辞拒绝外国资本只是一种外交手段，实际上盛宣怀、张之洞等人并不相信三省绅商有能力自筹足够资金，他们的想法是将粤汉铁路的承建权交给美国，以三省绅商自筹资金为辞，拒绝的只是英、法、德、俄等国。按照盛宣怀的分析，德国已强占胶州湾，俄国也强租了旅顺，法国对海南岛虎视眈眈，英国或有图扼长江吴淞之谋，结果造成中国的各海口，几尽为外国人所控制。仅有内地，尚可南北往来。而汉口为各行省南北东西水陆交通之枢纽，若粤汉铁路再被英国人控制，将来北方俄国人控制的铁路南引，南方英国人控制的铁路北上，那么中国的国家安全则不堪设想。因此，盛宣怀认为无论如何，粤汉铁路的承建权都不能再落到英、法、德、俄手中。而三省绅商的集资能力，盛宣怀、张之洞等人也深表怀疑，即使能够筹集部分资金，但肯定远远不够。为了使粤汉铁路早日建成，必然要借利用外国的资本，而美国此时不断宣称保全中国，在中国既无势力范围，也无铁路权益，因此盛宣怀建议，为了以粤汉路保卢汉路，压制比利时在卢汉路上让步，并抵制英、法、德、俄等国的觊觎，能够利用的就只剩下美国资本。

盛宣怀的建议获得清政府的批准。1898 年 4 月 2 日，清廷谕准粤汉铁路向美国公司借款。14日,督办铁路大臣盛宣怀委托驻美大臣伍廷芳为代表,与美国合兴公司在华盛顿签订《粤汉铁路借款合同》,约定粤汉铁路分别以汉口、广州为起讫点,借款额为四百万英镑,若不够,可以添借,年息百分之五,以铁路为抵押,借款期限为五十年;借款期内铁路由合兴公司负责修建与经理。

粤汉铁路承建权终于落入美国人手中,在中国华南地区拥有重要经济利益的英国自然感到不安,然而为了讨好美国,赢得美国对其在华利益的支持,英国政府也不便在粤汉铁路的承建权问题上与美国人进行竞争。后经两国公使斡旋,英国的中英公司与合兴公司进行了谈判,并于1898年12月达成协议,翌年2月1日正式签署,约定今后任何一方在中国经办的企业,均邀请对方参加一半的投资,只是对方不必承担必须参加的义务。根据这项约定,合兴公司承建的粤汉铁路,允许中英公司参加投资,中英公司承建的广九铁路,允许合兴公司参加投资。英美两国公司的约定,或许有助于粤汉铁路的建设,却使中国政府拒绝英国投资粤汉铁路,防止英国控制中国南北交通大动脉的设想化为泡影。

粤汉铁路借款合同签字后,华美合兴公司即派员对线路进行了勘察。1899年3月,合兴公司向中国方面提交铁路附近开矿章程,提出在韶州、衡州、郴州等地开矿的要求。中方根据清政府路矿不能兼办的新章程,婉拒了美国方面的要求。然而美国方面坚持中美粤汉铁路的借款合同在前,而新规定在后,根据中美粤汉铁路借款合同的约定,美方有权在铁路所经过的附近地区开矿。

美方的要求引起了湖北、湖南、广东三省绅商的强烈不满,而已经签署的借款合同中也确实同意合兴公司有在铁路所经地区开矿的权力。这种冲突几乎使粤汉铁路的合作谈判陷入僵局,后在美国驻华公使及张之洞等人调解下,粤汉铁路合作的谈判得以继续。1900年7月13日,中国驻美公使伍廷芳代表督办铁路大臣盛宣怀在华盛顿与合兴公司签订

《粤汉铁路借款续约》，对先前的合作略有调整。

续约签订后，美方拖延合同的执行，甚至私自将三分之二的股权卖给了比利时万国东方公司，擅自决定粤汉铁路南段由美国修筑，北段由比利时修筑。

与粤汉铁路相关联的湖南、湖北、广东三省民众（当然主要是民族资产阶级）本来就对清政府将粤汉铁路修筑权交给美国合兴公司极为不满，现在更对合兴公司的违约举动义愤填膺。1903年春夏之交，三省绅商强烈要求清政府废除合同，收回路权，向民间资本开放路权，由三省筹措资金自办。

两湖及广东三省绅民的呼吁引起全国性的反响，在这种情况下，张之洞只好听从民意，以六百七十五万美元的高价赎回粤汉铁路的修筑权。清政府也相应下放路权，允许民间资本进入铁路工程。稍后，全国共有十五个省相继成立了铁路公司。民间资本纷纷向铁路修筑工程上投入。

1903年向民间资本开放路权的决定可能还是有点不那么慎重，民间资本虽然享有了国民待遇，与外国资本同等，但是中国民间资本的成长既不成熟，各地情况也很不一致，有的地区可能经济发展情况好些，有的差些，有的地方文明程度高些，有管理能力有技术人员，施工质量有保障，而更多的地方则很难说了。有些地方自办的铁路不仅技术标准与其他地方不统一不一致，而且从一开始就不准备与其他省份的铁路联网，这就导致规划中的全国路网迟迟无法搭建，南北和沿海各大干线的贯通也因此而受到巨大挫折。中国的民间资本或许在自营铁路上获得了某些利润，但对整个国家的发展来说，似乎是得不偿失。

面对这种困境，邮传部于1906年通过调研制定了一份《统筹全局铁路折》，根据各省已有规划制定全国铁路总图，确定全国铁路干线和主要支线的大致走向。对于未来中国铁路的建设管理模式，这个计划也提出了一些积极的建议，大致是区别全国各地不同情况，因时制宜、因地制宜、因人制宜，将主要干线收归国有，由国家举办，不太影响全局的支线交给地方，利用民间资本举办。

邮传部的这个规划当年并没有立即施行，拖至1908年中，清政府实在没有办法了，遂下令参照这个规划对全国铁路在建情况逐一调查，妥拟办法，严定期限，各省绅商集资不足，无法开工，或虽已开工而无法按期完成的，就要按照新的规定，根据各路历年报告，分别撤销。明白地说，就是将先前商办而进展不力的收归官办。

根据清政府的这个政策，邮传部出面将河南、陕西以及江苏铁路公司集股不多，且一直没有开工的工程做了处理，向这些工程注入一部分官股，将陇海铁路各线段由原来的商办改为官商合办，一度解决了这些路段的资金困难。因而这个政策并非在推行之初就遭到反对，相当一部分人相信，这个政策或许是化解铁路建设难题的出路。

清政府试图将这些举办不力、进展不顺的铁路收归官办，政策的出发点或许是好的，但从经济视角观察，显然侵犯了民间资本的利益，特别是清政府在政策规定上有个非常大的歧视，那就是官办铁路可以将路权作为抵押，获取外国资金，而商办铁路则不行，所以缺少这个重要的融资渠道。中央与地方为路权吵得不可开交，这个事情一拖就到了1911年。

1911年5月5日，给事中石长信就铁路建设中的资金筹措等问题向清政府提交了一份重要报告，建议清政府痛下决心，将涉及全国经济布局的重要干线一律收归国有。粤汉铁路、川汉铁路连接西南边陲，具有非常重要的战略意义，实为国家应有的两大干路，断非民间资本零星凑集所能完成。而且，从广东、两湖、四川各省情况看，石长信也认为这几条干线非收归国有不可，因为根据他的调查，广东绅商虽然争夺铁路修筑权甚力，但修筑的路却甚少。两湖经济发展程度低，集资始终没有着落。至于四川绅商，各树朋党，各怀意见，以致粤汉、川汉铁路溃败延误。

石长信的铁路干线国有议明白晓畅，简单易行，清政府最高统治层自然欣赏认同，遂批转邮传部研究奏复。

5月8日，皇族内阁登场。第二天，新内阁中的邮传部大臣盛宣怀奏复，竭力赞成石长信的主张，要求朝廷明降谕旨，晓示天下。于是清廷在这一天下诏宣布全国铁路干线收归国有，定为政策。宣布先前各省铁路公司集资商办的铁路干线从此收归国家，从前政府批准兴办的铁路干线各案一律撤销。这显然彻底废弃了1903年向民间资本开放铁路修筑权的政策。

清政府铁路干线国有政策的本意或许就是为了加快建设，并没有与民争利的意思，但是这个国进民退的政策从绅商的立场进行解读，就是一场近乎无耻的抢劫，是政府自食其言剥夺民间资本的权利。

5月18日，清廷任命端方为督办粤汉、川汉铁路大臣。20日，邮传部大臣盛宣怀在北京与英、德、法、美四国银行团（汇丰、东方汇理、德华）签订《湖广铁路借款合同》，约定所需六百万英镑由四国银行团分担，期限四十年，以两湖厘金及盐厘税捐作抵押。

各省自主筹资修建的铁路可能存在这样那样的问题，但这些资金毕竟都来自民间，因此在宣布铁路干线国有政策后，如何处置这一部分民间资本，也就是怎样保证这部分资本不受到过大伤害，可能成为各省绅民是否愿意接受铁路干线国有政策的关键，因为他们毕竟为那些将要收归国有的铁路干线花了钱，银子当然不能白花。

然而盛宣怀的方案是，尽管政府向外国借来了足够的建设资金，但这些资金并不准备用来偿还各省已经支付出去的款项。6月1日，盛宣怀和铁路督办大臣端方联名致电四川代理总督王人文，表示川汉铁路公司已用之款和公司现存之款，均由政府一律换发给国家铁路股票，概不退还现款。假如川人不答应这个条件，一定要求政府发还现款，那么必须由政府另借洋债，而这笔洋债将以四川省的财政收入作抵押。也就是说，川汉铁路收归国有了，但国家并不给先前川汉铁路的股东退款保本，而只允许换发铁路股票。政府不但收回了路权，而且强行夺去了川汉铁路股东的款项。

王人文看到盛宣怀、端方的这个电报非常吃惊，他知道这个政策一旦公布，必将天下哗然，举国骚乱，于是他将这封电报扣压，希望清政府能够收回成命，调整政策，妥善处理。然而，盛宣怀、端方和清廷最高统治者错误估计了政府的威望和人民的忍耐力，坚持既定政策不变，并一再催促各铁路公司尽快清理账目，准备交接。各省绅商忍无可忍，终于拍案而起，与政府决裂。清政府的国进民退方案，终于将自己逼入了绝境。

第十章　一个王朝的终结

当铁路干线国有政策还在酝酿时，各地民众就表达了不满。1911年5月14日，湖南各团体万余人召开大会，议定保路办法十五条，要求湖南巡抚杨文鼎将之上报中央政府，维护商民基本权益，否则就罢市、罢课，抗税抗捐。湖南省咨议局也要求清政府收回成命，坚持湘省铁路仍由湘人自主修建。

又到剿抚犹豫徘徊时

对于湖南人的意见，清政府并不给予考虑，而是按照既定方针，要求杨文鼎严厉镇压，不准他们刊布传单，聚众演说，如果有人乘机煽惑闹事，一律按惩处乱党的办法治罪。

清廷的镇压当然吓不倒湖南绅商，因为清政府这个与民争利的铁路国有政策确实侵害了他们的经济利益。5月24日，正在北京的谭延闿等湘人向都察院递交了一份抗议书，揭露所谓铁路国有政策其实只是邮传部那几个人假借外国人的力量营私，请求清政府停止执行这一政策。6

月初，湖南咨议局全体议员为抗议铁路国有政策愤而辞职，全省学堂一律罢课，全省商人一律罢市。

湖北绅商对清政府的铁路国有政策也同样不满。湖北咨议局、铁路公司及宪政筹备会等团体5月14日致电政府表示抗议，要求政府收回成命，否则就不再向政府缴税纳捐。5月24日，湖北民众代表向都察院请愿，要求政府严厉惩处盛宣怀的欺君之罪。

广东的情况与两湖稍有不同，广东粤汉铁路的股款全属商股，主要为华侨的投资。6月6日，粤汉铁路公司股东大会通过了一份措辞严厉的抗议声明，表示清政府如果执意破坏商办之局，派人强占，那么他们势必起来誓死抗争，路亡国亡，在所不惜。

四川的反应较两湖广东略迟，但情绪却更为激烈。6月13日，盛宣怀与四国银行团所订借款合同内容传至成都，舆论哗然，始知路权尽失，重于卖路。著名报人邓孝可立即发表讨伐盛宣怀的文章，痛斥盛宣怀既夺我路，又夺我款，是不折不扣的卖国奴。6月16日，川省失望至极的立宪党人和绅商联合成立"保路同志会"，咨议局正副议长蒲殿俊、罗纶分任正副会长。保路同志会号召全省各州县遍设分会，一致抗争。第二天，保路同志会向总督衙门请愿，要求护理总督王人文代表民意，上奏清廷弹劾盛宣怀欺君误国之罪。

王人文本来就对盛宣怀的铁路国有政策不满，于是他痛快地接受请愿民众的请求，在此后数日接二连三致电内阁，要求清政府严厉惩处盛宣怀，尽快纠正铁路国有政策，保护绅商合法财产不受损失。

清廷主事者无论如何想不到铁路国有政策会带来多大的影响，他们也就无意接受王人文的建议。6月17日，清廷宣布对粤川湘鄂四省铁路公司股本的处理办法，粤路全系商股，每股先还六成，其余四成发给国家无利股票；湘路商股照本发还，米捐、租股等发给国家保利股票；鄂路商股照本发还，赈祟捐款发给国家保利股票；川路实用工料款四百余万两发给国家保利股票,现存七百余万两是否入股,悉听其便。清政府区别对待各省绅商的要求,在一定程度上起到了分化瓦解的作用。

坚定抵制铁路国有政策的四川保路同志会不同意清廷的解决方案,代理四川总督王人文也不愿意听从清廷指令,对抗议民众强力镇压,四川的局势持续恶化。盛宣怀、端方不是站在绅商的立场上理解"被破产"被剥夺的滋味,而是一味想方设法剥夺绅商的财产,一方面授意川籍京官甘大璋等联名呈请将川汉铁路股本一律换给国家股票,一方面收买川路公司驻宜昌总理李稷勋,将绅商股款七百万两附作国有铁路股金,并且代表铁路公司同意邮传部派员清查账目。这自然激起川人更加激烈的反对。

7月31日,清廷命新任四川总督赵尔丰克日赴任,多派兵力,强力压制川人保路风潮。8月2日,赵尔丰抵达成都。

赵尔丰长时期在西南边疆从事边务,曾任驻藏大臣兼川滇边务大臣,对川藏一带社会情形、民风民俗有独到理解,对川人在铁路国有过程中的损失也深表同情。他在就职后联名地方官员请求中央政府改变铁路国有的既定政策,奏请将川路总理李稷勋撤职查办以平民愤,但这些建议和请求都没有获得清政府的积极回应,川省局势逐渐失控。

8月24日,四川铁路公司股东大会及保路同志会相继举行,号召全省罢课罢市,停纳捐税,并组织民众向政府请愿。此后,四川省内许多地方都出现了罢课罢市抗税抗捐等活动。在这一系列活动中,革命党人特别是具有秘密社会性质的哥老会开始介入,局势更为复杂。

对于四川局势,川督赵尔丰认识还算清醒,他在8月27日致电内阁,建议政府将借款修路一事提交资政院讨论,以图转圜,如果资政院决议停止,那么政府也就不失面子。如果政府一味坚持到底,则祸乱不知所届,恐全国将受其牵连。

然而遗憾的是,清廷不愿接受赵尔丰的建议,端方还向清廷建议严厉弹劾赵尔丰，先派重臣赴川查办，再选派任命新的四川总督。湖广总督瑞澂此时也建议允许先派湖北军队入川镇压，并责成赵尔丰惩办四川省内闹事之人。

四川局面迟迟得不到控制，清廷中的人认为是赵尔丰镇压不力、同情绅商所致。9月1日，清廷命端方酌带兵队，迅速入川，并命川省水陆新旧诸军悉听端方调遣，清廷似乎下决心以武力平定四川骚乱，制止其向全国蔓延。

清政府以盛宣怀为主导的强行镇压措施不仅不见效果，反而使成都乃至四川全省的局面越来越乱，保路同志会在革命党人、哥老会等策划协助下，甚至组织了武装力量与清军对抗，围困成都数日不散。面对如此危局，清廷依然相信盛宣怀的建议，相继责成湖广总督瑞澂以及正在上海赋闲的清廷重臣岑春煊前往四川，会同端方、赵尔丰办理剿抚事宜。

岑春煊当年可是慈禧太后跟前的红人，也是胆子最大的廉臣能臣，曾经担任过四川总督，对四川事务比较熟悉。他不仅不能认同清廷的镇压措施，反而建议清廷公开承诺发还商路亏损，先前地方修筑铁路所有损失一律由政府买单，政府宣布即刻释放所有被关押的闹事绅民，宣布不妄戮无辜一人，不短少路股一钱，下诏罪己，那么四川的局势立马好转，无需用兵。

事后看来，岑春煊的建议有助于化解政府与民间社会的对立，有助于因铁路国有政策而引发的全国性骚乱尽快平息。然而这个看法在当时并不被政府主流所认同，端方致电盛宣怀和度支部大臣载泽，斥责岑春煊的建议只是沽名钓誉，其意在攘夺内阁总理，归罪他人。有了这样的心理障碍，清廷只能在一条道上走到黑。

四川局势僵持不下，清廷既不愿意接受教训，下诏罪己，终止或中止铁路国有政策，或者宣布全额补偿绅商损失，反而坚持强力镇压的既定立场，在派端方率兵入川之后，又命湖广总督瑞澂加派鄂军迅速前往，结果武昌空虚，革命党人一颗意外爆炸的炸弹改变了整个局面。

独立与光复：墙倒众人推

湖北革命党人早就有利用四川的混乱局势武装暴动的计划。9月24日，革命团体文学社和共进会举行联席会议，组建武装起义指挥部，文学社蒋翊武任总指挥，共进会孙武任参谋长、刘公任政治筹备处总理。会议决定10月6日即中秋节举行起义，后因准备不足，推迟至10月16日。

10月9日中午，孙武、刘公等在汉口俄租界制造炸弹，不慎发生爆炸。湖广总督瑞澂闻讯下令全城戒严，严密搜查。蒋翊武等人当机立断，决定当天晚上十二时举行武装起义。终因武昌城内戒备森严，起义计划再次落空。

潜伏在清军各标营中的革命党人无法与总指挥部取得联系，但他们并没有放弃起义的计划和决心。10月10日晚七时半，新军第八镇工程营打响武昌起义第一枪，举队官吴兆麟为总指挥。第二十九标及第二十一混成协辎重营及炮队、陆军测绘学堂迅即响应，攻占楚望台军械库，迅即在那里构建起义军大本营。

从军械库补充弹药后，起义军向湖广总督衙门、第八镇司令部等要塞发动进攻，湖广总督瑞澂在炮火声中逃上军舰，在长江中巡游几天之后眼看收复无望，遂经九江至上海当起了寓公。第八镇统制张彪倒是从容部署了抵抗，与义军正面交手，无奈阻止不住义军，也只好逃走。

10月11日上午，枪声停止，起义军代表前往湖北省咨议局，与咨议局正副议长及议员们商讨成立新政府，强拉第二十一混成协统领黎元洪出任中华民国军政府鄂军都督。湖北军政府、咨议局、教育会、商会等先后通电全国，号召勠力共进，相与同仇，永久建立共和政体，与列强并峙于太平洋之上，而享万国和平之福。

武昌起义的消息很快传到北京，12日，清廷命令陆军大臣荫昌率陆军两镇立即出发，不惜代价，收复武汉；命海军提督萨镇冰率巡洋舰队及长江水师，进入武汉江面，协同陆军作战；命各省督抚严防革命党生事；命直豫两省保护京汉铁路及黄河铁桥。14日，清廷下令起用久被冷落的袁世凯为湖广总督，岑春煊为四川总督，授权他们节制所属各军，督办剿抚事宜。

从未经历过战争考验，甚至从来没有真正训练、过统帅过军队的陆军大臣荫昌，对于究竟应该怎样平息叛乱，收复失地，心中一片茫然，更缺乏必胜信心。当他统帅的大军磨磨蹭蹭于10月17日晚抵达河南信阳后，他就不再准备前进，而是在那里安营扎寨，建立指挥中心。其实，信阳据武汉还有两百多公里。

在清政府犹豫之际，湖北军政府在光复武汉三镇之后完成了扩军任务，部署抵抗来自北方的任何进犯。清军前锋在与革命军小战一场后隔江相望，或许他们都准备决一死战，或许他们都在等待第三方出现，等待平衡被打破。

军政府成立后，曾向各国驻汉口领事致送外交照会，宣布武昌起义的宗旨只是要推翻满清，建立民国。对于各友邦，军政府将继续遵循益敦睦谊的原则，承认所有清国此前与各国缔结的条约，继续承担赔款外债，保护军政府辖区内各国人民生命财产安全和各国利益不受侵害，希望各国在目前局势下取局外中立立场。

各国领事对军政府的照会真的不知如何回应，除法、美两国领事前往军政府致意外，其余各国保持沉默，静观事态变化，同时要求军政府如果一定要与清军开战的话，也应该避开各国租界，以免危及各国利益。

黎元洪的形象在后来被丑化和妖魔化，其实他不仅受过良好的教育，而且具有相当广阔的国际视野，知道世界大势，知道国际规则。他不仅坚守自己对各国领事的承诺，而且尽量满足各国领事的要求，终于感化了各国领事。各国领事终于在17日上午共推英国领事拜会黎元洪，表示鉴于军政府举止文明，注意保护各国在华利益，因此各国决定承认民军为交战团，各国将严守中立。各国宣布所谓中立，其实就是部分承认军政府和革命军的合法地位，部分否认清政府的合法性，端看清政府化解危机的能力。

有了列强的中立承诺，湖北军政府也就有了坚持的决心和信念。黎元洪以攻为守，于10月18日下令向刘家庙的清军发起进攻。战斗打得不紧不慢，双方各有胜负，相互拉锯，各有算计。南方革命军要等待各省的响应，等待南军统帅黄兴的到来；而北方之所以多采守势而不是攻势，没有利用自己的优势兵力打歼灭战，其实是在等着清廷转变政策，等着袁世凯重出江湖，收拾旧河山。

统帅清军前往武汉镇压革命的陆军大臣荫昌虽为满洲正白旗人，但他又是袁世凯的老朋友，在袁世凯担任山东巡抚时，曾帮助袁世凯主持军务。因为袁世凯，荫昌与北洋系也有着非同寻常的关系。他曾担任武备学堂总办，北洋系的一些重要将领像冯国璋、段祺瑞、王士珍等按说还算是他的学生。可是荫昌毕竟没有打过仗，没有指挥能力和军事才能，最多只是一个纸上谈兵的主。他之所以能够出任陆军部大臣，主要是凭借他的满洲血统和留学德国的背景。荫昌是个有自知之明的人，他在受命前往武汉收复失地的途中，当然不忘绕道彰德洹上村请教袁世凯。袁世凯告诫他不要鲁莽行事，切勿轻战，再加上荫昌统帅的军队都是袁世凯旧部，他们唯袁世凯马首是瞻，荫昌根本指挥不动，因此南北两军隔江对垒，僵持不下，听任南方革命烈火四处蔓延。

更为重要的是，由于清政府此前没有处理好中南地区、华南地区绅

湖北军政府大门

准备南下武汉的清军,1911年10月北京

商在铁路国有化过程中的利益，使绅商也就是当时的社会中坚对清政府丧失了起码的信任感。再加上此前数十年经济发展过程中贫富悬殊无限扩大，民怨沸腾而始终没有得到真正解决，各地群体性冲突接连发生，社会下层也不再期待皇恩浩荡，而是很容易与各种社会动荡因素结盟。各地革命党人乃至那些对清政府政策不满已久，内心比较倾向改朝换代的官僚们有机可乘，相持之下，各地纷纷反正光复，在不到半个月的时间里，湖南、陕西、山西、江西等省相继宣布脱离中央，实行独立和自治。

面对清廷困境，袁世凯安然躲在洹上村，只发言不行动，几乎每天一个建议，表明他对时局的关心和朝廷安危的关注，但是不论清廷怎样敦促，他都以脚病未愈为由拒绝出山任湖广总督。在他内心深处，一定是认为时候不到，火候不到。

袁世凯的姿态和暗示深刻影响了武汉前线的清军将领。这些将领在这个关键时刻根本不愿为清王朝死战，听任南方革命军攻占一些重要战略据点。10月20日，徐世昌奉内阁总理大臣庆亲王奕劻之命，自北京微服潜往河南彰德，力劝袁世凯顾全大局，力疾就道。两人密商的结果，是以袁世凯的名义要求清廷明年开国会，组织责任内阁，宽容武昌事变人员，解除党禁，给予指挥军队的全权，供给充足的军费等六项条件，由徐世昌带回北京，转告摄政王载沣。

大厦将倾的清王朝只能屈从袁世凯的建议，10月25日，准袁世凯奏，以军咨使冯国璋充第一军总统，速赴前敌；江北提督段祺瑞充第二军总统，陆续开拔。27日，调荫昌回京供职；授袁世凯为钦差大臣，所有赴援海陆各军及长江水师均归节制调遣，军咨府、陆军部不为遥制，以一事权。

袁世凯获得全权后即开始行动，第二天就派刘承恩与黎元洪联系，商讨南北和解的可能性。

刘承恩为湖北襄阳人，毕业于北洋武备学堂，然后投奔袁世凯，为幕僚随从。1900年调任湖北武建左旗第一营管带。武昌起义爆发后，被袁世凯征召至河南彰德，利用其与黎元洪的关系，居间联系。袁世凯开出的价码是：建议朝廷实行立宪，赦开党禁，下诏罪己，皇族不再过问国政。朝廷如果做到这些，袁世凯希望黎元洪能够答应南北和解，不再诉诸战争，重建统一。

除了向黎元洪和南方革命党人和平喊话外，袁世凯在获得钦差大臣任命后，更是做了军事上的部署，派王士珍襄办湖北军务，令其添募新兵一万二千人，编为湖北巡防营驻守京汉铁路沿线，以保障清军前线与后方的联系；派倪嗣冲为河南布政使，令其在豫东招募数营，相机攻占皖北颍州，以保障清军侧翼安全；令冯国璋指挥第一军迅速向汉口反攻，用实力压制南方，同时也是向朝廷表明自己的能量。

朝廷从来没有怀疑过袁世凯的能量，不仅任命他为"钦差大臣太子太保节制赴援水陆各军督办剿抚事宜湖广总督"，而且对袁世凯的主张真的是言听计从，遵守承诺。10月30日，朝廷宣布从资政院奏，取消内阁暂行章程，俟事机稍定，即组织完全内阁，不以亲贵充国务大臣；并宣布将宪法交资政院详慎审议，钦定颁布；宣布开放党禁，所有戊戌以来因政变获咎，与先后因政治革命嫌疑惧罪逃匿，及此次武昌乱事被胁自拔来归者，悉皆赦免其既往；宣布以李家驹代世续为资政院总裁，达寿为副总裁；以赵秉钧代桂春署民政大臣。这些宣布显然是为了回应袁世凯几天前的建议，朝廷所给的其实已经超过袁世凯的要求。

心满意足的袁世凯同一天（10月30日）从彰德挥师南下，抵达信阳，亲临前线，准备用实力迫使南方革命党人就范，然后再用南方的力量促动清政府发生彻底的根本性变革。然而，出乎袁世凯预料的是，当他奔赴前线的时候，却传来张绍曾和蓝天蔚策划滦州兵变的消息，这对清政府和袁世凯来说，都是一件不容忽视的大事。

张绍曾为河北大城人，原为天津武备学堂学生，后被保送至日本陆军士官学校第一期炮科，毕业时名列第一，回国后任北洋第三镇炮兵标统、陆军贵胄学堂监督、第二十镇师统制等。武昌起义发生后，奉命率部驻扎滦州。蓝天蔚为湖北黄陂人，出身于湖北武备学堂，后被张之洞选派赴日学习军事，并在那里与张绍曾、吴禄贞结识。日俄战争爆发后，蓝天蔚为义勇队队长，助日抗俄。回国后历任将弁学堂教习、第二混成协统领等。还有一个吴禄贞，湖北云梦人，经历与蓝天蔚相似，也曾被张之洞选派赴日学习军事。

张绍曾、吴禄贞、蓝天蔚三人在日本留学时深相结纳，成绩突出，志趣不凡，被誉为"士官三杰"。不过，他们虽为清政府官费选送的留学人员，却深受孙中山革命思想影响，是体制内的异己分子，像吴禄贞其实早已加入了同盟会，只是继续潜伏在清军中而已。他们原本计划在1911年第三次秋操时与南方革命党人遥相呼应，同时举事。所以当武昌起义爆发后，他们一直在寻找机会配合南方的行动。

10月27日，张绍曾联合统领伍祥祯、潘矩楹、卢永祥、蓝天蔚等军事将领突然向清廷发难，通电要求改定宪法，以英国君主立宪宪章为准的，并附有政纲十二条，强烈要求立开国会，本年内召集；宪法由国会起草议决，君主不得否决；宪法改正提案权专属国会；皇帝直接统帅海陆军，但对内使用应遵守国会议决的特别条件；国事犯一律特赦擢用；组织责任内阁，总理大臣由国会公举，皇族永远不得充当总理和国务大臣；增加人民负担及媾和等国际条约，由国会议决；上议院议员由国民从有法定资格者中公选；军人有参议宪法、国会选举法及解决国家一切重要问题的权利。

滦州兵谏成为此后时局转折的关键。握有重兵的军事将领的奏请绝非泛泛，当此时局亟亟，人心向背至关重要，军心不稳，人心不固，大局必将陷入更加不可收拾的境地。所以，滦州兵谏的警告着实让清政府心惊肉跳，惶惶不可终日，许多重要的改革举措，过去讨论过无数遍无法定案，争论不休，现在却匆忙通过，匆忙颁布，清廷和皇族所能守住的底线似乎只有两条：一是不能实行共和政体，一是不能实行排满主义。除此之外，所有改革要求，均可照准。只是这一切似乎都晚了。

29日，山西新军起义，击毙巡抚陆钟琦，成立军政府。第二天，又传来云南独立的消息。这一个又一个的政治压力，真的使从来都是喜欢掩耳盗铃，从来喜欢报喜不报忧的朝廷和皇族不知所措，不知如何应付。

与此同时，驻扎在石家庄的第六镇统制吴禄贞也正在秘密策划联合山西和滦州的军队直捣北京。张绍曾于10月31日扣留了自奉天运往武昌前线的军火。陕西、四川、湖南、江苏、山西、广东、安徽、江西等省，或发生兵变，或出现骚动，有的甚至直接宣布独立，宣布光复。于是，在北京各种传言不一而足，到处弥漫着恐慌情绪，稍微有点办法的官员纷纷携着家眷逃亡天津租界，据说隆裕太后也准备携带小皇帝溥仪逃亡承德"北狩"。这些变化和传言当然使刚刚赶到前线的袁世凯感到震惊和不安，他或许真的不知道，假如大清国真的突然没有了，中国会是一种什么样的情形。为了稳定局势，安定人心，袁世凯果断采取了几个重要措施或步骤。

在前线，袁世凯加强攻势，将前敌指挥部前移湖北孝感，督促清军不惜一切代价猛攻汉口，以前线胜利稳定后方人心。11月1日，冯国璋统帅的清军终于突破革命军的防线，进入汉口城区。

在后方，袁世凯一方面通过庆亲王奕劻等皇亲国戚稳住隆裕太后，阻止帝后出京，以免人心更加慌乱，社会更加动荡，一方面要求心腹赵秉钧以民政大臣的名义，利用一切手段，恢复和稳定北京的社会秩序，保证商户照常开业，剧院照常演出，人民照常生活，以一切照旧安抚人心，不要自我恐慌。

另外，袁世凯收买周符麟潜伏石家庄，伺机刺杀吴禄贞，拆散"士官三杰"同盟，并以吴禄贞之死恐吓张绍曾、蓝天蔚，化解滦州兵变对京师的威胁，从根本上稳定了后方情绪，为南和僵局最终化解赢得了时间，也使清廷执政者真正明白了袁世凯的厉害。

不管怎样设计阻止清军哗变，怎样猛攻武昌，打击革命军，最根本的问题，或者说整个事变的关键点，依然是清廷的改革究竟应该怎样进行。在各方面压力下，清廷最大限度地表示了改革诚意。滦州兵谏第二天（10月30），摄政王监国载沣下诏罪己，承认清廷用人无方，施政寡术；承认责任内阁变成了亲贵内阁，与君主立宪的原则相违背；铁路干线国有政策的出台，既是受政治小人蒙蔽，也与舆论倾向相违背；政府从人民那里获取的税赋已多，可是未办一件利民之事；朝廷的司法诏令一道接着一道，可是在现实政治中就是不见守法之人。鉴于如此现实，清廷在罪己诏中誓言维新更始，实行宪政。同时宣布解除党禁，尽快颁布宪法，尽快组织完全内阁，决心以踏踏实实的政治改革，重新唤起人民的同情和支持。

摄政王迟到的政治检讨很快赢得了资政院立宪党人的认同、同情，他们在第二天召开的资政院会议上决定向全国宣布朝廷的"德音"，通电各省咨议局，表示现在朝廷幡然醒悟，决心改革，政体已立，政本已定，所以各地不应再有武装举事或兵燹之举发生，朝廷不欲用武力平内乱，那么人民也就不必以武力避朝廷，期待以和平手段化解国内冲突。

然而与资政院议员们的看法不一样，张绍曾等以为清廷颁布的这几份上谕并没有全面坦诚回应军队将领早几天的通电要求，对军队将领通电中的精义忽略太多，他们遂于11月1日再上一折，要求清廷不要再欺骗人民，必须立即组织完全意义上的责任内阁，取消宪法大纲，将宪法交给议院制定。同时组织"立宪军"，以武力为请求改定宪法的最后手段和最后保障。

张绍曾等军方将领的坚决不妥协无疑深刻影响了清廷执政者摄政王，为收拾久已涣散的人心，也为了早日结束国内的军事冲突。摄政王载沣于11月1日立准内阁总理大臣奕劻、协理大臣那桐、徐世昌，以及国务大臣载泽、载洵、溥伦、善耆、邹嘉来等亲贵内阁集体辞职，为新内阁的组成扫清道路。紧接着，清廷任命袁世凯为内阁总理大臣，命其对湖北军务稍作部署后迅速来京，组织完全内阁。

至于张绍曾和各方面一致要求的立宪问题，摄政王载沣于11月2日令资政院负责起草宪法，并期待用最快的速度予以公布，以慰民情。在当天的资政院会议上，议员们重点讨论了宪法信条和相应的奏稿。第二天，资政院就将这个名为《宪法重大信条十九条》的文件上奏朝廷，强调这个重大信条参照了东西各立宪国家宪法文本，以英国君主立宪主义的大致原则予以制定。这个文件对各地立宪要求给予最大限度的积极回应，在皇权、民权等方面做出了最大限度的让步，在形式上被迫缩小了皇帝的权力，相对扩大了议会和内阁总理的权力，但是皇权至上、皇权神圣不可侵犯依然是十九信条的基本原则。

不过，公平地说，十九信条所宣布的皇权至上只是立宪国家的一般原则，并不具有实质意义，因为依据这些原则制定正式宪法，必然要规定君主的权限在宪法的范围内，而宪法起草、修改的权力都在议会；总理大臣虽然由皇帝任命，但那只是形式主义的，因为这个十九信条已经明白规定总理大臣由国会公举，皇族成员永远不能担任这个职务。所以，这个制宪原则就是英国的虚君共和，也是先前立宪党人多年来追求的东西。

多年来这个追求并不被朝廷所理解、所接受，现在在危机的状态下，清廷表示接受，但已经太晚了，没有得到国人的认同、支持，更不要说欢呼了。十九信条宣布的第二天，贵州宣布独立，紧接着，江苏、浙江、广西、福建、安徽、广东等也相继宣布不再是大清国的属地，不再承认清政府是唯一合法政府。

先前那些信誓旦旦与朝廷共患难的各级官吏，到了危急时刻再也不愿意绑在大清王朝这辆破车上了。

走向共和

摄政王在1911年11月3日公布的宪法信条十九条中做了最大限度的政治让步，这个让步如果发生在半年前或者一年前，那么中国的面貌就决不会这个样子。现在，这一切都晚了，摄政王的让步，满洲贵族统治集团的让步，不仅无法挽救大清王朝，而且在事实上彻底瓦解了大清王朝政治统治的法理基础。人民，至少是以人民为名义者，越来越不满足于清政府的这些让步，清政府的政治让步不过就是君主立宪，南方的革命党人一直在鼓吹的民主共和不是比你这个君主立宪更好吗？所以，当中国政治改革的多米诺骨牌开始倒下之后，但凡有革命党人活动的省份，无不争先恐后宣布脱离大清王朝，宣布独立和自治，等待重建一个全新的共和民主制度，清廷陷入深刻的政治危机之中。

依照宪法重大信条十九条的原则，资政院于11月8日再度选举袁世凯为内阁总理大臣。第二天，清廷只好"依法"重新任命。正在前线督战的袁世凯接到这个任命后，故作姿态，稍作推辞，就在清廷再三电促和各界舆论影响下，踏上北上的征程，仿佛中国的救世主，一副舍我其谁的英雄气概。

11月13日，袁世凯抵达北京，入住锡拉胡同私邸。第二天，入宫拜见隆裕太后，誓言效忠清室，受命即日到阁办事。稍后又到东交民巷拜访各国公使，透露自己此次受命组阁的感受、心迹和将要采取的政策，以期获得各国认同和支持。袁世凯说，他此次北来，主要的心迹就是要保存大清王朝的既有体制，同时又要进行体制创新，既要留存本朝皇帝，又要施行人民多年来期待而一直没有真正实现的君主立宪政体。至于从前的满汉歧视，自当在此次变革中一扫而空。更为重大的问题，则在于保存中国，避免中国因此次动荡而分裂。因此，他期望各党在这个大目标上能够建立起码的政治认同、国家认同，能够牺牲小我，为保全大我的中国做出贡献。出于这种考虑，袁世凯表示他将要建立的政府一定是一个强固的政府，一定能够用强力手段解决目前的危机。

袁世凯或许能够给中国带来新的希望，他在 11 月 16 日公布的内阁成员名单也确实令人耳目一新，有一种新人物新气象的感觉：

外务大臣：梁敦彦；副大臣胡惟德署外务大臣；曹汝霖副大臣。

民政大臣：赵秉钧。

度支大臣：严修；绍英署。

学务大臣：唐景崇；副大臣：杨度。

陆军大臣：王士珍；副大臣：田文烈；寿勋署陆军大臣。

海军大臣：萨镇冰；谭学衡署。

司法大臣：沈家本；副大臣：梁启超。梁启超未到任前，法部副大臣由定成暂行署理。

工农商大臣：张謇；熙彦署农工商大臣。

邮传部大臣：唐绍仪；杨士琦、梁士诒先后署理。

理藩大臣：达寿。

从这个名单可以看出，这些人或许都来自北洋系，但从全国政治生态的视角说，这些人物其实真的算是政治新人。至于来自袁世凯的北洋系，也应该说符合民主政治、责任内阁的原则，因为在民主政治体制下，要想政府方针获得执行，就必须是一批哥们在捧场、在工作，一个来自五湖四海的工作班子，相互扯皮，相互推诿，还有什么效率可言呢？

而且，这个内阁成员名单也注意到了多党合作和专业人员的构成。

比如梁启超，他与袁世凯并不具有相同或接近的思想认识，他们属于不同的政治派系，但袁世凯毅然捐弃前嫌，拉梁启超入阁。当然，梁启超并没有接受。张謇的情况与梁启超略似。张謇在政治理念上有与袁世凯接近的地方，二人都是热情的立宪主义者。但他们之间的纠葛已经有了很多年了，袁世凯虽坦然邀约，当然张謇也以条件不成熟为由婉拒。

袁世凯在北上受命组阁前，一直以黎元洪为谈判对手，通过各种各样的关系向黎元洪示好喊话，希望黎元洪能够以国家大局为重，早日息兵，以安百姓。为了表达自己的真诚，袁世凯也向清廷方面做了许多工作，劝说清廷废止许多不得人心的政策：诸如劝说清廷公开宣布宽容武昌事变中的所有参与者；开放党禁，允许人民以任何方式参与政治；废止满汉界限，宣示朝廷于满汉军民毫无歧视，所有人民不论出身，一律享有国民待遇，不再有超国民待遇的特殊社会阶层。应该说在这个时期，袁世凯大概确实希望中国能够在君主立宪政体下走向繁荣，走向和谐。

然而，袁世凯此时的努力和清廷的所有政策宣示一样，根本无法唤起南方革命党人的兴致。袁世凯通过各种各样的关系向南方喊话示好，而南方革命党人特别是黎元洪也不断通过各种各样的方式和途径向袁世凯喊话。11月8日，黎元洪对袁世凯的几次来书做了答复，明确拒绝袁世凯的君主立宪主张，而认同共和，并劝说袁世凯赞助南方的政治主张，果如此，他将负责任地设法劝说南方推举袁世凯为新政府的总统。这大概是南方第一次许诺袁世凯出任新政府大总统。

黎元洪的反建议此时应该对袁世凯没有多大的诱惑力，但不管怎么说，黎元洪复信，表明南北双方终于有了开谈的可能性。袁世凯清楚地知道，此时的清军不是单独面对武昌一地的叛军，如果不是南方诸省相继仿效湖北宣布独立，清军在袁世凯的指挥下，拿下武昌应该不成问题。现在，南方各省相继独立，虎视眈眈，皆以清廷为敌，清军所面对的不是武昌一地，而是整个长江以南，甚至还有北方数省。所以，仅仅凭借战场上的角逐，这场战争已经没有结束的可能，如果一味硬打，那必然是清军失败得一塌糊涂，清廷也就必然垮台。所以，对袁世凯来说，谈判是时局转圜的唯一途径，只有与南方特别是与此时南方的首领黎元洪进行接触、进行谈判，才能逐步扭转完全被动的局面。于是，在得到黎元洪的回复后，袁世凯毫不犹豫地派遣刘承恩和蔡廷干二人火速渡江，拜见黎元洪。

刘承恩与黎元洪有同乡之谊，此时服务于袁世凯幕府，先前几次与黎元洪的通信联络，也都是刘承恩承办。至于蔡廷干，此时的正式职务为海军部军制司司长兼海军正参，也就是海军参军长。由于蔡廷干是归国留学人员，英语娴熟，国际知识丰富，所以此时主要工作就是在袁世凯幕府担任外交事务，是袁世凯非常倚重的干才。

11月11日下午四时许，刘承恩、蔡廷干在武昌与黎元洪及军政府各部部长举行了会谈。刘承恩详细介绍了袁世凯的意思和他们此行的宗旨，劝说黎元洪让南方各省公举代表进京，组织新内阁，重建君主立宪政治体制，以防止外人借中国内争而干涉而瓜分。

对于北方的建议，黎元洪毫不客气的予以驳斥，以为君主立宪不必再谈，各国干涉瓜分的威胁也不必再说，如果袁世凯确实有意保护人民的生命财产不受侵害，确实有意重建和平，那么就应该掉头北征，推翻满清。双方寻找不到共同利益。

袁世凯北上组阁后，继续寻找化解南北冲突的可能。11月14日，清政府令各省派代表三五人来京，公同会议，以定国是。并派张謇、汤寿潜、江春霖、谭延闿、梁鼎芬、赵炳麟、柯劭忞、谢远涵、乔树楠、渠本翘、王人文、高增爵等为各省宣慰使，前往江苏、浙江、福建、湖南、广东、广西、山东、江西、四川、山西、云南、陕西等省宣布朝廷实行政治改革的宗旨。紧接着，袁世凯又授意杨度、汪兆铭、汪大燮等于11月15日在北京组织"国事共济会",倡导南北停战,由国民会议协议国体。然而,袁世凯这些和平姿态始终无法获得南方革命党人的认同,相反,孙宝琦却在11月19日致电袁世凯,表示各省军民多主共和,代表不欲赴京,且已去上海议设新政府,孙宝琦建议袁世凯,不如由京派员莅会,俯就舆情,顾全大局。

孙宝琦是袁世凯的铁哥们,是换帖把兄弟,此时为山东巡抚,已经宣布独立。他不仅是当时最具国际视野的政治家,而且在当时的政治生态中与各方面都有非常不一般的政治关系。他长时期担任外交官,也是最早呼吁清政府进行政治改革的人。他与庆亲王奕劻是儿女亲家,与盛宣怀也是儿女亲家,而且是双份;与袁世凯也是儿女亲家,同样也是双份。孙宝琦的五小姐嫁给了袁世凯的七公子袁克齐;而袁世凯的六小姐袁籙桢又嫁给了孙宝琦的一个侄子为妻。这一层层的关系,使孙宝琦的话在袁世凯那里就显得格外有分量,也使孙宝琦成为南北沟通谈判的一个重要渠道。

袁世凯的目标当然是不战而屈人之兵,达成南北和解的目的,所以尽管刘承恩、蔡廷干与黎元洪的第一次会谈没有取得什么进展,袁世凯仍然不愿关闭这扇门。11月20日,已经就任完全内阁总理大臣的袁世凯通过俄国驻汉口领事,再派刘承恩和张春霆到汉口俄国领事馆与黎元洪的代表孙发绪、曾广为会谈,向南方介绍新内阁的情况,表示皇族已经完全退出政府,不再与闻国政,所以将来的政治改革必将顺利进行。刘承恩等人还重申外交危机,忧虑外国干涉。南方的态度依然很坚决,表示已不会重新回过头来承认清政府,清政府已经成为过去,南方执意建设一个新的国家、新的政府。

南方革命党人之所以有这样的底气,是因为南方独立各省代表联合会就在这一天议决以武昌为中央军政府,以鄂军都督执行中央政务,并请以中央军政府名义,委任伍廷芳、温宗尧为民国外交总副长。以武昌为中心的南方各省临时政府已经成为一个既成事实。

通过刘承恩这条渠道劝说黎元洪和南方革命党人似乎已经不太可能了，继续坚持按照大清王朝的既定规划，实行君主立宪，似乎也不会被南方所接受了，袁世凯此时的唯一出路，大约就是顺应历史潮流，转向共和。所以，大约是根据袁世凯的指示，孙宝琦利用自己复杂的人脉关系，致电黎元洪，表示准备请程德全等联名电致清廷，如承认不私君位，宣布共和，仍承认北京为中央政府，各省派员赴京会议，优待皇室，制定国法。这个建议非常模糊，但可能是第一次提出清帝退位的可能性和相关善后。

对于孙宝琦的这些建议，黎元洪于11月23日复电，表示同意优待清室，但不当承认北京为中央政府。这可能是因为黎元洪尚不明白以北京为中央政府的真实含义，而且不知道如果承认北京继续为中央政府后，南方各省怎么处置。24日，孙宝琦以山东都督的名义通电独立各省，强烈建议各省派员前往北京或天津举行临时议会，决定国体政体，以免战祸。同一天，甚至宣布山东因为种种理由取消独立。这就使独立各省的团结被打开了一道裂缝。

能否实行共和的关键或者说难点，此时似乎已经不在袁世凯的态度，虽然袁世凯还不愿就此公开讨论这一点，但他让杨度等人组织有关国事未来的讨论，其实就表明未来采纳什么样的政治体制，他个人并没有成见。现在走向共和的关键或者说难点在于满洲贵族统治集团的态度，在于那个依然握有相当政治权力的摄政王载沣。

11月24日，伍廷芳、张謇、唐文治、温宗尧等通过美国驻华公使联名致电摄政王载沣，劝说他放弃君主立宪的旧主张，转而赞成共和政体，为大清争取主动。这个劝说肯定对摄政王起到了一定的作用，所以清廷在第二天就下令张謇、伍廷芳等人迅速来京，与廷臣计议共和政体能否行之中国。这似乎表明清廷及摄政王有实行共和的考虑。然而，又过了一天，清廷以宪法内重大信条十九条誓告太庙。这似乎又意味着清廷依然期待能够实行重大信条十九条中确立的君主立宪原则。在这种情形下，摄政王的继续存在，已经成为南北议和的重大障碍。

怎样解除载沣的摄政王和监国的职位，肯定是袁世凯考虑已久的问题。袁世凯不是担心载沣的政治智慧超过自己，而是担心载沣利用其摄政王、监国的地位，对所谓的完全责任内阁有所约束，完全责任内阁就是不完全。所以，袁世凯就职之后，顺手罢免了载沣的弟弟载涛的军咨府大臣职务，任命自己的老伙计徐世昌接替，摄政王虽然还是名义上的大元帅，但其军权特别是统帅禁卫军的权力事实上已被剥夺。

被剥夺权力的摄政王仅仅是皇权统治的一个象征了，但袁世凯似乎依然不满意、不放心。他在英国公使朱尔典的帮助下，软硬兼施，迫使载沣于12月6日交出监国摄政王的大印，引咎退位，以醇亲王的名义退归藩邸。更值得注意的是，袁世凯还利用隆裕太后的威权，发布懿旨，重申家法，要求亲贵不得干预政事，此后用人行政，均责成内阁总理大臣、各国务大臣承担责任。这无疑是用满洲贵族的手清除了南北和谈、走向共和的一个重大障碍。

清帝逊位：最后的潇洒

隆裕太后出手清除摄政王监国载沣，其实是推倒了大清王朝的最后一根柱石，此后，大清王朝在中国的政治格局中，基本上不再是有力量的一方了，反而成为其他各方议论谈论的对象，或主张清除，或主张优待，主导当时中国政治的主要派系、主要政党，几乎没有一个人还愿意保留这个旧的象征，哪怕这个象征已经同意彻底走上立宪之路。这是大清王朝的悲哀。这个王朝在两百多年的历史进程中也做过一些好事，也使许多家族三代甚至更多代受到恩惠，得到扶持，即便是那些出面闹事的革命党人，大多数人还不都是清政府体制内的干部？可是他们在清政府形势最危急的时刻，什么时候想到过为这个王朝说话，为这个王朝殉葬呢？墙倒众人推。他们在一夜之间都"反正"了，革命了，成了革命党了。于是，那个原先有恩于他们的旧体制就成了历史的陈迹，成为被唾弃的对象了。

1911年12月7日，也就是摄政王载沣退归藩邸的第二天，清廷任命袁世凯为全权大臣，全权处理清政府与南方独立各省的问题。袁世凯得到这个授权后，迅即委托他的老搭档唐绍仪为全权代表，委托严修、杨士琦等人为参赞，驰赴南方，讨论大局。南北和谈的大幕终于正式拉开。

袁世凯在这之前曾经几次派人与黎元洪接触，试图进行和谈，但双方所关注的核心利益没有交集，因而几次都不得要领，不了了之。而这一次南北之间之所以能够公开进行谈判，除了各种条件发生变化外，还有一个重要因素，就是汪兆铭的介入。

汪兆铭就是后来的汪精卫，他是孙中山的忠实追随者，也是孙中山刻意培养的接班人。1910年3月，汪兆铭因谋杀摄政王载沣而被判处终身监禁，武昌起义爆发后被清政府释放。汪兆铭在日本时就与杨度很熟，而杨度此时正是袁世凯身边的红人。所以汪兆铭出狱后很快结识了袁世凯，并与袁家大公子袁克定义结金兰。当南北僵持不下无法破局时，汪兆铭从北京给他在南方的同志写了一封信，劝说南方各同志尽快与袁世凯举行谈判，从而用比较少的力量、比较少的牺牲实现清王朝的垮台。

南方革命党人对北方政局的变化当然也很清楚，知道摄政王退归藩邸后，大清王朝只剩下一个名义，而这个名义能否保留，得看袁世凯的态度。而袁世凯并不是一个不明事理的人，他不仅具有广阔的国际视野，而且也是国际社会，甚至是国内各党各派公认的政治领袖，"非袁莫属"成为当时一个流行的名词,清廷内部许多人希望袁世凯出来收拾旧河山,而革命党的领袖如孙中山、黎元洪等,也都认为只有袁世凯有力量、有办法整合各方面的力量,重建统一的中央政府。基于这种考虑,南方革命党人也就在汪兆铭等人的促动下,同意与袁世凯开谈。

12月11日,唐绍仪一行抵达汉口。第二天,唐绍仪在英国代理领事及舰长陪同下,渡江前往武昌织布局与黎元洪会晤,双方会谈了半个小时。由于南方革命军公推的和谈代表伍廷芳尚在上海,于是黎元洪和唐绍仪均同意将和谈地点改为上海,那样或许更方便双方与各自后方进行沟通。

唐绍仪一行在胡瑛、王正廷等南方革命党人的陪同下搭乘"洞庭"号轮船,于12月14日离开武昌,17日抵达上海。18日午后二时半,南北议和代表团在上海南京路市政厅举行了第一次会议。代表南方出席会议的有首席代表伍廷芳,参赞温宗尧、王宠惠、汪兆铭及钮永建;代表北方出席会议的有首席代表唐绍仪,随员欧赓祥、许鼎霖、赵椿年、冯懿同。武昌军政府外交司司长王正廷也列席了这次会议。

会议开始,南北两代表互验文凭,然后南方总代表伍廷芳发言。伍廷芳首先提议,在正式谈判开始前,必须创造一个良好的气氛,南北双方必须自第二天开始停战,所有交战省份一律实行。他请唐绍仪将这个提议转告袁世凯,待袁回电同意确实承诺,然后和谈才能进行。

伍廷芳的建议获得唐绍仪的肯受,唐表示会很快将这个建议向袁世凯报告,请其饬各军队一律停战,同时希望南方也能将这个建议报告黎元洪及山西、陕西等处,知会停战。

两天后(12月20日),南北议和代表团举行第二次会晤,双方交流了各自所获悉的停战情况,并同意将停战期限再延长七天,并拟定停战规条。紧接着,唐绍仪主动提出,现在南方革命党人主张共和立宪,不知究竟准备采用什么样的办法?他请伍廷芳详细介绍。

唐绍仪（1862—1938），广州府香山县人。民国时出任第一任内阁总理

伍廷芳（1842—1922），广东新会人。中国近代第一个法学博士。南京临时政府成立后，出任司法总长

伍廷芳说，他个人起初亦以为中国应该实行君主立宪制度，共和立宪可能还有点早。只是现在中国的情形与先前大异，今日中国人的程度，可以为共和民主了。人心如此，不独留学生为然，即如老师宿儒，素以顽固称者，亦众口一词，问其原因，则言可以立宪，即可以共和，所差者只是选举大总统而已。现在各省咨议局、北京资政院，都是由民选实现，那么选举大总统又有什么难的呢？

至于清王朝应该如何处置，伍廷芳接着说，清廷专制已经二百余年，现在为什么还必须保存君主的位置呢？况且清帝也不是中国人，据君位两百年，弄成现在这个样子，败坏至此。就算是一个银行总办，任事十年，败坏信用，也应该辞职，况清帝之于中国？中国必须民主，由百姓公举大总统，重新缔造。果如此，不仅有利于中国，亦且有利于满人，将来满人与汉人绝对平等，不必株守京师，坐吃山空，可以享受完全的国民待遇，从事自己愿意从事的事业，甚至将来某一天，满人再度被举为大总统亦未可知。

对于伍廷芳的解释，唐绍仪表示，他和从北京来的这些代表并没有反对共和立宪的意思。他还向各位代表介绍一个细节，说汪兆铭在北京时曾接到黄兴的一个电报，表示袁世凯能够赞成共和，那么可以举袁世凯为总统。袁世凯看了这个电报后表示，这个大总统他是无论如何不能当的，还是应该让黄兴当。唐绍仪说，根据这个故事，袁世凯并不反对中国实行共和立宪，不过碍于他的身份，无法出头提倡而已。唐绍仪还表示，他个人更是赞成共和立宪，因为他早在美国留学时，思想上就种下了民主共和的种子。现在的问题是，通过怎样的办法才能将这种理想变成现实。

很显然，所谓北方代表团的首席代表，其实只是袁世凯的个人代表而已，并不代表北方特别是清政府的利益了。

接着唐绍仪的话，伍廷芳表示，皇室之优待，旗兵之安置，自有办法。他早前和程德全等人有电致摄政王，只请清帝逊位，其余一切优待。所以，只要北方承认共和，其余一切事情都好谈，一切条件都好商量。双方很快就"国民大会"达成谅解，同意召集国民大会决定国体。

与南北代表团公开进行谈判同时进行的，是以赵凤昌的住所惜阴堂为中心的秘密谈判，许多重大问题其实都是在这个惜阴堂上决定的，然后再提交到公开会议上去讨论。

赵凤昌生于1856年，此时已五十五岁。他早年追随张之洞，能干机灵，是张手下最为知己的智囊，有"一品夫人"之称。后来因替主子受过，被朝廷开缺，永不录用，遂由张之洞在电报局为其谋了一个闲差，常驻上海，遍交天下名流。武昌起义爆发后，赵凤昌第一时间获知详情，他邀请江浙名流张謇、庄蕴宽等，到位于上海南阳路十号的惜阴堂共谋良策。当南北会谈转移至上海时，双方不谋而同以惜阴堂为消息中转汇集中心，公开讨论的每一个议题，差不多都在惜阴堂提前讨论，拟订方案，或者找到寻求解决的大致方向。经过张謇、庄蕴宽等人从中联络和一系列紧密磋商，南北双方很快就国体以及此后的清廷优待条件、袁世凯的出处等，达成一致。南方同意，只要袁世凯能够逼清帝逊位，那么就举他为共和国大总统。"甲日满退，乙日拥公，东南各方一切通过。"这就是张謇当时发给袁世凯的密电。

12月27日，唐绍仪致电袁世凯，汇报谈判进展，表示南方革命党人坚持共和，请即明降谕旨，召集临时国会，决定国体。第二天，袁世凯据唐电要求清廷召集宗室王公大臣会议，以决大计，表示唐绍仪计无所出，苦心焦虑，以为唯一办法是速开国民大会，征集各省代表，将君主民主问题付之公决。

既然是通过国民大会决定国体，在宗室王公大臣的心目中，就意味着采用君主还是民主体制并没有确定下来，所以宗室王公大臣们对国民大会自然不便拒绝。于是，隆裕太后于12月28日发布懿旨，同意召集临时国会，公决国体，命内阁迅将选举法妥拟协定施行，并妥商伍廷芳彼此先行罢兵。

清廷的态度很快传递到南方。29日，伍廷芳、唐绍仪举行第三次会谈，就双方关注的重大问题达成五点谅解：一、开国民会议决定国体；二、国体未解决前，清政府不得提取已经借定之洋款，亦不得再借洋款；三、清帝待遇；四、满蒙回藏待遇；五、山西、陕西、湖北、安徽、江苏清兵于五日内退出原驻地百里，山东、河南停战。第二天，也就是30日，伍廷芳、唐绍仪举行第四次会谈，商定召集国民会议办法四条，每省代表三人，直隶、河南、山东、甘肃及新疆、东三省代表由清政府召集，余由民国政府召集。

国民大会的召集方案和代表分配，或许使北方感到有点吃亏，更重要的是，一个新情况在此时突然出现。长时期流亡海外的革命党人精神领袖孙中山于12月21日自欧洲回到香港，25日至上海，上海各界给予隆重欢迎，黄兴、陈其美等南方领袖开始策动选举孙中山为大总统。29日，直隶、山东、河南、山西、陕西、江苏、安徽、浙江、福建、江西、湖南、湖北、四川、云南、广东、广西、奉天等十七省代表会于南京，选举孙中山为中华民国临时大总统。而孙中山也在这一天坦然致电袁世凯，表示他之所以愿意暂时担任这个临时大总统，主要还是希望袁世凯能够早定大计。言下之意，这个临时政府是在帮袁世凯逼退清廷。

在袁世凯看来，清廷是否退位、怎样退位，都是他的事情，现在南方突然生出一个新政府，那么就意味着南方没有谈判诚意，也意味着唐绍仪等北方代表不称职。30日，袁世凯致电唐绍仪，表示国民会议须在北京开办，且不同意代表选举办法。袁世凯的指责当然使唐绍仪感到很郁闷，他遂于31日电请辞职。南北和谈重陷僵局。

南京临时政府成立后，中国事实上陷入南北分裂的政治格局。而中国人具有很强的大一统情结，不论是南方，还是北方，都不能容忍这种分裂。北洋将领姜桂题、冯国璋、张勋等联名致电清政府，表示既然南方无意于和平，那么就应该坚持君主立宪主张，用武力踏平江南。他们呼吁宗室王公大臣有力出力、有钱出钱，只要大家齐心协力，就一定能够用武力重建统一，重建辉煌。他们的呼吁使隆裕太后和那些王公大臣非常感动，纷纷认捐，并命令张勋的辫子军向南京发动进攻，清政府似乎真的准备整军再战了。

清政府和袁世凯的武力威胁并没有吓倒南方的革命党人，不过南方革命党人也必须承认先前确曾给袁世凯一个郑重承诺，表示只要袁世凯反正，赞成共和，就举袁世凯为总统。这个承诺并不是南方革命党中某一个人说过，黎元洪、黄兴，甚至孙中山都曾作过这样的表示。对于政治家而言，承诺就意味着信誉，如果没有足够的正当理由，公然废弃承诺，那肯定会被人们所不齿，何况列强一直也在设法促使南北达成妥协，并不准备承认南京临时政府呢？在这种种政治的、军事的、经济的压力下，孙中山终于同意做出让步，于1月16日通过伍廷芳致电袁世凯，明确重申只要清帝退位，宣布实行共和，则临时政府决不食言，他个人即可宣布解职，让位袁世凯。由此可见，南北和谈并没有因为南京临时政府的成立而中断，而是转入地下，转入私人往来和沟通，而且议题越来越集中，就是讨论清帝怎样退位，孙中山怎样将权力交给袁世凯。

有了南方的再三承诺，袁世凯遂将清帝退位的条件秘密告诉了他的老伙计庆亲王奕劻，表示向南方用兵可能并无把握，为清室及满人计，还是主动退位好。在取得庆亲王的默认和赞同后，袁世凯率领全体阁员上奏隆裕太后，请求太后和皇上召集皇族，密开会议，速定方针。

1月17日、18日，隆裕太后接连主持召开皇族御前会议，专门讨论是否接受退位。主张接受的只有奕劻、溥伦等少数人，而反对的则有良弼、铁良、载沣、载涛、载泽、溥伟、善耆等一大批少壮派。这批少壮派现在切实感到袁世凯真的像他们原先所估计的那样，根本不是忠于清王朝，而是将清王朝作为与南方革命军政府交换的筹码。

袁世凯此时或许真的也是这样想的，他的思路是清政府和南京临时政府在和谈结束时同时取消，然后重起炉灶，在天津成立一个临时统一政府，主持召开国民大会，议定国体。这样或许能够建立一个比较理想的新政府。

然而，当袁世凯将这个方案通知清廷和南京临时政府时，却遭到两个方面的共同反对。孙中山等革命党人认为，袁世凯的这个做法其实就是不愿继续南方临时政府的法统，不愿继承南方的革命事业。为了反制袁世凯，孙中山提出袁世凯继任民国临时大总统的条件，强调袁世凯必须在宣布政见时表示绝对赞成共和主义，必须宣誓遵守南京临时参议院制定的宪法和一切法律。这就为后来的民国政治发展埋下了伏笔。

至于清政府方面，满洲贵族统治集团中的少壮派也对袁世凯另起炉灶的做法表示强烈不满，以为袁世凯根本就不是清王朝的责任内阁总理大臣，仿佛就是一个异己，一个第三方。袁世凯所谓另设政府，其实就是要废君主制而行共和，本质上就是要取消清王朝。与其让清王朝这样葬送在袁世凯手里，不如背水一战，顽抗到底，或许能够使清王朝绝处逢生，化危机为转机，所以他们先前酝酿组织的宗社党蠢蠢欲动，借用"君主立宪维持会"等名义散布传单，发布宣言，谴责袁世凯背信弃义，蔑视纲常，欺负孤寡，损辱国体，居心叵测。

袁世凯另起炉灶的方案受到南北双方的攻击，这就迫使他重新寻找大家都能接受的方案，尽量使中国避免陷入一场混战，使生灵涂炭。他对清室王公大臣们表态说，他这次抱病出山，力疾拜命，只是为了拯救国家，拯救北方，尽量保证北方的秩序，在整个事件的处理过程中，并没有抱有二心。南方革命军早就提议推举他担任新政府的大总统，但他始终没有答应，因为按照南方的条件，他出任大总统的前提就是清帝逊位,而这一点就是他袁世凯最为顾忌的地方。袁世凯的这个表态究竟有多少诚意,其实不必计较,但不可否认的是,即便他先前与南方达成了某些默契或协议,因为这个表态,也等于被宣布废除了。为了表示他的决心和对清廷的忠诚,他借1月16日入宫奏事途中遇刺这一非常事件称病不出,不再进宫,不再理政,准备辞职,似乎真的想退隐江湖,不再过问国事。

载沣、溥仪、溥杰、溥任在醇亲王府花园

或许袁世凯真的是以退为进,但不管怎么说,他的暂时退隐不是促成和平的实现,而是使和平更加无望,清廷处于更加危险的境地。

为了推动和平的进程,唤醒满洲贵族统治集团,杨度等人于1月25日在北京组织"共和促进会",发布宣言,强调不能以党见之私召瓜分之祸,先前大家主张君主立宪是以救国为前提,而不是以保存君主地位为唯一目的,是以保存君主地位为手段推动政治改革,而绝不愿以杀人流血去保留君主的地位。现在的中国已经错过了君主立宪的良机,南方革命党武装起义之后,就意味着君主立宪走到了绝境,现在南北分裂,国将不国,要想拯救中国,保全中国,保全皇室,唯一的出路就是接受南方的条件,走向共和。舍此,南北并败,满汉俱亡。

杨度的发言仅仅是文人的哀求,或许并不足以打动清廷特别是满洲贵族统治集团中的少壮派守旧者。然而仅仅过了一天,北洋将领段祺瑞等四十六人联名发表通电,强烈要求清廷明降谕旨,宣示中外,立定共和政体。段祺瑞等军事将领的呼吁不能不引起清廷的高度关注和重视。

而南方传来的消息也不容清廷乐观。根据南北先前的商定,停战期限即将结束,1月27日,孙中山派胡汉民咨商南京临时参议院,解决主战抑或延展停战期限的问题。参议院在决议中宣布主战,也就是说如果清帝不愿尽快退位,那么民国将士决意开战,决意武力北伐,统一中国。当天,北伐民军就光复了安徽固镇。1月29日,南京临时政府所辖各军在清江浦召开军事会议,推举孙岳为浦、镇、扬联军总司令,即日部署各军北伐。

南京临时政府的北伐誓言对清政府来说只是一种外部压力,如果清廷内部团结一致、患难与共,这种外部压力并不可怕。可怕的是,清政府内部已经不是铁板一块,早已分崩离析。1月28日,段祺瑞先前留驻汉阳的一千多名清军阵前倒戈,而仍然尊奉清政府的山西巡抚张锡銮也在同一天率军政大员向清廷奏陈解决时局十条办法,建议隆裕太后退居颐和园或"北狩"热河,并建议速在天津组织临时政府。2月1日,段祺瑞的全权代表与湖北军政府达成一个新的协定,约定在武昌前线的清军挥戈北上,促进共和,并承诺如果清廷不能在旧历年(2月17日)前答应共和,解决国体问题的纠纷,那么民军即当前进,以资援助。

内外压力促使清廷有所觉悟有所让步,但还是显得羞羞答答不够彻底。2月1日,隆裕太后召集各近支王公及国务大臣开御前会议,拟定采用虚君共和政体,并宣布召开国会,颁发君主不得干预国政的诏书,以保留君主地位的虚君共和政体应对南方及部分清军将领所要求的完全共和。

清廷的有限度退让当然不能使南方和清军中的共和主义者满意,再加上宗社党领袖良弼1月26日被革命党彭家珍炸死,满朝亲贵心惊胆战,惶惶不可终日。树倒猢狲散,稍有办法的王公贵族纷纷携带家小逃往天津、大连或青岛，偌大的皇宫很快只剩下隆裕太后和那个小皇帝孤儿寡母。不得已，隆裕太后于2月3日诏授袁世凯以全权与南京临时政府磋商清帝退位条件，希望袁世凯能看在君臣关系的份上，多争得一分是一分。

根据隆裕太后的授权，袁世凯当天向南方和谈代表伍廷芳提出清帝退位的条件：

甲，关于大清皇帝优礼之条件九款；

乙，关于皇族待遇之条件四；

丙，关于满蒙回族各族待遇之条件七。

2月5日，孙中山在南京主持内阁会议，讨论袁世凯及冯国璋、段祺瑞等六十四名清军将领所提出的清帝退位待遇问题，会议决定：一、清帝退位后的年俸，须经参议院通过方能定夺；二、清帝逊位后居北戴河或热河，悉听尊便。同一天（2月5日），南京临时参议院召开特别会议，讨论孙中山咨转袁世凯交来清帝退位条件，通过修正案。第二天（2月6日），南方和谈代表伍廷芳将这个修正案电告袁世凯。

收到南方传来的清帝退位条件修正案后，袁世凯派梁士诒携带其所拟清帝退位条件入觐隆裕太后，请旨验准。隆裕太后坚持保留"大清皇帝尊号相承不替"等三项条件。梁士诒遂将此意转达袁世凯，并密电唐绍仪请其务必劝说伍廷芳及南方革命党迁就。这一天，袁世凯也致电唐绍仪转伍廷芳，强调"大清皇帝尊号相承不替"这个提法万难更改，"逊位"二字改为"致政"或"辞政"，希望伍廷芳和南方革命党人能够从大局出发予以理解，在不影响大原则的前提下尽量满足清廷的要求。还是在这一天，冯国璋、段祺瑞等北洋将领六十四人也致电伍廷芳，重申同样的要求，并强调"逊位"一语，军界同人极为骇异，务必修正。

对于清廷、袁世凯和清军将领的要求，南京临时政府给予善意回应，尽量满足。2月9日，伍廷芳代表南京临时政府将清帝退位条件最后修正案电达袁世凯，将"逊位"改为"辞位"，关于皇族待遇条件及关于满蒙回藏等各族待遇条件，均无异议。至于其他各款，伍廷芳表示涉及原则，决难再让。

袁世凯收到南京发来的最后修正案后，唐绍仪和张謇相继发来两份急电，唐绍仪的电报告十四省军民以生命财产力争，专在一个"位"字，因此他请求袁世凯务必说服清廷接受"辞位"这个措辞，及时发表，并告诫若少不忍，转生大乱，得不偿失。张謇在电报中也说南方的最后修正案中的种种优待条款专为"辞位"二字的代价，也是请袁世凯务必说服清廷接受这个措辞，万勿迁延两误，败破大局，追悔无及。

唐绍仪、张謇的警示无疑是严肃的，所以袁世凯2月10日召集的内阁各部大臣及近支王公会议，比较顺利地接受了南方的这个最后修正案。11日，隆裕太后认可优待条件，决定清帝下诏退位。随后，袁世凯将清廷的这个决定电达唐绍仪、伍廷芳并转孙中山、黎元洪及南京临时政府，谓大清皇帝既明诏逊位，则宣布之日，为帝政之终局，即民国之始基，从此努力进行，务令达到圆满地位，永不使君主政体再行于中国。

第二天，也就是1912年2月11日，隆裕太后忍痛颁发清帝退位诏书，表示今全国人民心理多倾向共和，人心所向，天命可知，因此不忍以一姓之尊荣，拂兆民之好恶，是用外观大势，内审舆情，特率皇帝将统治权公诸全国，定为共和立宪国体。

至此，在中国历史上延续二百六十八年的大清王朝正式终结。连带所及，中国几千年的帝制，也从此成为陈迹。

辛亥革命之所以能够从一个武装暴动转化为一场和平的权力交接，不能不说是当时各大政治势力以大局为重，以国家民族的根本利益为重。清政府、革命党、立宪党人和袁世凯以及他的那些北洋将领，各方政治势力不论拥有怎样的力量，他们都没有在这场大危机中执意诉诸武力,而是坚持谈判,各自让步。各方政治势力在坚持原则的基础上尽量体会对方的感觉,尽量牺牲自己,满足对方,他们的目的就是要阻止战争爆发或延续,使亿万无辜国民不受战火侵袭骚扰,将政治交给政治家。这里不仅有孙中山的襟怀坦荡、大公无私、光明磊落,也有袁世凯的勇于担当、郑重承诺,更有大清王朝满洲贵族集团执政团队特别是隆裕太后的深明大义、断然决定。这些在中国历史上值得大书特书的义举,创造人类历史上为数不多通过和平手段改朝换代、移交政权的范例。

1913年隆裕太后不幸病逝,中华民国举国哀悼,孙中山、黎元洪等民国领袖真诚感激隆裕太后的历史性贡献。中华民国的建立与巩固,使五族共和成为可能,中华民族获得新生,中国终于在现代化道路上迈出非常重要的一步。

满洲贵族统治集团在最后时刻表现出了一个王朝本有的潇洒和智慧,中国人应该铭记心头,带着温情和敬意去看待一个王朝的消失。

图书在版编目（CIP）数据

激荡：晚清二十年 / 马勇著． ——北京：新星出版社，2021.5
（马勇讲史）
ISBN 978-7-5133-4400-5

Ⅰ.①激… Ⅱ.①马… Ⅲ.①中国历史－清后期
Ⅳ.①K252

中国版本图书馆 CIP 数据核字（2021）第 045309 号

激荡：晚清二十年

马勇 著

策　　划：	彭明哲
责任编辑：	李文彧
特约编辑：	冯望山
责任印制：	李珊珊
装帧设计：	冷暖儿
出版发行：	新星出版社
出 版 人：	马汝军
社　　址：	北京市西城区车公庄大街丙3号楼　　100044
网　　址：	www.newstarpress.com
电　　话：	010-88310888
传　　真：	010-65270449
法律顾问：	北京市岳成律师事务所
读者服务：	010-88310811　service@newstarpress.com
邮购地址：	北京市西城区车公庄大街丙3号楼　　100044
印　　刷：	北京天恒嘉业印刷有限公司
开　　本：	660mm×970mm　1/16
印　　张：	27.75
字　　数：	344千字
版　　次：	2021年5月第一版　2021年5月第一次印刷
书　　号：	ISBN 978-7-5133-4400-5
定　　价：	88.00元

版权专有，侵权必究；如有质量问题，请与印刷厂联系调换。